続日本後紀（上）

全現代語訳
森田　悌

講談社学術文庫

まえがき

『続日本後紀《しょくにほんこうき》』は『日本後紀《にほんこうき》』に続く官撰六国史《りっこくし》の四番目で、天長《てんちょう》十年（八三三）二月から嘉祥《かしょう》三年（八五〇）三月に至る仁明《にんみょう》天皇の一代を対象としている。従前の国史が複数の天皇の代を扱っているのと、大きく異なっており、天皇中心の歴史書であるという点で中国の実録と同性格とされることがある。八世紀天平《てんぴょう》年間（七二九〜七四九）に栄華を謳歌《おうか》した律令《りつりょう》国家は同世紀の末に至ると矛盾が深刻化して政治改革が不可避となり、桓武《かんむ》朝から嵯峨《さが》朝にかけて復古的な立場から律令国家の再建が模索され、それが成果を挙げえない状況下で嵯峨朝の後半に右大臣藤原園人《ふじわらのそのひと》が死去し、代わって藤原冬嗣《ふゆつぐ》が台閣《たいかく》の首班として現実に対応した革新路線を打ち出し、政治の潮流が大きく変わる事態となっている。私はこれを「平安初期政治の基調」と呼んでいるが（拙著『王朝政治』〈講談社学術文庫〉）、これにより政治の安定がもたらされ、平安初期王朝の繁栄を迎えたのである。仁明天皇の一代はまさにこの時代に当たり、天皇は詩文興隆から初めて王朝文化の開花に先鞭《せんべん》をつけた父嵯峨天皇の風を継ぎ、朝廷文物を華やいだものにしたのであった。仁明天皇晩年の記事であるが、嘉祥二年三月条の興福寺《こうふくじ》大法師《だいほっし》らによる天皇の四十の算を祝しての献上や十一月に行われた皇太子以下による奉祝行事は、華麗な宮廷儀の一端を示している。この朝では前回から三十年余の間隔をおいて最後の遣唐使《けんとうし》発遣が行われている。

仁明朝においては長期にわたり藤原緒嗣や源常《みなもとのときわ》が左右大臣として台閣に並ぶが、嵯峨太上天皇および太皇太后《たいこうたいごう》橘嘉智子《たちばなのかちこ》と結び着々と実力をつけ態勢固めをしていたのが、藤原北家冬嗣の息子である良房《よしふさ》である。仁明朝の一大政治事件である承和《じょうわ》の変《へん》は、当時中納言《ちゅうなごん》であった良房が企謀した疑獄事件の様相が濃厚である。良房が淳和《じゅんな》天皇皇子である恒貞《つねさだ》親王の皇太子位を廃し、同母妹順子の所生である道康《みちやす》親王の立太子を図ったと云ってよく、北家による擅権《せんけん》体制確立への基盤作りの一環であった。華やかな宮廷社会の暗い裏面を窺わせる事件であるが、北家による摂関政治を目指す動きの中で必然的ともいえる性格のものであり、朝政の不安定を見るのは当たらない。

『続日本後紀』は二十巻からなり、一巻は平均して十ヵ月強となり、先行する三国史に比べ記事が詳密になっている。編者には初め藤原良房・伴善男《とものよしお》・春澄善縄《はるすみのよしただ》・安野豊道《やすののとよみち》が充てられ（『文徳実録《もんとくじつろく》』斉衡《さいこう》二年二月丁卯条）、その後変動があったが、終始良房と善縄の二人が事に当たっていた。良房は編纂《へんさん》の最高責任者として臨み、善縄は実務官人として筆削の任に就いていたとみてよいだろう。『続日本後紀』に良房絡みの記事が目立つのはその意向が反映されていることを示し、学者であった善縄の筆によるらしく記事の典拠や考証過程についての注記が間々見られる。また、怪異現象についての記述が多いという特色があり、これは善縄が異変に深い関心を抱いていたことに由《よ》るらしい。主要編者である良房と善縄の意向や性格が影響を及ぼしている点で、興味深いものがある。

『続日本後紀』は平安末期には完本が失われ抄略本が伝わっていたようで、その後『類聚国史《るいじゆうこくし》』に由り記事の補充が図られてきたものの、その過程で少なからざる混乱が出来している（遠藤慶太『平安勅撰史書研究』）。重出記事や係年の疑わしい記事が少なくないのはそれに由るが、先学により校訂や記事の補塡《ほてん》が行われてきている。本書ではその成果に由るとともに、私案により判断を行っているところもある。

本書は華やかな平安初期王朝社会とその裏面で進行する北家の擡頭《たいとう》に関わっており、国風文化や摂関政治の発達を解明するための基礎史料として興味深い内容となっている。ただし、千百年以上も昔に物された漢文文献のこと故読みやすいとは云い難いところがあり、多少とも良質のテキストの作成とともに読みやすい形にして読書界に提供することを目的としている。本書が平安時代初期の政治、社会や文化に関心をもつ方の参考になり、また、本書により関心を惹起《じやつき》されるようになる方がいれば、私のこの上ない喜びである。

二〇一〇年七月二十日

森田　悌

目次

続日本後紀（上）

まえがき……3
凡　例……11
続日本後紀　序……15
仁明天皇
巻第一　天長十年二月――同年五月……19
巻第二　天長十年六月――同年十二月……55
巻第三　承和元年正月――同年十二月……80
巻第四　承和二年正月――同年十二月……123
巻第五　承和三年正月――同年十二月……161

巻第六　承和四年正月——同年十二月……214
巻第七　承和五年正月——同年十二月……247
巻第八　承和六年正月——同年十二月……283
巻第九　承和七年正月——同年十二月……330
巻第十　承和八年正月——同年十二月……389

下巻目次

仁明天皇
巻第十一　承和九年正月――同年六月
巻第十二　承和九年七月――同年十二月
巻第十三　承和十年正月――同年十二月
巻第十四　承和十一年正月――同年十二月
巻第十五　承和十二年正月――同年十二月
巻第十六　承和十三年正月――同年十二月
巻第十七　承和十四年正月――同年十二月
巻第十八　承和十五年正月――嘉祥元年十二月
巻第十九　嘉祥二年正月――同年閏十二月
巻第二十　嘉祥三年正月――同年三月二十一日

凡例

一、本書は、勅撰の正史「六国史」の第四、『続日本後紀』の現代語訳で、原文を併記した。

二、『続日本後紀』は二十巻からなる編年体の史書であるが、現伝本は抄略本に『類聚国史』の記事をもって補充することが行われており、それによる錯簡が少なくない。従前の行き届いた校訂本として佐伯有義氏による『増補六国史』巻七（朝日新聞社）および黒板勝美氏の編集による『新訂増補国史大系』巻三（吉川弘文館）がある。本書ではこれらの成果、およびその後の研究を参照して原文を作成した。

三、本文の配列は巻次順とし、月ごとに一括し区切りをつけ配列した。

四、『日本紀略』にみえる「任官」とある記事は『続日本後紀』の文章ではないが、当日条に任官記事があったことが知られるので採録した。

五、原文には返点を付した。

六、現代語訳は逐語訳を旨としたが、より判りやすくするため、語句を補ったり、意訳を行っている箇処がある。

七、難解な語句や専門的な歴史用語には適宜訳文内に訳者注を（　）で囲んで施した。原文注の一部についても（　）で示したものがある。

八、原文の漢字の表記については、以下のような処理を施した。
・旧漢字は、一部の字を除き、常用漢字新字体に改めた。
・特殊な異体の文字は通用の字体に替えた。
・ただし、勅（＝勅）・祢（＝禰）・无（＝無）・宜（＝宜）・凉（＝涼）・灾（＝災）・弖（＝氐）・恠（＝怪）・軄（＝職）・䳄（＝鶴）など伝写本で使用されている別体の文字や略字はそのままにした。

続日本後紀（上）

続日本後紀《しょくにほんこうき》　序

臣藤原良房《しんふじわらのよしふさ》らが窃《ひそ》かに思いますに、史官《しかん》（記録係）が記載することにより、帝王の事跡が集積され、司典《してん》（編纂係）が整った文章とすることにより、事跡の得失について議論し、基準に則《のっと》って過去について学び、悪を止めて善を勧め、遠大な計画に備え、将来の手本とし、事に応じて自在に行動することを可能にするところの、不朽のものとして後世に伝わることになります。伏して思いますに、先帝文徳《もんとく》天皇は善徳を身につけて皇位に即《つ》かれ、民心に適《かな》うよう心がけて万機を修め、天下太平の国を追い求められました。そして、宮殿の高殿で手を組み沈思され、仁明《にんみょう》天皇の治政が長期にわたり、たくさんの善政が行われ、良い評判が広まっているものの、史書に編まれておらず、亡失してしまうことを恐れ、太政大臣従一位《だいじょうだいじんじゅいちい》臣藤原朝臣《あそん》良房、右大臣《うだいじん》従二位兼行左近衛大将《ぎょうさこのえのたいしょう》臣藤原朝臣良相《よしみ》・大納言従三位《だいなごんじゅさんみ》民部卿《みんぶきょう》兼太皇太《たいこうたい》后宮大夫《こうぐうだいぶ》臣伴宿禰善男《とものすくねよしお》・参議正《さんぎしょう》四位下行式部大輔《しきぶのたいふ》臣春澄《はるすみ》朝臣善縄《よしただ》・散位《さんに》従五位下臣県犬養《あがたいぬかいの》大宿禰《おおすくね》貞守《さだもり》らに詔《みことの》りして、過去の例に倣い、史書の編修を命じられたのでした。作業にとりかかりますと文徳天皇は崩御して、白雲の彼方《かなた》に去られ、お慕《した》いしましても遥《はる》か遠くの方となってしまいました。今上陛下《きんじょうへいか》（清和《せいわ》天皇）は千年に一度黄河《こうが》が清み、土地の神が神徳を明らかにする瑞祥《ずいしょう》が出現して即位され、その徳は古代中国の聖帝である堯《ぎょう》・舜《しゅん》に並び、その宮殿においては仁を宗とし、国内は常に平安で、政事に余裕があり、書物を閲覧されて、前代の史書の欠けていることを嫌い、文徳天皇の史書編修を指示する詔命が未達成であることを恨み、再度臣らに勅《ちょく》を下され、速かな完成を求められたのでした。臣らは勅を奉《うけたまわ》りまして狼狽《うろた》えつつも懈《おこた》ることなく努めましたが、記述ごとに食い違いが多く、やはり延引してしまいました。この間に右大臣良相朝臣は病に伏して死亡するに至り、大納言善男宿禰は応天《おうてん》門《もん》の変で伊豆《いず》国へ流され、散位貞守は編修に参画したものの、完成しないうちに駿河守《するがのかみ》を拝任して京を離れてしまい、臣良房と式部大輔善縄の二人のみで苦労して努め、完成することができました。天長《てんちょう》十年二月乙酉《二十八日》より起こして嘉祥《かしょう》三年三月己亥《二十一日》まで、併せて十八年の歴史を『春秋《しゅんじゅう》』の文体に依拠して編年体で記述し、書き上げたものを検討して巻に分かちて全二十巻とし、呼称を『続日本後紀』といたしました。日常の些事《さじ》たる米塩絡《べいえんがら》みについては採用することをせず、君主の言動に関しては大小となく一括してすべて載せました。臣らの識見は春秋《しゅんじゅう》時代の史官である南史《なんし》や董狐《とうこ》のそれでなく、才能は『史記《しき》』を著した司馬遷《しばせん》や『漢書《かんじょ》』を著作した班固《はんこ》に及ばず、誤って編修のことに当たり、伏して浅く劣った才識を恥じる次第です。ここに謹んで参内して進め奉《たてまつ》り、序文といたします。

貞観《じょうがん》十一年八月十四日

太政大臣従一位臣藤原朝臣良房

参議正四位下行式部大輔臣春澄朝臣善縄

続日本後紀　序

臣良房等、竊惟、史官記レ事、帝王之跡攢興、司典序レ言、得失之論対出、憲章稽レ古、設二沮勧一而備二遠図一、貽二鑒将来一、存二変通一而垂二不朽一者也、伏惟先皇帝、体レ元膺レ籙、司レ契脩レ機、夢二想華胥之壃一、拱二黙大庭之観一、以為、承和撫運、歴稔惟長、善政森羅、嘉謩狼藉、未レ編二簡牘一、恐レ或二湮淪一、爰詔二太政大臣従一位臣藤原朝臣良房、右大臣従二位兼行左近衛大将臣藤原朝臣良相、大納言従三位民部卿兼太皇太后宮大夫臣伴宿祢善男、参議正四位下行式部大輔臣春澄朝臣善縄、散位従五位下臣県犬養大宿祢貞守等一、因二循故実一、令二以撰修一、筆削之初、宮車晏駕、白雲之馭不レ返、蒼梧之望已遥、今上陛下、河清而後興、社鳴而乃出、其道徳則堯与レ舜、其城郭則義将レ仁、四海常夷、万機多レ暇、按二文芸閣一、嫌二旧史之有一レ虧、留二睠蘭台一、恨二先旨之未一レ竟、重勅二臣等一、責以二亟成一、臣等奉レ勅廻遑、不二敢懈緩一、事多二差互一、尚致二淹延一、其間、右大臣良相朝臣嬰二痾里第一、収二影北邙一、大納言善男宿祢犯二罪公門一、竄二身東裔一、散位貞守且参二其事一、不レ遂二斯功一、出二吏辺州一、没二蹤京兆一、唯臣良房与二式部大輔善縄一、辛勤是執、以得二撰成一、起レ自二天長十年二月乙酉《廿八》一、訖二于嘉祥三年三月己亥《廿一》一、惣十八年、拠二春秋之正体一、聯二甲子一以銓次、考以二始終一、分二其首尾一、都為二廿巻一、名曰二続日本後紀一、夫尋常砕事、為二其米塩一、或略弃而不レ収、至二人君挙動一、不レ論二巨細一、猶牢籠而載之矣、臣等識非二南董一、才謝二馬班一、謬参二撰修一、伏慙二浅短一、謹詣二朝堂一、奉進以聞、謹序、

貞観十一年八月十四日

太政大臣従一位臣藤原朝臣良房

参議正四位下行式部大輔臣春澄朝臣善縄

続日本後紀　巻第一　天長《てんちょう》十年二月より五月まで

太政大臣《だいじょうだいじん》従一位《じゅいちい》臣《しん》藤原朝臣《ふじわらのあそん》良房《よしふさ》ら勅を奉《うけたまわ》りて撰《せん》す

仁明《にんみょう》天皇

天皇は諱《いみな》を正良《まさら》といい、先太上天皇《さきのだいじょうてんのう》（嵯峨《さが》天皇《てんのう》）の第二子である。母は太皇太后《たいこうたいごう》橘《たちばなの》嘉智子《かちこ》で、贈《ぞう》太政大臣正一位《しょういちい》橘朝臣清友《たちばなのあそんきよとも》の女《むすめ》である。ある時太后は夢の中で、自ら円座《わろうだ》（藁《わら》で作った敷物）を引いて、高さが判らないほど堆《うずたか》く積み重ねたことがあった。太后は重ねるごとに皇位に喩《たと》えられる三十三天（忉利天《とうりてん》）を称し、これが因となって天皇が生まれたという。弘仁《こうにん》十四年夏四月庚子《十六日》に嵯峨天皇から譲位された皇太弟《こうたいてい》（諱、大伴《おおとも》）が淳和《じゅんな》天皇として即位し、壬寅《十八日》に正良親王を皇太子に立てた。

続日本後紀　巻第一　起㆓天長十年二月㆒尽㆓五月㆒

太政大臣従一位臣藤原朝臣良房等奉　勅撰

仁明天皇

○天皇諱正良、先太上天皇（嵯峨）之第二子也、母太皇太后（橘嘉智子）、贈太政大臣正一位橘朝臣清友之女也、太后曾夢、自引二円座一積二累之一、其高不レ知レ極、毎二一加累一、且誦二言卅三天一、因誕二天皇一云、弘仁十四年夏四月庚子《十六》、皇太弟（淳和）諱大伴受禅即二帝位一、壬寅《十八》、立レ諱（仁明）為二皇太子一、

○天長《てんちょう》十年春二月戊午朔乙酉《二十八日》　淳和《じゅんな》天皇が淳和院において皇太子に譲位した。淳和天皇は次のように詔《みことのり》りした（宣命体《せんみょうたい》）。

現神《あきつみかみ》として日本国をお治めになる天皇のお言葉を、親王《みこたち》・諸王《おおきみたち》・諸臣《おみたち》・百官《もものつかさ》の人《ひと》等《たち》・天下公民《あめのしたのおおみたから》、皆の者が承《うけたまわ》れ、と申し聞かせる。太上天皇《だいじょうてんのう》（嵯峨《さが》天皇）は不徳の朕《ちん》を見棄てることなく、皇位を授けてくださった。朕は太上天皇の厚い恩顧を受け、日々畏《かしこ》み慎んで過ごしてきたが、年月の経過していく間に、時折以前の病が再発するようになり、政務に少しでも欠けることを恐れ、明け暮れ心配しながら過ごすことが久しくなっている。今思うに、皇太子に定めた正良《まさら》親王は早くから賢明であることが知られ、仁と孝の徳も厚く身につけ、頼もしく穏やかな性格である。そこで国家の安定のために、皇位を皇太子に譲ろうと思う。皆の者はこのことを承知して、汚れのないまっす

ぐな心をもってこの皇子に助力し、天下が平安になるようにせよ。また、古人の言うことに、上にいる者が多くなると、下の人民が苦しむことになる、と聞いているので、朕に対する太上天皇号を停め、また諸々《もろもろ》の服御《ふくぎょ》の物（天皇が使用する衣服・車馬の類）を停止することにする。皇后に対しても同様とすべきである。また、今回のような皇位の移譲があると、従前良からぬ謀《はか》り事《ごと》を抱いて天下を乱し、一族を滅亡に至らしめた人たちがいたが、そのような人がいれば教え諭して、祖先以来の一族が滅びず、ますます朝廷に仕え、祖先の業を継いで慎み、二心《にしん》なく仕えるようにすべきである、との天皇のお言葉を、皆の者が承れ、と述べ聞かせる。

本日の夕刻、今上《きんじょう》（仁明天皇《にんみょう》）が淳和太上天皇に、次のような皇位を辞する表を上呈した。

臣下である某《なにがし》が申し上げます。明鏡をもって照らせば、美醜ははっきりと判るものですが（淳和太上天皇が仁明天皇のことについてよく判っていることをいう）、皇位に即《つ》けとの恩詔に、喜びと恐れでどうしてよいか困惑している状態です。臣下である某はこの上なく恐れ多いことに、道も徳も二つながら身につけておらず、立ち居振る舞いに欠点が多く、気持ちの持ち方も生来の性格も共に劣り、日頃の行いや守ることに確かなものがありません。昔、嵯峨太上天皇の宮殿に扈従《こしょう》して優しくも厳しい教えを受けながら過ごし、嵯峨太后《たいこう》（橘《たちばなのかち》嘉智子《こ》）の後宮《こうきゅう》で太后の庇陰《ひいん》に預りながら暮らしていましたところ、皇帝陛下（淳和天皇）は天恩を垂れて、私を殊の外の地位に上げ、世を避けようと思っていた身に栄耀《えいよう》を齎《もたら》し、未知の世界に慈しみ深い教えをもって導き、慈悲の深さは父の如くであり、子の如く愛情を灌《そそ》いでいただきました。この陛下の慈愛は、遠慮申し上げても変わることがなく、久しく皇太子の地位にいて年月が経ち、ここに十年となりました。陛下による私への徳の勧誘に止むことがなく、殊の外の愛顧をかけていただき、世の動きや人の声に耳を傾けて気を引き締め、天地の終わるまで身命を捧《ささ》げたく願ってきました。この度は皇位を避《さ》り私に譲るとのことですが、これまでのことについて恥じ入り、今後のことでは恐れ心配するばかりです。馬の腹帯は細く轅《ながえ》は壊れたまま重荷を運ぶようなもので、私には皇位に即く能力はなく、小人にして君主になるという慙愧《ざんき》の思いです。天の基準に照らせば、分に満足しなければならない、という原則に背くことになります。伏してお願いいたしますのは、日月が常に明かるく人々を照らし、雲雨が永く万物を潤し、それより世上の争いが止み、臣下である私が譴責《けんせき》を免れることです。もし私の皇位を辞退する願いが許されませんと、人々の非難が集中し、君臣のあり方について何と思議することになりましょうか。戦《おのの》き恐れる気持ちに堪えず、表を捧《ほう》呈《てい》して申し上げる次第です。

淳和太上天皇は上表を許容しなかった。

○丙戌《二十九日》　今上（仁明天皇）が重ねて次の表を淳和太上天皇へ上呈した。

臣下である某が申し上げます。天は人の願いを必ず聞き届け、道の通うところでは物が擁《ふたが》ることはありません。ありがたい譲位の詔《みことのり》を承け、誠を込めた表を捧呈して、一日が過ぎましたが、辞退のお許しを得ていません。臣下である某は恐れ謹む意の常套句「誠恐誠惶頓首々々死罪々々」は略す。太陽が照って解けかかった氷を踏み、恐怖の汗を流しながら、底の知れない深淵《しんえん》に臨む思いです。ただし焦火《しょうか》を踏むことも大河を渉《わた》ることも、私の恐れることではありません。天は公平な判断を下すもので、皇位は徳のある人に授けられるものです。願わくは、私の皇位辞退を許容されますことを。もしどうしてもお認めいただけませんようでしたら、陛下は緩《ゆる》りとされ、人民や世間が陛下の善き立派な政治を堪能《たんのう》した後退位なされますのが、多少とも宜《よろ》しきことと思います。現在、万物・人民のすべてがところを得て満足し、陛下の覆い育ててくださる御恩は博《ひろ》く謝すべきものであり、養い育《はぐく》んでくださる徳は天地と同じであります。その上、私は大音声の大鼓で知られた会稽城門《かいけいじょうもん》の下を、音のしない布鼓をもって進み笑辱《しょうじょく》を受けるような人物であり、また朝陽の照らす中で照光を欠く蛍《ほたる》の火のような存在でしかありません。考えることも言葉も尽き、どうしてよいか判りません。君主が提議すれば、必ずそのとおりになるものですが、物議に反することを恐れます。伏して心からの思いを述べ、偽り飾り立てることなく、深い懇ろの気持ちのままに、重ねて表を捧呈し請う次第です。

淳和太上天皇は今回も皇位の辞退を認めなかった。ここにおいて仁明天皇は乗車を準備させ、嵯峨太上天皇と太皇太后（橘嘉智子）に冷然院《れいぜいいん》で拝謁し、東宮《とうぐう》（皇太子の宮殿）へ戻った。

○丁亥《三十日》　恒貞《つねさだ》親王を皇太子に立て、仁明天皇が次のように詔りした（宣命体）。

天皇の仰せになるお言葉を、親王等《みこたち》・王等《おおきみたち》・諸臣等《おみたち》・百官人等《もものつかさびとたち》・天下公民《あめのしたのおおみたから》、皆の者が承れ、と申し聞かせる。朕は拙《つたな》く弱い身ながら、言葉にして口にするのも憚《はばか》られる淳和天皇の厚い慈みを被り、皇太子となった。そこで夜昼となく畏《かしこま》って過ごしてきたが、思ってもみなかったことに、皇位が朕に譲られることになった。朕は再三にわたりその任でないことを申し出たが、許容されなかった。今思うに、厚恩を受けた者は、必ずその恩に報いるのが道理である。そこで皇位継承に相応しい恒貞親王（淳和天皇皇子）を皇太子としようと思う。そこでこのことを百官人等はよく理解し、奉仕せよとの天皇の御言葉を皆の者が承れ、と述べ聞かせる。

参議《さんぎ》従《じゅ》四位上文室朝臣秋津《ふんやのあそんあきつ》を春宮大夫《とうぐうのだいぶ》に任じ、左大弁《さだいべん》左近衛中将《さこのえのちゅうじょう》武蔵守《むさしのかみ》は故《もと》のままとし、従五位上藤原《ふじわら》朝臣貞守《さだもり》を春宮亮《とうぐうのすけ》に任じ、讃岐介《さぬきのすけ》は故のままとした。

淳和太上天皇が権中納言《ごんのちゅうなごん》従三位《じゅさんみ》藤原朝臣吉野《よしの》を遣わし、我が子を皇太子に立てることを辞退する書を、仁明天皇に差し出した。

謹んで本日の詔を見ますと、私の愚子恒貞を皇太子とするとありました。これは立派な天皇の仰せながら、謬《あやま》り曲げてくだされたものです。皇太子の地位は重く皇統は尊いものであり、有徳者でなければその地位に昇るものでなく、賢者にあらずしてどうしてその地位を守ることができましょうか。我が子恒貞は幼く、俊敏な器でなく、皇太子となっても任務に対応できるものではありません。謹んで立太子のことを聞き、気持ちが落ち着かず恐れ、内心、何をしてよいか判りません。陛下の決定を取り下げ、賢く才能のある方を選んで皇太子とすることが、私の気持ちを大切にしていただくことであり、人の非難を免れることができることになります。もし陛下の決定がこのまま行われるようなことになれば、全国が皇太子への望みを失い、日月星辰の尊さを欠くことになりましょう。

従五位下藤原朝臣良房《よしふさ》を左近衛権少将《ごんのしょうしょう》に任じ、加賀《かが》守は故のままとし、侍従《じじゅう》従五位上藤原朝臣長良《ながら》を左兵衛権佐《さひょうえのごんのすけ》に任じた。

○天長十年春二月戊午朔乙酉《廿八》、皇帝於二淳和院一譲二位于皇太子一、詔曰、現神止大八洲国所知倭根子天皇我詔良万止勅御命乎、親王諸王諸臣百官乃人等天下公民、衆諸聞食止宣、太上（嵯峨）天皇朕我不徳乎不二棄賜一天志、宝位乎授賜閇理、忝鍾二重睠一弖日日畏慎太麻布、春秋乃往随尓、旧疴毛稍発流、故機務乃暫毛虧怠牟許止乎恐賜弖、朝夕煩懐念須許止久矣、今念行佐久、皇太子止定太流正良親王、賢明夙彰礼、仁孝毛兼厚久之天、太能毛之久於太比之久在、是以撫二安国家一牟止之天、此位乎授賜布、諸此状乎悟天、清直心乎毛知弖、此皇子乎輔導支仕奉天、天下乎平介久令レ有余、

又古人有レ言利、上多支時尓波下苦止奈毛所聞、是以太上天皇止伊布号停米、亦諸乃服御乃物毛停賜
布、皇后宮毛如レ是有倍之、又如レ此時尓当都々、人々不レ好留謀懐天、天下乎毛乱利、己氏門乎毛滅人
等毛前前有、若毛如レ此有牟人乎波、己我教諭訓直天、各乃己祖祖門不レ滅、弥高仁仕奉、弥継
尓欲レ継止思慎天、無二二心志天一仕奉倍志止詔天皇我勅旨乎、衆聞食止宣、」是夕、今上抗表、辞二
宝位一曰、臣某言、照以二明鏡一、妍蚩難レ逃、逼以二恩綸一、喜懼失レ拠、臣某誠恐誠惶
頓首頓首死罪死罪、臣道徳両蕪、進退多レ躓、情性双昧、執守无レ常、誰昔扈二先堯
於姑射一、優二遊霜雪之光一、順二聖后於後園一、匍二匐章珮之陰一、而皇帝陛下、枉二恩紫
霄一、延登二分外一、啓二栄耀於欲レ隠、導二慈訓於未レ知、悲深二所天一、愛鍾猶レ子、辞不
レ獲レ免、久辱二洊雷一、露往霜来、十二載於此一、徳誘不レ倦、顧恤殊甚、思二欲随レ形逐
レ声、心神是役、終レ天畢レ地、身命不レ疲、今亦推二大宝一以錫二昭華一、避二枢極一以授二
乾象一、前愧未レ已、後懼更頻、実以纕纎塗重、輶徹任博、施二之人事一、尚有二負乗之
慙一、求二之天途一、何無二害盈之釁一、伏願日月貞明之景、毎煦二蒼生一、雲雨行施之恩、
永潤二品彙一、然則世寝二喧譁一、臣免二譴誚一、若不レ蒙二允容一、悉纏二衆讟一、君臣之議謂二
天下何一、不レ勝二傾戦憂懼之至一、拝表以聞、後太上天皇(淳和)不レ聴、○廿九丙戌、今上重抗表
曰、臣某言、人之所レ願、天必随、道之所レ通、物不レ擁、臣承二恩詔一、伏瀝二血誠一、
既踰二匝辰一、未レ蒙二允亮一、臣某中謝夫大陽方照、空履二将レ泮之氷一、悚汗頻流、猶レ臨二不
測之底一、蹈レ焦非レ懼、渉呂須レ傾、天道无レ私、冀垂二鑒許一、若不レ獲レ已、猶御二閑

蹤一、則民歆二善仁一、世倦二聖治一、然後逐二洞庭之野一、於レ事纔宜也、当今群品得レ所、黔首繫レ心、覆燾之恩、江海可レ謝、亭毒之徳、乾坤惟均、加以雷門之下、布鼓失レ声、朝陽之余、蛍火難レ照、意窮詞尽、不レ知レ所レ為、君挙必尽、恐遺二物議一、伏中二丹誠一、非二敢矯飾一、懇懃之深、重表陳請、後太上天皇遂亦不レ許、於レ是天皇乃命二車駕一、拝二謁先太上天皇(嵯峨)、及太皇太后(嘉智子)於冷然院一、還二御東宮一、〇丁亥《三十》、立二恒貞親王一為二皇太子一、詔曰、天皇我詔旨良万止勅御命乎親王等王等諸臣等百官人等天下公民、衆聞食止宣、朕以二拙弱一弖、掛畏支倭根子天皇我朝廷乃厚慈乎蒙天、皇太子止成礼利、思畏万利貴比賜己止昼夜止無之、然乎慮外尓天日嗣乎授賜布、依天不レ堪流状乎再比三比畏利申賜戸止毛、容賜比許賜波須、今思行佐久、厚恩乎蒙人波必報倍支理利有、故是以正嗣止有戸支恒貞親王乎皇太子止定賜布、故此之状乎悟天、百官乃人等仕奉止宣布天皇我御命乎衆聞食止宣、」以二参議従四位上文室朝臣秋津一為二春宮大夫一、左大弁左近衛中将武蔵守如レ故、従五位上藤原朝臣貞守為レ亮、讃岐介如レ故、」後太上天皇遣二権中納言従三位藤原朝臣吉野一、奉二書天皇一、辞二立皇太子一曰、恭観二今日詔一、冊二立愚子恒貞一、為二皇太子一、叡旨謬降、盛典曲施、夫洊雷位重、承祧事尊、非レ徳不レ昇、非レ賢何守、恒貞年実蒙幼、器非二夙恵一、安可下妄鍾二大礼一、猥主中匕鬯上、粛奉周遑、内知二云寘一、請停二厳命一、更択二賢才一、在二於重レ情、寔知レ免レ咎、縦使二天綸不レ駐、上令必行一、則失二万国以貞之望一、虧二三辰日敬之職一、」以二従五位下藤原朝臣良房一為二左近衛権少将一、加賀守如レ故、侍従従五位上藤原朝臣長良為㆓左兵衛権佐㆒」

○庚午（本日条から丁亥条までは係日に不審があるが、伝本のままとする）右京の人上野《かみつけの》権少掾《ごんのしょうじょう》従八位上尾張連年長《おわりのむらじとしなが》・位子《いし》無位尾張連豊野《とよの》・留省《るしょう》無位尾張連豊山《とよやま》らに姓忠宗宿禰《せいただむねのすくね》を賜った。

多治比真人《たじひのまひと》の氏名《うじな》を改めて丹墀真人《たじひ》を賜った（『三代実録《さんだいじつろく》』貞観《じょうがん》八年二月二十一日条に、天長《てんちょう》九年四月二十五日、多治比真人を丹墀真人位賜に改めたとの記事がみえる）。

左京の人図書頭《ずしょのかみ》従五位上秋篠朝臣雄継《あきしのあそんおつぐ》・右京の人散位《さんに》従七位上秋篠朝臣吉雄《よしお》に、姓菅原《すがわら》朝臣を賜った。

○癸酉　右京の人音博士《おんはかせ》従五位下六人部《むとべ》連門継《かどつぐ》・弟六人部連大宗《おおむね》・六人部連秋主《あきぬし》・妹六人部連鷹刀自《たかとじ》・六人部連磐子《いわこ》ら男女五人に、姓高貞《たかさだ》宿禰を賜った。

○甲戌　摂津《せっつ》国の人散位従六位上凡河内忌寸紀主《おおしこうちのいみきのりぬし》・兄留省従八位上凡河内忌寸紀麻呂《のりまろ》・弟留省大初位《だいそい》下凡河内忌寸福長《ふくなが》ら三人に、姓清内《きようち》宿禰を賜った。

摂津国豊嶋《てしま》郡の人散位従七位下出雲《いずも》連男山《おやま》・河辺《かわべ》郡の人正六位上出雲連雄公《おきみ》・出雲連伊《い》都岐麻呂《つきまろ》ら男女二十二人に、姓出雲宿禰を賜った。

○丙子　常陸《ひたち》国筑波《つくば》郡の人散位正六位上丈部長道《はせつかべのながみち》・一品式部卿《いっぽんしきぶきょう》親王（葛原《かずらはら》親王）家令《けりょう》外従五位下丈部氏道《うじみち》・下総《しもうさ》少目《しょうさかん》従七位下丈部継道《つぐみち》・左近衛《さこのえ》大初位下丈部福道《ふくみち》ら四人に、姓有道《ありみち》宿禰を賜った。
○己卯　左京の人左大史《さだいし》正六位上秦《はた》忌寸貞仲《さだなか》に姓《かばね》宿禰を賜った。
○甲申　左京の人上毛野公道信《かみつけぬのきみみちのぶ》に姓上毛野朝臣を賜った。
○丙戌　右近衛将曹《うこのえのしょうそう》伴林《とものはやし》宿禰御園《みその》ら四人に、姓伴宿禰を賜った。
○丁亥　典蔵《くらのすけ》従四位下大宅水取臣継主《おおやのもいとりのおみつぐぬし》ら三人に朝臣の姓を賜った。継主臣は八《や》腹木《はらき》事《こと》命の後《こう》裔《えい》である。

○庚午、右京人上野権少掾従八位上尾張連年長、位子无位尾張連豊野、留省无位尾張連豊山等賜㆓姓忠宗宿祢㆒」改㆓多治比真人氏㆒、賜㆓姓丹墀真人㆒、左京人図書頭従五位上秋篠朝臣雄継、右京人散位従七位上秋篠朝臣吉雄、賜㆓姓菅原朝臣㆒、○癸酉、右京人音博士従五位下六人部連門継、弟六人部連大宗、六人部連秋主、妹六人部連鷹刀自、六人部連磐子等男女五人賜㆓姓高貞宿祢㆒、○甲戌、摂津国人散位従六位上凡河内忌寸紀主、兄留省従八位上凡河内忌寸紀麻呂、弟留省大初位下凡河内忌寸福長等三人賜㆓姓清内宿祢㆒」摂津国豊嶋郡人散位従七位下出雲連男山、河辺郡人正六位上出雲連雄公、出雲連伊都岐麿等男女廿二人賜㆓姓出雲宿祢㆒、○丙子、常陸国筑波郡人散位正六位上丈部長道、一品式部卿親王家令外従五位下丈部氏道、下総少目従七位下丈部継道、左近衛大初位下丈部福道四人、賜㆓姓有道宿祢㆒、○己卯、左京人左大史正六位上秦忌寸貞仲賜二姓宿祢一、○甲申、左京人上毛野公道信賜二姓上毛野朝臣一、○丙戌、右近衛将曹伴林宿祢御園等四人賜二姓伴宿祢一、○丁亥、賜二典蔵従四位下大宅水取臣継主等三人朝臣姓一、継主臣八腹木事命之後也、

○三月戊子朔《一日》　日蝕《にっしょく》があった。

仁明《にんみょう》天皇が、淳和太上天皇《じゅんなだいじょうてんのう》の恒貞《つねさだ》親王立太子辞退の申し出に対し、次のように奉答した。

臣下である某《なにがし》が申し上げます。伏して太上天皇の詔《みことのり》を見ましたところ、「恒貞は幼く、俊敏な器でなく、皇太子としての任務に対応できるものではありません」とありました。しかし、軽が重の始まりであり、小があって大があるものです。魏《ぎ》の明帝《めいてい》は幼時から利発でして、利発と年齢とは関係がなく、晋《しん》の武帝《ぶてい》は幼い時から立派な相を示していました。すなわち才智は生まれつきで、年齢には関わらないものです。伏して右の例を念頭におきますと、恒貞親王の立太子につきましては、すでに根拠とすべき故実があるのです。私は何度も恒貞親王を立太子するとの思いを表明してきましたが、陛下の御意向により、私の意図するところに喰《く》い違《ちが》いが生じてしまいました。私には良き側近がおらず、適切な助言が得られません。伏して、日月の明るさをもって私の蒙昧《もうまい》を照らし、広い度量で私の欠点を補っていただきますことをお願いいたします。陛下（淳和太

上天皇）の御存知のように私はこの上ない愚か者で、徳を欠いています。伏して、近くにいて憐《あわれ》みを垂れ、私の荒れ乱れた気持ちを和らげ、恒貞親王の立太子をお認めくださいますよう、請い願う次第です。至誠、至敬の思いに飾るところはなく、私の真心に喩《たと》えられるものはありません。

淳和太上天皇は再度、仁明天皇に書を差し出し、次のように述べた。

　私の心中の思いははっきりしており、皇太子を替えることを申し出ましたものの、御考えを変えていただけず、憂いの気持ちは灼《や》けるようであります。『易経《えききょう》』に「祖先の霊を祀《まつ》るのは長子が相応しい」、『礼記《らいき》』に「祭の終了後堂に上り神の残り物を食して祖先を尊ぶのは、後嗣である」とあり、私はこのような古典の文章を学んでおります。まずは態度が立派で慎み深く優れた者が登場して太子の地位につき、学問を積んでいくものです。今思いますに、恒貞は後漢《ごかん》の孝明《こうめい》帝のように賢くなく、周《しゅう》の武王《ぶおう》の後を追えるような人物ではありません。どうして陛下を助け補うことができましょうか。しかし、ありがたい思《おぼ》し召《め》しに何度も与《あずか》り、心から辞退しても認めていただけず、私一人のみが恒貞立太子が宜しくないという事態となりましたが、世評が恒貞立太子を是《ぜ》とすることがありましょうか。皇太子の地位を失墜し、適切でないとする批難が聞こえてきます。私の真心からの言葉を承知し、先の詔命を必ず回収されますことを望みます。朝廷と退位した私との間には区別があり、私が兎《と》や角《かく》言うものではありません。父子は体質・気質が同じであっても別個であるのが理に適《かな》っています。婦人が布を織ることを憂えず、国の乱れを憂い、神官が祭礼で使用する料理を作る場に介入するような、余人の立場に踏み込むものではありません（淳和太上天皇が自分の子が皇太子となり朝政に介入するようになることの非をいう）。そこで私は、私の立場で重ねて申し出、佇立《ちよりつ》してお許しを請う次第です。

天皇は淳和太上天皇の申し出を許さず、その書を差し戻した。

僧綱《そうごう》以下の高僧数十人が朝廷に来会して、仁明天皇の践祚《せんそ》を祝賀した。

○己丑《二日》　天皇が次のように詔りした。

朕《ちん》は淳和太上天皇の譲位を受けての即位を辞退したが、免《ゆる》されず、皇位に即《つ》くことになった。朽ちた手綱《たづな》で奔馬《ほんば》を御する思いであり、公卿《くぎよう》を見ては気持ちを引き締め、人民を顧みては心を砕き、国の原則を広め浸透させ、先人の作った規範に欠けることがないようにと思っている。淳和太上天皇は遠い古来の法則を明らかにして手本とし、全国を育むことを行ってきたが、仁による教化が未《いま》だ行き渡らないのに、早くも皇位を避《さ》けられてしまった。今、淳和太上天皇の詔旨に当たってみると、「天下に高貴の者が多くなると、百姓が負担に苦しむことになるので、私に対する太上天皇の尊号付与については、従前のあり方に倣う必要はなく、不要です」とあるが、太上天皇の称号は一時のものでなく、秦《しん》・漢《かん》以来しきりに行われてきている。朕が思うに、礼は天の道理に合致し、人情に沿うところの大事な基準である。それは人にあって、竹の有する艶《つや》の如く、松柏《しょうはく》の示す不変の原則の如きものである。すなわち四季を通じ木の枝が葉にならないように確かなものとして、聖人は礼の捨ておくべきものでないことを知っている。そこで、淳和天皇が先王の定めた礼制に従い、至公《しこう》の基準を勝手に解釈しないよう求めたいと思う。朕は先日、重ねて尊号を受けていただきたいとの表を捧呈《ほうてい》したが、遂《つい》に拒絶されてしまった。申し出が受け入れられず、朕に非難が集中することになろう。もしなお、淳和天皇の聖慮に従い、太上号を上《たてまつ》らないとすれば、天下の人は仰ぎみて、何を信頼できるものとしようか。そこで、尊号を上ることとし、淳和天皇を太上天皇、皇太后《こうたいごう》（橘《たちばなの》嘉智子《かちこ》）を太皇太后《たいこうたいごう》、皇后（正子《まさこ》内親王）を皇太后とする。広く天下に告知し、朕の意とするところを知らしめよ。

淳和太上天皇は、太上天皇号を辞退して、次のように上表した。

今、古典に則《のっと》り私に尊号を付与されるということですが、私の意図と違《たが》い、翻って思えば、私の生活信条に反しています。それは自足を期して老子《ろうし》の静かに生きる哲学に従い、強制されることなく本性を活《い》かすことを旨とする荘子《そうし》の思想に即したいと思っているからであり、太上天皇号の授与は謬《あやま》っております。私は天皇として終日恐れの気持をもちながら政務を執り長年月が過ぎ、身も心も疲れました。休息はできず、そこで皇位を避り、解き放たれた場で風月を友とし、霞んで見える蔦《つた》を相手に日を送ることにしたのです。そのため俗事は見聞せず、煩事《はんじ》を心にかけるつもりはありませんので立派な尊号をいただいたところで、嬉しいことではありません。それより私の重んずるのは、大道を行くことで、本性をすべて遂げることにあります。老齢の日々を緩《ゆった》りと過ごすというのは、こういうことだと思います。太上天皇号の授与をいう前後の詔《みことのり》を撤回し、私の辞退をお免しいただくことを、お願いします。私の辞退の気持ちは固く、偽り飾るものではありません。

仁明天皇は淳和太上天皇の要請を認めなかった。

本日、正五位下賀茂朝臣《かものあそん》今子《いまこ》と従五位下大和宿禰《やまとのすくね》館子《たちこ》を掌侍《ないしのじょう》に任じ、外《げ》従五位下海《あまの》直《あたい》家継《いえつぐ》を掌膳《かしわでのじょう》に任じた。

○辛卯《四日》　天皇が大極殿《だいごくでん》に出御《しゅつぎょ》して、伊勢大神《いせのおおかみ》に奉幣《ほうべい》した。即位のためである。

○壬辰《五日》　中納言《ちゅうなごん》従三位兼行民部卿《みんぶきょう》藤原《ふじわら》朝臣愛発《あらち》・権中納言《ごんのちゅうなごん》従三位藤原朝臣吉野《よしの》・従四位下因幡守《いなばのかみ》高枝《たかえ》王・従四位下式部大輔《しきぶのたいふ》安倍《あべ》朝臣吉人《よしひと》らを柏原《かしわばら》（桓武《かんむ》天皇）・長岡《ながおか》（桓武皇后藤原乙牟漏《おとむろ》）両山陵へ分遣し、予《あらかじ》め仁明天皇の即位について次のように申告した（宣命《せんみょう》体《たい》）。

　天皇が畏《かしこ》まって申し上げよ、とて申し上げます。淳和太上天皇が厚い恵みを垂れて、皇位を授けてくださいました。天皇の任に堪《た》えない旨を再三にわたり申しましたが、お免しを得ませんでした。そこで、山陵を清掃し、皇位を継いでお守りいたします、と畏まって申し上げよ、とて申し上げます。また、言葉にして口にするのも憚《はばか》られる桓武天皇の手厚いお蔭を被っている天下の政事《まつりごと》が平穏で、天地・日月と共にいつまでも続くよう守っていきたいと思っていますことを、畏まって申し上げよ、とて申し上げます。次に言葉を改めて申し上げますには、後嗣に相応しい恒貞親王を皇太子としましたことを、畏まって申し上げよ、とて申し上げます。

○癸巳《六日》　天皇が大極殿で即位して、次のように詔《みことの》りした（宣命体）。

明神《あきつみかみ》として日本国を統治する天皇の仰せになるお言葉を、親王《みこたち》・諸王《おおきみたち》・諸臣《おみたち》・百《ももの》官人等《つかさひとたち》・天下公民《あめのしたのおおみたから》、皆の者が承れ、と申し聞かせる。言葉にして口にするのも憚られる天皇（淳和天皇）が仰せになった、皇位を、言葉にして口にするのも憚られる天智天皇が初めて定められた法に従い受けよ、とのお言葉を賜ったが、恐れ畏まり、進退も判らない状態である、と畏まって仰せになる天皇のお言葉を、皆の者が承れ、と申し聞かせる。さて、天下を治める君は、賢人の補佐を得て穏やかに事なく治めることができる、と聞いている。そこで勅命をもって仰せられるには、朕は拙劣ではあるが、親王たちから始めて王臣らの助勢を得て、譲られた天下の政を穏やかで事なくおし進めることができる、と考えている。そこで、正しくまっすぐな心で天皇の朝廷に仕えよ、と仰せになる天皇のお言葉を、皆の者が承れ、と申し聞かせる。次に言葉を改めて、奉仕する人たちに関し、その人の奉仕する状《さま》に従って、位階を上げることにする。また、伊勢大神宮から始めて、諸社の禰宜《ねぎ》・祝《はふり》らに、位一階を給うことにする。また、僧綱および京・畿内の諸寺において、智《ち》・行《ぎょう》に優れているとの評判を得ている僧尼《そうに》と、八十歳以上の僧尼に、物を施すことにする。また、五位以上の者の子・孫で二十歳以上になっている者には、法で定めている蔭位《おんい》を授けることにする。左右京・五畿内の鰥《かん》・寡《か》・孤《こ》・独《どく》（六十一歳以上のやもお・五十歳以上のやもめ・十六歳以下の父のない子・六十一歳以上で子のない者）で自活できない者に物を賜うことにする。天下の介護人を支給されている高年の者に物を賜うことにする。多くの人より優れている優秀な耕田者《こうでんしゃ》に位一階を授けることにする。孝子《こうし》・順孫《じゅんそん》（祖父母・父母によく仕える孫）・義夫《ぎふ》（義理に厚い男子。本来は何代にもわたって同居共財を行っている男子）・節婦《せつぷ》（夫の死後、節操を守り再婚しない妻）に対し、終身課税を免除することにする。また、畿外諸国の八十歳以上の僧尼に物を施すことにする、との天皇のお言葉を皆の者が承れ、と申し聞かせる。

四品阿保《あぼ》親王・賀陽《かや》親王に並びに三品、従二位藤原朝臣緒嗣《おつぐ》に正二位、正三位清原真人《しょうさんみきよはらのまひと》夏野《なつの》・藤原朝臣三守《みもり》に並びに従二位、従三位源《みなもと》朝臣常《ときわ》・藤原朝臣吉野《よしの》に並びに正三位、正四位下源朝臣信《まこと》に従三位、無位正行《まさゆき》王に従四位下、従五位下岡屋《おかや》王に従五位上、正四位下小野《おの》朝臣野主《ののぬし》に正四位上、従四位下安倍朝臣吉人《よしひと》に正四位下、従四位下藤原朝臣文山《ふみやま》・橘朝臣弟氏《おとうじ》に並びに従四位上、正五位下伴《とも》宿禰友足《ともたり》に従四位下、従五位上滋野《しげの》朝臣貞主《さだぬし》に正五位上、従五位上甘南備《かんなび》真人高継《たかつぐ》・伴宿禰宅麻呂《やかまろ》・伴宿禰氏上《うじがみ》・橘朝臣氏人《うじひと》・橘朝臣永《なが》名《な》・従五位下藤原朝臣助《たすく》に並びに正五位下、従五位下伴宿禰清世《きよよ》・安野《やすの》宿禰真継《まつぐ》・佐伯《さえき》宿禰春海《はるみ》に並びに従五位上、正六位上良岑《よしみね》宿禰高行《たかゆき》・藤原朝臣勢多雄《せたお》・藤原朝臣高仁《たかひと》・藤原朝臣富士麻呂《ふじまろ》・藤原朝臣宗能《むねよし》・橘朝臣常道《つねみち》・県犬養《あがたいぬかい》宿禰広浜《ひろはま》・外従五位下清岑《きよみね》宿禰門継《かどつぐ》・飯高《いいたか》宿禰全雄《またお》に並びに従五位下、正六位上山辺《やまのべ》宿禰岑麻呂《みねまろ》に外従五位下を授けた。

本日、三品有智子《うちこ》内親王に二品を授けた。河内《かわち》国の人大外記《だいげき》外従五位下長岑《ながみね》宿禰茂智麻呂《もちまろ》ら五人の本貫《ほんがん》（本籍地）を改めて、右京に付籍《ふせき》した。

○甲午（七日）　天皇が東宮御所《とうぐうごしょ》から松本院《まつもといん》へ移った。使人《しじん》を派遣して、践祚《せんそ》に伴う三関《さんげん》（伊勢国鈴鹿関《すずかのせき》・美濃《みの》国不破《ふわ》関・近江《おうみ》国逢坂《おうさか》関）の閉鎖を解いた。

○乙未（八日）　天皇が初めて朝政に臨んだ。

左大臣《さだいじん》正二位藤原緒嗣が上表して辞官を求めたが、許さなかった。

本日、諸国へ使人を分遣し、即位式のことで天神《てんじん》・地祇《ちぎ》に奉幣した。

○丙申（九日）　肥後《ひご》国葦北《あしきた》郡少領《しょうりょう》外従八位上他田継道《おさだのつぐみち》に位三階を授け、同郡の白丁真髪部福益《はくちょうまかみべのふくます》に官人としての出身身分を与えた。二人とも私財を提供して飢民を救済したことによる。

○戊戌（十一日）　左大臣正二位藤原朝臣緒嗣が辞官を求めたが、許さなかった。

三品秀良《ひでなが》親王を中務卿《ちゅうむきょう》に任じ、中納言《ちゅうなごん》従三位直世《なおよ》王を兼弾正尹《だんじょうのいん》に任じ、従二位行大納言《だいなごん》藤原朝臣三守《みもり》を兼皇太子傅《こうたいしふ》に任じた。

○庚子《十三日》　従五位上丹墀《たじひ》真人清貞《きよさだ》を右少弁《うしようべん》に任じた。（中略）正五位上滋野朝臣貞主《さだぬし》を内蔵頭《くらのかみ》に任じ、下総守《しもうさ》は故《もと》のままとした。（中略）従五位下小野朝臣篁《たかむら》・従五位下春澄《はるすみ》宿禰善縄《よしただ》を共に東宮学士《とうぐうのがくし》に任じた。善縄の帯びる大内記《だいないき》は故のままとした。（中略）

左衛門府《さえもんふ》の医師従七位上出雲連永嗣《いずものむらじながつぐ》の連を改めて、宿禰を賜姓した。

○辛丑《十四日》　左大臣緒嗣が上表して、職封《しきふ》五百戸の減封を求めたが、許さなかった。

○壬寅《十五日》　天皇が紫宸殿《ししんでん》に出御して、群臣に酒を賜った。囲碁が催され、終了後、親王以下の者に差をなして、衣被《いひ》が下賜された。

本日、権中納言藤原朝臣吉野の兼任する右近衛大将《うこのえのたいしょう》を解き、淳和院《じゅんないん》（淳和天皇の居所）に詰めさせることにした。

○乙巳《十八日》　天皇が紫宸殿に出御し、皇太子が初めて拝謁した。皇太子は拝舞して昇殿し、東宮《とうぐうの》采女《うねめ》が膳部《ぜんぶ》をすすめ、箸《はし》を下さないうちに、勅により御衣《ぎょい》が下賜された。皇太子は受け取ると拝舞し、早々に退下した。本日、皇太子は両太上天皇（嵯峨《さが》・淳和太上天皇）に拝謁することになっていたためである。この時、皇太子は九歳で、容儀のほどは老成した人のようであった。東宮学士および東宮坊《とうぐうぼう》の進《じょう》以上の官人・乳母に、差をなして衣被が下賜された。また、商布《しょうふ》五千段が参内している五位以上の者に、差をなして支給された。皇太子および東宮坊官人にも支給された。

○丁未《二十日》　百人の僧侶《そうりょ》を大極殿に喚《よ》んで、『大般若経《だいはんにゃきょう》』を転読（飛ばし読み）した。今年の穀物の豊作と疫気《えきき》消除を祈願するためである。全国に三日間の殺生禁断を告知した。

○己酉二十二日　大嘗会《だいじょうえ》のことで卜定《ぼくてい》を行い、近江《おうみ》国高島《たかしま》郡を悠紀《ゆき》、備中《びっちゅう》国下道《しもつみち》郡を主基《すき》とした。

○辛亥二十四日　中納言従三位直世《なおよ》王を兼中務卿に任じ、三品秀良《ひでなが》親王を弾正尹に任じ、参議《さんぎ》従三位橘朝臣氏公《うじきみ》を右近衛大将に任じ（氏公の参議就任は本年六月癸亥）、正五位下伴宿禰氏上《うじがみ》を右中弁《うちゅうべん》に任じた。（中略）従五位下小野朝臣篁《たかむら》を弾正少弼《だんじょうのしょうひつ》に任じ、正五位下藤原朝臣助《たすく》を右《う》近衛権中将《このえのごんのちゅうじょう》に任じ、従五位下長田《ながた》王を伊勢守《いせのかみ》に任じ、従五位下藤原朝臣貞雄《さだお》を甲斐《かい》守に任じ、従四位上源朝臣弘《ひろむ》を信濃《しなの》守に任じ、宮内卿《くないきょう》は故のままとした。（下略）

○癸丑二十六日　久子《ひさこ》内親王を伊勢斎宮《いせのさいぐう》とし、高子《たかこ》内親王を賀茂斎院《かものさいいん》とした。

○甲寅二十七日　遠江《とおとうみ》国に飢疫《きえき》が発生したので、物を恵み与えた。

○乙卯二十八日　天皇が次のように詔りした。

　立派な有徳者が埋もれてはならず、必ず位階の上昇を図るものであり、優れた業績は明らかにして、称号を高めるものである。この故に祖先を敬い尊《たっと》ぶことの意義が古典に明らかに示されており、代を隔てて死者を追慕し人の死後を飾ることが行われてきているのである。朕の外祖父従三位橘朝臣清友《きよとも》は皇室から分かれた顕族《けんぞく》に属して枢要の地位に昇り、外祖母田口《たぐち》氏は良き家に艶《あで》やかな女子として育ったが、時は遷《うつ》りすでにいない。朕は才能を欠きながらも、大いなる帝王の業を引き継いだ。遠く過去を尋ねるに、清らかで輝かしい存在も定かでないものになってしまっていることを思う。すなわち、過去を尋ね、礼遇を行うことにより、貴人たることをはっきりさせることができるのである。そこで、朕の外祖父と外祖母に、共に正一位を追贈することにする。外祖父橘朝臣に授与する位記には「高貴な一族に属して、高位に昇り栄誉を加え、徳の誉れは死後にまで伝わり、人は代わっても厚く偲《しの》んでいる。朝廷の恩典を重ね、その墓の飾りとすべきである」と記し、外祖母田口氏に授与する位記《いき》には、「かつて人目を避けることを喜びとしていたが、淑《しと》やかな婦徳を伸ばし、死後も馥郁《ふくいく》たる香りが伝わり、今も存命時と同様に、睦《むつ》み親しむ者がいる。贈位を高くし、死後の栄誉への道を開くべきである」と記せ。

勅して、山城《やましろ》国相楽《さがらか》郡の拝山《かせやま》墓（橘清友《きよとも》）と河内国交野《かたの》郡の小山墓（仁明天皇の外祖母田口氏）に、共に墓守《はかもり》一戸を置くことにした。

○丁巳《三十日》　正五位下橘朝臣井手子《いでこ》に従四位下を授けた。

○三月[一]戊子朔、日有レ蝕之、」天皇縁三後太上天皇（淳和）辞二立太子一奉二答表一曰、臣某言、伏覧二詔旨一曰、恒貞年実蒙幼、器非二夙恵一、安可下妄鍾二大礼一、猥主中匕鬯上、夫軽者重之端、小者大之本、故魏宮岐嶷、非二老大之情一、晋儲神姿、是幼稚之謂、然則聡恵在レ性、不レ限二年齢一、伏稽二前言一、既有二故実一、臣頻表二懐抱一、心事共違、家賓之慙、滴誰為レ助、伏願、仮二彼重明一照二朦昧一、資二其寛博一備二遺忘一、臣之至愚、聖衷所レ験、雖レ云レ无レ徳、庶幾有レ隣、冀垂二矜憐一、賜レ緩二憤憒一、至誠不レ飾、至敬無レ文、伏表二丹愿一、無レ地レ取レ喩、」一後太上天皇重奉レ書曰、内揆已審、請レ易二太子一、冲鑒未レ廻、憂心如レ灼、易曰、主レ器莫レ若二長子一、礼曰、登餕則以二上嗣一、斯皆温レ文既習、聖レ敬克躋、然後正二位前星一、賛二業東序一者也、今恒貞漢庭難レ擬、周儲不レ追、将何以裨二光聖明一、助二聡天辰一、而恩裒逾届、血訴不レ成、独謂レ非宜、輿談孰許、恐龍楼之守爰墜、鮑俎之譏有レ聞、望昭二丹辞一、必収二紫渙一、山朝事隔、无レ可レ開レ言、父子体同、理当二分疏一、異二於嫠不レ恤レ緯、尸不レ越レ樽之義一、是以重復鋪陳、佇レ蒙二矜聴一」天皇不レ許、奉レ還二其書一」僧綱以下高僧数十人来二会闕庭一、奉レ賀二践祚一、○二己丑、詔曰、朕不レ免二叡託一、馭レ朽乗レ奔、瞻二公卿一而兢懐、顧二兆庶一而軫念、思下弘二国憲一、無上レ虧二成規一、後太上天皇、憲二章千古一、含二育万邦一、仁化未レ澆、機事滋脱、今撿二詔旨一云、天下多レ尊、百姓所レ苦、避レ位之号、勿レ随二旧典一、夫太上尊号、非二唯一時一、秦日漢年、称謂尚矣、朕以、礼之為レ用、所下以達二天道一順中人情上之大宝也、其在レ人也、如二竹箭之有一レ筠也、如二松柏之有一レ心也、故貫二四時一、不レ改レ柯易レ葉、是以、聖人知二礼之不一レ可二以已一也、冀脩二先王之礼制一、不レ私二至公之典要一、朕先日重表、遂蒙二拒逆一、空庸之軀、謗讟惣集、若猶奉二順聖慮一、改二易正名一、天下仰瞻、何用取レ信、宜下上二尊号一為中太上天皇上、皇太后曰二太皇太后一、皇后為二皇太后一、普告二天下一、令レ知二朕意一」後太上天皇辞二尊号一曰、今摹二古典一、猶加二尊号一、已違二本図一、翻孤二元誓一、何者事期二自足一、老聃杜二企跨之塗一、量不レ可レ強、荘叟開二性分之域一、謬以二太上天皇之授一也、経二理万機一、夕惕多レ稔、神労二于用一、形倦二于勤一、至二於将摂之方一、眇邈其遠、所以釈二彼負重一、保二茲閑放一、揖二風月一而為レ友、偶二烟蘿一而遣レ日、然則収レ視反レ聴、煩不レ嬰レ心、峻レ号崇レ名、貪豈攸レ楽、况大道之行、禀性咸遂、去邁悠然、蓋有レ之矣、請廻二先後詔一、必允レ所レ辞、深閇固距、言匪二矯餝一、天皇不レ聴、」一是日、以二正五位下賀茂朝臣今子、従五位下大和宿祢舘子一、並為二掌侍一、外従五位下海直家継為二掌膳一、四○辛卯、天皇御二大極殿一、奉二幣伊勢大神宮一、為レ応二即位一也、五○壬辰、頒二遣中納言従三位兼行民部卿藤原朝臣愛発、権中納言従三位藤原朝臣吉野、従四位下因幡守高枝王、従四位下式部大輔安倍朝臣吉人等於柏原長岡二山陵一、予告下可二即位一之状上曰、天皇恐恐毛申賜部止申久、後太上天皇厚矜乎垂賜天、天之日嗣乎授賜閇利、不レ堪流状再比三比申賜閇止許賜波須、故是以大御坐処乎掃潔侍而、天之日嗣乎戴荷知、守仕奉倍支事乎、恐恐毛申賜久止奏、又申久掛畏支柏原御門乃天朝矜賜波牟厚慈乎蒙戴天之、天之日嗣政者平久安久、天地日月止共尓守仕奉部之止思念事乎恐恐毛申賜久止奏、辞別申久、正嗣止有閇岐恒貞親王乎皇太子止定賜布状、恐美恐美毛申賜止奏、六○癸巳、天皇即二位於大極殿一、詔曰、明神止大八洲国所知天皇我詔旨良万止宣勅乎、親王諸王諸臣百官人等天下公民衆諸聞食止宣、掛畏支倭根子天皇我宣、此天日嗣高座之業乎、掛畏支近江大津乃宮尓御宇之天皇(天智)乃初賜比定賜部留法随尓仕奉止、仰賜比授賜布大命乎受賜利、恐美受賜利懼利、進母不レ知尓退毛不レ知尓恐美坐久止宣布大勅乎衆聞食止宣、然皇止坐天天下治賜君波、賢人乃良佐乎得弖之、天下乎波平久安久治賜尓在止奈毛聞行須、故是以大命坐宣久、朕雖二拙幼一親王等乎始氏王等臣等乃相穴奈比奉利相扶奉牟事依天之、此乃仰賜比授賜閇留食国乃天下之政波平久安久仕奉倍之止所念行、是以以二正直之心一天天皇朝庭乎衆助仕奉止宣天皇勅衆聞食止宣、辞別宣久、仕奉人等中尓、其仕奉状随尓、冠位上賜比治賜布、又大神宮乎始天、諸社乃祢宜祝等尓、給二位一階一、又僧綱及京畿内乃諸寺僧尼乃知行有レ聞流、幷年八十已上尓施レ物太万布、又五位已上子孫乃年廿已上奈留尓賜二当蔭之階一布、左右京五畿内乃鰥寡孤独不レ能二自存一人等尓給二御物一布、天下給レ侍留高年尓給二御物一布、力田之輩乃其業超レ衆者尓賜二爵一階一布、孝子順孫義夫節婦乎波終レ身尓勿レ事礼、又外国僧尼乃年八十已上奈留尓施レ物之賜波久止勅天皇大命乎衆聞食止宣、」一授二四品阿保親王、賀陽親王並三品一、従二位藤原朝臣緒嗣正二位、正三位清原真人夏野、藤原朝臣三守並従二位、従三位源朝臣常、藤原朝臣吉野並正三位、正四位下源朝臣信従三位、无位正行王従四位下、従五位下岡屋王従五位上、正四位下小野朝臣野主正四位上、従四位下安倍朝臣吉人正四位下、従四位下藤原朝臣文山、橘朝臣弟氏並従四位上、正五位下伴宿祢友足従四位下、従五位上滋野朝臣貞主正五位上、従五位上甘南備真人高継、伴宿祢宅麻呂、伴宿祢氏上、橘朝臣氏人、橘朝臣永名、従五位下藤原朝臣助並正五位下、従五位下伴宿祢清世、安野宿祢真継、佐伯宿祢春海並従五位上、正六位上良岑朝臣高行、藤原朝臣勢多雄、藤原朝臣高仁、藤原朝臣富士麻呂、藤原朝臣宗能、橘朝臣常道、県犬養宿祢広浜、外従五位下清岑宿祢門継、飯高宿祢全雄並従五位下、正六位上山辺宿祢岑麻呂外従五位下、是日、授三品有智子内親王二品、河内国人大外記外従五位下長岑宿祢茂智麻呂等五人、改本居貫附右京、○[七]甲午、天皇遷自東宮、権御松本院、遣使解関門警固、○[八]乙未、天皇始臨朝、左大臣正二位藤原朝臣緒嗣上表、請辞官職、不許、是日、頒使諸国、奉幣天神地祇、以有即位事也、○[九]丙申、肥後国葦北郡少領外従八位上他田継道叙三階、同郡白丁真髪部福益賜出身焉、以各輸私物済飢民也、○[十一]戊戌、左大臣正二位藤原朝臣緒嗣乞帰、不許、以三品秀良親王為中務卿、中納言従三位直世王為兼弾正尹、従二位行大納言藤原朝臣三守為兼皇太子傅、○[十三]庚子、以従五位上丹墀真人清貞為右少弁云々、正五位上滋野朝臣貞主為内蔵頭、下総守如故云々、従五位下小野朝臣篁、従五位下春澄宿祢善縄並為東宮学士、善縄所帯大内記如故云々、左衛門医師従七位上出雲連永嗣改連賜宿祢、○[十四]辛丑、左大臣緒嗣上表、請減職封五百戸、不聴、○[十五]壬寅、天皇御紫宸殿、賜群臣酒、有囲碁之興、訖賜親王以下御衣被各有差、是日、罷権中納言藤原朝臣吉野所兼右大将之任、令以陪奉淳和院、○[十八]乙巳、天皇御紫宸殿、皇太子始朝覲、拝舞昇殿、東宮采女羞饌、未及下箸、勅賜御衣、受之拝舞、早退、以当日須拝謁両太上天皇也、于時皇太子春秋九齢矣、而其容儀礼数如老成人、賜学士及坊官進以上幷乳母衣被一、各有レ差、又以二商布五千段一、賜二見参五位以上一各有レ差、皇太子及坊官亦預焉、○丁未《二十》、延二百口僧於大極殿一、転二読大般若経一、以祈二年穀一兼攘二疫気一也、普告二天下一、禁二断殺生一、限以二三ケ日一、○己酉《廿二》、卜二定大嘗会事一、以二近江国高嶋郡一為二悠紀一、備中国下道郡為二主基一、○辛亥《廿四》、以二中納言従三位直世王一為二兼中務卿一、三品秀良親王為二弾正尹一、参議従三位橘朝臣氏公為二右近衛大将一、正五位下伴宿祢氏上為二右中弁一云々、従五位下小野朝臣篁為二弾正少弼一、正五位下藤原朝臣助為二右近衛権中将一、従五位下長田王為二伊勢守一、従五位下藤原朝臣貞雄為二甲斐守一、従四位上源朝臣弘為二信濃守一、宮内卿如レ故云々、○癸丑《廿六》、以二久子内親王一為二伊勢斎宮一、高子内親王為二賀茂斎院一、○甲寅《廿七》、遠江国飢疫、賑二恤之一、○乙卯《廿八》、詔曰、盛徳無レ沬、必資二加等之栄一、徽烈惟照、聿修二崇号之制一、故使下敬レ宗尊レ祖、義煥二曩篇一、追レ遠飾レ終、不上レ隔二異代一、朕外祖父従三位橘朝臣(清友)、疏二基顕族一、驤二首高衢一、外祖母従三位田口氏、毓二彩芝田一、騰二芳蕙圃一、但属二運謝一、已従二閲川一、朕以二菲薄一、丕承二洪業一、緬尋二既往一、想二清渾之眇焉一、乃詢二旧章一、宣二縟礼一而有レ貴、宜三外祖父及外祖母並追二贈正一位一也、橘朝臣位記状曰、地居二貴戚一、爵既隆而加レ栄、徳蘊二余芬一、人雖レ謝而追レ遠、宜下申二朝典一、式賁中泉扃上、田口氏位記状曰、曾慶二潜行一、誕二兹婉嫿一、汾川行閲、蘭郁猶流、欽二若旧章一、睦親斯在、宜下崇二寵贈一、允迪中追栄上」勅、山城国相楽郡拝山墓、河内国交野郡小山墓、並宜レ置二守冢一烟一、○丁巳《三十》、授二

正五位下橘朝臣井手子従四位下、

○夏四月戊午朔《一日》　天皇が紫宸殿《ししんでん》に出御《しゅつぎょ》して、侍臣《じしん》に酒を賜った。音楽を演奏している時に、右京大夫《うきょうのだいぶ》従四位下百済王《くだらのこにきし》勝義《しょうぎ》が百済の国風《くにぶり》の舞を奏した。日暮れ時に酒宴が終わり、四位以上の者に御被《みふすま》、五位の者に御衣《ぎょい》を賜った。

○庚申《三日》　霜が降りた。

○壬戌《五日》　従四位下行伊予権守《いよのごんのかみ》和気《わけの》朝臣《あそん》真綱《まつな》を派遣して、八幡大菩薩宮《はちまんだいぼさつぐう》と香椎廟《かしいびょう》に御剣《みつるぎ》と幣帛《へいはく》を奉納した。仁明《にんみょう》天皇の即位を告げるためである。

○甲子《七日》　内匠頭《たくみのかみ》正五位下楠野《くすの》王を伊勢《いせ》大神宮《だいじんぐう》へ派遣して、斎宮《いつきのみや》宜子《よしこ》女王の替わりに久子《ひさこ》内親王を定めたことを報告した。

○乙丑《八日》　帰化してきた新羅《しらぎ》人金礼真《きんれいしん》ら男女十人を左京五条に貫附《かんぷ》（附籍）した。

○丁卯《十日》　参議《さんぎ》従四位下右大弁《うだいべん》藤原《ふじわら》朝臣常嗣《つねつぐ》を派遣して、賀茂《かも》大神宮へ奉幣し、高子《たかこ》内親王《ないしんのう》を斎院《さいいん》に定めたことを報告した。

○丙子《十九日》　左近衛府《さこのえふ》が奉献《ほうけん》（財物を提供すること）して音楽を奏した。夕暮れに終了し、群臣に差をなして御衣と商布《しょうふ》を下賜した。

本日、勅により大舎人《おおどねり》穴太《あのう》馬麻呂《うままろ》と内豎《ないじゅ》橘《たちばなの》吉雄《よしお》を喚《よ》び、両人を並び立たせて身長を測った。吉雄は身長がはなはだ低く、その頭の高さが馬麻呂の腋下《わきのした》に及ばなかった。

○二十日丁丑　常陸《ひたち》国の鹿嶋神宮《かしまじんぐう》の祝《はふり》外従八位上勲八等中臣鹿嶋連川上《なかとみのかしまのむらじかわかみ》に外従五位下を授けた。

○二十一日戊寅　左衛門《さえもん》・左兵衛《さひょうえ》二府が奉献して呉楽《ごがく》を奏した。群臣に差をなして禄《ろく》を下賜した。

本日、十禅師《じゅうぜんじ》を内裏に喚んで、転経《てんきょう》（転読《てんどく》。経文《きょうもん》の飛ばし読み）を行った。天皇が遷御するので、それに先立ち鎮めの儀を行ったのである。

嵯峨院《さがいん》（嵯峨太上天皇の居所）のために、次の詔《みことのり》を下した。

鶏が鳴いて日が上り、陽光をまず受けるところの天子が過ごす好地には、周到に恩典を下すものである。嵯峨院は嵯峨太上天皇光臨の地で、立派な殿舎が東西に並んで聳《そび》え立ち、瑞草《ずいそう》である芝草《まんねんたけ》のめでたいお蔭《かげ》を受け、俗事を忘れた高尚な遊びがここで行われており、太上天皇が奥深い退位後の生活を送っている。そこで院の所在する地域の民はその慶《けい》に潤ってよく、近隣の戸は優遇されて然るべきである。時に民は長らく疲弊《ひへい》し、助勢が必要になっている。天の定めに従い、恵みを施そうと思う。山城国葛野《かどの》郡の貧民による借貸《しゃくたい》（無利子貸付）の未返済分とさまざまな課税の未納分等を免除せよ。

従五位下菅野《すがの》朝臣人数《ひとかず》を 掌侍《ないしのじょう》に任じた。

天長《てんちょう》元年淳和《じゅんな》天皇の詔により、贈皇太后《ぞうこうたいごう》藤原旅子《たびこ》の忌日《きじつ》（延暦七年五月四日に死去）に近いことをもって五月五日節会を停止した（『日本後紀』天長元年三月丁巳条）。ただし、五月五日節は武術訓練の観点から不可欠の行事なので四月二十七日に改定していたのであるが、本日、太政官《だいじょうかん》が論奏《ろんそう》により、権《かり》の制度である四月二十七日の式日を本来の五月五日に戻すことを申し出、天皇が許可した。
○己卯《二十二日》　天皇が内裏《だいり》へ遷御した。
　摂津《せっつ》国百済《くだら》郡の荒廃田《こうはいでん》二十七町と野《や》を源《みなもと》朝臣勝《まさる》に賜った。
○庚辰《二十三日》　伊勢国の従五位下多度《たど》大神に正五位下を授け奉った。
　皇太子が初めて『孝経《こうきょう》』を読んだ。参議以上の者が東宮に会集《かいしゅう》し、宴が催された。

　山城国の人山代忌寸浄足《やましろのいみきききよたり》・同姓五百川《いおがわ》ら八人に、忌寸を改めて宿禰《すくね》を賜姓した。浄足らは天津《あまつ》彦根《ひこね》命の子孫である。
○壬午《二十五日》　出雲国司《いずものこくし》が国造《くにのみやつこ》出雲豊持《いずものとよもち》らを率いて、神寿《かんよごと》（寿詞）を奏上し、併せて白馬一疋・生鵠《いきたるくぐい》（白鳥）一羽・高机《たかづくえ》（飲食物等を載せる台）四前・倉代物《くらしろもの》（菓子・肴物等の御《み》贄《にえ》。倉代は倉庫類似の施設を意味することがあるが、ここは倉に似せた輿にのせた御贄）五十荷を献上した。天皇は大極殿《だいごくでん》に出御して神寿を受け、国造豊持に外従五位下を授けた。
○丙戌《二十九日》　紀《き》伊国名草《なぐさ》郡の人正七位上湯直国立《ゆのあたいくにたち》・同姓真《ま》針《はり》・国作《くにつくり》ら三人に、紀直《きのあたい》の姓を賜った。

　○夏四月戊午朔《一》、天皇御㆓紫宸殿㆒、賜㆓侍臣酒㆒、音楽之次、右京大夫従四位下百済王勝義奏㆓百済国風俗舞㆒、晩頭酒罷、賜㆓四位已上御被㆒、五位御衣㆒。○庚申《三》、隕レ霜、○五壬戌、遣下二従四位下行伊予権守和気朝臣真綱一、奉中御劒幣帛於八幡大菩薩宮及香椎廟上、告二新即レ位也、○七甲子、遣下二内匠頭正五位下楠野王於伊勢大神宮一、告中斎宮宜子女王之替定二久子内親王一之状上、○八乙丑、投化新羅人金礼真等男女十人貫三附左京五条一、○十丁卯、遣下二参議従四位下右大弁藤原朝臣常嗣一、奉中幣於賀茂大神一、告以下高子内親王定二斎院一之状上、○十九丙子、左近衛府奉献奏レ楽、夕暮而止、賜二群臣御衣及商布一各有レ差、」是日、勅、喚三大舎人穴太馬麻呂与二内竪橘吉雄一、双立量二其身長一、吉雄甚矬而其頭首不レ及二馬麻呂腋下一焉、○二十丁丑、授二常陸国鹿嶋大神祝外従八位上勲八等中臣鹿嶋連川上外従五位下一、○廿一戊寅、左衛門左兵衛二府奉献奏二呉楽一、賜二群臣禄一有レ差、」是日、延二十禅師於内裏一転経、為レ可二遷御一故、先鎮レ之焉、」為二嵯峨院一、下レ詔曰、鶏観之上、日照先被、龍輅所レ過、恩典曲降、嵯峨院者先太上天皇光臨之地、茅宮聳レ搆、分二東西之名区一、芝蓋駐レ蔭、追二汾陽之高賞一、宣遊斯在、引年其深、然則当邑之甿、須レ霑二慶幸一、近壌之戸、豈無二優恤一、時惟長嬴、方申二亭育一、思下順二天序一式施中恵沢上、宜二山城国葛野郡貧民去年借貸未レ入者、及雑賦未進等特免レ之、」従五位下菅野朝臣人数為二掌侍一、」天長元年有レ詔、廃二五月五日節一、為レ隣二近皇太后(旅子)昇遐之日一也、但事在二練武一不レ可二闕如一、所以改用二四月廿七日一、至レ是太政官論奏、停二彼権制一、仍レ旧宣遊、許レ之、○廿二己卯、天皇遷二御内裏一、」以二摂津国百済郡荒廃田廿七町野一賜二源朝臣勝一、○廿三庚辰、奉レ授二伊勢国従五位下多度大神正五位下㆒、」皇太子始読㆓孝経㆒、参議已上、会㆓集東宮㆒有㆑宴焉、」山城国人山代忌寸浄足、同姓五百川等八人、改㆓忌寸㆒賜㆓宿祢㆒、浄足等天津彦根命之苗裔也、○壬午《廿五》、出雲国司率㆓国造出雲豊持等㆒奏㆓神寿㆒、幷献㆓白馬一疋、生鵠一翼、高机四前、倉代物五十荷㆒、天皇御㆓大極殿㆒、受㆓其神寿㆒、授㆓国造豊持外従五位下㆒、○丙戌《廿九》、紀伊国名草郡人正七位上湯直国立、同姓真針、国作等三人賜㆓姓紀直㆒、

○五月丁亥朔《一日》　右少弁《うしょうべん》従五位上丹墀真人清貞《たじひのまひときよさだ》を左少弁《さしょうべん》に任じ、勘解由次官《かげゆのじかん》従五位下藤原朝臣《ふじわらのあそん》諸成《もろなり》を右少弁に任じ、大監物《だいけんもつ》従五位下藤原朝臣大津《おおつ》を散位頭《さんにのかみ》に任じた。
○辛卯《五日》　天皇が武徳殿《ぶとくでん》に出御《しゅつぎょ》して、騎射《うまゆみ》を観覧した。
○壬辰《六日》　本日も天皇は武徳殿に出御して、種々の馬芸《ばげい》を観覧した。
○甲午《八日》　左衛門少尉《さえもんのしょうじょう》正六位上田中《たなか》朝臣許侶継《ころつぐ》を従五位下に叙した。
○丙申《十日》　従五位下氷上《ひがみ》真人井作《いつくり》を大監物に任じた。（下略）
○丁酉《十一日》　武蔵国《むさし》が次のように言上した。
　武蔵国は管内が広く、国内を旅行するに際し困難が多く、公私の旅行で飢病《きびょう》に陥る者が多数にのぼります。そこで、多磨《たま》・入間《いるま》両郡の郡境に悲田処《ひでんしょ》を置き、五軒の屋舎を建て、介従五位下当宗宿禰家主《まさむねのすくねいえぬし》以下、少目従七位上大丘秋主《おおおかのあきぬし》以上の六人がそれぞれの公《く》解《げ》（俸禄）を割いて、食糧の原資とすることを企画しました。割いた公廨分は帳簿に登

載して出挙《すいこ》（利息付貸付）し、その利息を充用することとし、以後は後任の国司《こくし》が引き継ぎ、他用は認めないようにしたいと思います。上言は許可された。

天皇が次のように勅した。

相撲節《すまいのせち》は娯楽であるだけでなく、武事の訓練を最も大切な内容としている。越前《えちぜん》・加《か》賀《が》・能登《のと》・佐渡《さど》・上野《かみつけ》・下野《しもつけ》・甲斐《かい》・相模《さがみ》・武蔵・上総《かずさ》・下総《しもうさ》・安房《あわ》等の国に指示して強力《ごうりき》の持ち主を捜し求め、貢進させよ。

○辛丑 十五日　平安京《へいあんきょう》の北山《きたやま》に黒雲《こくうん》がたち込め、山嶺《さんれい》を見ることができなかった。終日寒く、多くの人が綿入《わたいれ》を着込んだ。

○戊申 二十二日　主計寮《かぞえりょう》が、寮中の厨《ちゅう》では火の用心が大変なので、散位寮の東側の幅七丈（二十一メートル）、長さ十丈（三十メートル）の土地を厨地としたい、と言上してきたので、許可した。

○辛亥 二十五日　天皇が病となった。

○壬子 二十六日　大和国《やまと》が「年来穀物が稔《みの》らず、規定の公《く》出挙《すいこ》稲《とう》（利息を公用にあてる貸付稲）にも欠ける仕末ですので、弘仁《こうにん》十年官符に倣い、国内の富裕な人の稲三万八千束を借り上げ、飢民の生活の資にしたいと思います」と言上してきたので、許可し、次のように勅した。

富豪の蓄稲《ちくとう》は、貧者の資《たす》けとなるものである。聞くところによると、先般以来行われているところをみると、役人はそれに相応しくなく、ただ富豪の稲を借り上げることに努めるのみで、返済に心掛けず、このため貧・富共に衰弊しているという。乏絶《ぼうぜつ》している者を救済する態勢維持のために、秋の収穫期に至ったならば特別に使人《しじん》を遣わして、借用されている稲をすべて返済させよ。

○甲寅《二十八日》　京および五畿内・七道諸国がみな飢疫《きえき》となった。天皇は次のような詔《みことのり》を下した。

一たび穀物が不足すれば、百姓は不満を抱くものなので、必ず窮乏の者を救済するという原則に従い、併せて勧農を行うことにする。これは病む者を救い、国家の基礎を固め、民の生活を安定させることである。時々に沿革はあっても、みなこれを目的にしている。朕は謹んで天命を受けて人民を労《いたわ》り、世を和平にする方策を立て、仁徳が行き渡り、人々が長命を享受できるようにしたいと思っているが、聞くところによると、昨年は穀物がはなはだ稔らず、民は飢え病になっているという。朕は支配者として臨みながら、民を安らかにすることができていない。静かにこのことを思うと、憮然《ぶぜん》たるの気持ちの止むことがない。ここに暑季《しょき》が始まり作物が繁茂する時期に当たり、人民を憐む気持ちがなければ、恐らくは努力が足りないことになろう。京および畿内・七道諸国の飢民に対して物を恵み与え、その生活を支え済《すく》うことができるようにせよ。ことは国司に委ねるので、十分に考慮し、努めて恵みが行き渡るようにし、朕の意とするところに沿うようにせよ。

六世王である長岡《ながおか》・岡於《おかのえ》王らの男女二十七人に清原《きよはら》真人の姓を賜った。

太政官《だいじょうかん》が、東西堀河《とうざいほりかわ》に打つ杭《くい》の料として、左右京戸《きょうこ》に檜柱《ひのきのはしら》一万五千本を課す決定をした。

○乙卯（二十九日）　皇子が六歳で夭逝《ようせい》した。母は侍女《じじょ》滋野縄子《しげののただこ》（貞主《さだぬし》の女）であった。

続日本後紀　巻第一

○五月丁亥朔（一）、以二右少弁従五位上丹墀真人清貞一為二左少弁一、勘解由次官従五位下藤原朝臣諸成為二右少弁一、大監物従五位下藤原朝臣大津為二散位頭一、○辛卯（五）、天皇御二武徳殿一観二馬射一、○壬辰（六）、亦御二同殿一、閲二覧種種馬芸一、○甲午（八）、叙二左衛門少尉正六位上田中朝臣許侶継従五位下一、○丙申（十）、以二従五位下氷上真人井作一為二大監物一云々、○丁酉（十一）、武蔵国言、管内曠遠、行路多レ難、公私行旅、飢病者衆、仍於二多磨入間両郡界一置二悲田処一、建二屋五宇一、介従五位下当宗宿祢家主以下、少目従七位上大丘秋主已上六箇人、各割二公廨一、以備二糊口之資一、須下附レ帳出挙、以二其息利一充用、相承受領、輪転不上レ断、許レ之、」勅、相撲之節、非二啻娯遊一、簡二練武力一、最在二此中一、宜レ令下二越前、加賀、能登、佐渡、上野、下野、甲斐、相摸、武蔵、上総、下総、安房等国一、捜二求膂力人一貢進上、○辛丑（十五）、北山玄雲黯靄、山嶺不レ見、終日天寒、衆人多着二襖子一、○戊申（廿二）、主計寮言、寮中置レ厨、苦二於慎レ火、賜二散位寮東面地広七丈長十丈一、将レ為二置レ厨之処一、許レ之、○廿五辛亥、聖躬不予、○廿六壬子、大和国言、頻年不レ登、例挙有レ欠、准二弘仁十年官符一、借二国中富人稲三万八千束一、将レ賑二飢民一、許レ之、仍勅曰、夫富豪所レ貯、是貧窶之資也、如レ聞、先来所レ行、吏非二其人一、只事二借用一、無レ意二返給一、所以貧富倶弊、周レ急憐レ絶、宜下至二秋収一、特遣二使者一、悉令中返給上、○廿八甲寅、京師五畿内七道諸国、並飢疫焉、下レ詔曰、夫一穀不レ贍、百姓不レ嗛、必遵二救乏之典一、兼明二勧穡之義一、是則救レ瘼恤レ隠、固レ本厚レ生、雖二沿革有レ時而塗莫レ爽者也、朕虔膺二明命一、撫二字黔黎一、思下脩二和平之猷一、以登中仁寿之域上、如レ聞諸国、去年穀稼頗乖二豊稔一、今茲元元阻レ飢且疫、朕為二之司牧一、未レ克レ綏レ之、靖言念焉、憮然何弭、況小暑甫至、芸殖鼎盛、不レ有二矜情一、恐失レ肆レ力、宜下京畿内七道諸国飢民、量二加賑給一、令上レ獲二支済一、事委二守宰一、必也審察、務崇二簡恵一、允副二朕意一」、六世長岡、岡於王等男女廿七人、賜二姓清原真人一」、太政官処分、課二左右京戸一、令レ輸二檜柱一万五千株一、以充二東西堀河杭料一、○廿九乙卯、皇子年六歳者殤焉、侍女滋野氏(縄子)所二産育一也、

続日本後紀　巻第二　天長十年六月より十二月まで

太政大臣従一位臣藤原朝臣良房ら勅を奉《うけたまわ》りて撰す

○六月丙辰朔丁巳《二日》　山城《やましろ》・近江《おうみ》・丹波《たんば》等の国の都に近い山に、狩のための落とし穴や機械じかけの槍《やり》を設置することを禁止した。

○己未《四日》　任官があった。

○庚申《五日》　弾正台《だんじょうだい》が「天長《てんちょう》三年に巡察二員を減じて属《さかん》二員を置くことになりました（『類聚三《るいじゅうさん》代格《だいきゃく》』巻五天長四年八月二十八日官符所引天長三年十二月二十九日官符）。属の定員がありますのに、史生《ししょう》が置かれていなくてよいものでしょうか」と言上してきたので、これを認め、史生二員を置くことにした。

○壬戌《七日》　天皇が病となった。公卿《くぎょう》が殿上《てんじょう》に控え、京の西山で修行する仙樹《せんじゅ》という名の呪術《じゅじゅつ》で知られた僧侶《そうりょ》と僧都《そうず》らが、共に天皇のために祈《き》禱《とう》を行った。被《ふすま》七条と綿七百屯《とん》を七大寺（東大《とうだい》・興福《こうふく》・元興《がんごう》・大安《だいあん》・薬師《やくし》・西大《さいだい》・法隆寺《ほうりゅうじ》）に分け送り、転経《てんきょう》・薫修《くんじゅ》（香気が残るように影響を生み出すよき修行）を行って、すぐに病が癒《い》えるよう祈願した。

○癸亥 八日　公卿が多数の僧侶を率いて殿上に待機した。勅により右近衛大将《うこのえのたいしょう》従三位《じゅさんみ》橘朝臣氏《たちばなのあそんうじ》公《きみ》と前大宰大弐《だざいのだいに》従四位上朝野宿禰《あさののすくね》鹿取《かとり》を天皇の寝台の側へ喚《よ》び、参議《さんぎ》に任命した。

本日、天皇の病が癒えるよう、神祇《じんぎ》伯《はく》従四位下大中臣《おおなかとみ》朝臣淵魚《ふちうお》を遣わして、賀茂《かも》大神に奉幣《ほうべい》した。

また、天下諸国に指示して、破壊した寺・塔と神社を修理させた。

天皇が次のように勅した。

聞くところによると、諸国では疫病により若死にする者が多いという。修善《しゅぜん》（仏教のよき修行をすること）なくして、どうしてこの災いを攘《はら》うことができようか。諸国に指令して、修練を積んだ僧侶を、大国では二十人、上国では十七人、中国では十四人、下国では十人程喚んで、三ヵ日間、昼は『金剛般若経《こんごうはんにゃきょう》』を転読し、夜は薬師悔過《やくしけか》（薬師如《にょ》来《らい》を本尊として懺悔《ざんげ》する仏事）を行え。布施《ふせ》は、仏前に穀《こく》十斛《こく》、僧侶に三斛を施せ。正《しょう》税《ぜい》をもって当てがうこととし、精進《しょうじん》（身を清め慎むこと）に努めさせよ。

○甲子 九日　天皇が次のように詔《みことのり》した。

雲雨により天は広く慈しみを下し、恥を耐え忍び他人の欠点に寛容であることが君主のとるべき態度で、これより恩沢を施すものである。朕は謹んで皇位に即《つ》き政治のあり方について諮詢《しじゅん》し、人民を大いに庇護《ひご》し、安んじて生活できるようになることを期している。ところで、罪人を放免する赦令《しゃれい》は、本来悪人にとり好都合で、暴れ馬に喩《たと》えられる危うさを伴う施策である。朕はこのことを知らないわけではないが、悪を悔い自らを新たにし、旧悪変じて善へ遷《うつ》るようにさせたいと思う。それだけでなく心中にことに感じて思うところがあり、罪人を免《ゆる》す恩恵を施し、放免する指令を広く宣布すべきである。そこで天下に大赦《たいしゃ》を発令する。天長十年六月八日の夜明け以前の死刑以下、犯罪の軽重を問わず、已発覚《いはつがく》（犯罪が発覚している）・未発覚（犯罪が発覚していない）・已結《いけつ》正《せい》（裁判が終了している）・未結正《みけっせい》（裁判が終了していない）・収監されている囚徒はすべて罪を免除する。ただし、八虐《はちぎゃく》（特別に悪質な犯罪）・故殺《こさつ》（故意による殺人）・謀殺《ぼうさつ》（殺人を企てる）・私鋳銭《しじゅせん》（贋金《にせがね》作り）・強窃二《ごうせつに》盗《とう》および常赦《じょうしゃ》により免されない罪は、赦の対象としない。また、弘仁《こうにん》元年に藤原薬子《ふじわらのくすこ》の変に坐して配流《はいる》されている者たちは、自ら国法に反して罪人となったとはいえ、長期にわたり没落した生活をしていることを憐《あわ》れみ、安倍《あべ》朝臣清継《きよつぐ》・百済王愛筌《くだらのこにきしあいせん》（『日本後紀』弘仁元年九月甲寅条）・故藤原朝臣仲《なか》成《なり》の息子らは、みな近国へ移せ。従五位下藤原朝臣貞本《さだもと》（薬子の子。『日本後紀』弘仁元年九月丁未条）は特に免して帰京させよ。速やかに赦令を全国へ告知し、放免される罪人が賤民《せんみん》より下の処遇とならないようにせよ。敢《あ》えて今回の赦令以前の犯罪を訴え出る者がいれば、告訴人にその罪を科せ。

天皇が次のように勅した。

　この頃疫病が間々発生し、しばしば若死にする者がいると聞いている。天下諸国に指令して、疫病を齎《もたら》す疫気《えきき》を謝絶し、この災いを攘うべきである。ただし、病人に対する加薬《かやく》や潔斎《けっさい》については、従前の格によれ。

○乙丑《十日》　天皇が回癒した。

○己巳《十四日》　罪人安倍朝臣清継《きよつぐ》を伯耆国《ほうき》から美作国《みまさか》へ移配し、百済王愛筌を安房国《あわ》から参河国《みかわ》へ移配した。

○庚午《十五日》　兵部省《ひょうぶしょう》が、造兵司《ぞうひょうし》の雑工《ざっこう》二十人のうちの二人と鼓吹司《くすいし》の吹部《ふきべ》三十四人のうちの大《だい》角《かく》・小角《しょうかく》（大角・小角は笛）・鼓生《こしょう》それぞれ一人を割いて、兵部省の書生《しょしょう》に振り替えたい、と奏上してきたので、許可した。

○辛未《十六日》　罪人藤原永主《ながぬし》・同山主《やまぬし》・藤主《ふじぬし》らは天長二年に日向国《ひゅうが》から豊前国《ぶぜん》へ移配されていたが、今回備前国《びぜん》へ移すこととし、永野浄津《ながののきよつ》は越前国《えちぜん》へ配流され、伊勢安麻呂《いせのやすまろ》は能登国《のと》へ配流されていたが、共に若狭国《わかさ》へ移配することにした。

○戊寅《二十三日》　山城国の民は水藻を巻き上げ漁《りょう》をすることを業《なりわい》としているが、天皇が次のように勅した。

豺《やまいぬ》や獺《かわうそ》が獲物を並べる時季に至り、山沢・田猟を掌る役人は沢に入り、鷹《たか》が捕らえた小鳥を祭る時季になって、狩漁《しゅりょう》に当たる者は山に入るという定めがある。そこで守るべき規範によらず動物を殺すことを天の賜物を荒らす行為といい、勝手に捕るのを時候に反する行為となすのである。聞くところによると、水藻を巻き上げることにより、魚が潜む隠れ場がなくなり、害は小さな虫類に及び、居場所がなくなっているという。これは徳を旨とする良き政治に背き、民の非命の死はおおむね右の行為による濫殺《らんさつ》の報いと思われる。厳しく禁止し、このようなことのないようにせよ。

○壬午《二十七日》　詔りして、尾張《おわり》国に鎮座する従三位熱田《あつた》大神に正三位《しょうさんみ》を授け奉り、十五戸の神封《じんぷ》を納《い》れた。

○癸未《二十八日》　地震があった。

○乙酉《三十日》　因幡《いなば》国が「百姓の雑徭《ぞうよう》は年に三十日が限度となっていますが、国司《こくし》に提供される役《やく》丁《ちょう》である事力（課役を免除される）は一年中駆使されています。通常の公民に比べて負担が重く弊害となっていますので、課丁を事力とする従前のあり方を改め、事力の負担を公民の雑徭で賄いたいと思います」と言上してきたので、許可した。

続日本後紀　巻第二　起二天長十年六月一尽二十二月一

太政大臣従一位臣藤原朝臣良房等奉　勅撰

○六月丙辰朔丁巳《二》、禁二断山城、近江、丹波等国近レ都之山施二作坑穽機槍一、○己《四》未、任官、○庚申《五》、弾正台言、天長三年減二巡察二員一、加二属二員一既有二典員一、何無二史生一、許レ之、令レ置二二員一、○壬戌《七》、天皇不予、公卿陪二候殿上一、西山有二苾芻一、其名仙樹、以二呪験一称、与二僧都等一、倶奉レ加二持聖躬一也、分二遣被七条、綿七百屯於七寺一、転経薫修、以祈二翌日之瘳一、〇《八》癸亥、公卿率二衆僧一、共侍二殿上一、勅引二右近衛大将従三位橘朝臣氏公幷前大宰大弐従四位上朝野宿祢鹿取於御床下一、拝為二参議一、」是日、為二聖体有一レ間、使下二神祇伯従四位下大中臣朝臣淵魚一、奉中幣於賀茂大神上、」又令下二天下諸国一、修中理寺塔破壊者及神社上、」勅曰、如レ聞、諸国疫癘、夭亡者衆、自レ非二修善一、何以攘レ災宜レ令下二諸国一、各請二練行僧一、大国廿人、上国十七人、中国十四人、下国十人、三ケ日間、昼転二金剛般若経一、夜修中薬師悔過上、其布施者、三宝穀十斛、僧三斛、以二正税一充行、俾レ致二精進一、〇《九》甲子、詔曰、雲行雨施、穹蒼所二以宣一レ慈、含レ垢匿レ瑕、元后於レ焉播レ沢、朕粛承二丕構一、詢以二政塗一、大二庇生霊一、期二於寧済一、夫赦令者、本称二姦人之幸一、亦有二奔馬之喩一、朕非レ不レ知レ之、但欲レ令二其悔レ過自新、変レ悪遷レ善、加之特有レ所レ念、感レ事興レ懐、宜下流二肆眚之恩一、式暢中作解之典上、可レ大二赦天下一、自二天長十年六月八日昧爽一以前、大辟以下、罪無二軽重一、已発覚未発覚、已結正未結正、繋囚見徒、咸赦二除之一、唯犯八虐、故殺謀殺、私鋳銭、強竊二盗、常赦所レ不レ原者、不レ在二赦限一、又去弘仁元年坐レ事配流者、雖三自陥二朝憲一、而久憐二淪翳一、安倍朝臣清継、百済王愛筌、故藤原朝臣仲成男等、並量徒二入近国一、従五位下藤原朝臣貞本、殊放還レ京、速告二赤県一、莫レ後二青衣一、敢以二赦前事一告言者、以二其罪一罪レ之、」勅、比来疫癘間発、夭折屢聞、宜レ令下二天下諸国一謝二彼疫気一攘中此不祥上、但加薬致斎、須レ依二前格一、○乙《十》丑、聖体平復、○己《十四》巳、罪人安倍朝臣清継、元配二伯耆国一、今移二美作国一、百済王愛筌、元安房国、今移二参河国一、○庚《十五》午、兵部省奏、造兵司雑工廿人之中割二二人一、鼓吹吹部卌四人之中、割二大小角鼓生各一人一、将レ為二省書生一、許レ之、○辛《十六》未、罪人藤原永主、同山主、藤主等、天長二年従二日向国一、遷二配豊前国一、今移二備前国一、永野浄津、元配二越前国一、伊勢安麻呂、元配二能登国一、今並移二若狭国一、○戊《廿三》寅、山城国民巻レ藻為レ漁、勅、豺獺已祭、虞人入レ沢、鷹隼初撃、猟者因レ山、是故殺不レ以レ礼、曰レ暴二天物一、取不レ以レ義、為レ逆二時候一、如レ聞、藻巻之為レ体也、恵薄二潜鱗一、害及二昆虫一、微物失レ所、既非二徳政之美一、下民夭レ命、殆是濫殺之報、厳加二禁断一、莫レ令二更然一、○壬《廿七》午、詔奉レ授下坐二尾張国一従三位熱田大神正三位上、幷納二封十五戸一、○癸《廿八》未、地震、○乙《三十》酉、因幡国言、百姓之傜、卅日為レ限、至二于事力一、竟レ年駈使、比二之平民一、受レ弊殊重、請停レ差二調丁一、駈二使傜人一、許レ之、

○秋七月丙戌朔《一日》　以前から伝灯大法師位《でんとうだいほっしい》泰善《たいぜん》が文殊会《もんじゅえ》を開設し、朝廷では助成を行ってきたが、このたび文殊菩薩《もんじゅぼさつ》の像を造り、本尊として仰ぎみることができるようにした。文殊会が終了した後は僧綱《そうごう》の詰め所に安置して、文殊会のたびに請け出させることとし、これを今後の恒例《こうれい》とした。

○丁亥《二日》　散位《さんに》従四位下佐伯《さえき》王が死去した。王は正五位下水内《みのち》王の男《むすこ》である。
○戊子《三日》　越後《えちご》国蒲原《かんばら》郡の伊夜比古《いやひこ》神を名神《みょうじん》に列格した。蒲原郡に日照りや疫疾《えきしつ》があると、常に雨を降らし病者を救ったことによる。
○癸巳《八日》　天下諸国の人民の姓名や郡郷・山川等の名称で、仁明《にんみょう》天皇の諱《いみな》（正良《まさら》）に触れるものは、みな改めさせた。
○乙未《十日》　仁明天皇の第一親王である道康《みちやす》親王（文徳《もんとく》天皇。陵にちなみ田邑《たむら》天皇と称す）が天皇に拝謁した。この時、年齢はわずか七歳であったが、挙措はしっかりしていて、成人のようであった。これを見た人は通例と異なりすばらしいものとした。
○辛丑《十六日》　天皇が神泉苑《しんせんえん》に行幸《みゆき》して、相撲節《すまいのせち》を観覧した。
○壬寅《十七日》　天皇が紫宸殿《ししんでん》に出御《しゅつぎょ》して昨日の節会に続き、抜《ぬ》き出《で》（前日の相撲の好取組みを再度行う）を観覧し、夕刻に至り終了した。
　本日、左馬寮《さめりょう》の走卒《そうそつ》（走り使）が本日の奏上事項を記した板札《ばんさつ》をもって春華門《しゅんかもん》から入り、延政門《えんせいもん》に至るところで、急に倒れ死去した。

○秋七月丙戌《一》朔、先レ是、伝灯大法師位泰善設二文殊会一、公家相助而行レ之、至レ是甫造二文殊影像一、備二之瞻仰一、会事畢、便安三置綱所一、臨レ会開請、永為二恒例一。○丁亥《二》、散位従四位下佐伯王卒、正五位下水内王男也、○戊子《三》、越後国蒲原郡伊夜比古神預二之名神一、以下彼郡毎レ有二旱疫一、致レ雨救上レ病也、○癸巳（八）、天下諸国、人民姓名及郡郷山川等号、有二触レ諱者一、皆令二改易一、○乙未（十）、第一親王（田邑）朝覲、于レ時春秋纔是七歳、而動止端審、有レ若二成人一、観者異レ之、○辛丑（十六）、天皇幸二神泉苑一、観二相撲節一、○壬寅（十七）、御二紫宸殿一、令レ尽二昨節之余情一、将レ夕乃罷、」是日、左馬寮走卒将二日奏板札一、入レ自二春華門一、比レ至二延政門一、頓仆而死、

○閏七月乙卯朔（一日）　天皇が次のように勅した。

古来久しく、秋季に洪水が農作物に被害を与え、大風による被害が発生している。そこで、天下諸国に指令して、名神《みょうじん》に奉幣《ほうべい》して災害を予防し、穀物に損害がないようにせよ。

○戊寅（二十四日）　越後《えちご》国が「去年は疫病が流行し、農作は天候が悪く、寒気の到来が早かったため、穀物は稔《みの》らず、今飢疫《きえき》が相続き、たくさんの者が死亡しています。この凶年のため賑給《しんごう》（物を恵み与える）を行っても、百姓は乏しい状態ですので、米の売買を認めていただき、困っている民の助けとしたいと思います」と上言してきたので、許可した。

○壬午（二十八日）　長雨が十日も続き、止まないので、大和《やまと》・山城《やましろ》二国の介以上の国司《こくし》に自ら丹生川上《にふかわかみの》雨師《あまし》神・松尾《まつお》・賀茂《かも》上下《じょうげ》および貴布禰《きふね》社へ幣帛《へいはく》を奉納させた。雨の上がるのを祈願してのことである。

○癸未《二十九日》　天皇が次のように勅した。
弘仁《こうにん》年中に罪を犯した薬師寺《やくしじ》僧良勝《りょうしょう》を多褹島《たねとう》へ配流《はいる》し（『日本後紀』弘仁三年八月癸巳条）、西大寺《さいだいじ》僧泰山《たいざん》を隠岐《おき》国へ、興福寺《こうふくじ》僧康信《こうしん》を石見《いわみ》国へ、元興寺《がんこうじ》僧永継《ようけい》を信濃《しなの》国へ配していたが、今回特に許して帰京させることにする。

太政官《だいじょうかん》が大和国広湍《ひろせ》郡の西安寺《さいあんじ》俗号を久度という を僧綱《そうごう》の管掌《かんしょう》とする、との決定を行った。

○閏七月乙卯《一》朔、勅、至二于秋序一、洪水敗レ稼、大風害レ物、古来尚在、宜レ令下二天下諸国一、奉二幣名神一、予為二攘防一、勿上レ損二年穀一、○戊寅《廿四》、越後国言、去年疫癘旁発、花耕失レ時、寒気早侵、秋稼不レ稔、今茲飢疫相仍、死亡者衆、凶年之弊、雖レ賑猶乏、望請被レ許二糴糶一、資二此窮民一、聴レ之、○壬午《廿八》、霖雨渉レ旬不レ息、仍令下大和山城二国介以上親奉二幣於丹生川上雨師神、松尾、賀茂上下及貴布祢社一、以祈上レ霽焉、○癸未《廿九》、勅、弘仁年中犯レ罪僧薬師寺良勝、被レ配二多褹嶋一、西大寺泰山隠岐国、興福寺康信石見国、元興寺永継信濃国、今並特令レ還二入京都一」太政官処分、在二大和国広湍郡一西安寺俗号二久度一宜レ令下二僧綱一摂上レ之、

○八月甲申朔《一日》　日蝕《にっしょく》があった。
○丙戌《三日》　勅により、穀倉院《こくそういん》の西南角《かど》に所在する東西各二十丈、南北各四十丈の土地を内蔵寮《くらりょう》

の染色工房の用地とした。

○辛卯八日　従五位下藤原朝臣良房《ふじわらのあそんよしふさ》を正五位下に叙した。

従四位下和気《わけ》朝臣真《ま》綱《つな》を木工頭《もくのかみ》に任じ、伊予権守《いよのごんのかみ》は故《もと》のままとした。

○癸巳十日　天皇が嵯峨太上天皇《さがだいじょうてんのう》と太皇太后《たいこうたいごう》（橘 嘉智子《たちばなのかちこ》）に冷然院《れいぜいいん》で拝謁した。（下略）扈従《こしょう》した従五位以上の者に差をなして禄《ろく》を下賜した。

本日、嵯峨太上天皇の寵姫《ちょうき》である大原真人全子《おおはらのまひとまたこ》・橘朝臣春子《はるこ》・阿保《あぼ》親王の母葛井宿禰《ふじいのすくね》藤《ふじ》子《こ》らを従五位下に叙した。（下略）

○甲午十一日　散位《さんに》従六位上土師連豊道《はじのむらじとよみち》・従六位上同姓道吉《みちよし》ら四人に姓菅原《すがわら》宿禰を賜った。

○乙未十二日　狐《きつね》が内裏に走入し、清涼殿《せいりょうでん》の下まできて近衛《このえ》らに打ち殺された。

○丙申十三日　天皇が紫宸殿《ししんでん》に出御《しゅつぎょ》し、常《つね》の御膳《ごぜん》を供していた時、魚虎鳥《かわせみ》が飛んできて紫宸殿の梁《りょう》上《じょう》に集まった。網で捕らえることができた。

○戊戌十五日　左大臣《さだいじん》正二位藤原朝臣緒嗣《おつぐ》が上表して辞職を求めたが、許可しなかった。

備前《びぜん》国の人直講博士《じきこうはかせ》正六位上韓部広公《からべのひろきみ》に姓直道宿禰《せいなおみちのすくね》を賜った。広公の先祖は百済《くだら》国の人である。

○庚子十七日　河内《かわち》国の人戸主外従五位下御船《みふね》宿禰氏主《うじぬし》らの本貫《ほんがん》を改めて、右京六条に貫附《かんぷ》し、摂《せっ》津《つ》国の人戸主外従五位下菅原宿禰梶吉《かじよし》らを右京二条に貫附した。

○丙午二十三日　伊勢大神宮《いせだいじんぐう》に奉幣《ほうべい》した。

○戊申《二十五日》　嵯峨太上天皇が淳和院《じゅんないん》に出御し、淳和太上天皇と遊宴を行った。親王以下皆の者が淳和院に集まり、文人に命じて「山水の好景地に世を避けて暮らす」を題に詩を作らせた。両太上天皇が共に自ら詩を賦した。大蔵省《おおくらしょう》の綿一万屯《とん》を群臣に禄として下賜した。

　本日、従三位源《みなもと》朝臣定《さだむ》を参議《さんぎ》に任じ、美作守《みまさかのかみ》は故《もと》のままとした。

○辛亥《二十八日》　飛騨《ひだ》国が松実の御贄《みにえ》を貢上《こうじょう》した。

○八月甲申朔《一》、日有レ蝕之、○丙戌《三》、勅、穀倉院西南角地、東西各廿丈、南北各卌丈、宜為二内蔵寮染作之処一、○辛卯《八》、叙二従五位下藤原朝臣良房正五位下一、従四位下和気朝臣真綱為二木工頭一、伊予権守如レ故云々、○癸巳《十》、天皇謁二覲先太上天皇（嵯峨）及太皇太后（橘嘉智子）於冷然院一、賜二扈従五位已上禄一有レ差、」是日、太上天皇幸姫大原真人全子、橘朝臣春子、阿保親王母氏葛井宿祢藤子並叙二従五位下一云々、○甲午《十一》、散位従六位上土師連豊道、従六位上同姓道吉等四人、賜二姓菅原宿祢一、○乙未《十二》、有レ狐、走入二内裏一、到二清涼殿下一、近衛等打二殺之一、○丙申《十三》、天皇御二紫宸殿一供二常膳一間、有二魚虎鳥一、飛入集二殿梁上一、羅得レ之、○戊戌《十五》、左大臣正二位藤原朝臣緒嗣上表辞レ職、不レ許之、」備前国人直講博士正六位上韓部広公賜二姓直道宿祢一也、広公之先、百済国人也、○庚子《十七》、河内国人戸主外従五位下御船宿祢氏主等、改二本居一貫二附右京六条一、摂津国人戸主外従五位下菅原宿祢梶吉等貫二附右京二条一、○丙午《廿三》、奉二幣伊勢大神宮一、○戊申《廿五》、先太上天皇御二淳和院一、与二後《(淳和)》太上天皇一遊讌、親王以下咸萃二於彼一、命二文人一令レ賦二詩幽居山水之題一、両太上天皇倶有二御製一、以二大蔵省綿一万屯一賜二群臣禄一」是日、以二従三位源朝臣定一為二参議一、美作守如レ故、○辛亥《廿八》、飛騨国貢二松実御贄一、

○九月甲寅朔辛酉《八日》　近江《おうみ》国栗太《くりた》郡に所在する金勝山大菩提寺《きんしょうざんだいぼだいじ》を定額寺《じょうがくじ》とした。

○壬戌《九日》　本日は重陽節《ちょうようのせち》である。天皇が紫宸殿《ししんでん》に出御《しゅつぎょ》して、侍従《じじゅう》以上の者と宴を催した。文人に「秋風の歌」の題でともに詩を賦させ、宴終了後、禄《ろく》を賜った。

○壬申《十九日》　参議《さんぎ》刑部卿《ぎょうぶきょう》従三位南淵朝臣弘貞《みなぶちのあそんひろさだ》が死去した。行年五十七。

○戊寅《二十五日》　天皇が栗栖野《くるすの》に行幸して、遊猟を行った。右大臣清原真人夏野《きよはらのまひとなつの》が御輿《みこし》の前を進み、勅により笠《かさ》を身に着けていた。途中、綿子《わたご》池《いけ》に立ち寄り、神祇少副《じんぎのしょうふ》正六位上大中臣《おおなかとみ》朝臣礒《いそ》守《もり》に調養《ちょうよう》してきた隼《はやぶさ》を放ち水鳥を追わせ、天皇はこれを見て楽しんだ。日暮れて宮へ帰り、扈従《こしょう》の者に禄を賜った。

○九月甲寅朔辛酉《八》、以下在二近江国栗太郡一金勝山大菩提寺上、預二定額寺一、○壬戌《九》、是日、重陽節也、天皇御二紫宸殿一、宴二侍従已上一、令三文人同賦二秋風歌之題一、宴訖賜レ禄、○壬申《十九》、参議刑部卿従三位南淵朝臣弘貞薨、年五十七、○戊寅《廿五》、天皇幸二栗栖

野一遊猟、右大臣清原真人夏野在二御輿前一、勅令レ着レ笠、便幸二綿子池一、令丙二神祇少副正六位上大中臣朝臣磯守一、放下所二調養一隼上払乙水禽甲、仙輿臨覧而楽レ之、日暮還宮、賜二扈従者禄一

○冬十月癸未朔《一日》 天皇が紫宸殿《ししんでん》に出御《しゅつぎょ》して、侍臣《じしん》に酒を賜った。大臣以下、五位以上の者、および内命婦《ないみょうぶ》に至るまで、差をなして禄《ろく》の綿を賜った。

○辛卯《九日》 勅により、山城国《やましろ》綴喜郡《つづき》区《く》眦《い》丘《おか》を円提寺《えんだいじ》の寺地とすることにした。

安芸国《あき》が「賀茂郡《かも》の人風速富麻呂《かざはやのとみまろ》は徳行に優れ、親に厚く孝養し、父母死後は五味《ごみ》(甘・酸・鹹《かん》・苦・辛《しん》の五種からなる嗜好品《しこうひん》)を口にせず、哀慕《あいぼ》の気持ちを少しも忘れたことがありません」と言上してきたので、勅により、位三階を授け、戸の田租《でんそ》を免除することにした。

また、安芸国が「耕田に優れた力田《りきでん》である佐伯郡《さえき》の人伊福部五百足《いふくべのいおたり》・同姓豊公《とよきみ》・若桜部《わかさくらべの》継常《つぐつね》らの耕作する田はそれぞれ三十町以上にのぼり、貯積する稲もそれぞれ四万束以上です。いずれも性格は度量が広く、困っている人には誰にでも施し、食料の尽きた旅行者や風雨の中で宿を求める者から頼られています」と言上してきたので、詔《みことのり》によりそれぞれに位一階を授けることにした。

○辛丑《十九日》 大嘗会《だいじょうえ》を行うための禊斎《けっさい》のことで、天皇が賀茂川《かもがわ》に行幸《みゆき》した。行幸の列は、式に定

めたとおりであった。皇太子が先に禊斎所に行き、先払いの声に詰め所を出て立って天皇を迎えた。禊斎が終わると、直会《なおらい》のための仮屋《かりや》に入り、扈従《こしょう》する従五位以上の者に大膳職《だいぜんしき》の御膳《ごぜん》を賜った。三、四盃《はい》の酒が終わった後、五位の者と神祇官《じんぎかん》の長上《ちょうじょう》以上の者、山城国司《こくし》ならびに当色《とうじき》（儀式の場で役を務める者に賜った装束）を着用した非侍従《ひじじゅう》にそれぞれ差をなして禄を賜った。

○壬寅《二十日》　延暦寺《えんりゃくじ》の座主《ざす》僧伝灯大法師位《でんとうだいほっしい》円澄《えんちょう》が死去した（本日死亡したとするのは誤りであろう。『天台座主記《てんだいざすき》』では承和《じょうわ》三年に六十六歳で死去とする）。行年六十二。（中略）延暦《えんりゃく》十七年に比叡山《ひえいざん》に登って最澄《さいちょう》法師に会い、大悦びした法師の許《もと》で落髪《らくはつ》して弟子となり、師の一字をとり円澄を名とした。時に二十七歳であった。延暦二十四年に最澄が入唐《にっとう》した（正しくは延暦二十三年。以下、文章に乱れがある）後、円澄は詔により紫宸殿で五仏頂法《ごぶっちょうほう》（仏の頭頂の盛り上がった内髻《にっけい》を尊格化した仏頂五種を描いた曼陀羅《まんだら》を本尊として祈願する修法）を行い、そこで得度した（紫宸殿における五仏頂法には、帰国後の最澄の事績が紛れているらしい）。延暦二十四年（延暦二十三年の誤りか）四月に唐《とう》僧（唐から来朝した僧）泰信大僧都《たいしんだいそうず》に就いて具足戒《ぐそくかい》を受けた。延暦二十四年六月に遣唐使《けんとうし》が帰朝し、秋八月に勅により、最澄が入唐して受けてきた灌頂秘法《かんじょうひほう》を行った。この時大法師修円《しゅうえん》・勤操《ごんぞう》ら七人が受法の弟子となった。そして、清滝峯《きよたきのみね》の高雄寺《たかおでら》で桓武《かんむ》天皇のために毘盧遮那《びるしゃな》秘法《ひほう》を行うと円澄も参加し、共に灌頂三摩耶戒《かんじょうさんまやかい》を受けた。これは本朝における最初の灌頂である。

大同元年冬十一月に比叡山止観院《しかんいん》（根本中堂《こんぽんちゅうどう》）において、円澄は上首《じょうしゅ》（最上位の者）として百余人の者と円頓菩薩大戒《えんとんぼさつたいかい》を受けた。これまた天台宗《てんだいしゅう》における師資相伝《ししそうでん》の大戒の最初である。（中略）円澄の申し出により、淳和太皇太后《じゅんなたいこうたいごう》（正子内親王《まさこ》）が衲衣《のうえ》（法衣《ほうえ》）を作り、中国の天台山国清寺《こくせいじ》に寄附し、天台大師智顗《ちぎ》の忌日の回向《えこう》の備えに充てることにした。

○乙巳《二十三日》　山城国綴喜郡の空閑地《くうかんち》五町を正三位中納言《しょうさんみちゅうなごん》源　朝臣常《みなもとのあそんときわ》に賜った。

○丁未《二十五日》　従四位下大中臣《おおなかとみ》朝臣淵魚《ふちうお》を兼摂津守《せっつのかみ》に任じ、神祇《じんぎ》伯《はく》は故《もと》のままとした。（下略）

○戊申《二十六日》　神護景雲《じんごけいうん》六年の八幡大菩薩《はちまんだいぼさつ》の御告《おつ》げにより、天長《てんちょう》年間に至り大宰府《だざいふ》に指示して書写した一切経《いっさいきょう》を、今度《このたび》弥勒寺《みろくじ》に安置することにし、さらに一通を写して、神護寺《じんごじ》に置くことにした。

正六位上大川王《おおかわ》に従五位下、正五位下百済王《くだらのこにきし》安義《あんぎ》に従四位下、正六位上百済王文操《ぶんそう》に従五位下を授けた。

○冬十月癸未朔《一》、天皇御㆓紫宸殿㆒、賜㆓侍臣酒㆒、至㆓大臣以下五位已上及内命婦㆒、賜㆓禄綿㆒各有㆑差、○辛卯《九》、勅以㆓山城国綴喜郡区毗岳一処㆒為㆓円提寺地㆒」安芸国言、賀茂郡人風早富麿、徳行懿美、孝養自厚、父母歿後、口絶㆓五味㆒、哀慕之情無㆓暫忘時㆒、勅叙㆓三階㆒、免㆓戸田租㆒」又言、力田佐伯郡人伊福部五百足、同姓豊公、若桜部継常等所二耕作一田各卅町已上、貯積之稲亦各四万束已上、並立性寛厚、周施二困乏一、往還粮絶風雨寄宿之輩、皆得レ頼焉、詔各叙二一階一、○[十九]辛丑、為レ行二大嘗会一将レ修二禊事一、行二幸賀茂河一、鹵簿之儀具如二式文一、皇太子先在二禊処一、及レ聞二蹕声一、出レ幄而立、迎二謁天皇一、禊事畢、御二直相幄一、賜二扈従五位已上大官饌一焉、三四盃後、賜下五位及神祇官長上以上、山城国司、并非侍従着二当色一者禄上各有レ差、○[二十]壬寅、延暦寺座主僧伝灯大法師位円澄卒、時年六十二云々、延暦十七年、陟二到叡山最澄法師一、師大悦即落髪為二弟子一、取二自名一一号為二円澄一、時年二十七焉、廿四年春、最澄師入唐以後、法師依レ詔於二紫宸殿一修二念五仏頂法一、即預二得度一、其夏四月就二唐泰信大僧都一受二具戒一、六月大唐使帰朝、秋八月宣勅令下二最澄師一修中入唐所レ受灌頂秘法上、是大法師修円勤操等七人為二受法弟子一、於二清滝峯高雄寺一、奉二為桓武天皇一、修二毗盧遮那秘法一、法師亦在二其中一、共稟二灌頂三摩耶戒一、是則本朝灌頂始興之日也、大同元年冬十一月於二叡山止観院一法師為二上首一、与二百余人一、受二円頓菩薩大戒一、此亦天台師師相伝大戒之初也、云々、法師上聞、淳和太皇太后造二得衲袈裟一廻二寄国清寺一、以充二天台大師忌斎之備一、○[廿三]乙巳、山城国綴喜郡空閑地五町賜二正三位中納言源朝臣常一、○[廿五]丁未、以二従四位下大中臣朝臣淵魚一為二兼摂津守一、神祇伯如レ故云々、○[廿六]戊申、縁二景雲六年八幡大菩薩所レ告、至二天長年中一、仰二大宰府一、写二得一切経一、至レ是便安二置弥勒寺一、今更復令レ写二一通一、置二之神護寺一」授二正六位上大川王

従五位下、正五位下百済王安義従四位下、正六位上百済王文操従五位下、右近衛権中将《うこのえのごんのちゅうじょう》に任じ、加賀《かが》守は故のままとした。（下略）

○十一月癸丑朔《一日》　参議《さんぎ》従四位上朝野宿禰《あさのすくね》鹿取《かとり》を式部大輔《しきぶのたいふ》に任じ、参議従三位《じゅさんみ》源朝臣定《みなもとのあそんさだむ》を治《じ》部卿《ぶきょう》に任じ、美作守《みまさかのかみ》は故《もと》のままとした。（中略）左近衛権少将《さこのえのごんのしょうしょう》正五位下藤原《ふじわら》朝臣良房《よしふさ》を

○甲寅《二日》　雷《かみなり》が発生した。

○丙辰《四日》　雷と稲妻《いなづま》がしばらくの間続いた。

○庚申《八日》　大嘗会《だいじょうえ》を行うために伊勢《いせ》大神宮《だいじんぐう》へ幣帛《へいはく》を奉納した。

○辛酉《九日》　雷と稲妻が発生した。

○丁卯《十五日》　天皇が八省院《はっしょういん》へ出御《しゅつぎょ》し、大嘗の儀を行った。

○戊辰《十六日》　天皇が豊楽院《ぶらくいん》に出御して、終日宴楽《えんらく》を催した。悠紀《ゆき》・主基《すき》共に標《ひょう》（大嘗会の時に作られる飾り立てた目印）を立てた。悠紀の標は、慶山《けいざん》（標の中心をなす山）上に梧桐《あおぎり》を植え、その上に二羽の鳳凰《ほうおう》を乗せ、梧桐の中ほどより上へ五色の雲を靡《なび》かせ、雲の上に「悠《ゆ》紀近江《きおうみ》」の四字を懸け、さらにその上に太陽を置き、太陽の上に半月が置かれていた。山の前には中国の伝説上の皇帝である黄帝《こうてい》の側近天老《てんろう》と麒麟《きりん》（神獣）の像が置かれ、後ろには連理《れんり》（根本は別で上部で一体化している植物）の呉竹《くれたけ》が配置されていた。主基の標は、慶山には恒春樹《こうしゅんじゅ》（香木）が植えられ、樹上に五色の慶雲が棚引き、雲の上に霞《かすみ》がかかり、

霞の中に「主基備中《すきびっちゅう》」の四字が懸けられていた。慶山の上には西王母《せいおうぼ》が舜《しゅん》に益地図《えきちず》（拡大した版図を示す地図）を授ける様子と、西王母の神聖な桃を盗む童子《どうじ》および鸞鳳《らんぽう》（神鳥）・麒麟などの像が置かれ、その下には鶴《つる》が立っていた。祭礼の最中《さなか》に悠紀の標は、急に吹いた風により折れてしまったが、工人が支えて立て直した。悠紀の奏楽の標は、大きな象の背に小さな台をしつらえ、二人の童子に命じて、そこで文字の書かれた障子《しょうじ》（室内に置く衝立《ついたて》の類）を提《ささ》げ持たせていた。その文字は「『周礼《しゅらい》』に、旄人《ぼうじん》（舞を掌る役人）が楽舞を掌《つかさど》るとあり、『礼記』に、民を苦しめた諸侯の舞台は舞人が少なく、民を安楽にした諸侯の舞台は舞人が多い。（ここでは『礼記《らいき》』の遠・短を取り違えている。原文の短が遠、遠が短になる）ので、舞を見ることにより、民治の成否を知ることができるとある」と記されていた。その障子の後には煙霞《えんか》が棚引《たなび》くようにし、霞の中に工夫をして、舞人が出演するごとに舞の名前を記して掲げるようになっていた。象の左側に一人の胡人《こじん》（外国人）を置き象を馭《ぎょ》すさまになっていた。

○十七日己巳　悠紀が屛風《びょうぶ》四十帖《じょう》を献上し、主基が挿頭花《かざし》（頭に飾る花枝）の載った机二台、和琴《やまとごと》二台・厨子《ずし》（置き戸棚）十基・屛風二十帖を献上した。

本日、親王以下五位以上の者に差をなして、朝《あした》に悠紀の禄《ろく》、夕べに主基の禄を賜った。

○十八日庚午　天皇が豊楽殿《ぶらくでん》に出御して、群臣に宴を賜った。詔《みことの》りして、正三位《しょうさんみ》紀朝臣百継《ももつぐ》に従二位、従四位下藤原朝臣常嗣《つねつぐ》に従四位上、従四位下磐田《いわた》王に従四位上、従五位上峯成《みねなり》王に

正五位下、正六位上氏雄王《うじお》・豊前王《ぶぜん》に並びに従五位下、従四位下大中臣《おおなかとみ》朝臣淵魚《ふちうお》・長岡《ながおか》朝臣岡成《おかなり》に並びに従四位上、正五位下甘南備真人高継《かんなびのまひとたかつぐ》・橘《たちばな》朝臣氏人《うじひと》・橘朝臣永名《ながな》・藤原朝臣良房《よしふさ》に並びに従四位下、正五位下紀朝臣深江《ふかえ》に正五位上、従五位上藤原朝臣長良《ながら》・安倍《あべ》朝臣安仁《やすひと》・藤原朝臣清澄《きよすみ》に並びに正五位下、従五位下高道《たかみち》宿禰鯛釣《たいつり》・大中臣朝臣永嗣《ながつぐ》・藤原朝臣春津《はるつ》・良峯《よしみね》朝臣高行《たかゆき》に並びに従五位上、外従五位下良岑《よしみね》宿禰茂知麻呂《もちまろ》・正六位上藤原朝臣秋常《あきつね》・坂上《さかのうえ》大宿禰広雄《ひろお》・藤原朝臣高扶《たかすけ》・小野《おの》朝臣千株《ちかぶ》・坂上大宿禰河内麻呂《かわちまろ》・橘朝臣宅継《やかつぐ》・大原《おおはら》真人真甘《まかも》・惟良《これよし》宿禰貞道《さだみち》に並びに従五位下、正六位上余河成《よのかわなり》・豊岡《とよおか》宿禰真黒《まくろ》麻呂《まろ》に並びに外従五位下を授けた。

　宴が終了すると、差をなして禄を賜った。夜が更《ふ》けて宮へ戻った。

○辛未《十九日》　従三位継子《つぎこ》女王に正二位、無位藤原朝臣貞子《さだこ》に従四位下、無位菅野《すがの》朝臣人数《ひとかず》に従五位下を授けた。（中略）女王および命婦《みょうぶ》に差をなして禄を賜った。

○癸酉《二十一日》　本宮（紫宸殿《ししんでん》か）において悠紀による献物があり、終日楽舞《がくぶ》を奏した。親王以下次《じ》侍従《じじゅう》以上の者に禄を賜った。

　○十一月癸丑朔《一》、以㆓参議従四位上朝野宿祢鹿取㆒為㆓式部大輔㆒、参議従三位源朝臣定為㆓治部卿㆒、美作守如㆑故云々、左近衛権少将正五位下藤原朝臣良房為㆓権中将㆒、加賀守如㆑故云々○甲寅《二》、雷、○丙辰《四》、雷電良久、○庚申《八》、為㆑行㆓大嘗会事㆒奉㆓伊勢大神宮幣帛、〇[九]辛酉、雷電、〇[十五]丁卯、天皇御八省院、脩禮祀之礼、〇[十六]戊辰、御豊楽院、終日宴楽、悠紀主基共立標、其標、悠紀則慶山之上栽梧桐、両鳳集其上、従其樹中起五色雲、雲上懸悠紀近江四字、其上有日像、日上有半月像、其山前有天老及麟像、其後有連理呉竹、主基則慶山之上栽恒春樹、樹上泛五色卿雲、雲上有霞、霞中掛主基備中四字、且其山上有西王母献益地図、及偸王母仙桃童子、鸞鳳麒麟等像、其下鶴立矣、於是悠紀標忽被風吹折、工人扶持、乃興復之、悠紀楽標、則大象之背、結構小台、命両童子擎書障子、其書曰、周礼曰、旄人掌楽也、礼記曰、民労其舞綴短、民逸其舞綴遠、故観舞而知民治不、其障子後起煙霞、霞中造機、随舞人之出進、而挙其舞名、其象之左、有一胡人、而馭象、〇[十七]己巳、悠紀献屏風卌帖、主基御挿頭花二机、和琴二机、厨子十基、屏風廿帖、是日、親王已下五位以上、朝賜悠紀禄、夕主基禄各有差、〇[十八]庚午、天皇御豊楽殿、宴于群臣、詔授正三位紀朝臣百継従二位、従四位下藤原朝臣常嗣従四位上、従四位下磐田王従四位上、従五位上峯成王正五位下、正六位上氏雄王、豊前王並従五位下、従四位下大中臣朝臣淵魚、長岡朝臣岡成並従四位上、正五位下甘南備真人高継、橘朝臣氏人、橘朝臣永名、藤原朝臣良房並従四位下、正五位下紀朝臣深江正五位上、従五位上藤原朝臣長良、安倍朝臣安仁、藤原朝臣清澄並正五位下、従五位下高道宿祢鯛釣、大中臣朝臣永嗣、藤原朝臣春津、良峯朝臣高行並従五位上、外従五位下長岑宿祢茂知麻呂、正六位上藤原朝臣秋常、坂上大宿祢広雄、藤原朝臣高扶、小野朝臣千株、坂上大宿祢河内麻呂、橘朝臣宅継、大原真人真甘、惟良宿祢貞道並従五位下、正六位上余河成、豊岡宿祢真黒麻呂並外従五位下、」宴畢賜レ禄各有レ差、夜闌還宮、○辛未十九、授二従三位継子女王正二位一、无位藤原朝臣貞子従四位下、无位菅野朝臣人数従五位下云々、賜二女王及命婦禄一有レ差、○癸酉廿一、於二本宮一有二悠紀之奉献一、終日奏二楽舞一、賜二親王以下、次侍従已上禄一

○十二月癸未朔一日　山城《やましろ》国愛宕《おたぎ》郡賀茂《かも》社の東一里ほどのところに一道場があり、岡本堂《おかもとどう》と号していた。これは賀茂社の神戸百姓が賀茂大神のために建立したものであった。天長《てんちょう》年間に検非違使《けびいし》が取り毀《こわ》したが、ここに至り、天皇が「仏力《ぶつりき》と神威は長い間併存してきた。今、岡本堂の由来を調べると、賀茂神のために建立されたのであった。そこで格別の措置として岡本堂の再建を許すべきである」と勅した。

○乙酉三日　天皇が建礼門《けんれいもん》に出御《しゅつぎょ》して、使者を後田原《のちのたわら》（光仁《こうにん》天皇）・八嶋《やしま》（早良《さわら》親王）・楊梅《やまもも》（平《へい》城《ぜい》天皇）・柏原《かしわばら》（桓武《かんむ》天皇）等の山陵《さんりょう》へ分遣し、唐《とう》からの舶来品《はくらいひん》を奉納した。

○丁亥五日　外従五位下大宅臣宮廬麻呂《おおやのおみみやろまろ》を近江掾《おうみのじょう》に任じた。

○戊子六日　陰陽寮《おんようりょう》が天皇へ進める来年の御暦と百官・諸司に頒《わか》つ暦を奉上した。十一月一日に行われるのが慣例であるが、暦博士《れきはかせ》外正五位下刀伎直浄浜《ときのあたいきよはま》が死去した後、すぐに後継者が

見つからず、暦術に心得のある遠江介《とおとうみのすけ》正六位上大春日朝臣良棟《おおかすがのあそんよしむね》を呼び寄せ作らせたので、本日まで延引したのであった。

○己丑《七日》　右衛門権佐《うえもんのごんのすけ》従四位下　橘《たちばな》朝臣永名《ながな》を刑部大輔《ぎょうぶのたいふ》に任じ、内蔵頭《くらのかみ》正五位上滋野《しげの》朝臣貞主《さだぬし》を宮内大輔《くないのたいふ》に任じ、下総《しもうさ》守は故《もと》のままとした。（下略）

左京の人六世王豊宗《とよむね》・豊方《とよかた》ら七人に姓清原真人《きよはらのまひと》を賜った（承和《じょうわ》十三年十二月丁亥条に豊宗・豊方らへの清原真人賜姓がみえる）。

○辛卯《九日》　大宰府《だざいふ》が、陰陽師《おんようじ》土師雄成《はじのおなり》が「幸いにも朝廷の御恩に浴し、厚禄《こうろく》に霑《うるお》っていますが、かねてからの志があるものの、果たしておりません。帯びている職を止め、出家したいと思います」と言ってきた、と言上してきたので、勅により許すことにした。

天皇が「聞くところによると、諸国における米の売買は、民を利し、かつ、公《おおやけ》に損害を齎《もたら》すことはないという。今後は期限を設けることなく、これを行わせるようにせよ」と詔りした。

○乙未《十三日》　天皇が芹川野《せりかわの》と栗隈山《くりくまやま》に行幸《みゆき》して、遊猟した。扈従《こしょう》する者に差をなして禄《ろく》を賜った。

○庚子《十八日》　天皇が建礼門《けんれいもん》に出御して、唐からの舶来品を長岡《ながおか》山陵（桓武天皇皇后藤原乙牟漏《おとむろ》）へ奉納した。先日の頒幣《はんぺい》に漏れたためである（本月乙酉条）。

○戊申《二十六日》　左京の人少外記《しょうげき》山田造《やまだのみやつこ》古嗣《ふるつぐ》・紀《き》伊国介外従五位下大蔵忌寸《おおくらのいみき》横佩《よこはき》・大外記《だいげき》従六位上

内蔵《くら》忌寸秀嗣《ひでつぐ》らに、並びに宿禰《すくね》姓を賜った。これらの者のうち、横佩と秀嗣の先祖は後漢《ごかん》霊帝《れいてい》の曾孫《そうそん》阿智《あち》王であり、応神《おうじん》天皇の時に帰化したのであった。

続日本後紀　巻第二

○十二月[一]癸未朔、道場一処在二山城国愛宕郡賀茂社以東一許里一、本号二岡本堂一、是神戸百姓奉三為賀茂大神一所二建立一也、天長年中撿非違使尽従二毀廃一、至レ是、勅曰、仏力神威、相須尚矣、今尋二本意一、事縁二神分一、宜三彼堂宇特聴二改建一、○[三]乙酉、天皇御二建礼門一分二使者一奉二唐物於後田原八嶋楊梅柏原等山陵一、○[五]丁亥、外従五位下大宅臣宮廬麻呂為二近江掾一、○[六]戊子、陰陽寮進二御暦幷頒暦一也、恒例在二十一月朔一、而暦博士外正五位下刀伎直浄浜卒後、忽無二相継之人一、遣下召二識暦術一者遠江介正六位上大春日朝臣良棟上、乃令レ造之、所以于レ今延引、○[七]己丑、右衛門権佐従四位下橘朝臣永名為二刑部大輔一、内蔵頭正五位上滋野朝臣貞主為二宮内大輔一、下総守如レ故云々、」左京人六世王豊宗、豊方等七人、賜二姓清原真人一、○[九]辛卯、大宰府言、陰陽師土師雄成言、幸沐二天恩一、已霑二厚禄一、但有二宿心一、猶未レ得レ果、解二所帯職一、出レ俗帰レ真、勅許レ之、」詔曰、如レ聞諸国羅羅、有レ利二於民一、無レ損二於公一、自今以後、不レ立二年限一、永俾レ行レ之、○[十三]乙未、行二幸芹川野栗隈山一遊猟、賜二扈従者禄一各有レ差、○十八庚子、天皇御二建礼門一、奉二唐物於長岡山陵一、為レ漏二先日之頒幣一也、○廿六戊申、左京人少外記山田造古嗣、紀伊国介外従五位下大蔵忌寸横佩、大外記従六位上内蔵忌寸秀嗣等並賜二宿祢姓一、就レ中横佩秀嗣之先、出レ自二後漢霊帝曾孫阿智王一、誉田天皇馭寓之年帰化者也、

続日本後紀　巻第二

続日本後紀　巻第三　承和《じょうわ》元年正月より十二月まで

太政大臣従一位臣藤原朝臣良房ら勅を奉《うけたまわ》りて撰す

○承和《じょうわ》元年春正月壬子朔《一日》　天皇が大極殿《だいごくでん》に出御《しゅつぎょ》して、朝賀《ちょうが》を受けた。朝賀の儀が終わった後、侍従《じじゅう》以上の者に紫宸殿《ししんでん》で宴を賜り、御被《みふすま》を賜った。

○癸丑《二日》　天皇が淳和院《じゅんないん》で淳和太上天皇《だいじょうてんのう》に拝謁した。太上天皇は天皇を迎え、両者は中庭で拝《はい》舞《ぶ》を行った。次いで共に昇殿し、群臣に酒を賜り、併せて音楽を奏し、さらに左右近衛府《さゆうのこのえふ》が舞を奏した。太上天皇が天皇へ鷹《たか》と鷂《はしたか》それぞれ二羽と猟犬四頭を献上した。天皇が宮へ戻ろうとすると、太上天皇は南屏《なんぺい》の下《もと》まで出て見送った。

○甲寅《三日》　淳和太上天皇が嵯峨《さが》太上天皇に冷然院《れいぜいいん》で拝賀《はいが》を行った。新年となったことに由る。嵯峨太上天皇は突然のことに驚き、中庭に出て迎えた。

　本日、年号を改め、次のように詔《みことのり》した。

　天・地・人からなる夏《か》・殷《いん》・周《しゅう》三代の暦が交代し始まるに当たっては嘉《よ》き名をつけ、木・火・土・金・水の五運の動きに従い、喜ばしい名号《みょうごう》を用いた。これに基づき、多くの皇帝が初めを正し根本を重んじることで一致し、多くの王者が年初に年号を改めることで軌を一にしていることが知られる。朕は天命を受け、天皇としての本分を継ぎ守っている。春・夏・秋・冬の四季は遷《うつ》り、時候は速やかに変わり、今年は寅《とら》年で、天の動きが一巡し更新の年である。新春の物事が新たまる日に当たり、事の始めに因《ちな》んで旧例に倣い、天長《てんちょう》十一年を改めて承和元年とする。

○乙卯《四日》　天皇が嵯峨太上天皇と太皇太后《たいこうたいごう》（橘 嘉智子《たちばなのかちこ》）に冷然院で拝謁した。

本日、嵯峨太上天皇が淳和院に出御し、相互に拝賀した。

中納言《ちゅうなごん》従三位《じゅさんみ》兼中務卿《ちゅうむきょう》 直世《なおよ》王が死去した。行年五十八。

○戊午《七日》　天皇が豊楽殿《ぶらくでん》に出御して青馬《あおうま》を観覧し群臣と宴を催した。詔りして、正《しょう》五位下岑成《みねなり》王に従四位下、正六位上助雄《すけお》王に従五位下、従四位上 源 朝臣弘《みなもとのあそんひろむ》に正四位下、正五位上滋《しげ》野《の》朝臣貞主《さだぬし》・紀《き》朝臣深江《ふかえ》・正五位下藤原《ふじわら》朝臣真川《まかわ》・藤原朝臣助《たすく》に並びに従四位下、従五位上安倍《あべ》朝臣高継《たかつぐ》・従五位下田口《たぐち》朝臣佐波主《さわぬし》に並びに正五位下、従五位下真苑宿禰雑物《まそのすくねさいもち》に正五位上、外従五位下御船《みふね》宿禰氏主《うじぬし》・正六位上藤原朝臣岳守《おかもり》・藤原朝臣諸氏《もろうじ》・大中臣《おおなかとみ》朝臣礒《いそ》守《もり》・橘朝臣本継《もとつぐ》に並びに従五位下、外従五位下紀朝臣国守《くにもり》に外正五位下、正六位上清村《きよむら》宿禰浄豊《きよとよ》・春宗 連継縄《はるむねのむらじつぐただ》・朝妻 造 清主《あさづまのみやつこきよぬし》・秦《はた》宿禰真仲《まなか》・讃岐公永直《さぬきのきみながなお》・風早 直 豊宗《かざはやのあたいとよむね》に並びに外従五位下を授けた。

○己未《八日》　天皇が大極殿に出御して、『最勝王経《さいしょうおうきょう》』を聴講した。皇太子が侍候《じこう》し、午前中に講義が終わると、内裏へ戻った。

本日、正六位上大神《おおみわ》朝臣船公《ふなぎみ》に従五位下、正六位上卜部《うらべ》嶋継《しまつぐ》に外従五位下、無位為奈真《いなのま》人乙刀《ひとおとと》自《じ》・菅生《すごう》朝臣氏刀《うじと》自《じ》に並びに従五位下を授けた。

○癸亥《十二日》　従五位下丹墀《たじひ》真人興宗《おきむね》を左少弁《さしょうべん》に任じ、従五位下田中《たなか》朝臣許侶継《ころつぐ》を左衛門権佐《さえもんのごんのすけ》に任じ、従五位上長田《ながた》王を大和守《やまとのかみ》に任じ、従五位下春澄《はるすみ》宿禰善縄《よしただ》を兼摂津介《せっつのすけ》に任じ、東宮学士《とうぐうのがくし》大内記《だいないき》は故《もと》のままとし、正五位下安倍朝臣高継《たかつぐ》を山城《やましろ》守に任じ、従五位上丹墀真人清貞《きよさだ》を伊勢《いせ》守に任じ、従五位下小野《おの》朝臣千株《ちかぶ》を尾張《おわり》介に任じ、従五位下百済《くだら》公縄継《ただつぐ》を参河《みかわ》介に任じ、駿河《するが》介従五位下賀茂《かも》朝臣伊勢麻呂《いせまろ》を守に任じ、従五位下清岑《きよみね》宿禰門継《かどつぐ》を駿河介に任じ、外従五位下上毛野《かみつけぬ》公清湍《きよせ》を伊豆《いず》守に任じ、参議《さんぎ》従四位上藤原朝臣常嗣《つねつぐ》を兼相模《さがみ》守に任じ、右大弁《うだいべん》は故のままとし、従五位下藤原朝臣直縄《なおただ》を安房《あわ》守に任じ、四品葛井《ふじい》親王を常陸《ひたち》大守に任じた。(中略)正五位下藤原朝臣長良《ながら》を兼加賀《かが》守に任じ、左衛門佐《さえもんのすけ》は故のままとし、従五位下石川《いしかわ》朝臣越智人《おちひと》を越中《えっちゅう》介に任じ、従五位上真苑《まその》宿禰雑物《さいもち》を因幡《いなば》守に任じた。

(下略)

○丁卯《十六日》　月蝕《げっしょく》があった。

先に大宰府《だざいふ》が、筑前《ちくぜん》国に慶雲《けいうん》が出現したと言上した。本日に至り太政官《だいじょうかん》の左大臣《さだいじん》正二位臣藤原朝臣緒嗣《おつぐ》・右大臣《うだいじん》従二位兼行左近衛大将《さこのえのたいしょう》臣清原《きよはら》真人夏野《なつの》・従二位行大納言《だいなごん》兼皇太子《こうたいし》傅《ふ》臣藤原朝臣三守《みもり》・正三位《しょうさんみ》行中納言《ちゅうなごん》兼兵部卿《ひょうぶきょう》臣源朝臣常《ときわ》・正三位行権中納言《ごんのちゅうなごん》臣藤原朝臣

吉野・中納言従三位兼行民部卿《みんぶきょう》臣藤原朝臣愛発《あらち》・参議従三位行治部卿《じぶきょう》兼美作《みまさか》守臣源朝臣定・参議右近衛大将《うこのえのたいしょう》従三位臣橘朝臣氏公《うじきみ》・参議従三位行左兵衛督《さひょうえのかみ》臣源朝臣信《まこと》・参議正四位下兼行相模《さがみ》守臣三原《みはら》朝臣春上《はるかみ》・参議従四位上行式部大輔《しきぶのたいふ》勲六等臣朝野《あさの》宿禰鹿取《かとり》・参議左大《さだい》弁《べん》従四位上兼行左近衛中将春宮大夫《とうぐうのだいぶ》武蔵《むさし》守臣文室《ふんや》朝臣秋津《あきつ》・参議従四位上右大弁兼行下野《しもつけ》守臣藤原朝臣常嗣《つねつぐ》らが、次のように上表した。

　私たちは、世が安泰であるならば、それに応じて形あるものが出現し、すべてのものが感応してよき兆候となり、立派な聖人が上にいれば、悪事を為す鬼神もその影響を受け、優れた徳があらゆる方面に広まり、天地がそれに感応する、と聞いております。伏して思いますに、陛下は代々継承されてきております皇位の基礎を嗣《つ》ぎ、徳に満ちた皇帝として治政に臨み、仰ぎ慕う者を公平に遇し、聖智を身につけて慶《よろこ》びをおさめ、空に浮かぶ雲に輝きを示し、仁義は天地より高く、功績は先人の徳によるとして、声化は全国に及び、優れた先代の皇帝を誉《ほ》め称《たた》えておられます。伏して、大宰大弐《だざいのだいに》藤原朝臣広敏《ひろとし》らの奏状を見ますに、「慶雲が筑前《ちくぜん》国那珂《なか》郡に出現しました。天地の色である黒色と黄色の混じった美しい光を発するすばらしい赤紫色をした彩りの大きな慶雲でして、そのめでたさのほどは、中国古代の聖帝堯《ぎょう》や周の武王《ぶおう》が河水に臨み玉を沈め、栄光と共に湧《わ》き上《あ》がった白雲・青雲のそれに異なりません」とありました。私たちが『孫氏瑞応図《そんしずいおうず》』に当たりますと、「慶雲は太平の世に感応する」とあり『礼斗威儀《れいといぎ》』には「政治が穏やかな時に慶雲が出現する」、『孝経援神契《こうきょうえんしんけい》』には「天子の孝および徳が山陵に及ぶと、景雲が現れる」とあります。陛下の仁の恩恵が生者・死者共に潤し、徳が天地に及んでいなければ、天地の気が合《がっ》してこの霊妙な幸いを齎《もたら》すことがありましょうか。私たちは立派な時代に遭遇して官人として恩恵に浴し、このめでたい現象のことを聞きまして、常と異なり心を洗い改める思いです。中国古代の聖帝堯《ぎょう》・禹《う》の音楽を聞いてその美しさに感嘆しない者は、誠に音楽を解する者といえません。霊妙な瑞祥《ずいしょう》が彩《あざ》やかに出現していますのに称えることをしなければ、陛下に協讃《きょうさん》する臣下たり得ないことを恐れます。手を打ち足を踏む喜びの思いに堪《た》えず、参内して表を奉り祝賀いたします。

天皇は賀表に対して、次のように勅答した。

めでたい予兆は決して虚《むな》しいものでなく、霊妙な祥瑞《しょうずい》の出現は、必ずそれに相応《ふさわ》しい実体を伴うものである。このことを知っている聖帝堯は舜《しゅん》に譲位して敢《あ》えてそれを誇ることがなく、光武帝《こうぶてい》は後漢《ごかん》を興しながら、事跡を広めることをしていない。朕は大いなる帝王位を継ぎ全国を治めているが、政化はすみずみにまでは及ばず、民を感動させるに至っていない。しかるに今度《このたび》慶雲が出現し、公卿《くぎょう》が賀表を奉上してきた。愚かで徳の薄い朕がどうしてこの祥瑞に相応しいと言えようか。百姓が安らかな時は風雨が調和する、と言うではないか。これまた瑞祥である。世の安危は人により、吉凶は政治のありかたによるものである。政治が適切でなければ、めでたい祥瑞が出現しても世が良くなるわけでなく、帝王が慎み深く道理に明らかであれば、災いの兆しがあっても、良からぬことが起きることはない。そこで自らを鞭《むち》うち励ますことが願うところである。日ごとにその日その日を慎み、喜ぶべきことであっても、妄《みだ》りに喜ぶものではない。賀表は受理しないこととする。

○戊辰《十七日》　天皇が豊楽院《ぶらくいん》に出御して、射《じゃ》（弓を射る競技）を観覧した。

○己巳《十八日》　今日も天皇が豊楽院に出御して、四衛府《しえふ》（左右近衛府《さゆうのこのえふ》・左右兵衛府《ひょうえふ》）の賭射《のりゆみ》（賞をつけて弓を射る行事）を観覧した。

○庚午《十九日》　山城国葛野《かどの》郡上林《かんばやし》郷の一町四方の土地を伴《とも》宿禰らに賜った。氏神《うじがみ》を祭るための用地としてである。

本日、遣唐使を任命した。参議従四位上右大弁兼行相模守藤原朝臣常嗣《つねつぐ》を持節大使《じせつたいし》、従五位下弾正少弼《だんじょうのしょうひつ》兼行美作《みまさか》介小野朝臣篁《たかむら》を副使とし、判官《はんがん》四人、録事《ろくじ》三人とした。

○辛未《二十日》　天皇が仁寿殿《じじゅうでん》で内宴《ないえん》を催し、内教坊《ないきょうぼう》が歌舞を奏した。天皇の寵《ちょう》を受けている近習が観覧し、詞を解する五位以上の者二、三人と内記《ないき》らを特別に喚《よ》び、ともに「早春の花と月」の題で詩を賦させた。本日の夕刻、勅により正六位上大戸首清上《おおべのおびときよかみ》に外従五位下を授けた。清上は横笛を能《よ》くし、それにより今回の授位となった。

○甲戌《二十三日》　宮中永安門《えいあんもん》裏の西掖廊《にしわきろう》の前に天皇が弓を引くための垜《あずち》（的の背後に築く土の壇）を造った。紫宸殿の西南端の廊を撤去し、矢が通過するようにした。

○丙子（二十五日）　加賀国に疫病が流行し、物を恵み賜った。
○庚辰（二十九日）　勅により、維摩会《ゆいまえ》の立義《りゅうぎ》（口頭による試問）に合格した僧侶《そうりょ》を従来の慣例に従い、諸寺の安居《あんご》（夏期に一定の場所に籠《こも》って行う修行）の時の講師《こうじ》とすることにした。

続日本後紀　巻第三　起二承和元年正月一尽二十二月一

太政大臣従一位臣藤原朝臣良房等奉　勅撰

○承和元年春正月壬子朔（一）、天皇御二大極殿一受二朝賀一、畢宴二侍従已上於紫宸殿一、賜二御被一、○癸丑（二）、天皇朝二覲後太上天皇（淳和）於淳和院一、太上天皇逢迎、各於二中庭一拝舞、乃共昇レ殿、賜二群臣酒一兼奏二音楽一、左右近衛府更奏レ舞、既而太上天皇、以二鷹鷂各二聯嗅鳥犬四牙一、献二于天皇一、天皇欲二還宮一、降レ自レ殿、太上天皇相送到二南屏下一也、○甲寅（三）、後太上天皇（淳和）賀二先太上天皇（嵯峨）於冷然院一、以レ入二新年一也、先太上天皇乍レ驚、逢二迎中庭一、是日、改二年号一、下レ詔曰、三微迭代、必制レ之以二嘉名一、五運因循、終甄レ之以二徽号一、是知正レ始重レ本之典、千帝同レ符、履レ端建レ号之規、百王合レ契、朕恭膺二明命一、纘二守鴻基一、分至推遷、節候亟換、方今摂提発レ歳、天紀更始之辰、大簇報レ春、品彙惟新之日、宜下有二草創一、以光中旧章上、其改二天長十一年一為二承和元年一、○乙卯（四）、天皇朝二謁先太上天皇及太皇太后於冷然院一、是日、先太上天皇亦御㆓淳和院㆒、以相賀也、」中納言従三位直世王薨、年五十八、七○戊午、天皇御㆓豊楽殿㆒、観㆓青馬㆒、宴㆓群臣㆒、」詔授㆓正五位下岑成王従四位下㆒、正六位上助雄王従五位下、従四位上源朝臣弘正四位下、正五位上滋野朝臣貞主、紀朝臣深江、正五位下藤原朝臣真川、藤原朝臣助並従四位下、従五位上安倍朝臣高継、従五位下田口朝臣佐波主並正五位下、従五位下真苑宿祢雑物従五位上、外従五位下御船宿祢氏主、正六位上藤原朝臣岳守、藤原朝臣諸氏、大中臣朝臣磯守、橘朝臣本継並従五位下、外従五位下紀朝臣国守外正五位下、正六位上清村宿祢浄豊、春宗連継縄、朝妻造清主、秦宿祢真仲、讃岐公永直、風早直豊宗並外従五位下、八○己未、天皇御㆓大極殿㆒、聴㆑講㆓最勝王経㆒、皇太子侍焉、崇朝之講竟而還㆓御内裏㆒、」是日、授㆓正六位上大神朝臣船公従五位下㆒、正六位上卜部嶋継外従五位下、无位為奈真人乙刀自、菅生朝臣氏刀自並従五位下、十二○癸亥、以㆓従五位下丹墀真人興宗㆒為㆓左少弁㆒、従五位下田中朝臣許侶継為㆓左衛門権佐㆒、従五位上長田王為㆓大和守㆒、従五位下春澄宿祢善縄為㆓兼摂津介㆒、東宮学士大内記如㆑故、正五位下安倍朝臣高継為㆓山城守㆒、従五位上丹墀真人清貞為㆓伊勢守㆒、従五位下小野朝臣千株為㆓尾張介㆒、従五位下百済公縄継為㆓参河介㆒、駿河介従五位下賀茂朝臣伊勢麻呂為㆑守、従五位下清岑宿祢門継為㆑介、外従五位下上毛野公清湍為㆓伊豆守㆒、参議従四位上藤原朝臣常嗣為㆓兼相摸守㆒右大弁如㆑故、従五位下藤原朝臣直縄為㆓安房守㆒、四品葛井親王為㆓常陸大守㆒云々、正五位下藤原朝臣長良為二兼加賀守一、左衛門佐如レ故、従五位下石川朝臣越智人為二越中介一、従五位上真苑宿祢雑物為二因幡守一云々、〇十六丁卯、月有レ蝕之、」先レ是、大宰府上言、慶雲見二於筑前国一、至レ是、太政官左大臣正二位臣藤原朝臣緒嗣、右大臣従二位兼行左近衛大将臣清原真人夏野、従二位行大納言兼皇太子傅臣藤原朝臣三守、正三位行中納言兼兵部卿臣源朝臣常、正三位行権中納言臣藤原朝臣吉野、中納言従三位兼行民部卿臣藤原朝臣愛発、参議従三位行治部卿兼美作守臣源朝臣定、参議右近衛大将従三位臣橘朝臣氏公、参議従三位行左兵衛督臣源朝臣信、参議正四位下兼行相摸守臣三原朝臣春上、参議従四位上行式部大輔勲六等臣朝野宿祢鹿取、参議左大弁従四位上兼行左近衛中将春宮大夫武蔵守臣文室朝臣秋津、参議従四位上右大弁兼行下野守臣藤原朝臣常嗣等上表言、臣聞、泰以レ応而為レ象、咸以レ感而成レ卦、明聖人在レ上、鬼神不レ能レ違二其感一、至徳傍通、天地有三以従二其応一、伏惟皇帝陛下、承二累聖之皇基一、纂二重光之宝祚一、握レ鏡揚レ蕤、燭二貞輝於就日一、懐レ珠韜レ慶、褰二景曜於望雲一、道冠二二儀一、帰二功先徳一、化孚二四表一、推二美神宗一、伏見二大宰大弐従四位下藤原朝臣広敏等奏一偁、慶雲見二於筑前国那珂郡一、玄黄蕭索之光、丹紫輪囷之采、豈止唐帝沈レ璧気合二於金方一、姫后望レ河形摸二於車蓋一而已哉、臣等謹検、孫氏瑞応図曰、慶雲太平之応、礼斗威儀曰、政和平則慶雲至、孝経援神契曰、天子孝、亦徳至二山陵一、景雲出、夫自レ非下仁霑二幽顕一、徳配中乾坤上、亦何上二符絪縕一、呈二茲霊祉一、臣等時属二休明一、恩叨二饗紱一、預二聞嘉気一、非常洗レ心、蓋韶夏発レ曲而不レ嗟二至美一者、誠非二賞音之客一也、霊符舒レ彩、而不レ称二神功一者、恐非二叶賛之臣一也、無レ任二抃躍鳧藻之至一、謹詣レ闕奉表陳賀、」勅報曰、禎符之応、不二肯虚行一、霊貺攸レ臻、必鍾二実徳一、所以唐堯上聖、猶譲而不レ矜、漢光中興、固距而鮮レ記、朕丕承二宝暦一、司二牧寰区一、化謝レ暨レ幽、感乖レ動レ物、而今景雲着見、公卿表賀、朕之菲薄、何以当レ之、論不レ云乎、百姓寧輯、風雨調和、此亦瑞也、然則安危在二乎人事一、吉凶繋二於政術一、政術或忒、休祥未レ能レ成二其美一、王道欽明、咎徴不レ能レ致二其悪一、以レ此談レ之、策励為レ可レ冀也、日慎二一日一、雖レ休勿レ休、賀レ瑞之言、閉而不レ聴、○十七戊辰、天皇御二豊楽院一観レ射、○十八己巳、亦御二同院一、閲二覧四衛府賭射一、○十九庚午、山城国葛野郡上林郷地方一町賜二伴宿祢等一、為下祭二氏神一処上、」是日、任二遣唐使一、以二参議従四位上右大弁兼行相摸守藤原朝臣常嗣一為二持節大使一、従五位下弾正少弼兼行美作介小野朝臣篁為二副使一、判官四人、録事三人、○二十辛未、主上内二宴於仁寿殿一、内教坊奏レ態、中貴陪観、殊喚二五位已上詞客両三人幷内史等一、同賦二早春花月之題一、」是夕、勅授二正六位上大戸首清上外従五位下一、清上能吹二横笛一、故鍾二此恩奨一、○廿三甲戌、於二永安門裏西掖廊前一、新作レ堋、備二于御射一、紫宸殿西南端廊被二徹毀一、以レ礙二箭道一也、○廿五丙子、加賀国疫癘、賑二給之一、○廿九庚辰、勅、維摩会立義得第僧、宜下依二旧例一請為中諸寺安居講師上、

○二月壬午朔《一日》　日蝕《にっしょく》があった。

○癸未《二日》　新羅《しらぎ》人らが遠く海を渡って、九州の海岸に到着したが、百姓は新羅人を嫌い、弓を引いて傷つけた。このため太政官《だいじょうかん》は大《だ》宰府《ざいふ》の役人を譴責《けんせき》し、傷つけた者は犯状に応じて科罪し、傷害を被った者には医師を派遣して治療し、食料を与えて帰国させることにした。

本日遣唐使《けんとうし》船《せん》の建造に当たる造舶使《ぞうはくし》を任命した。正五位下丹墀真《たじひのま》人貞成《ひとさだなり》を長官、主税助《ちからのすけ》外従五位下朝原宿禰嶋主《あさはらのすくねしまぬし》を次官とした。さらに左中弁《さちゅうべん》従四位下笠朝臣仲守《かさのあそんなかもり》・右少弁《うしょうべん》従五位下伴《とも》宿禰成益《なります》を並びに遣唐装束司《けんとうしょうぞくし》とした。

○甲申《三日》　伯耆《ほうき》国会見《おおみ》郡の荒廃田《こうはいでん》百二十町を有智子《うちこ》内親王に賜った。

○乙酉《四日》　山城《やましろ》国葛野《かどの》郡の人外従八位上物集広永《もずめのひろなが》・同姓豊守《とよもり》らに秦忌寸《はたのいみき》を賜姓した。

○丙戌《五日》　正三位権中納言藤原《しょうさんみごんのちゅうなごんふじわら》朝臣吉野《よしの》を中納言に任じ、参議《さんぎ》従三位源《みなもと》朝臣定《さだむ》を中務卿《ちゅうむきょう》に任じ、美作守《みまさかのかみ》は故《もと》のままとした。（中略）三品《さんぼん》阿保《あぼ》親王を治部《じぶ》卿《きょう》に任じた。（下略）

○己丑《八日》　天皇が芹川野《せりかわの》に行幸《みゆき》し、交互に鷹《たか》と鷂《はしたか》と隼《はやぶさ》を放ち、接近して戦うのを観覧した。

○辛卯《十日》　天皇が「万民が安楽になり五穀が稔《みの》って穂を垂れるようにするには、『最勝王経《さいしょうおうきょう》』の類《たぐい》まれな力以上に頼りになるものはない。封戸《ふこ》と田園を所有し負担に堪え得る寺に、『最勝王経』を講説する法会《ほうえ》を行わせよ」と勅した。

○壬辰《十一日》　従四位上磐田《いわた》王が死去した。

○癸巳《十二日》　天皇が「金銀の粉を膠《にかわ》で溶かした薄泥《はくでい》は、公私ともに費用が嵩《かさ》むばかりで無益である。そこで禁止すべきである」と勅した。

○甲午《十三日》　天皇が初めて射場《いば》に出御《しゅつぎょ》した。左右近衛府《さゆうのこのえふ》・兵衛府《ひょうえふ》・衛門府《えもんふ》が相共に奉献《ほうけん》し、賞物を与えることにした。天皇がまず射《い》、一の矢が的《まと》に当たった。新銭（富寿神宝《ふじゅしんぽう》）二万文《もん》が献上され、大臣以下、天皇の近習《きんじゅう》に至るまでの者が順次射、成績により差をなして賞物が与えられた。

本日夜、三品明日香《あすか》親王が死去した。親王は桓武《かんむ》天皇の第七皇子である。母は紀《き》氏の出で、贈正二位右大臣船守《うだいじんふなもり》の女《むすめ》、従四位下若子《わかこ》である。親王は生まれつき質朴で浮華《ふか》を嫌い、弘仁《こうにん》年間の贅沢《ぜいたく》な風潮の中で、身分の高い者が美麗な衣服をすこぶる好んでも、一人親王は夏の暑い日に出仕の時着用する朝服を再三洗い使用した。また、馬小屋の走行用の馬を売却して邸《やしき》の費用を支えた。親王の節約のほどは、皆右のような具合であった。嵯峨《さが》太上天皇《だいじょうてんのう》が在位中に、親王号を除き諸臣と同じ扱いとなることを申請したが、認められなかった。さらに生まれた男女に朝臣姓を賜ることを求め、これは真心に感じた天皇が許可した。二世王（天皇の孫）への賜姓は、これより競って行われるようになった。親王が死去すると、朝廷では悼み、刑部大輔《ぎょうぶのたいふ》従四位下紀朝臣深江《ふかえ》と治部大輔《じぶのたいふ》従四位下和気《わけ》朝臣仲世《なかよ》および五位二人を派遣して、喪儀を監督し守らせることにした。

加賀《かが》国石川《いしかわ》郡の人 財 逆女《たからのさかめ》が、一度に三人の男子を生んだ。正税《しょうぜい》三百束と乳母一人分の公粮《こうろう》を支給し、養育させることにした。

遠江《とおとうみ》国敷智《ふち》郡の古荒田《ここうでん》三十三町を阿保親王に賜った。

○乙未《十四日》 忠良《ただなが》親王が初 冠《ういこうぶり》（成人式）をし、四品に叙した。親王は嵯峨太上天皇の第四子であり、母は百済《くだら》氏の出で、従四位下勲三等俊哲《しゅんてつ》の女《むすめ》、従四位下貴命《きめい》である。

○戊戌《十七日》 武蔵《むさし》国幡羅《はら》郡の荒廃田百二十三町を冷然院《れいぜいいん》に奉充《ほうじゅう》した。

○庚子《十九日》 伊勢《いせ》守従五位上丹墀真人清貞《きよさだ》が赴任することになり、殿上《てんじょう》に喚《よ》ばれて襖子《ぬのこ》を賜った。参議正四位下行弾 正 大弼《だんじょうのだいひつ》三原《はら》朝臣春上《はるかみ》が勅語を伝達した。清貞は拝舞して退出した。

○辛丑《二十日》 越後《えちご》国で飢饉《ききん》が発生したので、物を恵み賜った。

小野《おの》氏の氏神社が近江《おうみ》国滋賀《しが》郡に鎮座している。勅により、小野氏の五位以上の者に対し、今後永く春秋の祭礼の時、許可の官符を待たずに往来することを認めることにした。

○丁未《二十六日》 忠良親王が天皇に拝謁して拝舞した。初冠のことによってである。天皇は紫宸殿《ししんでん》に出御して、親王に酒を賜った。大臣以下侍従《じじゅう》以上の者が相伴《しょうばん》し、酒 酣《たけなわ》の後、御被《みふすま》と襖子を賜った。

石見《いわみ》国が去年穀物が稔らず、百姓が飢饉《ききん》になった、と言上してきたので、物を恵み与えた。

○二月壬午朔《一》、日有レ蝕之、○癸未《二》、新羅人等遠渉二滄波一、泊二着大宰海涯一、而百姓悪レ之、彎レ弓射傷、由レ是、太政官譴二責府司一、其射傷者、随レ犯科レ罪、被二傷痍一者、遣レ医療治、給レ糧放還、」一是日、任二造船使一、以二正五位下丹墀真人貞成一為二長官一、主税助外従五位下朝原宿祢嶋主為二次官一、且以二左中弁従四位下笠朝臣仲守、右少弁従五位下伴宿祢成益一、並為二遣唐装束司一、○甲申《三》、伯耆国会見郡荒廃田百廿町賜二有智子内親王一、○乙酉《四》、山城国葛野郡人外従八位上物集広永、同姓豊守等賜二姓秦忌寸一、○丙戌《五》、正三位権中納言藤原朝臣吉野為レ正、参議従三位源朝臣定為二中務卿一、美作守如レ故云々、三品阿保親王為二治部卿一云々、○己丑《八》、行二幸芹川野一、遊放二鷹鷂隼一、覧二其接撃一、○辛卯《十》、勅曰、万民安楽、五穀垂レ穎、不レ如二最勝希有之力一、宜レ令下諸寺有二封戸及田園一堪二資供一者、勤中修最勝王経法上、○壬辰《十一》、従四位上磐田王卒、○癸巳《十二》、勅曰、金銀薄泥、用二之公私一、有レ費无レ益、宜レ禁二断之一、○甲午《十三》、上始御二射場一、左右衛府相共奉献、兼設二賭物一、上先射レ之、一箭中レ鵠、献二新銭二万文一、大臣已下至二近習一、以レ次射レ之、随二其能不一、分二賜賭物一各有レ差、」一今夜、三品明日香親王薨焉、桓武天皇第七皇子也、母紀氏、贈正二位右大臣船守朝臣之女、従四位下若子是也、親王天資質朴、不レ尚二浮華一、弘仁年中世風奢麗、王公貴人頗好二鮮衣一、親王独至二夏日一、朝衣再三澣濯、或亦売二却櫪上走馬一、以支二藩邸費用一、其省約節倹皆此類也、先太上天皇在祚時親王上表、自請下除二親王号一同中之諸臣上、不レ見レ許、更祈三所生男女賜二朝臣姓一、感二其懇誠一、乃聴レ之、孫王賜レ姓、従レ此競効レ之、当二于薨時一、朝廷悼レ之、遣下二刑部大輔従四位下紀朝臣深江、治部大輔従四位下和気朝臣仲世、并五位二人一、監中護喪事上、」加賀国石川郡人財逆女一二産三男一、給二正税三百束、及乳母一人公粮一、令二以育養一」遠江国敷智郡古荒田卅三町賜二阿保親王一、○十四乙未、忠良親王冠也、即叙二四品一、先太上天皇第四子也、母百済氏、従四位下勲三等俊哲之女、従四位下貴命是也、○十七戊戌、武蔵国幡羅郡荒廃田百廿三町奉レ充二冷然院一、○十九庚子、伊勢守従五位上丹墀真人清貞之レ官、喚二於殿上一、賜二御襖子一、令下二参議正四位下行弾正大弼三原朝臣春上一伝中勅語上云、拝舞退出、○二十辛丑、越後国飢、振二給之一」小野氏神社在二近江国滋賀郡一、勅、聴下彼氏五位已上、毎レ至二春秋之祭一、不レ待二官符一、永以往還上、○廿六丁未、忠良親王朝覲拝舞、以二新冠一也、天皇御二紫宸殿一、賜二親王酒一、大臣以下侍従已上陪焉、酣暢之後、賜二御被及襖子一」石見国言、去年不レ登、百姓飢饉、賑二給之一、

○三月壬子朔丙寅十五日　始めて穀倉院《こくそういん》に印一面を下賜した。
○十六日丁卯　勅により、大宰府《だざいふ》に滞在する唐人張継明《ちょうけいめい》を、都合で肥後守《ひごのかみ》従五位下粟田朝臣《あわたのあそん》飽田麻《あきたま》呂《ろ》に引率、入京させることにした。

○辛未《二十日》　従五位上藤原《ふじわら》朝臣長岡《ながおか》を兼右馬頭《うまのかみ》に任じ、但馬《たじま》守は故《もと》のままとし、三品阿保《あぼ》親王を上野大守《かみつけのたいしゅ》に任じ、治部卿《じぶきょう》は故のままとした。

本日、正六位上大春日《おおかすが》朝臣良棟《よしむね》に従五位下を授けた。暦を造る才能を褒めてのことである。

本日夕刻、宮中の上を飛ぶ鳥の声が聞こえた。その鳴き声は、世にいうところのいわゆる海鳥の鴨女《かもめ》に似ていた。その数は数百群に及んだ。海鳥にあらず、天狐《てんこ》（天に住む霊《れい》狐《こ》）だという人がいた。宿衛《しゅくえい》の者たちが空中を仰ぎ見たが、夕闇《ゆうやみ》の中ではっきりと見えず、鳴き声を聞くのみで、形を弁別することができなかった。

○三月壬子朔丙寅《十五》、始充二穀倉院印一面一、○丁卯《十六》、勅、在二大宰府一唐人張継明、便令下二肥後守従五位下粟田朝臣飽田麻呂一、相率入上レ京、○辛未《二十》、従五位上藤原朝臣長岡為二兼右馬頭一、但馬守如レ故、三品阿保親王為二上野太守一、治部卿如レ故、」是日、授二正六位上大春日朝臣良棟従五位下一、裒二造暦才一也、」是夕、当二于中禁之上一、有二飛鳴者一、其声似二世俗所謂海鳥鴨女者一、其類数百群、或言非二海鳥一、是天狐也、宿衛人等仰レ天窺望、夜色冥朦、唯聞二其声一、不レ弁二其貌一焉、

○夏四月辛巳朔《一日》　天皇が大極殿《だいごくでん》に出御《しゅつぎょ》して、視告朔《こうさく》（天皇が前月の百官の行事等について報

告を受ける行事）を行った。

○壬午《二日》　公卿《くぎよう》が再度慶雲《けいうん》の出現を祝賀する次の表を奉った。

私たちは、立派な皇帝の政治が全国に及ぶと、霊妙な贈り物（祥瑞《しようずい》）が自ずと出現し、皇帝の徳が天を動かしてめでたい応報が降る、と聞いております。これにより周の文王の時には、道徳書を口にくわえた霊鳥がその社に集まる奇瑞《きずい》が出現して、周に八百年続く王朝を齎《もたら》し、聖帝堯《ぎよう》の時代には甘露が降る祥事《しようじ》があって、堯の大いなる徳を明らかにしたのでした。伏して思いますに、天皇陛下は天・地・人の三才を身につけて人民を養育し、一切を構成する地・水・火・風の四大《しだい》と交流して君臨し、徳化を天地に及ぼし、仁風は冥界《めいかい》・現世《げんせ》に吹きわたり、恩赦を行って恩恵を施し、善を勧める旗を立てて人がそれに向かうのを待ち、国家は兵乱にあわず、家々には陛下を慕い称える言葉が溢《あふ》れています。このため天地は、そのめでたい祥瑞を惜しみ隠すことなく示しているのです。予言について記している讖緯書《しんいしよ》の図牒《ずちよう》に符合している、めでたい祥瑞に関する史書の記述は、真実であるということができます。陛下は謙譲されて、今回の慶雲の祥瑞を認めず拒んでおられますが、天の地上を見る眼ははなはだ確かなものでして、このめでたいしるしをどうして辞退したものでしょうか。伏して、ありがたい大いなるお気持ちをもって顧慮され、下は私ども群臣の心からの上表を受納し、上は偉大な天の降したすばらしい賜物を受容されますことを要望します。

天皇は上表を容認した。

○丙戌《六日》　天皇が次のように勅した。

　災害を未然に防ぎ、併せて豊作を齎すのは、固《もと》より仏教の修善《しゅぜん》の力である。畿内・七道諸国に命じて、国内の修行者のうちから選んで、国分寺において三日間、昼は『金剛《こんごう》般若経《はんにゃきょう》』を転読し、夜は薬師《やくし》悔過《けか》を行い、この行《ぎょう》が終わるまで殺生《せっしょう》を禁止せよ。またもし疫病が発生しているところでは、国境において災気を除去するための攘祭《じょうさい》を行え。真心をこめて事に当たり、必ず霊妙な感応《かんのう》があるようにせよ。

○庚子《二十日》　勅により、紀伝博士《きでんはかせ》を停止し、文章博士《もんじょうはかせ》一員に振り替えた。紀伝得業生《とくぎょうしょう》および紀伝学生《がくしょう》も停止した。

○辛丑《二十一日》　嵯峨《さが》太上天皇が右大臣清原真人夏野《きよはらのまひとなつの》の双丘《ならびがおか》の山荘を訪問し、そこの水木《すいぼく》を観賞した。大臣は丁寧に心をこめ礼儀を尽くして接待した。本日、勅により大臣の息男三人に位を授け、従五位下滝雄《たきお》を従四位下、正六位上沢雄《さわお》と秋雄《あきお》を並びに従五位下とした。

○丙午《二十六日》　疫病がしきりに流行し、多くの者が苦しんでいるので、平安京《へいあんきょう》内の諸寺に命じて、天神《てんじん》・地祇《ちぎ》のために『大般若経《だいはんにゃきょう》』一部と『金剛般若経』十万巻を転読させた。災気を除去するためである。

勅により、美濃《みの》国の荒廃田《こうはいでん》と空閑地《くうかんち》五十町を道康《みちやす》親王（文徳《もんとく》天皇。田邑《たむら》天皇）に賜った。

○夏四月辛巳《一》朔、天皇御二大極殿一聴二告朔一、○壬《二》午、公卿重上下賀二慶雲一表上曰、臣聞、叡道格レ宇、霊貺所二以自臻一、皇徳動レ天、禎応由レ其方降、故霊鳥集レ社、姫周延二歴運之期一、甘露凝レ階、陶唐照二休明之徳一、伏惟皇帝陛下、宅二三才一而子レ物、参二四大一而君臨、徳化被二於乾坤一、仁風扇二於幽顕一、解レ網而流レ恩、懸レ旌而佇レ善、国遘二偃伯之期一、家溢二思皇之頌一、天以不レ愛二其祥一、地以不レ蔵二其瑞一、可レ謂応レ図合レ牒之符、史無二虚記一者也、陛下謙譲而不レ当、徒拒二休徴一、天鑒孔明、弥符何辞焉、伏望鴻恩照顧、下惟納二群臣之丹款一、上則叶二皇天之玄貺一、制可之、○丙《六》戌、勅、防二灾未萌一、兼致二豊稔一、修善之力、職此之由、宜レ令下二畿内七道諸国一、択二国内行者一、於二国分僧寺一、三ケ日内、昼則転二金剛般若経一、夜則修中薬師悔過上、迄二于事畢一、禁二断殺生一、又如有二疫癘一処、各於二国界一攘祭、務存二精誠一、必期二霊感一、○庚《二十》子、勅、宜下停二紀伝博士一、加中置文章博士一員上、其紀伝得業及生徒亦停レ之、○辛《廿一》丑、先太上天皇降二臨右大臣清原真人夏野双岡山庄一、愛二賞水木一、大臣奉献慇懃、用展二情礼一、是日、勅増二授大臣男息三人栄爵一、従五位下滝雄従四位下、正六位上沢雄、秋雄並従五位下、○丙《廿六》午、疫癘頻発、疾苦稍多、仍令下二京城諸寺一、為二天神地祇一、転中読大般若経一部、金剛般若経十万巻上、以攘二灾気一也、」勅賜二美濃国荒廃田幷空閑地五十町於諱田邑一、

○五月辛亥朔乙卯《五日》　天皇が武徳殿《ぶとくでん》に出御《しゅつぎょ》して、四衛府《しえふ》（左右近衛府《さゆうのこのえふ》・左右兵衛府《ひょうえふ》）の騎射《うまゆみ》を観覧した。

○丙辰《六日》　今日もまた天皇が武徳殿に出御して、親王以下五位以上の者が貢上した馬の競走を観覧した。

○戊午《八日》　今日もまた天皇は武徳殿に出御して、四衛府に心ゆくまで種々の馬芸《ばげい》や打毬《だきゅう》（ポロ）を行わせた。

○癸亥《十三日》　遣唐大使《けんとうたいし》参議《さんぎ》従四位上藤原朝臣常嗣《ふじわらのあそんつねつぐ》を兼備中権守《びっちゅうのごんのかみ》に任じ、右大弁《うだいべん》は故《もと》のままとし、大工《だいこう》外従五位下三嶋公嶋継《みしまのきみしまつぐ》を造舶次官《ぞうはくのじかん》に任じ、遣唐使判官《はんがん》・録事《ろくじ》および知乗船事《ちじょうせんじ》ら九人に国司《こくし》を兼任させた。

大宰府《だざいふ》の官人の俸料に当てるための財源となる公廨稲《くげとう》（公出挙稲《くすいことう》）は、元来は管内六国で出挙《すいこ》していたが、天長《てんちょう》八年に民部省《みんぶしょう》の提起により六国に班給することを停め、肥後《ひご》国の公出挙稲に混合して出挙することにした。今回、天皇が「聞くところによれば、利稲を大宰府まで運送する負担は民に課されるが、肥後国一国においてのみ公廨稲を混給する方式では、不公平で穏便でないという。元来の方式に戻せ」と勅した。

○乙丑《十五日》　勅により、相模《さがみ》・上総《かずさ》・下総《しもうさ》・常陸《ひたち》・上野《かみつけ》・下野《しもつけ》等の国司に命じて、力を尽くして一切経《いっさいきょう》一部を写し、来年九月までに奉進させることにした。書写するに当たっての原本は、上野国緑野《みどの》郡の緑野《みどの》寺《でら》に所在している。

○己巳《十九日》　主殿允《とのものじょう》正六位上物部匝瑳連《もののべのそうさのむらじ》熊猪《くまい》に外従五位下を授け、鎮守将軍《ちんじゅしょうぐん》に任じた。

○壬申《二十二日》　無品貞子《さだこ》内親王が死去した。内親王は淳和太上天皇《じゅんなだいじょうてんのう》の第一皇女（第三皇女の誤か）で、贈皇后高志《こし》内親王の所生である。勘解由長官《かげゆのちょうかん》従四位下藤原朝臣雄敏《おとし》・兵部少輔《ひょうぶのしょうふ》正五位下安倍《あべ》朝臣安仁《やすひと》・常陸介《ひたちのすけ》従五位上永野《ながの》王・左京亮《さきょうのすけ》従五位上吉田宿禰《よしだのすくね》書主《ふみぬし》らを遣わし、喪儀を監督し護《まも》らせた。

○丙子《二十六日》　右京の人外従五位下菅原《すがわら》宿禰梶吉《かじよし》・大初位《だいそい》下梶成《かじなり》ら二人に朝臣姓を賜った。伊予《いよ》国の人正六位上浮穴直千継《うきあなのあたいちつぐ》・大初位下同姓真徳《まとく》らに春江宿禰《はるえのすくね》姓を賜った。千継の先祖は大《おお》久米命《くめのみこと》である。近江国の人外従五位下志賀忌寸田舎麻呂《しがのいみきいなかまろ》ら四人に下毛野朝臣《しもつけぬのあそん》を賜姓した。五十瓊殖《いにえ》天皇（崇神《すじん》天皇）の皇子である豊城入彦命《とよきいりひこのみこと》の子孫である。左京の人正七位下文忌《ふみ》寸歳主《としぬし》・無位同姓三雄《みつお》らに浄野《きよの》宿禰を賜姓した。河内《かわち》国の人正六位上文忌寸継立《つぎたて》の忌寸を改めて、宿禰を賜った。歳主《としぬし》・三雄《みつお》・継立《つぎたて》らの先祖は並びに百済《くだら》国人である。

○五月辛亥朔乙卯《五》、天皇御二武徳殿一、閲二-覧四衛府馬射一、○丙辰《六》、亦御二同殿一、観二親王以下五位已上所レ貢競馳馬一、○戊午《八》、亦御二同殿一、令下二四衛府一騁中-尽種々馬芸及打毬之態上、○癸亥《十三》、以二遣唐大使参議従四位上藤原朝臣常嗣一為二兼備中権守一、右大弁如レ故、大工外従五位下三嶋公嶋継為二造船次官一、遣唐使判官録事、及知乗船事等、兼二外任一者九人、」一大宰府司公廨、元来班二給六国一、至二天長八年一、依二民部省起請一、停レ給二六国一、混給二肥後国一、至レ是勅曰、如レ聞、転送之労、民受二其費一、混給二一国一、事乖二穏便一、宜三復レ旧給二レ之、○乙丑《十五》、勅、令下相摸、上総、下総、常陸、上野、下野等国司、勠レ力写二取一切経一部一、来年九月以前奉進上、其経本在二上野国緑野郡緑野寺一、○己巳《十九》、授二主殿允正六位上物部匝瑳連熊猪外従五位下一、為二鎮守将軍一、○壬申《廿二》、无品貞子内親王薨、後太上天皇（淳和）第一皇女、而贈皇后（高志内親王）所二誕育一也、遣下二勘解由長官従四位下藤原朝臣雄敏、兵部少輔正五位下安倍朝臣安仁、常陸介従五位上永野王、左京亮従五位上吉田宿祢書主等一、監中護喪事上、○丙子《廿六》、賜二右京人外従五位下菅原宿祢梶吉、大初位下梶成等二人朝臣姓一、伊予国人正六位上浮穴直千継、大初位下同姓真徳等賜二姓春江宿祢一、千継之先、大久米命也、近江国人外従五位下志賀忌寸田舎麻呂等四人賜二姓下毛野朝臣一、五十瓊殖天皇（崇神）皇子豊城入彦命之苗裔也、左京人正七位下文忌寸歳主、无位同姓三雄等賜二姓浄野宿祢一、河内国人正六位上文忌寸継立、改二忌寸一賜二宿祢一焉、歳主三雄継立等之先、並百済国人也、

○六月庚辰朔甲午《十五日》『仁王経《にんのうきょう》』を紫《し》宸殿《しんでん》・常寧殿《じょうねいでん》および建礼門《けんれいもん》・八省院《はっしょういん》諸堂・宮城諸司諸局・東寺《とうじ》・西寺《さいじ》・羅城門《らじょうもん》において、講説した。すべてで百の講座となった。

○丙申《十七日》　群神に急ぎ奉幣《ほうへい》した。よき降雨を祈願してのことである。

○丁酉《十八日》　地震があった。

○庚子《二十一日》　従四位下紀朝臣興道《きのあそんおきみち》が死去した。興道は故中納言従三位勝長《ちゅうなごんじゅさんみかつなが》朝臣の息子である。弘仁四年に従五位下に叙され、天長《てんちょう》九年に叙位を重ねて四位となり、兵部大輔《ひょうぶのたいふ》・左中弁《さちゅうべん》・右《う》兵衛督《ひょうえのかみ》を歴任した。興道は家風を受けて弓をひく射礼《じゃらい》の礼儀をよく伝えた。大同《だいどう》年間に従五位上であった伴宿禰和武多麻呂《とものすくねわむたまろ》もまた射礼の儀礼を伝えていたので、後世の武術に長じた者は長く紀・伴両家の流儀に従った。両者の流儀に多くの相異点があるとはいえ、大体は一致していた。

○辛丑《二十二日》　大和《やまと》国の人外従五位下伴宿禰直足《なおたり》ら三十五人の本貫《ほんがん》を改めて左京に貫附《かんぷ》した。和泉《いずみ》国の人正六位上蜂田薬師文主《はちたのくすしのふみぬし》・従八位下同姓安遊《あんゆう》らに深根宿禰《ふかねのすくね》を賜姓した。その先祖は百済国人である。

○乙巳《二十六日》　丹後《たんご》国が飢饉《ききん》となったので、物を恵み与えた。

○丁未《二十八日》　伊勢大神宮《いせだいじんぐう》および畿内・七道諸国の名神《みょうじん》に奉幣した。祈雨《あまごい》のためである。

○戊申《二十九日》　伊勢国に飢饉が発生したので、物を恵み与えた。

○己酉《三十日》　百人の僧侶《そうりょ》を大極殿《だいごくでん》に喚《よ》んで、三日間、『大般若経《だいはんにゃきょう》』を転読した。良き降雨と風の災害を防ぐことを祈願してのことである。

○六月庚辰朔甲午《十五》、吼説仁王経於紫宸殿、常寧殿及建礼門、八省院諸堂、宮城諸司諸局、東西寺幷羅城門一、惣是百講座也、○丙申《十七》、走二幣群神一、以祈二甘雨一、旱也、○丁酉《十八》、地震、○庚子《廿一》、従四位下紀朝臣興道卒、興道者故中納言従三位勝長朝臣男也、弘仁四年叙二従五位下一、天長九年累加二四位一、歴二職兵部大輔左中弁右兵衛督一、興道門風相承、能伝二射礼之容儀一、大同年中、有二従五位上伴宿祢和武多麻呂一、亦伝二此法一、由レ是後生武士長効二両家之法一、頗有二異同一、大体惟一也、○辛丑《廿二》、大和国人外従五位下伴宿祢直足等卅五人改二本居一貫二附左京一、和泉国人正六位上蜂田薬師文主、従八位下同姓安遊等賜二姓深根宿祢一、其先百済国人也、○乙巳《廿六》、丹後国飢、賑二給之一、○丁未《廿八》、奉二伊勢大神宮及畿内七道名神幣一、以祈レ雨也、○戊申《廿九》、伊勢国飢、賑二給之一、○己酉《三十》、延二百僧於大極殿一、限二三ケ日一、転二読大般若経一、為下祈二甘澍一、兼防中風災上也、

○秋七月庚戌朔《一日》　参議《さんぎ》従四位上朝野宿禰《あさののすくね》鹿取《かとり》を左大弁《さだいべん》に任じ、参議正四位下三原朝臣春上《みはらのあそんはるかみ》を弾正大弼《だんじょうのだいひつ》に任じた。（中略）従四位下百済《くだら》王安義《あんぎ》を右兵衛督に任じ、丹波守《たんばのかみ》は故《もと》のままとした。（中略）遣唐大使《けんとうたいし》参議右大弁《うだいべん》従四位上藤原《ふじわら》朝臣常嗣《つねつぐ》を兼近江権守《おうみのごんのかみ》に任じた。（下略）

○辛亥《二日》　祈雨《あまごい》のために『大般若経《だいはんにゃきょう》』の転読を始めたが、転読終了の日がきたものの、晴天のままで応報がないので、さらに二日間延ばし、真心を込めて行うことにした。

○丁巳《八日》 空に一片の雲もなく焼けるような炎暑であったが、午後四時頃に至り、空が暗くなって雨が降り出し、やがて大雨となった。

○戊午《九日》 左近衛権中将《さこのえのごんのちゅうじょう》従四位下藤原朝臣良房《よしふさ》を参議に任じた。

勅により、穀倉院《こくそういん》の預人《あずかりにん》らに院の西南の長さ二十丈、幅十二丈の土地に住むことを許可した。

○庚申《十一日》 本日は七月中旬の初めである。天皇が紫宸殿《ししんでん》に出御《しゅつぎょ》して侍臣《じしん》に酒を賜った。それだけでなく親王と大臣の座を天皇の床子《しょうじ》（座席）の側に設け、囲碁を行わせた。夕暮れ時に終わり、親王・大臣に御衣《ぎょい》、次侍従《じじじゅう》以上の者に差をなして禄《ろく》を賜った。

○辛酉《十二日》 雨水が溢《あふ》れた。

○壬戌《十三日》 畿内の名神《みょうじん》に急ぎ奉幣《ほうべい》した。また、諸大寺と諸国の講師《こうじ》に命じて、長雨の止むのを祈願して祈禱《きとう》させた。

○甲子《十五日》 左大舎人寮《ひだりのおおどねりりょう》は廃絶して、跡地が久しく無用の空閑地《くうかんち》となっているので、勅により中分して、西側を式部省《しきぶしょう》に賜い、東側を主税寮《ちからりょう》に賜うことにした。

○乙丑《十六日》 右京の人正七位上和邇子真麻呂《わにのねままろ》ら十二人に大神《おおみわ》朝臣を賜姓した。

○丙寅《十七日》 天皇が紫宸殿に出御して、相撲節《すまいのせち》を観覧した。

越前《えちぜん》・出雲《いずも》両国に飢饉《ききん》が発生したので、物を恵み賜った。

○辛未《二十二日》 任官があった。

陸奥鎮守府《むつちんじゅふ》に印一面を賜った。以前は陸奥国印を用いていたが、今回特に賜うことにしたのである。

○甲戌《二十五日》　右大臣《うだいじん》従二位兼行左近衛大将《さこのえのたいしょう》清原真人夏野《きよはらのまひとなつの》が表を捧呈《ほうてい》して、宿衛《しゅくえい》の職を止めることを求め、次のように申し出た。

私は、自らの分を守れば地位を保ち、分を超えるようであれば地位を損なうものであり、力を尽くして任に就き、できなくなったら止めるものだ、と聞いております。私は才略に聞こえるものがなく、人物に欠けていますが、淳和太上天皇《じゅんなだいじょうてんのう》は私が古くからの臣下であることを憐《あわ》れんで、枉《ま》げて私に目をかけてくださり、同輩から抜擢《ばってき》して忝《かたじけな》くも左近衛大将に起用賜り、警護や侍衛の任に就いて九年となりました。私は髪は抜け落ち兵仗《ひょうじょう》を身につけるに相応しくなく、視力は衰え武事について指導することができなくなりました。さて、陛下は皇位に即《つ》かれ天命は新たまり、獣類や虫に至るまで風化を喜ばないものはありません。すなわちここは臣下が真心をこめて君に仕え、力を尽くすべき時であります。この時に当たり自ら退くことは誠に難しいところがあり、交代しようと思いましても叶わず、努めて任務についてきました。ところで、近衛は陛下の近き衛《まも》りで、敵を防ぐことを任とし、侮られないようにすることが大切です。私は老い衰えてどうしてこの任に長く堪《た》えることができましょうか。腰の佩刀《はいとう》にしても、蟷螂《とうろう》の斧《おの》にどこが異なりましょうか。自ら顧みますに恥じることが多く、誰がこれを宜《よ》しとしましょうか。それだけでなく大臣は統理《とうり》（重要な政務事項を処理する）を旨《むね》としていますので、願わくは、近衛大将の任を解き、大臣の職を専任とし、役所での仕事が済んだ後は帰宅し、養生に努めたいと思います。伏して、特に御賢察賜り、憐れみを垂れてくださいますことを請願します。こうしていただきますことにより、私は志を得、朝廷の秩序に乱れがなく、私にとりましてこの上ない幸いであります。

天皇は上表を認めなかった。

○秋七月庚戌《一》朔、以二参議従四位上朝野宿祢鹿取一為二左大弁一、参議正四位下三原朝臣春上為二弾正大弼一云々、従四位下百済王安義為二右兵衛督一、丹波守如レ故云々、遣唐大使参議右大弁従四位上藤原朝臣常嗣為二兼近江権守一云々、○辛亥《二》、初為二祈雨一、転二読大般若経一、期日已満、晴而無レ応、由レ是、転レ経更延二一日一、以効二精誠一、○丁巳《八》、天無二片雲一、炎気如レ熏、比レ及二晡辰一、天陰雨零、従レ此漸至二滂沛一、○戊午《九》、以二左近衛権中将従四位下藤原朝臣良房一為二参議一、勅聴三穀倉院預人等寓二棲其院西南区地長廿丈広十二丈之内一、○庚申《十一》、是中旬之初也、上御二紫宸殿一、賜二侍臣酒一、乃至設二親王大臣座於御床下一、令二以囲碁一焉、夕暮而罷、賜二親王大臣御衣、次侍従已上禄一各有レ差、○辛酉《十二》、雨水汎溢、○壬戌《十三》、走二幣畿内名神一、亦令下二諸大寺及諸国講師一修法、以防中淫霖上、○甲子《十五》、左大舎人寮、廃来已久、徒為二空閑処一、勅中二分其地一、以レ西賜二式部省一、以レ東賜二主税寮一。○乙丑《十六》、右京人正七位上和迩子真麻呂等十二人賜二姓大神朝臣一。○丙寅《十七》、天皇御二紫宸殿一、観二相撲節一。越前、出雲二国飢、賑二給之一。○辛未《廿二》、任官。賜二陸奥鎮守府印一面一、元用二国印一、今殊賜レ之。○甲《廿五》戌、右大臣従二位兼行左近衛大将清原真人夏野抗表、請レ褫二宿衛職一曰、臣聞、守レ分有レ地、益レ之則損、陳レ力就レ列、不レ能者止、臣才略無レ聞、度量有レ欠、後太上天皇愛二憐故劔一、枉賜二殊私一、抜レ自二同班一、忝二斯上将一、警二陳侍衛一、九二載于今一、鬢髪変衰、非二帯レ兵之像一、瞳眼朦暗、無講レ武之明、而陛下御暦、宝命惟新、喘息跂行、無レ不レ欽レ化、是則臣之一心百君竭レ力之秋也、属二此時一来、寔難二自退一、所以欲レ謝不レ能、僶俛従レ事也、夫近衛者、禁兵攸レ存、任要二折衝一、義切二禦侮一、臣之衰邁、何可二久堪一、若論二腰下之佩刀一、豈異二蟷蜋之挙斧一、自顧多レ媿、誰云二厥宜一、况乃大臣之務、統理為レ宗、所レ希解二免此職一、専勤二一官一、退食之間、服餌自養、伏願特廻二昭鑒一、垂二賜允矜一、則私志得レ申、朝章無レ紊、在二於微臣一、良為二幸甚一、不レ許レ之、

○八月己卯朔辛巳《三日》　天皇が嵯峨《さが》太上天皇《だいじょうてんのう》と太皇太后《たいこうたいごう》（橘《たちばなの》嘉智子《かちこ》）のために冷然院《れいぜいいん》で酒宴を催した。天皇自ら酒盃《しゅはい》を奉り、楽官が音楽を奏し、源氏の児童らが殿上《てんじょう》で舞を行った。歓楽を極めて終わり、綿一万屯《とん》を五位以上の者と淳和院《じゅんないん》の院司《いんし》に差をなして賜った。嵯峨太

上天皇と太皇太后が嵯峨新院へ遷御《せんぎょ》することになったので、今回の設宴となったのである。

○壬午四日 無位益野《ますの》女王に従五位下を授けた。右中弁《うちゅうべん》正五位下伴宿禰氏上《とものすくねうじがみ》を造船使長官《ぞうはくしのちょうかん》に任じた。

○乙酉七日 宗康《むねやす》親王が初めて天皇に拝謁した。この時、七歳であった。

○丙戌八日 摂津《せっつ》国西成《にしなり》郡の空閑地《くうかんち》百町を諱《いみな》（道康《みちやす》親王。後の文徳《もんとく》天皇）に賜った本日条の諱は、既述の本年四月丙午条の諱と同一人物で、田邑天皇のことである。

○丁亥九日 嵯峨太上天皇が嵯峨院へ遷御した。

○戊子十日 遣唐録事《けんとうろくじ》・准録事《じゅんろくじ》・知乗船事《ちじょうせんじ》各一人を任命した。外従五位下三嶋公嶋継《みしまのきみしまつぐ》を造船都匠《ぞうはくとしょう》に任じた。

○庚寅十二日 天皇が清涼殿《せいりょうでん》で内宴を催し、芳宜《はぎ》（萩）の華宴《かえん》と名づけた。近習《きんじゅう》以下、近衛将監《このえのしょうげん》に差をなして禄《ろく》を賜った。

○壬辰十四日 遣唐都匠《けんとうとしょう》外従五位下三嶋公嶋継を兼阿波権掾《あわのごんのじょう》に任じ、准録事一人を外国介《げこくのすけ》に任じた。

○戊戌二十日 平城京《へいじょうきょう》の七大寺へ遣使して、本日より七日間にわたり、日夜『大般若経《だいはんにゃきょう》』を転読させることにした理由は不詳である。

○己亥二十一日 強風と大雨が重なり、樹木が折れたり根こそぎになり、民の住居が壊れた。このため畿内の名神《みようじん》に急ぎ奉幣《ほうべい》し、風雨の止むよう祈願した。

○庚子（二十二日）　夜、風雨がなお強く、朝になっても収まらず、平安京《へいあんきよう》内の人家があちらこちらで倒壊した。

紀《き》伊国の人従七位下紀臣国奈須《きのおみくになす》ら五人に朝臣《あそん》姓を賜った。

○甲辰（二十六日）　左大臣《さだいじん》藤原《ふじわら》朝臣緒《お》嗣《つぐ》が表を捧呈《ほうてい》して申し出た（中略。辞職の申し出か）。天皇は認めなかった。

○乙巳（二十七日）　久子《ひさこ》内親王が伊勢《いせ》斎宮《さいぐう》として奉仕するため、先般、賀茂川《かもがわ》で禊《みそぎ》をし、初めて野宮《ののみや》（斎宮に充てられた皇女が潔斎《けつさい》生活を送る宮）へ入った。

○八月己卯朔辛巳（三）、上為㆓先太上天皇（嵯峨）及太皇太后㆒、置㆓酒於冷然院㆒、上自奉㆓玉巵㆒、伶官奏㆑楽、令㆔源氏児童舞㆓于殿上㆒、極㆑歓而罷、以㆓綿一万屯㆒賜㆓五位已上幷院司禄㆒各有㆑差、太上天皇及太皇太后将㆑遷㆓御嵯峨新院㆒、故有㆓此讌設㆒也、○壬午（四）、授㆓无位益野女王従五位下㆒、以㆓右中弁正五位下伴宿祢氏上㆒為㆓造舶使長官㆒、○乙酉（七）、宗康親王始謁覲焉、于時春秋七歳也、○丙戌（八）、賜㆓摂津国西成郡閑地一百町於諱（文徳）㆒（諱之所㆑指、已見㆓於上㆒）、○丁亥（九）、先太上天皇遷㆓御嵯峨院㆒、○戊子（十）、任㆓遣唐録事、准録事、知乗船事各一人㆒、以㆓外従五位下三嶋公嶋継㆒為㆓造舶都匠㆒、○庚寅（十二）、上曲㆓宴清涼殿㆒、号曰㆓芳宜花讌㆒、賜㆘近習以下至㆓近衛将監㆒禄㆖有㆑差、○壬辰（十四）、以㆓遣唐都匠外従五位下三嶋公嶋継一為二兼阿波権掾一、准録事兼二外国介一者一人、○戊戌《二十》、遣二使平城七大寺一、始レ自二当日一七日夜、令レ転二読大般若経一其由不レ詳、○己亥《廿一》、暴風大雨相幷、折二抜樹木一壊二民廬舎一、由レ是走二幣畿内名神一、祈レ止二風雨一、○庚子《廿二》、夜裏風雨猶切、達レ旦不レ罷、城中人家往往倒壊、」一賜二紀伊国人従七位下紀臣国奈須等五人朝臣姓一、○甲辰《廿六》、左大臣藤原朝臣緒嗣抗表曰云々、不レ許レ之、○乙巳《廿七》、久子内親王為レ可レ侍二伊勢斎宮一、先禊二祓賀茂川一、始入二野宮一、

○九月戊申朔乙卯《八日》　左大臣《さだいじん》藤原朝臣《ふじわらのあそん》緒嗣《おつぐ》が再度上表した。（中略）天皇は手厚い 詔《みことのり》により、上表を許さなかった。

○丙辰《九日》　本日は重 陽節《ちょうようのせち》である。天皇は紫宸殿《ししんでん》に出御《しゅつぎょ》して、侍従《じじゅう》以上の者と宴を催した。侍従以外には、非侍従および諸司の六位の官人で詔命に応じて詩文を作ることのできる者と文章 生《もんじょうしょう》らが侍候《じこう》した。ともに「秋風の歌」の題で詩を賦し、宴が終わると禄《ろく》を賜った。

○戊午《十一日》　天皇が大極殿《だいごくでん》に出御して、伊勢大神宮《いせだいじんぐう》へ奉幣《ほうべい》した。

本日、僧正伝灯大法師位《そうじょうでんとうだいほっしい》護命《ごみょう》が死去した。法師は俗姓秦《はた》氏で、美濃《みの》国各務《かがみ》郡の人である。十五歳の時元興寺《がんごうじ》の万耀《まんよう》大法師を師とし、吉野山《よしのやま》に入り苦行した。十七歳の時得度《とくど》し、伝《つて》を得て同寺勝虞大僧都《しょうぐだいそうず》について法相宗《ほっそうしゅう》の救済の教えを学んだ。月の前半は深山へ入り虚空蔵法《こくぞうほう》を修行し、後半は宗学を研鑽《けんさん》し、指導者として第一人者の評判を得た。弘仁《こうにん》六

年に抜擢《ばってき》されて少僧都《しょうそうず》となり、同七年に大僧都に転じた。僧綱《そうごう》は護命の好むところでなく、上表して「能力のない者は止めるものだ、とは先賢の格言であり、休まず前へ進むことは先哲が誡《いまし》めているところです。仏教の教えには仏教界を対象とするものと俗界を対象にするものとがあり、僧侶《そうりょ》と俗人の生き方は同じではありませんが、すでに私は僧綱となっており、満足すべき点において、世俗と異なることはありません。私は戒律を乱すことが多く、禅定《ぜんじょう》（仏教の冥想《めいそう》）と知恵に欠け、喩《たと》えれば大地の一塵のようなもので重みがなく、太陽と競争して渇死《かつし》した、自分の力量を知らない夸父《こふ》の杖《つえ》が化してできたという、鄧《とう》林《りん》の一枚の葉と同じで、欠けたところで茂みが減退することはありません。私は早くから御恩を被り、僧綱を忝《かたじけな》くしましたが、生まれつき宋棘《そうきょく》（幼稚で父母を苦労させるものの喩え）と同じで、人々の輿望《よぼう》に沿うことができず濫吹《らんすい》（笛の吹けない者が楽人に混って吹くこと）の譏《そし》りがあり、仏教者の心服するところとなっていません。さらに年月が過ぎ、齢七十四となり、体は弱り老いました。このようなはかない私にとり、これから先何ができましょうか。今、仏教界では智恵に勝れた者が列をなし、学徳に勝れた者が多数います。私が能力がないのに、濫《みだ》りに長年にわたり僧綱の任についていてよいものでしょうか。伏して、この任を解いていただき、山林で仏徳を讃嘆する偈《げ》を称して生涯を終えることを望みます。陛下を祝福し、もし賢察《けんさつ》賜り、私の願いをお許しいただけますならば、老《ろう》耄《もう》となった私が賢い後進の妨げとならず、僧綱の職により良い人材を得ることができます」と辞職を申し出たが、天皇は認めなかった。僧綱の辞職はならなかったが、護命は平《へい》城京《じょうきょう》の山田寺《やまだでら》にこもり住んだ。飯を食している時に仏舎利《ぶっしゃり》（仏陀の骨）一粒を口中に得、その後普光寺《ふこうじ》で唯識《ゆいしき》の教説について講義していた時、頭上に再び仏舎利を得た。不思議なことがしきりに起こり、人々を驚き感じ入らせた。天長《てんちょう》四年に至り特に僧正に任命され、年八十五で元興寺の少塔院《しょうとういん》で死去した。息を引き取る前に同寺の僧善守《ぜんしゅ》が質問しようと思い、石上寺《いしがみでら》を出て少塔院へ着くと、かすかな音声が院内から聞こえてきた。極楽から迎えにきた天人《てんにん》の音楽と謂うべきものであった。

○辛酉《十四日》　河内《かわち》国古市《ふるいち》郡の人県犬養宿禰小成《あがたいぬかいのすくねおなり》の本貫《ほんがん》を改めて、右京一条に貫附《かんぷ》した。

○壬申《二十五日》　勘解由主典阿《かげゆのしゆてんあ》直史《じきのふひと》福吉《ふくよし》・散位《さんに》同姓核公《さねきみ》ら三人に清根宿禰《きよねのすくね》を賜姓した。核公の先祖は百済《くだら》国人である。

○九月戊申朔乙卯《八》、左大臣藤原朝臣緒嗣重復上表曰云々、優詔不レ許、○丙辰《九》、是重陽節也、天皇御二紫宸殿一、宴二侍従已上一、自外非侍従及諸司緑衫官人堪レ応レ詔者、并文章生等侍焉、同賦二秋風歌之題一、宴訖賜レ禄、○戊午《十一》、天皇御二大極殿一、奉二幣帛於伊勢大神宮一、是日、僧正伝灯大法師位護命卒、法師俗姓秦氏、美濃国各務郡人、年十五、以二元興寺万耀大法師一為二依止一、入二吉野山一而苦行焉、十七得度、便就二同寺勝虞大僧都一、学二習法相大乗一也、月之上半入二深山一、修二虚空蔵法一、下半在二本寺一、研二精宗旨一、教授之道、遂得二先鳴一、弘仁六年擢任二少僧都一、七年転二大僧都一、僧統之職、非二其好尚一、上表曰、不レ能者止、曩哲之格言、前而不レ休、前修之所レ誡、雖下教有二真俗一、緇素之趣非上レ同、而既曰二綱維一、止足之義何異、護命戒緒多レ紊、定恵或レ虧、譬二大地之一塵一、有レ之不レ増二其重一、如二鄧林之片葉一、無レ之未レ減二其茂一、而夙稟二恩緒一、忝掌二法務一、質均二宋棘一、四衆之望已違、声混二斉竽一、三輩之心不レ服、况乎甲子荏苒、年七十四、蒲柳之形先衰、桑楡之景復促、浮生若レ此、前途幾何、当今甘露之門、鴛鷺成レ列、栴檀之苑、龍象比レ肩、豈可下叨竊二非拠一、綿歴中年序上、伏望免二玆所職一、栖二託山林一、持二四句一而終レ年、向二一人一而奉レ福、儻廻二神鑒一、俯允二愚衷一、則片瓊残魂、不レ妨二賢路一、提綱要職、更得二良材一、天皇不レ許、然而屏二居古京山田寺一、喫レ飯口中得二仏舎利一粒一、復在二普光寺一、講二唯識論疏一、時於二頂上一亦得二一粒一、霊異頻彰、使二人驚感一、天長四年特任二僧正一、年八十五、終二于元興寺少塔院一、未レ及二気絶一、時同寺僧善守欲レ致二問訊一、自二石上寺一尋向、比レ到二少塔院一、忽聞三微細音声髣二髴院裏一、可レ謂浄刹所レ迎天人之楽也、〇辛酉十四、河内国古市郡人従六位下県犬養宿祢小成改二本居一貫二附右京一条一、〇壬申廿五、勘解由主典阿直史福吉、散位同姓核公等三人、賜二姓清根宿祢一、核公之先、百済国人也、

〇冬十月戊寅朔己卯二日　佐渡《さど》国が慶雲《けいうん》が出現したと言上してきた。本日、天皇が次の詔《みことのり》を下

した。

朕は謹んで全国に君臨し、人民を慈しみ治めているが、政化はならず、天地が通じあっていない状態を恥じている。どうしたら前代のすばらしい政治を引き継ぎ、従前の皇帝の霊と通い合うことができようか。昨年景雲《けいうん》が筑前国《ちくぜん》に出現し、天に現れた美しい五色の雲が彩りをなした。朕は才能がなく、景雲のことをとりあわず、以前、公卿《くぎょう》の慶賀する奏上も拒み、受納しなかった。しかし、再び慶雲が佐渡国に出現し、公卿が再度上表してしきりに慶《けい》を申し出ている。朕は上奏を固辞したものの、それを貫くことができない状態であるが、自ら省みるに、徳の少ない朕がどうしてこの慶事を齎《もたら》すことができようか。この幸いは祖先の霊の力による盛んな感応の結果である。今、この慶事を喜び天に応《こた》え、厚い恵みを広く天下に施そうと思う。最初に慶雲を見た人のうち五位の者は位一階を進め、六位以下は位二階進め、正六位上の者は子一人に二階を授け、白丁《はくちょう》は今年の戸の調庸《ちょうよう》を免除せよ。また、内外文武官の主典以上の者には位一級を加えよ。ただし、正六位上の者には一人の子に位二階を授け、子がない者には物を賜え。五位以上の子・孫で二十歳以上の者には規定の蔭位《おんい》を授けよ。天下の百歳以上の老人に、穀三斛《こく》、九十歳以上に二斛、八十歳以上に一斛を賜え。鰥《かん》・寡《か》・惸《けい》（孤に同じ。十六歳以下で父のない者）・独《どく》で自活できない者には物を恵み与えよ。孝子・順孫・義夫・節婦《せつぷ》は家門や村里の入り口の門に書きつけて表彰し、終身課税を免除せよ。

○辛巳四日　かつて官に没収された罪人橘朝臣奈良麻呂《たちばなのあそんならまろ》家の書物四百八十余巻を、弾正尹《だんじょうのいん》三品秀良《ひでなが》親王に賜った。親王の外戚《がいせき》（奈良麻呂の曾孫《そうそん》に当たる）の財物であることによる。
○壬午五日　淳和太上天皇《じゅんなだいじょうてんのう》が雲林院《うりんいん》に行幸《みゆき》し、平安京《へいあんきょう》の北郊で遊猟した。内裏の蔵人所《くらうどどころ》の隼《はやぶさ》を伴った。
○甲申七日　嵯峨院《さがいん》の寝殿の新築がなり、今上が使を遣わし、財物を献上して祝賀した。
○乙酉八日　従四位下高階真人浄階《たかしなのまひときよしな》が死去した。
○戊子十一日　天皇が栗隈野《くりくまの》に行幸して、鷹《たか》・鷂《はしたか》を放って狩猟した。日が暮れて宮へ戻った。
○壬寅二十五日　山城《やましろ》国愛宕《おたぎ》郡の空閑地《くうかんち》六町を従四位下滋野《しげの》朝臣貞主《さだぬし》に賜った。

○冬十月戊寅朔己卯二、佐渡国言、慶雲見焉、於レ是、下レ詔曰、朕恭臨二紫宙一、撫二字蒼元一、化異二成平一、道慙二交泰一、将下何以継二明前燭一通二感上霊上、去年景雲見二筑前国一、演二九玄之潜貺一、綴二五彩一而摛レ章、朕之菲虚、推而不レ処、前距二公卿之奏一、寝二慶賀之言一、而復有二同瑞一、出二佐渡国一、公卿重表、称レ慶洊陳、朕固辞不レ免、詳求二諸己一、豈伊寡徳克致レ此乎、祇由二宗廟之霊一載効二肸蠁之応一、今者嘉二兹休祉一、用答二昊穹一、覃以二湛恩一、普霑二寓県一、其初見人五位者進二位一階一、六位已下二階、正六位上廻授二一子二階一、白丁免二当戸今年調庸一、又内外文武官主典已上加二位一級一、但正六位上廻授二一子二階一、若無レ子者、宜二量賜レ物、五位以上子孫年廿已上者、亦叙二当蔭之階一、天下老人百歳已上賜二穀三斛一、九十已上二斛、八十已上一斛、鰥寡惸独不レ能二自存一者、量加二賑恤一、孝子順孫義夫節婦旌二表門閭一、終身勿レ事、○四辛巳、以二昔被レ没レ官橘朝臣奈良麻呂家書四百八十余巻一、賜二弾正尹三品秀良親王一、以二外戚之財一也、○五壬午、後太上天皇（淳和）幸二雲林院一、遊二猟北郊一、有二内裏蔵人所隼一従レ之、○七甲申、嵯峨院寝殿新成、今上遣二レ使奉献一、以賀レ之、○八乙酉、従四位下高階真人浄階卒、○十一戊子、車駕幸二栗隈野一、放二鷹鷂一、日暮還宮、○廿五壬寅、山城国愛宕郡空閑地六町賜二従四位下滋野朝臣貞主一、

○十一月丁未朔辛亥 五日　正六位上百済王《くだらのこにきし》奉義《ほうぎ》・正六位上百済王慶仁《けいじん》に並びに従五位下を授けた。

○癸丑 七日　右京の人陰陽寮允《おんようりょうのじょう》正六位上葛井宿禰《ふじいのすくね》石雄《いしお》・兵部省少録《ひょうぶしょうのしょうさかん》正六位上同姓鮎川《あゆかわ》に蕃《は》良朝臣《らのあそん》を賜姓した。

○甲寅 八日　常陸《ひたち》国の人外従五位下有道《ありみち》宿禰氏道《うじみち》の本貫を改めて左京七条に貫附した。

○丁巳 十二日　左近衛将曹《さこのえのしょうそう》佐伯宮成《さえきみやなり》が白鳥《はくう》を献上した。

女孺《にょじゅ》河内《かわち》国若江《わくえ》郡の人浮穴直《うきあなのあたい》永子《ながこ》に春江宿禰《はるえのすくね》を賜姓した。

○辛酉 十五日　施薬院《せやくいん》に主典《しゅてん》一員を加増した。

○癸亥 十七日　兵部省の申請により、国造《くにのみやつこ》田二十町から収納される租税を、今後永く親王以

下、五位以上の者二十人が宮中内で射《じや》を習う時の財源とすることにした。

○乙丑（十九日） 従五位下清原真人秋雄《きよはらのまひとあきお》を侍従《じじゆう》に任じ、従四位下紀《き》朝臣深江《ふかえ》を兵部大輔《ひようぶのたいふ》に任じ、従五位下藤原《ふじわら》朝臣貞公《さだきみ》を出雲守《いずものかみ》に任じ、従五位上紀朝臣良門《よしかど》を紀《き》伊守に任じた。

○己巳（二十三日） 佐渡《さど》国が「慣例として郡ごとに郡司《ぐんじ》一人を貢納の専当職員とし、冬期の間に貢納物の準備をし、夏期に京へ送ることにしていますが、風波のため海上を漂ったり、相撲節《すまいのせち》への奉仕で、すぐに帰国することができません。このため郡務に当たる者に不足が生じ、郡政が擁滞《ようたい》しています。そこで正員郡司の他に権任《ごんにん》郡司を郡ごとに置き、雑務に当たらせたいと思います」と上言してきたので、許可した。

○壬申（二十六日） 囚獄司《しゆごくし》の物部《もののべ》が帯びる刀の緒を胡桃染《くるみぞめ》（淡い褐色）とすることに定めた。

従四位上勲《くん》七等清原真人長谷《はせ》が死去した。行年六十一。

○癸酉（二十七日） 能登《のと》国に鎮座する正三位《しようさんみ》勲一等気多大神宮《けただいじんぐう》の禰宜《ねぎ》・祝《はふり》二人に、初めて笏《しやく》を把《と》ることを認めた。

○丙子（三十日） 越前《えちぜん》国坂井《さかい》郡の荒田《こうでん》二十町を基貞《もとさだ》親王に賜った。

○十一月丁未朔辛亥（五）、正六位上百済王奉義、正六位上百済王慶仁並授㆓従五位下㆒、○癸丑（七）、右京人陰陽寮允正六位上葛井宿祢石雄、兵部省少録正六位上同姓鮎川、賜㆓姓蕃良朝臣㆒、○甲寅（八）、改㆓常陸国人外従五位下有道宿祢氏道本居㆒、貫㆔附左京七条一、○丁巳《十一》、左近衛将曹佐伯宮成献二白烏一」女孺河内国若江郡人浮穴直永子賜二姓春江宿祢一、○辛酉《十五》、増二置施薬院主典一員一、○癸亥《十七》、依二兵部省所一レ請、以二国造田廿町地税一、永充下親王已下五位已上廿人調二習内射一之資上、○乙丑《十九》、以二従五位下清原真人秋雄一為二侍従一、従四位下紀朝臣深江為二兵部大輔一、従五位下藤原朝臣貞公為二出雲守一、従五位上紀朝臣良門為二紀伊守一、○己巳《廿三》、佐渡国言、国例、毎レ郡郡司一人、専二当貢賦一、冬中勘備、夏月上道、而或遭二風波一、留二連海上一、或供二相撲節一、不レ得二早帰一、此際無レ人二充用一、郡政擁滞、請正員外毎レ郡置二権任員一、支二配雑務一、許レ之、○壬申《廿六》、制、囚獄司物部刀緒用二呉桃染一」従四位上勲七等清原真人長谷卒、年六十一、○癸酉《廿七》、坐二能登国一正三位勲一等気多大神宮祢宜祝二人、始令レ把レ笏、○丙《三十》子、以二越前国坂井郡荒田廿町一賜二基貞親王一、

○十二月丁丑朔辛巳《五日》　天長《てんちょう》年間に新たに作成した『令義解《りょうのぎげ》』を施行することとし、次のような詔《みことのり》を下した。

諸々《もろもろ》の法度を整えることが王者の政道の第一にすべきことであり、法律・制度の制定があって帝王が政治を行うことになる。この故に教化を広め、あらゆるものを統制して巧みに民を治めるとなると、まずは法令なのである。ところで、淳和太上天皇《じゅんなだいじょうてんのう》は黄帝《こうてい》同様に政務に当たり、徳は堯《ぎょう》に並び、遠大なる計略をもって長期にわたる方針を立てた

が、法令の意味が明解でなく、前代の学者の解釈が相互に異なりそれぞれが自説に固執し、諸家の学説が喰い違《ちが》い、煩雑な注解により法を弄《もてあそ》ぶような事態になっていることに、思いを深くしたのであった。そこで天皇は朝廷の官人らに勅を下して、よく研究させることとし、古今の典籍に当たり、疑問がある場合は天皇の勅断を仰がせた。こうしてすべての論点をはっきりさせ、滞りなく解釈できるようにして、十巻の書物に纏《まと》め、『令義解』と名づけたのであるが、太上天皇は皇位を避《さ》り、施行されず朝廷の書庫に蔵されたままとなってしまった。朕は徳の少ないまま皇位に即《つ》き全国を治めているが、太上天皇の優れた方策を広め偉大な業績を明らかにしようと思う。天下に頒布《はんぷ》して、普《あまね》く確定した法解釈として万代に伝えるようにせよ。

○乙未《十九日》　大僧都《だいそうず》伝灯大法師《でんとうだいほっし》位《い》空海《くうかい》が次のような上奏を行った。

私の聞いているところによれば、如来《にょらい》の説法には二種類あり、一は浅く簡略であるのに対し、他は奥深く、前者には経文中の散文と偈頌《げじょう》（仏徳を讃える詩句）が当たり、後者は陀羅尼《だらに》（密教《みっきょう》の呪文《じゅもん》）が当たります。前者は『大素経《だいそきょう》』や『神農本草経《しんのうほんぞうきょう》』の説く、病源を説明し薬について解説するようなものであり、陀羅尼秘法は薬を配合して服用し、病を癒すのに似ています。仮に病人に対して病源や薬について説明しても、癒えることはなく、適切な薬を調合し服用することによって病を除き、生命を保つことができるものです。ところで、現在講説が行われております最勝王経会《さいしょうおうきょうえ》では、単に経文《きょうもん》を読み講説するのみで、正しい法式に従い画像を掲げて講壇を整えた上で行うことをしていません。これではすばらしい講説を聞いても、優れた仏法の味わいを堪能できないのではないか、と恐れます。伏して、今後はもっぱら法式に従い、七日間の講説の間、特に心得のある僧二十七人と沙弥《しゃみ》二十七人を選び、講経の場には諸仏の尊像を掲げて仏具を供し、真言《しんごん》（密教の呪文）を誦《しょう》するようにすることを請願いたします。こうすることにより顕教《けんきょう》と密教からなる仏教の教えが、如来の本願に適《かな》い、多くの福が実現され、尊い諸仏の悲願が達成されることになりましょう。

勅により請願を認め、今後永くその方式により最勝王経の講説を行うことにした。

散位《さんに》外従五位下大戸首《おおべのおびと》清上《きよかみ》・雅楽笙師《うたのしょうし》正六位上同姓朝生《あさなり》ら十三人に良枝宿禰《よしえのすくね》を賜姓した。清上らは安倍《あべ》氏の枝族《しぞく》である。諸陵少允《しょりょうのしょうじょう》正六位上中科《なかしな》宿禰直門《なおかど》・左少史《さしょうし》従七位下同姓継門《つぐかど》らに菅野朝臣《すがののあそん》を賜姓した。直門らは津連《つのむらじ》から分かれた一族である。散位従七位下川上造《かわかみのみやつこ》吉備成《きびなり》に春道宿禰《はるみちのすくね》を賜姓した。吉備成は伊香我色雄命《いかがしこおのみこと》の後裔《こうえい》である。

○辛丑《二十五日》　雷鳴が太鼓の音のように聞こえた。

続日本後紀　巻第三

○十二月丁丑朔辛巳《五》、施㆘行天長年中所㆓新撰㆒令義解㆖、下㆑詔曰、納㆓諸軌物㆒、王道所レ先、制以二度量一、皇猷斯在、故知弼二成五教一、銜二勒万方一、垂拱而理、其法令乎、後太上天皇、脩二機玄扆一、比二徳丹陵一、事勤二遠図一、慮存二長策一、以為、法令文義、隠約難レ詳、前儒註釈、方円遞執、豈使二三家異レ説、軽重参差、一門殊レ躅、舞レ文弄レ法、永言於レ此、固切二宸冲一、爰勅二在朝一、廼令二討覈一、稽二之於典籍一、参レ之以二古今一、迄二于滞疑一、祇稟二聖断一、咸加二弁析一、已尽会通、裁為二十巻一、名二令義解一、属二飛龍之眇躅一、顧二汾陽之窅然一、未レ有二施行一、蔵二之秘府一、朕以二寡昧一、臨二馭寰区一、思下遹二明謨一、導中揚景業上、宜下頒二天下一、普使中遵二用画一之訓一、垂上二於万葉一、十九○乙未、大僧都伝灯大法師位空海上奏曰、空海聞、如来説法有二二種趣一、一浅略趣、二秘密趣、言二浅略趣一者、諸経中長行偈頌是也、言二秘密趣一者、諸経中陀羅尼是也、浅略趣者、如下大素本草等経論二説病源一分中別薬性上、陀羅尼秘法者、如二依レ方合レ薬服食除レ病、若対二病人一、披二談方経一、無レ由レ療レ痾、必須二当レ病合レ薬、依レ方服食一、乃得下消二除病患一、保中持性命上、然今所レ奉レ講最勝王経、但読二其文一、空談二其義一、不二曾依レ法画レ像、結レ壇修行一、雖レ聞レ演二説甘露之美一、恐闕レ嘗二醍醐之味一、伏乞、自今以後、一依二経法一、講経七日之間、特択二解法僧二七人、沙弥二七人一、別荘二厳一室一、陳二列諸尊像一、奠二布供具一、持二誦真言一、然則顕密二趣、契二如来之本意一、現当福聚、獲二諸尊之悲願一、勅、依レ請修レ之、永為二恒例一」散位外従五位下大戸首清上、雅楽笙師正六位上同姓朝生等十三人、賜二姓良枝宿祢一、安倍氏之枝別也、諸陵少允正六位上中科宿祢直門、左少史従七位下同姓継門等、賜㆓姓菅野朝臣㆒、津連之別姓也、散位従七位下川上造吉備成賜㆓姓春道宿祢㆒、伊香我色雄命之後也、〇廿五辛丑、雷声鼓動、

続日本後紀　巻第三

続日本後紀　巻第四

承和二年正月より十二月まで

太政大臣従一位臣藤原朝臣良房ら勅を奉《うけたまわ》りて撰す

○二年春正月丁未朔《一日》　天皇が大極殿《だいごくでん》に出御《しゅつぎょ》して、群臣の朝賀《ちょうが》を受けた。皇太子（恒貞《つねさだ》親王）は幼児の故をもって朝賀に加わらなかった。紫宸殿《ししんでん》に戻って、侍従《じじゅう》以上の者と宴を催し、御被《みふすま》を賜った。

○己酉《三日》　天皇が嵯峨太上天皇《さがだいじょうてんのう》と太皇太后《たいこうたいごう》（橘　嘉智子《たちばなのかちこ》）に嵯峨院《さがいん》で拝謁した。

○壬子《六日》　大僧都伝灯大法師位空海《だいそうずでんとうだいほっしいくうかい》が、次のように奏上した。

弘仁《こうにん》十四年の詔《みことのり》により、真言宗《しんごんしゅう》の僧五十人を東寺《とうじ》に住まわせ、三密《さんみつ》（身密《しんみつ》・口密《こうみつ》・意密《いみつ》）を修行させたいと思います。現在、東寺の堂舎《どうしゃ》は建てられましたが、修行や講説は始まっておりません。そこで、朝廷から功徳《くどく》料として東寺へ施入された封《ふ》千戸のうちの二百戸甲斐国五十戸、下総国百五十戸を割いて、僧を供養《くよう》するための経費に充て、朝廷のために薫修《くんじゅ》を行い、人間界と天上界のすべての生物を利益《りやく》し済《わた》したいと思います。

奏状は許可された。

平城《へいじょう》旧宮《きゅうきゅう》の跡地四十余町を永く高岳《たかおか》親王に賜った。親王は平城《へいぜい》天皇の第三子である。大同《だいどう》年間の終わりの頃（大同四年四月）、若くして皇太子となり、世人は「蹲居《そんきょ》（うずくまる）の皇太子」と称した。藤原薬子《ふじわらのくすこ》の変に遭遇して皇太子位を失い、落髪《らくはつ》して僧となり、東寺に住んだ。

○癸丑《七日》 天皇が豊楽院《ぶらくいん》に出御して、百官と朝堂《ちょうどう》で宴を催した。詔《みことの》りして、従三位《じゅさんみ》源朝臣《みなもとのあそん》信《まこと》に正三位《しょうさんみ》、従四位下藤原朝臣良房《よしふさ》に従四位上、従五位上永野《ながの》王に正五位下、従五位下三《み》継《つぎ》王・津守《つもり》王に並びに従五位上、無位嶋江《しまえ》王・正六位上広坂《ひろさか》王に並びに従五位下、従四位下藤原朝臣広敏《ひろとし》・紀《き》朝臣善岑《よしみね》・百済《くだら》王勝義《しょうぎ》に並びに従四位上、正五位下田口《たぐち》朝臣佐波主《さわぬし》に従四位下、従五位上藤原朝臣長岡《ながおか》・当宗宿禰家主《まさむねのすくねいえぬし》に並びに正五位下、従五位下藤原朝臣行《ゆく》道《みち》・紀朝臣名虎《なとら》・高階真人石川《たかしなのまひといしかわ》・永原《ながはら》朝臣門継《かどつぐ》・小野《おの》朝臣 篁《たかむら》に並びに従五位上、正六位上藤原朝臣広野《ひろの》・文室《ふんや》朝臣邑楽《おうら》・橘朝臣宗雄《むねお》・藤原朝臣豊仲《とよなか》・伴《とも》宿禰諸山《もろやま》・安倍《あべ》朝臣浜《はま》成《なり》・紀朝臣鷹守《たかもり》・出雲《いずも》宿禰岑嗣《みねつぐ》に並びに従五位下、外従五位下御船《みふね》宿禰賀祜《かこ》に外正五位下、正六位上広井《ひろい》宿禰弟名《おとな》・長峯《ながみね》宿禰高名《たかな》・刈田首種継《かりたのおびとたねつぐ》・宍人《ししひと》朝臣垣麻呂《かきまろ》・春岑《はるみね》朝臣広津《ひろつ》麻呂《まろ》・門部連貞宗《かどべのむらじさだむね》・大村 直福吉《おおむらのあたいふくよし》に並びに外従五位下を授けた。宴が終了した後、差をなして禄《ろく》を賜った。

左京の人遣唐史生道公広持《けんとうししょうみちのきみひろもち》に当道 朝臣《まさみちのあそん》を賜姓した。和銅《わどう》年間に肥後守《ひごのかみ》正五位下道公首《おびと》名《な》は治績により名声をあげ、後世永く慕われた。広持は首名の孫である。

○甲寅《八日》　女叙位と外官《げかん》の任官があった。

○乙卯《九日》　正六位上永原《ながはら》朝臣貞主《さだぬし》に従五位下を授けた。

○丁巳《十一日》　正三位源朝臣信《まこと》を近江守に任じ、左兵衛督《さひょうえのかみ》は故《もと》のままとし、正四位下源朝臣弘《ひろむ》を信《しな》濃守《ののかみ》に任じ、宮内卿《くないきょう》は故のままとし、従五位上小野朝臣篁を備前権守《びぜんのごんのかみ》に任じ、遣唐副使・弾正少弼は故のままとし、三品秀良《さんぼんひでなが》親王を大宰帥《だざいのそち》に任じ、弾正尹《だんじょうのいん》は故のままとした。

○庚申《十四日》　去年勅により、相模《さがみ》・上総《かずさ》・下総《しもうさ》・常陸《ひたち》・上野《かみつけ》・下野《しもつけ》等の国に一切経《いっさいきょう》を写させたが（承和《じょうわ》元年五月乙丑条）、今回、貞元《じょうげん》・梵釈《ぼんしゃく》両寺の目録に載っている律《りつ》（戒律《かいりつ》）・論《ろん》（仏教の教義の解説書）・疏《しょ》（中国人・朝鮮人・日本人により撰述《せんじゅつ》された経・律・論の注釈書）・章《しょう》（経・論の大意を論じた注釈書）および紀伝集抄《きでんしゅうしょう》（歴史・文学書の抜粋か）を国ごとに均分して、書写させることにした。

○癸亥《十七日》　天皇が豊楽院に出御して、射礼《じゃらい》を観覧した。

○丙寅《二十日》　天皇が仁寿殿《じじゅうでん》において内宴を催した。公卿《くぎょう》・近習《きんじゅう》以外に内記《ないき》と校書殿《きょうしょでん》に詰める文《もん》章生《じょうしょう》一、二人が特別の恩を被って招かれ、共に「春色半ばでしきりに寒さを口にする」の題で詩を賦した。宴終了後、禄を賜った。

本日、正六位上壬生《みぶ》公永継《ながつぐ》に外従五位下を授けた。

○戊辰《二十二日》　新銭を鋳造することになり、次の詔《みことのり》を下した。

交易して有無を通ずる法は、中国古代の聖帝禹《う》の発案に始まり、市での物々交換は易《えき》の噬嗑《ぜいこう》の卦《け》（人々が日中活動する場所）から思いつかれた。すなわち亀文を施した銭により世の隆盛が齎《もたら》され、銭の流通のことは往古の政術に明らかである。周代には幣制を布いて有無を交換し、漢代になると銭により米の買い上げや売却を行い不足のないようにし、国家の基礎を固め、銭の流通により公私共に宜《よろ》しきを得、遠隔地間で交易することができるようになった。ところで、銭貨の軽重に関しては沿革があり、時の動きに合わせて改変を行ってきているが、長年月が経《た》つ間に貨幣の価値が下落し、適切でない状態になってしまった。どうしたら悪化した現状を改めることができるだろうか。そこで、この度《たび》、新銭を定め流通させることにする。銭文を承和昌宝《じょうわしょうほう》とし、新銭の一を旧銭（富寿神宝《ふじゅしんぽう》）の十に当て、新旧両銭を並用させよ。

大僧都伝灯大法師位空海が真言宗の年分僧として一年に三人を得度《とくど》させて欲しい、と上表してきたので、許した。

本日、雷鳴が三度聞こえた。

○己巳《二十三日》　天皇が射場《いば》へ出御し、常陸大守葛井《ふじい》親王・右《う》大臣《だいじん》清原《きよはら》真人夏野《なつの》らが付き従った。的《まと》に当たった人および天皇の矢を揃《そろ》えた内豎《ないじゅ》と大舎人《おおどねり》に、差をなして布を賜った。

本日、淳和太上天皇が寵愛《ちょうあい》する橘《たちばな》氏（橘船子《ふなこ》）の生んだ皇女を内親王（崇子《たかこ》）とした。

左京の人右《う》馬寮権大允《めりょうごんのだいじょう》　清友《きよとも》宿禰真岡《まおか》・散位《さんに》同姓魚引《うおひき》らに、笠品宿禰《かさしなのすくね》を賜姓した。真岡らの請願によってでなく、贈太政大臣《だいじょうだいじん》橘朝臣清友《きよとも》（太皇太后嘉智子の父）の名を避けるためであった。

左《さ》近衛《このえ》戸嶋守《へのしまもり》（戸の上に脱字あるか）・右《う》兵衛《ひょうえ》同姓真《ま》魚《うお》らに安岑　連《やすみねのむらじ》を賜姓した。嶋守の先祖は百済《くだら》国人である。

○二十八日甲戌　天皇が芹川野《せりかわの》に行幸《みゆき》し、猟をした。日暮れて宮へ戻った。

続日本後紀　巻第四　起二承和二年正月一尽二十二月一

太政大臣従一位臣藤原朝臣良房等奉　勅撰

○二年春正月丁未朔（一）、天皇御二大極殿一、受二群臣朝賀一、皇太子（恒貞）不レ朝、以二童小一也、還二御紫宸殿一、宴二侍従已上一、賜二御被一、○（三）己酉、天皇謁二覲先太上天皇（嵯峨）及太皇太后（嘉智子）於嵯峨院一、○（六）壬子、大僧都伝灯大法師位空海奏曰、依二弘仁十四年詔一、欲レ令下二真言宗僧五十人一住二東寺一、修中三密門上、今堂舎已建、修講未レ創、願且割下被レ入二東寺一官家功徳料封千戸之内二百戸上（甲斐国五十戸、下総国百五十戸）、以充二僧供一、為二国家一薫修、利二済人天一、許レ之、」平城旧宮処水陸地卌余町、永賜二高岳親王一、親王者、天推国高彦天皇（平城）第三子也、大同年末、少登二儲弐一、世人号曰二蹲居太子一、遂遭二時変一失レ位、落レ髪披レ緇、住二于東寺一、○（七）癸丑、天皇御二豊楽院一、宴二百官於朝堂一、詔授二従三位源朝臣信正三位一、従四位下藤原朝臣良房従四位上、従五位上永野王正五位下、従五位下三継王、津守王並従五位上、无位嶋江王、正六位上広坂王並従五位下、従四位下藤原朝臣広敏、紀朝臣善岑、百済王勝義並従四位上、正五位下田口朝臣佐波主従四位下、従五位上藤原朝臣長岡、当宗宿祢家主並正五位下、従五位下藤原朝臣行道、紀朝臣名虎、高階真人石川、永原朝臣門継、小野朝臣篁並従五位上、正六位上藤原朝臣広野、文室朝臣邑楽、橘朝臣宗雄、藤原朝臣豊仲、伴宿祢諸山、安倍朝臣浜成、紀朝臣鷹守、出雲宿祢岑嗣並従五位下、外従五位下御船宿祢賀祜外正五位下、正六位上広井宿祢弟名、長峯宿祢高名、刈田首種継、宍人朝臣垣麻呂、春岑朝臣広津麻呂、門部連貞宗、大村直福吉並外従五位下、宴畢賜レ禄各有レ差、」左京人遣唐史生道公広持賜二姓当道朝臣一、和銅年中、肥後守正五位下道君首名、治迹有レ声、永存二遺愛一、広持是首名之孫也、○八甲寅、女叙位幷外任、○九乙卯、授二正六位上永原朝臣貞主従五位下一、○十一丁巳、正三位源朝臣信為二近江守一、左兵衛督如レ故、正四位下源朝臣弘為二信濃守一、宮内卿如レ故、従五位上小野朝臣篁為二備前権守一、遣唐副使弾正少弼如レ故、三品秀良親王為二大宰帥一、弾正尹如レ故、○十四庚申、去年有レ勅、令二相撲、上総、下総、常陸、上野、下野等国、奉レ写二一切経一、今亦貞元幷梵釈寺目録所レ載、律論疏章紀伝集抄、毎レ国均分、令レ加二写之一、○十七癸亥、天皇御二豊楽院一観レ射焉、○二十丙寅、天皇内二宴於仁寿殿一、公卿近習以外、内記及直二挍書殿一文章生一両人、殊蒙二恩昇一、共賦二春色半喧寒之題一、宴訖賜レ禄、」是日、授二正六位上壬生公永継外従五位下一、○戊辰《廿二》、令レ鋳二新銭一、下レ詔曰、懋遷之軌、標レ自二昌言一、交貿而退、取二諸噬嗑一、則知亀文入レ幣、興二於曠時一、蝸影栖レ緡、彰二於旧術一、姫王圜法、有無以レ之化レ居、漢室泉刀、斂散由レ其不レ匱、斯固邦家所レ要、配二地馬一而无レ疆、公私攸レ宜、擬二天龍一而自遠、然而権レ軽作レ重、沿レ世或悛、子去母随、適レ時開レ務、況年祀浸久、資幣已賤、不レ有二平量一、何救二流弊一、是以今制二新銭一、以叶二通変一、文曰二承和昌宝一、以二新幣之一一、当二旧銭之十一、新之与レ旧、宜レ令二並用一、」大僧都伝灯大法師位空海上レ表請レ度二真言宗年分僧三人一、許レ之、」是日、雷三声、○己巳《廿三》、天皇御二射場一、常陸太守葛井親王、右大臣清原真人夏野等侍焉、至下中レ鵠之人、及取二御箭一内豎大舎人上、賜レ布有レ差、」是日、後太上天皇(淳和)幸姫橘氏所二誕育一皇子為二親王一、」左京人右馬寮権大允清友宿祢真岡、散位同姓魚引等賜二姓笠品宿祢一、非二其願一也、公家避二贈太政大臣橘氏之名一耳、」左近衛戸嶋守、右兵衛同姓真魚等賜二姓安岑連一焉、嶋守之先、百済国人也、○甲戌《廿八》、行二幸芹川野一遊猟、日暮車駕還宮、

○二月丙子朔丁丑《二日》　外従五位下長岑宿禰高名《ながみねのすくねたかな》を遣唐准判官《けんとうじゅんはんがん》に任じ、従七位上松川造《まつかわのみやつこ》貞嗣《さだつぐ》を遣唐録事《ろくじ》に任じ、従八位下大和真人《やまとのまひと》耳主《みみぬし》・大初《だいそ》位《い》下盧原公有守《いおはらのきみありもり》を並びに訳語《やくご》（通訳）に任じた。

○己卯《四日》　俘囚勲《ふしゅうくん》五等吉弥侯宇加奴《きみこのうかぬ》・勲五等吉弥侯志波宇志《しわうし》・勲五等吉弥侯億可太《おくかた》らに物部斯《もののべのし》波連《わのむらじ》を賜姓した。

○庚辰《五日》　大和《やまと》国の人正六位上忍海原連嶋依《おしうなはらのむらじしまより》・同姓百吉《ももよし》らに朝野宿禰《あさののすくね》を賜姓した。嶋依らは葛城襲津彦《かつらぎのそつひこ》の後裔《こうえい》である。

○壬午《七日》　任官があった。

○戊子《十三日》　無位源朝臣鎮《みなもとのあそんしずめ》に従四位上を授けた。河内《かわち》国の人右少史掃守連豊永《うしょうしかにもりのむらじとよなが》・少典鎰《すないかぎのつかさ》（少典鑰）同姓豊上《とよかみ》らに善世宿禰《よしよのすくね》を賜姓した。天忍人《あめおしひと》命の後裔である。

○庚寅《十五日》　天皇が次のように勅した。

鋳銭司《じゅせんし》の職は国司《こくし》と異なっており、任限は四年と短い。そこで交替が煩わしいので、前格を改めて六年とせよ（『三代格《さんだいきやく》』巻五承和《じょうわ》二年三月十五日官符所引天長《てんちょう》八年三月五日官符により鋳銭司の任限は当時の国司に准じ六年と定められたが、実際には四年とされていたらしい。本日条で改訂の対象となった前格は、任期を国司と同じとする天長八年三月五日官符で、より明確に六年と明文規定することになったのである）。

○丙申《二十一日》　天皇が紫宸殿《ししんでん》に出御《しゅつぎょ》して、右大臣《うだいじん》従二位清原《きよはら》真人夏野《なつの》が芝草《しそう》（祥瑞《しょうずい》。まんねんたけ）を献上した。一本が二つに分かれ一は長さ一尺六寸、他は一尺色は紫と赤が混ざり、それぞれが笠《かさ》状になっていた。大臣の山荘がある双丘《ならびがおか》の下で採取された。本日、酒を侍臣《じしん》に賜り、このめでたい芝草を祝い、差をなして禄《ろく》を賜った。
○戊戌二十三日　越前国《えちぜん》に鎮座する正三位勲一等気比大神《けひ》の祝《はふり》・禰宜《ねぎ》に、鹿嶋《かしま》・能登《のと》両大神の祝・禰宜に倣い、笏《しゃく》を把《と》らせることにした。
　下野国《しもつけ》武茂神《たけもち》に従五位下を授け奉った。この神は砂金を採取する山に鎮座している。
○壬寅二十七日　天皇が水生瀬野《みなせの》に行幸《みゆき》して猟をした。扈従《こしょう》する者に禄を賜い、日暮れて宮へ戻った。
　丹後国《たんご》の人従八位上久美《くみ》公全氏《またうじ》に時統宿禰《ときむねのすくね》を賜姓した。全氏は伊枳速日《いきはやひ》命の後裔である。

　大学寮《だいがくりょう》へ印一面を賜った。

○二月丙子朔丁丑二、以二外従五位下長岑宿祢高名一為二遣唐准判官一、従七位上松川造貞嗣為二録事一、従八位下大和真人耳主、大初位下廬原公有守並為二訳語一、○己卯四、俘囚勲五等吉弥侯宇加奴、勲五等吉弥侯志波宇志、勲五等吉弥侯億可太等、賜二姓物部斯波連一、○庚辰五、大和国人正六位上忍海原連嶋依、同姓百吉等、賜二姓朝野宿祢一、葛城襲津彦之後也、○壬午七、任官、○戊子十三、授二无位源朝臣鎮従四位上一、河内国人右少史掃守連豊永、少典鎰同姓豊上等賜二姓善世宿祢一、天忍人命之後也、○庚十五寅、勅、鋳銭司職、異二於国司一、而秩歴限二四年一、毎煩二交替一、宜下改二前格一更定中六年上、○丙申《廿一》、天皇御二紫宸殿一、右大臣従二位清原真人夏野献下芝草一茎有二両枝一者上（一枝長一尺六寸、一枝長一尺）、其色紫緋相雑、毎茎之末有レ菌、而産二于大臣山荘双岳之下一、是日、賜二酒侍臣一、以賀二祥芝一、賜レ禄有レ差、○戊戌《廿三》、坐二越前国一正三位勲一等気比大神祝祢宜、准二鹿嶋能登両大神祝祢宜一、令二以把笏一」下野国武茂神奉レ授二従五位下一、此神坐下採二沙金一之山上、○壬寅《廿七》、行二幸水生瀬野一遊猟、賜二扈従者禄一、日暮還宮、」丹後国人従八位上久美公全氏賜二姓時統宿祢一、伊枳速日命之苗裔也、」賜二大学寮印一面一、

○三月丙午朔《一日》　天皇が紫《し》宸殿《しんでん》へ出御《しゅつぎょ》した。侍従厨《じじゅうちゅう》が御《み》贄《にえ》を献上して、酒と食物の準備をした。侍臣は酣酔《かんすい》し、差をなして禄《ろく》を賜った。

○丁未《二日》　地震があった。

○庚戌《五日》　出雲《いずも》国が官の倉に火災があった、と言上した。

○癸丑《八日》　備前《びぜん》国御野《みの》郡の空閑地《くうかんち》百町を後院《ごいん》の勅旨田《ちょくしでん》とした。

右京の人近江少目《おうみのしょうさかん》従七位下伊蘇《いそ》志臣広成《しのおみひろなり》・大和《やまと》国の人正六位上同姓人麻呂《ひとまろ》・紀《き》伊国の人外正八位上紀直継成《きのあたいつぐなり》ら十三人に紀宿禰《きのすくね》を賜姓した。

○丙辰《十一日》　豊安《ほうあん》法師を大僧都《だいそうず》に任じ、明福《みょうふく》法師を少僧都《しょうそうず》に任じ、泰景《たいけい》法師・善海《ぜんかい》法師を並びに律師《りっし》に任じた。

○丁巳《十二日》　冷然院《れいぜいいん》（嵯峨《さが》太上天皇《だいじょうてんのう》と太皇太后《たいこうたいごう》橘嘉智《たちばなのかち》子《こ》が居所とする）の封戸《ふこ》に准じて、淳和《じゅんな》太上天皇の封を二千戸、皇太后（正子《まさこ》内親王）の封を千戸とした。もし封戸からの収益に欠損があった場合は、朝廷が補塡《ほてん》し、収益を保証することにした。

大宰府《だざいふ》に命令して、綿甲《めんこう》百領・冑《かぶと》百口・袴《はかま》四百腰《よう》をもって、遣唐使《けんとうし》船《せん》が不虞《ふぐ》の事態に遭遇した時の備えに当てることにした。

山城国《やましろ》の柞山《かせやま》を内蔵寮《くらりょう》の所領《しょりょう》とした。

○己未《十四日》　大宰府が、「壱岐島《いきとう》は遠く離れた海中にあり、土地は狭く人口もわずかで、危急に対処するのが困難です。年来新羅《しらぎ》商人が絶えず狙《ねら》っていますので、防人《さきもり》を置かないことには非常事態に備えることができません。雑徭《ぞうよう》を負担している島人三百三十人に武器を持たせ、十四箇処の要害の岬《みさき》を守らせたいと思います」と言上してきたので、認めた。

甲斐国《かい》が不動倉《ふどうそう》二棟と武器庫一棟が全焼したと言上した。

○庚申《十五日》　印一面を鋳造して、冷然院に充てた。

○辛酉《十六日》　下総国《しもふさ》の人陸奥鎮守将軍《むつちんじゅしょうぐん》外従五位下勲六等物部匝瑳連熊猪《もののべのそうさのむらじくまい》の連《むらじ》を改めて宿禰《すくね》を賜姓した。また、本貫《ほんがん》を改めて左京二条に貫附《かんぷ》した。往時、物部小事大連《もののべのおごとのおおむらじ》が朝廷から節《せつ》（指揮官の印）を賜り、坂東《ばんどう》に出征して凱旋《がいせん》した。この時の勲功により、下総国において匝瑳郡《そうさ》を建てることを許され、それにより匝瑳を氏名《うじな》としたのであった。この人物が熊猪らの先祖である。

鋳銭司《じゆせんし》（長門《ながと》国に所在）が「史生《ししよう》の俸料《ほうりよう》は年に千束のみで、わずかに食料を賄うことができるだけで、衣服料に不足し、交替の日には、帰京するための食料に事欠いています」と言上してきたので、右大臣清原夏野《うだいじんきよはらのなつの》の処断により、正税《しようぜい》十六万束を備後《びんご》・安芸《あき》・周防《すおう》・長門・豊前《ぶぜん》等の国で三万二千束ずつ出挙《すいこ》し、その利息を財源にして、史生の俸禄《ほうろく》を倍給《ばいきゆう》することにした。

○丙寅《二十一日》　下総国が飢饉《ききん》が発生したと言上してきたので、物を恵み与えた。

○庚午《二十五日》　大僧都伝灯大法師位《でんとうだいほつしい》空海《くうかい》が紀伊国高野山金剛峯寺《こうやさんこんごうぶじ》で死去した。天皇が勅により内舎人《うどねり》一人を遣わして空海法師の死を弔い、喪料《そうりよう》を施した。淳和太上天皇の弔書《ちようしよ》は、次のとおりであった。

空海法師は真言《しんごん》の大家で密教《みつきよう》の優れた指導者であり、国家はその護持に頼り、動植物に至るまでその慈悲を受けてきたが、思いもよらず、死期は先だと思っていたのに、俄《にわ》かに無常に侵され、救いの舟も同然の活動をとり止め、年若くして現世《げんせ》を去り帰する所を失ってしまった。悲しいことである。金剛峯寺は都から離れた僻遠の地なので、訃報《ふほう》の伝わるのが遅く、使者を走らせて荼毘《だび》に当たらせることができず、恨《うら》みに思う。悼み恨む思いの止むことがない。これまでの汝《なんじ》の修行生活を思う時の、悲しみのほどを推量されよ。今は遠方から簡単な書状により弔う。帳簿に載る正式の弟子、また親しく教えを受けた僧侶《そうりよ》らの悲しみは、いかばかりであろう。併せて思いを伝える。

空海法師は讃岐《さぬき》国多度《たど》郡の人で、俗姓は佐伯直《さえき》である。十五歳の時、叔父従五位下阿刀《あと》宿禰大足《おおたり》について書物を読習し、十八歳の時大学に入った。当時虚空蔵求聞持法《こくうぞうぐもんじほう》を説く僧侶がおり、その経説によれば、この法により虚空蔵菩薩の真言を百万遍《べん》読唱すれば、すべての経典やその解釈を暗記できる、ということであった。そこで、空海はこの菩薩の誠のこもった教説を信じ、修行への大勇猛心を起こし、阿波《あわ》国の大滝山《おおたきやま》に登り、また土佐《とさ》国の室戸崎《むろとみさき》で思念に耽《ふけ》り、深い谷で木霊《こだま》を聞き、星が口中に入る奇瑞《きずい》を経験し、これより智恵と悟りが日々進み、この体験を文章にした。世に伝わる『三教指帰《さんごうしいき》』は二晩で書き上げたものである。書法（書道）に勝れ、後漢《ごかん》の書家張芝《ちょうし》に並ぶほどであり、草聖《そうせい》（草書の名人）と称された。三十一歳の時得度し、延暦《えんりゃく》二十三年に留学僧《るがくそう》として入唐《にっとう》し、青龍寺《せいりゅうじ》の恵《え》果和尚《かわじょう》に遭い、真言を受学した。そして、真言の宗義《しゅうぎ》に完全に通じ、大切な経典を伴って帰朝して、密教の宗門を開き、大日如来《だいにちにょらい》の教旨を弘めた。天長《てんちょう》元年に少僧都に任じ、同七年に大僧都に転じ、自ら終焉《しゅうえん》の地を紀伊国金剛峯寺に定め、隠棲《いんせい》した。行年六十三。

○三月《一》丙午朔、天皇御二紫宸殿一、侍従厨献二御贄一、設二酒饌一、侍臣具酔、賜レ禄有レ差、○丁未《二》、地震、○庚戌《五》、出雲国言、灾二于官倉一、○癸丑《八》、以二備前国御野郡空閑地百町一為二後院勅旨田一、右京人近江少目従七位下伊蘇志臣広成、大和国人正六位上同姓人麻呂、紀伊国人外正八位上紀直継成等十三人、賜二姓紀宿祢一、○丙辰《十一》、豊安法師為二大僧都一、明福法師為二少僧都一、泰景法師、善海法師並為二律師一、〔十三〕○丁巳、勅、後太上天皇御封二千戸、皇太后御封一千戸、准二冷然院御封一行レ之、若当二有損年一、以レ公相補、令二全進一之、」仰二大宰府一、綿甲一百領、冑一百口、袴四百腰、充二遣唐船不虞之備一、」山城国拝山一処、為二内蔵寮所領之地一、〔十四〕○己未、大宰府言、壱伎島遥居二海中一、地勢隘狭、人数寡少、難レ支二機急一、頃年新羅商人来窺不レ絶、非レ置二防人一、何備二非常一、請令下二嶋傜人三百卅人一、帯二兵仗一、戍中十四処要害之埼上、許レ之、」甲斐国言、灾二于不動倉二宇及器仗屋一宇一、皆悉煨燼、〔十五〕○庚申、鋳二印一面一、充二冷然院一、〔十六〕○辛酉、下総国人陸奥鎮守将軍外従五位下勲六等物部匝瑳連熊猪改レ連賜二宿祢一、又改二本居一貫二附左京二条一、昔物部小事大連錫二節天朝一、出征二坂東一、凱歌帰報、藉二此功勲一、令レ得下於二下総国一始建二匝瑳郡一、仍以為上レ氏、是則熊猪等祖也、」鋳銭司言、被レ給二俸料一分一之人唯一千束、僅支二朝夕一、不レ足二衣服一、遷替之日、無レ糧レ還レ京、右大臣(夏野)処分、班二挙正税十六万束於備後、安芸、周防、長門、豊前等国一、各三万二千束、以二其息利一、毎レ人倍二給之一、」下総国言、民飢、賑二給之一、〔廿一〕○丙寅、大僧都伝灯大法師位空海終二于紀伊国禅居一、〔廿五〕○庚午、勅遣下二内舎人一人一、弔二法師喪一、并施中喪料上、後太上天皇有二弔書一曰、真言洪匠、密教宗師、邦家憑二其護持一、動植荷二其摂念一、豈図崦嵫未レ逼、無常遽侵、仁舟廃レ棹、弱喪失レ帰、嗟呼哀哉、禅関僻在、凶聞晩伝、不レ能三使者奔赴相二助荼毘一、言之為レ恨、悵悼曷已、思二忖旧窟一、悲涼可レ料、今者遥寄二単書一弔レ之、著録弟子、入室桑門、悽愴奈何、兼以達レ旨、」一法師者、讃岐国多度郡人、俗姓佐伯直、年十五就二舅従五位下阿刀宿祢大足一、読二習文書一、十八遊二学槐市一、時有二一沙門一、呈二示虚空蔵求聞持法一、其経説、若人依レ法、読二此真言一百万遍一、乃得二一切教法文義諳記一、於レ是信二大聖之誠言一、望二飛焔於鑽燧一、攀二躋阿波国大滝之嶽一、観二念土左国室戸之崎一、幽谷応レ声、明星来レ影、自レ此慧解日新、下レ筆成レ文、世伝、三教論、是信宿間所レ撰也、在二於書法一、最得二其妙一、与二張芝一斉レ名、見レ称二草聖一、年卅一得度、延暦廿三年入唐留学、遇二青龍寺恵果和尚一、稟二学真言一、其宗旨義味莫レ不二該通一、遂懐二法宝一、帰二来本朝一、啓二秘密之門一、弘二大日之化一、天長元年任二少僧都一、七年転二大僧都一、自有二終焉之志一、隠二居紀伊国金剛峯寺一、化去之時年六十三、

○夏四月乙亥朔丙子《二日》　天皇が次のように勅した。

『易経《えききょう》』に上を損じて下を益すれば民が喜ぶとあり、安らかで倹《つつま》しくすることが礼に適《かな》っている。王者はこの原則に従うことで、古今一致している。朕は才能がなく愚かであるが、よきあり方に従い斉《ととの》えようと思う。奢《おご》りを止め倹約に努めたいというのは、早くからの朕の気持ちである。今いる朕の子には親王号《しんのうごう》を避けて、朝臣姓《あそんせい》を与えることにする。嵯峨《さが》太上天皇《だいじょうてんのう》は限りない御恩の上にさらに恩沢を加え、子を一様に源氏とし、世々

別姓を設けず本流も分派も同様とした。ただし、すでに親王号を得ている者はそのままとし、後に生まれる同母の者も同じ扱いとした。そこで弘仁《こうにん》五年および天長《てんちょう》九年の勅（『類聚《るいじゅう》三代格《さんだいきゃく》』巻十七弘仁五年五月八日詔、天長九年二月十五日勅）に倣い実施することにする。全国に宣告し、広く知らしめよ。

甲斐《かい》国巨麻《こま》郡の馬相野《うまみの》の空閑地《くうかんち》五百町を一品式部卿《しきぶきょう》葛原《かずらはら》親王に賜った。

○丁丑 三日　天皇が次のように勅した。

諸国で疫病《えきびょう》が流行し、病に苦しむ者が多い。病を流行《はやら》せているのは鬼神《きしん》である。そこで祈禱《きとう》により処置すべきである。また、般若《はんにゃ》（仏教の知恵）の力には奥深いものがあるので、十五大寺に命じて『大般若経《だいはんにゃきょう》』を転読し、病に沈む者を救い、兼ねて未然に防ぐべきである。

○己卯 五日　勅により、天下諸国に命令して、文珠会《もんじゅえ》を行うことにした。その必要経費には、公《く》出挙《すいこ》稲《とう》の一である救急稲《きゅうきゅうとう》の利息の三分の一を充てることにした。

○辛巳 七日　従四位上藤原朝臣良房《ふじわらのあそんよしふさ》を従三位《じゅさんみ》に叙し、権中納言《ごんのちゅうなごん》に任じた。

○戊子 十四日　無品叡努《えぬ》内親王《ないしんのう》が死去した。天皇は三日間執務を取り止めた。内親王は平城《へいぜい》天皇の第二皇女である。母は紀《き》氏で、従三位木津魚《こつお》朝臣の女《むすめ》、従五位下魚員《うおかず》がその人である。

○庚寅 十六日　参議《さんぎ》正三位源《みなもと》朝臣信《まこと》を左近衛中将《さこのえのちゅうじょう》に任じ、近江守《おうみのかみ》は故《もと》のままとし、権中納言従三位藤原朝臣良房を兼左兵衛督《さひょうえのかみ》に任じ、参議従四位上文室《ふんや》朝臣秋津《あきつ》を右近衛中将《うこのえのちゅうじょう》に任じ、春宮大夫《とうぐうのだいぶ》武蔵《むさし》守は故のままとした。
　大和《やまと》国の人正七位上仲丸子連乙成《なかまるこのむらじおとなり》・同姓従八位上真当《まあて》らに仲宿禰《なかのすくね》を賜姓した。
○甲午二十日　高子《たかこ》内親王が賀茂川《かもがわ》で禊《みそぎ》を行った。初めて斎院《さいいん》に入るためである。
○丁酉二十三日　右大臣《うだいじん》従二位兼行左近衛大将《さこのえのたいしょう》清原真人夏野《きよはらのまひとなつの》が上表して、大将の職を辞することを求めてきたが、許さなかった。
○戊戌二十四日　嵯峨太上天皇が病となった。宮中からの使を遣わし、様子を窺っている間に、まもなく回復した。
○己亥二十五日　正六位上文室朝臣茂道《しげみち》に従五位下、外従五位下賀茂県主広友《かものあがたぬしのひろとも》に外従五位上、正六位上賀茂県主広雄《ひろお》に外従五位下を授けた。
○庚子二十六日　越前《えちぜん》国に飢饉《ききん》が発生したので、物を恵み与えた。
○癸卯二十九日　摂津《せっつ》国嶋上《しまのかみ》郡の荒廃田《こうはいでん》三町を左大臣《さだいじん》正二位藤原朝臣緒嗣《おつぐ》に賜った。
○甲辰三十日　天皇が武徳殿《ぶとくでん》に出御して、左右馬寮《さゆうのめりょう》の御馬《みうま》を観閲した。五月五日（端午《たんご》）節に提供されるすべての馬を牽《ひ》いた。

○夏四月乙亥朔丙子二、勅曰、象着二損上一、礼存二寧倹一、王者則レ之、古今合レ契、朕雖二菲昧一、跂予思レ斉、去レ泰就レ約、夙関二情慮一、如今所レ有、朕之児息、除二親王之号一、賜二朝臣之姓一、先太上天皇、丕恩罔レ極、玄沢更加、不レ令二別姓一、被以二源氏一、使下与二曾枝一而同レ蔭、共二濬派一而混レ流、其前号二親王一、仍レ旧不レ改、同母後産、猶復一例等レ制、准二弘仁五年天長九年両度勅書一、宜下告二中外一咸俾中聞知上」甲斐国巨麻郡馬相野空閑地五百町賜二一品式部卿葛原親王一、○丁丑《三》、勅曰、如レ聞、諸国疫癘流行、病苦者衆、其病従二鬼神一来、須下以二祈禱一治レ之、又般若之力不可思議、宜レ令下二十五大寺一転二読大般若経一、拯二夫沈病一兼防中未然上焉、○己卯《五》、勅、令下二天下諸国一修中文殊会上、其会料者、毎年割二取救急稲利三分之一一充用、○辛巳《七》、叙二従四位上藤原朝臣良房従三位一、為二権中納言一、○戊子《十四》、无品叡努内親王薨、天皇為レ之、不レ視レ事三日、親王者、平城天皇第二皇女、母紀氏、従三位木津魚朝臣之女、従五位下魚員是也、○庚寅《十六》、以二参議正三位源朝臣信一為二左近衛中将一、近江守如レ故、権中納言従三位藤原朝臣良房為二兼左兵衛督一、参議従四位上文室朝臣秋津為二右近衛中将一、春宮大夫武蔵守如レ故、」大和国人正七位上仲丸子連乙成、同姓従八位上真当等賜二姓仲宿祢一、○甲午《二十》、高子内親王禊二于賀茂川一、始入二斎院一、○丁酉《廿三》、右大臣従二位兼行左近衛大将清原真人夏野上表、請レ辞二大将之任一、不レ許、○戊戌《廿四》、先太上天皇不予也、中使輪転、候二問起居一、尋亦平復、○己亥《廿五》、授二正六位上文室朝臣茂道従五位下一、外従五位下賀茂県主広友外従五位上、正六位上賀茂県主広雄外従五位下、○庚子《廿六》、越前国飢、賑二給之一、○癸卯《廿九》、摂津国嶋上郡荒廃田三町賜二左大臣正二位藤原朝臣緒嗣一、○甲辰《三十》、天皇御二武徳殿一、閲二覧左右馬寮御馬一也、応レ供二奉五日節一

者、惣牽㆓於此㆒、

○五月乙巳朔丁未《三日》　近江《おうみ》国に飢饉《ききん》が発生したので、物を恵み与えた。

○己酉《五日》　天皇が武徳殿《ぶとくでん》に出御《しゅつぎょ》して騎射《うまゆみ》を観覧した。

○庚戌《六日》　本日も天皇が武徳殿に出御して、種々の馬芸《ばげい》を観覧した。

○壬子《八日》　伊勢《いせ》・加賀《かが》・長門《ながと》等の国で飢饉が発生したので、物を恵み与えた。

○甲寅《十日》　従五位上紀朝臣名虎《きのあそんなとら》に正五位下、外従五位下善世宿禰遠継《よしよのすくねとおつぐ》に従五位下を授けた。

○乙卯《十一日》　天皇が神泉苑《しんせんえん》に行幸して涼《りょう》を求め、盛んな酒宴を催した。侍臣《じしん》に差をなして商布《しょうふ》を禄《ろく》として賜った。本日、池の魚を捕り、嵯峨《さが》太上天皇《だいじょうてんのう》と淳和《じゅんな》太上天皇に奉上した。

○丁巳《十三日》　美作権掾《みまさかのごんのじょう》外従五位下長峯《ながみね》宿禰高名《たかな》を権介《ごんのすけ》に転任させ、遣唐判官《けんとうはんがん》は故《もと》のままとした。

　正四位下永原《ながはら》朝臣子伊太比《こいたび》が死去した。

○甲子《二十日》　宮内卿《くないきょう》正四位下源《みなもと》朝臣弘《ひろむ》を刑部卿《ぎょうぶきょう》に任じ、信濃守《しなののかみ》は故のままとした。

○辛未《二十七日》　正七位上勲七等伴刈田臣継守《とものかりたのおみつぐもり》・外従八位上真《ま》髪部公《かみべのきみ》吉人《よしひと》に並びに外従五位下を授けた。

○癸酉《二十九日》　右京の人丹波権《たんばのごんの》大目《だいさかん》昆解《こんげの》宮継《みやつぐ》・内豎《ないじゅ》同姓河継《かわつぐ》らに広野《ひろの》宿禰《すくね》を賜姓した。宮継らは百済《くだら》国人夫子《ふうし》の後裔《こうえい》である。

太政官《だいじょうかん》の決定により、伊賀《いが》・尾張《おわり》・出雲《いずも》・美作《みまさか》・備前《びぜん》・備中《びっちゅう》・備後《びんご》・安芸《あき》・紀伊《きい》・阿波《あわ》等の国が毎年貢上する規定の練糸《ねりいと》等は、品目を削減して精練作業を経ない生糸で納入させることにした。

○五月乙巳朔丁未《三》、近江国飢、賑二給之一、○己酉《五》、天皇御二武徳殿一、観二馬射一、○庚戌《六》、亦御二同殿一、覧二種々馬芸一、○壬子《八》、伊勢、加賀、長門等国飢、並賑二給之一、○甲寅《十》、叙二従五位上紀朝臣名虎正五位下一、外従五位下善世宿祢遠継従五位下、○乙卯《十二》、天皇幸二神泉苑一追レ涼、酣二暢于侍臣一、賜二禄商布一各有レ差、是日使令レ捕二池魚一、奉二嵯峨淳和両院一、○丁巳《十三》、以二美作権掾外従五位下長峯宿祢高名一転二任権介一、遣唐判官如レ故、」正四位下永原朝臣子伊太比卒、○甲子《二十》、宮内卿正四位下源朝臣弘為二刑部卿一、信濃守如レ故、○辛未《廿七》、正七位上勲七等伴刈田臣継守、外従八位上真髪部公吉人並授二外従五位下一、○癸酉《廿九》、右京人丹波権大目昆解宮継、内竪同姓河継等賜二姓広野宿祢一、百済国人夫子之後也、」太政官処分、伊賀、尾張、出雲、美作、備前、備中、備後、安芸、紀伊、阿波等国、年料貢賦練糸等、宜下減二其色一、令上進二生糸一、

○六月乙亥朔丁丑《三日》　従二位右衛門督《うえもんのかみ》紀朝臣百継《きのあそんももつぐ》が上表して辞職を求めたが、許さなかった。

○己卯五日　大膳職《だいぜんしき》の職掌《しきしょう》を、他の職《しき》に准じて二員増員することにした。

○癸未九日　従四位下藤原《ふじわら》朝臣松子《まつこ》が死去した。

○辛丑二十七日　俘囚《ふしゅう》第二等宇漢米公何毛伊《うかめのきみかもい》・従八位下爾散南公志礼初《にさなのきみしれそ》に並びに外従五位下を授けた。

朝廷に叛《そむ》いた者に加わらなかったことを賞してである。

○壬寅二十八日　中務省《ちゅうむしょう》に命令して、仏舎利《ぶっしゃり》七粒を内裏へ進めさせたどこで得たものか不明である。

○癸卯二十九日　天皇が次のように勅した。

現在、穀物の稔《みの》り具合はよく、秋稼《しゅうか》が期待されるが、風雨が適切でないと、損害を被むる心配がある。そこで十五大寺の常住《じょうじゅう》の僧に命じて、所属する本寺で『大般若経《だいはんにゃきょう》』を転読させ、その霊力による護《まも》りで、必ず豊稔《ほうねん》となるようにせよ。

天皇が次のように勅した。

聞くところによると、東海・東山両道の川の渡渉地点では、渡船が少なかったり橋が整備されておらず、このため調《ちょう》を京へ運ぶ担夫《たんぷ》らが川岸まで来て、十日間も渡河できない状態だという。そこで川ごとに渡船二艘《そう》をふやすこととし、その経費には正税《しょうぜい》を充てよ。また、浮き橋を作り通行できるようにし、供給施設である布施屋《ふせや》を建てよ。橋を作る費用には、救急稲《きゅうきゅうとう》を用いよ。

○六月乙亥朔丁丑（三）、従二位右衛門督紀朝臣百継上表辞レ職、不レ許、」一大膳職職掌、准二之諸職一、加三置二員一、○己卯（五）、従四位下藤原朝臣松子卒、○癸未（九）、従四位下紀朝臣田村子卒、○辛丑（廿七）、俘囚第二等宇漢米公何毛伊、従八位下爾散南公志礼初、並授二外従五位下一、賞二其不レ従二逆類一也、○壬寅（廿八）、令下二中務省一進中仏舎利七粒於内裏上〈不レ知三其、所二従来一〉、○癸卯（廿九）、勅、当今嘉穀初秀、秋稼方実、如風雨失レ時、恐致二損害一、宜レ令下二十五大寺常住僧一、各於二本寺一、転三読大般若経一、憑二其霊護一、必致中豊稔上」一勅、如レ聞、東海、東山両道、河津之処、或渡舟数少、或橋梁不レ備、由レ是、貢調担夫来三集河辺一、累レ日経レ旬、不レ得二利渉一、宜三毎レ河加三増渡舟二艘一、其価直者、須レ用二正税一、又造二浮橋一、令レ得二通行一、及建二布施屋一、備レ橋造作料者用二救急稲一、

○秋七月甲辰朔（一日）　天皇が群臣と宴を紫《し》宸殿《しんでん》で催し、左右近衛《さゆうのこのえ》が互いに音楽を奏した。勅により、四位以上の者に襟を開かせ、夕方になり宴が終わり、差をなして禄《ろく》を賜った。

○乙巳（二日）　天下の名神《みょうじん》に急ぎ奉幣《ほうべい》した。予《あらかじ》め風雨の災を攘《はら》うためである。

○丙午（三日）　讃岐《さぬき》国の正税《しょうぜい》を淡路《あわじ》国へ転漕《てんそう》し、飢民に賜った。

○戊申（五日）　伊勢大神宮《いせだいじんぐう》に奉幣した。これも風雨の災害を防ぐためである。

○辛亥（八日）　天皇が神泉苑《しんせんえん》に行幸《みゆき》して、相撲節《すまいのせち》を観覧した。

○乙卯（十二日）　讃岐国三野《みの》郡の空閑地《くうかんち》百余町を時子《ときこ》内親王に賜った。

〇丁巳《十四日》　天皇が紫宸殿に出御して、正四位下菅原朝臣清公《すがわらのあそんきよとも》が教授して『後漢書《ごかんじょ》』を読んだが、数日後に完了することなく終わった。それには理由があった。
〇癸亥《二十日》　従二位紀《き》朝臣百継《ももつぐ》を参議《さんぎ》に任じた。
　近江《おうみ》国の産出する雲母《うんも》は特に良質なので、公用に充てることとし、個人の採取を禁止した。
〇甲子《二十一日》　山城《やましろ》国愛宕《おたぎ》郡の空閑地二町と上野《かみつけ》国山田《やまだ》郡の空閑地八十町を道康《みちやす》親王（田邑《たむら》天皇。文徳《もんとく》天皇）に賜った。

〇秋七月甲辰《一》朔、天皇宴㆓群臣於紫宸殿㆒、左右近衛遞奏㆓音楽㆒、勅令㆘㆓四位已上㆒開㆖襟、至㆑夕宴罷、賜㆑禄有㆑差、〇乙巳《二》、走㆓幣於天下名神㆒、預攘㆓風雨之災㆒、〇丙午《三》、漕㆓讃岐国正税穀㆒、以賑㆓淡路国飢民㆒、〇戊申《五》、奉㆓幣於伊勢大神宮㆒、亦為㆑防㆓風雨之災㆒也、〇辛亥《八》、行㆓幸神泉苑㆒、観㆓相撲節㆒、〇乙卯《十二》、賜㆓讃岐国三野郡空閑地百余町時子内親王㆒、〇丁巳《十四》、天皇御㆓紫宸殿㆒、正四位下菅原朝臣清公侍㆓読後漢書㆒、数日之後不㆑遂而輟、有㆑以也、〇癸亥《二十》、以㆓従二位紀朝臣百継㆒為㆓参議㆒、」近江国所㆑出雲母、殊是精好、為㆑充㆓公用㆒、禁㆓其私採㆒、〇甲子《廿一》、以㆓空閑地山城国愛宕郡二町、上野国山田郡八十町㆒賜㆑諱田邑、

○八月甲戌朔《一日》　天皇が紫宸殿《ししんでん》に出御《しゅつぎょ》した。先に左右四衛府《さゆうのしえふ》（左右近衛府《このえふ》・左右兵衛府《ひょうえふ》）が紫宸殿の庭で相撲《すまい》を行い、右方が負けて物を出すことになり、本日、その献上があり、それぞれが音楽を奏した。

　本日、長雨が上がり、畿内の名神《みょうじん》にお礼の幣帛《へいはく》を頒《わか》った。丹生川上社《にふかわかみしゃ》には特別に白馬一匹を献納した。

　佐渡《さど》国が、去年風の災害があり、穀物が稔《みの》らず、今飢饉《ききん》と疫病があいついで発生し、死亡する者が多い、と言上してきたので、詔《みことのり》により、物を恵み与えた。

　先に筑前《ちくぜん》国の貧民に正税《しょうぜい》一万束を無利子で貸し付け五年を返還期限としていたが、窮乏した者たちは衰弊から回復していないので、さらに三年間延長することにした。

○乙亥《二日》　京および畿内において、九月に入り北辰《ほくしん》（北斗七星《ほくとしちせい》）に御灯《ごとう》を献げることを禁止した。　斎内親王《いつきないしんのう》（久子《ひさこ》内親王）が伊勢《いせ》に入ることになっているからである。

○戊寅《五日》　本日は釈奠《せきてん》の翌日である。そこで天皇が紫宸殿に出御して、儒教《じゅきょう》の経典に明かるい優れた学者や学生《がくしょう》を昇殿させ、互いに論議させた。終了後、差をなして禄《ろく》を賜った。

○丁亥《十四日》　従四位下滋野朝臣貞主《しげののあそんさだぬし》を兵部大輔《ひょうぶのたいふ》に任じ、相模守《さがみのかみ》は故《もと》のままとした。

○甲午《二十一日》　天皇が紫宸殿に出御した。侍従厨《じじゅうちゅう》が御贄《みにえ》を提供して侍臣《じしん》のために酒と食物を準備した。　見参《げんざん》の五位以上の者に差をなして禄を賜った。

○己亥《二十六日》　内侍《ないし》が紫宸殿の東檻《とうかん》（欄檻《らんかん》）に出て、現に伺候《しこう》している五位以上の者の員数を数え、大宰府《だざいふ》が貢上した染綾《しみあや》を一疋《ぴき》ずつ賜った。色はそれぞれの位に応じて定まっているものにした。

○辛丑《二十八日》　天皇が紫宸殿に出御した。左《さ》近衛中将《このえのちゅうじょう》　源《みなもと》朝臣信《まこと》卿がいささかの奉献を行い、侍《じ》従《じゅう》以上の者に衣被を賜った。外従五位下広井《ひろい》宿禰弟名《おとな》に従五位下を授けた。弟名は信朝臣のおじである。

斎内親王（久子内親王）が賀茂川《かもがわ》で禊《みそぎ》を行った。伊勢《いせ》斎宮《さいぐう》（斎内親王が居所とする宮殿）に入るためである。

本日、嵯峨院《さがいん》から御馬《みうま》十疋が内裏《だいり》へ奉上された。

○八月甲戌朔《一》、天皇御二紫宸殿一、先レ是、左右四衛府相二撲於殿庭一、右方負レ籌、今日献二其輸物一、各奏二音楽一、是日、霖雨霽焉、頒二幣畿内名神一、以賽二于禱一、其丹生川上社、殊奉二白馬一疋一、佐渡国言、去歳風雨為レ災、年穀不レ登、今茲飢疫相仍、死亡者多、詔賑二恤之一、先レ是、稟二貸筑前国貧民正税一万束一、限以二五年一、而窮乏之輩、余弊未レ復、因更延二三年一也、○乙亥《二》、且禁三京畿之内来月供二北辰灯一、以二斎内親王《（久子）》可レ入二伊勢一也、○戊寅《五》、是釈奠後朝也、天皇御二紫宸殿一、喚二明経碩儒鴻生一昇レ殿、遞令二論議一、畢賜レ禄有レ差、○丁亥《十四》、従四位下滋野朝臣貞主為二兵部大輔一、相摸守如レ故、○甲午《廿一》、天皇御二紫宸殿一、侍従厨献二御贄一、為二侍臣一設二酒饌一、賜二見参五位已上禄一各有レ差、○己亥《廿六》、内侍臨二東檻一、計二見陪五位已上一、賜二大宰府所レ貢染綾各一疋一、色随二其人位一、○辛丑《廿八》、天皇御二紫宸殿一、左近衛中将源朝臣信聊有二奉献一、賜二侍従已上衣被一、外従五位下広井宿祢弟名授二従五位下一、信朝臣之舅也、」斎内親王祓二于賀茂川一、為レ可レ入二伊勢斎宮一也、」是日、自二嵯峨院一、御馬十疋奉二内裏一、

○九月癸卯朔《一日》　天皇が紫宸殿《ししんでん》に出御《しゅつぎょ》した。皇太子が拝謁し、群臣に酒を賜い、酣酔《かんすい》して宴が終わった。

これより先、木《も》工寮《くりょう》に出仕する技術職である長上《ちょうじょう》（常勤職員）と雑工《ざっこう》は、その技能により区別されているが、勤務成績を記す考文《こうもん》では、すべて長上・木工と記載して、技能別となっていないので、今後は長上と雑工は技能ごとに区別し、欠員が出るごとに補充することにした。その定員は、木工八人、土工二人、瓦工二人、轆轤《ろくろ》工一人、檜皮《ひわだ》工二人、鍛《か》冶《じ》工二人、石灰工一人とした。

○乙巳《三日》　右京の人散位《さんに》宇自可臣良宗《うじかのおみよしむね》に春庭宿禰《はるにわのすくね》を賜姓した。良宗は彦狭《ひこさ》嶋《しま》命の子孫である。

○丙午《四日》　正五位下藤原朝臣長岡《ふじわらのあそんながおか》に従四位下を授けた。

○丁未《五日》　天皇が大極殿《だいごくでん》に出御して、斎内親王《いつきないしんのう》を伊勢《いせ》大神宮《だいじんぐう》へ発遣した。

○辛亥《九日》　天皇が紫宸殿に出御して、菊酒《きくしゅ》の宴《えん》を侍従《じじゅう》以上の者に賜った。ただし、常と同様

に、非侍従《ひじじゅう》および諸司の六位で詔《みことのり》に応じて詩作のできる者と文章生《もんじょうしょう》も召された。ともに「秋気、落葉の舞う中で、梁《りょう》の元帝《げんてい》（文芸の才を有した）の流儀に効《なら》う」の題で詩を賦し、宴が終わったあと禄を賜った。

○乙卯《十三日》　外従五位下嶋木史真《しまきのふひとまこと》は工作の工夫がすこぶる他の工匠を越え、辺境での軍事に備えて新しい型の大弓を作った。四方に射かけられるよう、廻転して矢を発しやすくした。本日、大臣以下公卿《くぎょう》が朱雀門《すざくもん》に諸衛府《しょえふ》の者を召集して、この新型の大弓を試射した。南に向けて矢を発したところ、矢の飛び出す音が聞こえるのみで矢は見えず、どこに落ちたかも判らなかった。

　河内《かわち》国の人左近衛将監《さこのえのしょうげん》伊吉《いき》史豊宗《とよむね》とその同族あわせて十二人に滋生宿禰《しげおのすくね》を賜姓した。豊宗らは唐人楊雍《とうじんようよう》七世の子孫である貴仁《きじん》の後裔《こうえい》である。

○乙丑《二十三日》　任官があった。

○辛未《二十九日》　上野《かみつけ》国群馬《ぐんま》郡の伊賀保《いかほ》社《しゃ》を名神《みょうじん》とした。

　○九月癸卯朔《一》、天皇御㆓紫宸殿㆒、皇太子朝謁、賜㆓群臣酒㆒、具酔而罷。」先㆑是、木工寮中所㆑番長上雑工、随㆓其才巧㆒各有㆓品数㆒、而承前考文、惣注㆓長上木工㆒、不㆑別㆓其品色㆒、至㆑是、長上及工品㆓選其人㆒、毎㆑色弁置、随㆑闕補㆑之、木工八人、土工二人、瓦工二人、轆轤工一人、檜皮工二人、鍛冶工二人、石灰工一人、○乙巳《三》、右京人散位宇自可臣良宗賜ニ姓春庭宿祢一、彦狭嶋命之苗裔也、○丙午《四》、授ニ正五位下藤原朝臣長岡従四位下一、○丁未《五》、天皇御ニ大極殿一、発ニ遣斎内親王於伊勢大神宮一、○辛亥《九》、天皇御ニ紫宸殿一、賜ニ菊酺宴於侍従已上一、但召ニ非侍従、及諸司緑衫官人堪レ応レ詔者、幷文章生等一如レ常、同賦下秋気揺落、効ニ梁元帝体一之題上、宴訖賜レ禄、○乙卯《十三》、外従五位下嶋木史真機巧之思、頗超ニ群匠一、欲レ備ニ辺近兵一、自製ニ新弩一、縦令四面可レ射、廻転易レ発、是日、大臣以下執政於ニ朱雀門一、召ニ集諸衛府一、以ニ新弩一試ニ射之一、向レ南而発、唯聞ニ機発之声一、不レ視ニ矢去之影一、亦其矢所レ止不レ得ニ的知一、」河内国人左近衛将監伊吉史豊宗、及其同族惣十二人、賜ニ姓滋生宿祢一、唐人楊雍七世孫、貴仁之苗裔也、○乙丑《廿三》、任官、○辛未《廿九》、以ニ上野国群馬郡伊賀保社一、預ニ之名神一、

○冬十月壬申朔《一日》　親王以下、侍従《じじゅう》以上の者に、差をなして禄《ろく》の綿を賜った。冬着に着換える最初の日であることによる。

○乙亥《四日》　丹波《たんば》国の人右近衛医師《うこのえのいし》外従五位下大村直福吉《おおむらのあたいふくよし》とその同族合わせて五人に紀宿禰《きのすくね》を賜姓した。福吉らは武内《たけしうち》宿禰の支族である。福吉は皮膚病を治す勝れた術を心得ていた。当時の医師は誰も福吉の術に及ばなかった。天皇に寵愛《ちょうあい》され、居宅を賜るほどであった。天皇は遂《つい》には口授されてきた秘伝により『治瘡記《ちそうき》』を撰述させた。

勘解由使《かげゆし》が、使の役所に詰める雑使《ぞうし》十二人のうち、衣服・食糧を支給されている二人を使掌《ししょう》とし、省掌《しょうしょう》に倣って笏《しゃく》を把《と》らせたい、と上言してきたので、許可した。

○甲申　十三日　天皇が箕津野《みつの》に行幸《みゆき》して、鷹《たか》と鷂《はしたか》を交互に放った。扈従《こしょう》する者に禄を賜い、日暮れて宮へ戻った。

○丁亥　十六日　右京の人遣唐訳語《けんとうやくご》盧原公有子《いおはらのきみありこ》・兄散位《さんに》柏守《かしもり》等に朝臣《あそん》姓を賜い、春宮坊少属《とうぐうぼうのしょうさかん》佐太忌《さたのいみ》寸《き》道成《みちなり》・兄散位道純《みちすみ》らに滋原《しげはら》宿禰を賜姓した。有子らは八多真人《はたのまひと》の同族である。

○戊子　十七日　摂津《せっつ》国の人従五位下長我孫葛城《おさのあびこのかつらぎ》およびその同族合わせて三人に長宗宿禰《ながむねのすくね》を賜姓した。葛城は事代主《ことしろぬし》命八世の子孫である忌毛《いみけ》宿禰の後裔《こうえい》である。

○己丑　十八日　近江《おうみ》国の人外従五位下下毛野《しもつけぬ》朝臣田舎麻呂《いなかまろ》の本貫《ほんがん》を改めて左京に貫附《かんぷ》した。

延暦寺《えんりゃくじ》僧伝灯大法師位《でんとうだいほっしい》義真《ぎしん》が「天台《てんだい》一門ではすでに完全な教えからなる円宗《えんしゅう》を立てましたが、大乗《だいじょう》の三学（戒《かい》・定《じょう》・慧《え》）が十分に広まっていません。伏して、講読師《こうとくじ》に相応しい学識を有する者をそれぞれ一人選んで、毎年官へ申告して講師・読師に任じ、円宗を講説して弘めたいと思います。これにより朝廷の風化が遠方にまで及び、仏教の知恵が再度明るく照らし、教えが盛んになり、勝れた法を弘め明らかにして、煩悩《ぼんのう》を断ち、悟りに至る良因になるでしょう」と奏言してきたので、勅により許可した。

○庚寅　十九日　従六位下藤原《ふじわら》朝臣貞敏《さだとし》を遣唐准判官《けんとうじゅんはんがん》に任じた。

○壬辰　二十一日　以前、五月六日に左右馬寮《さゆうのめりょう》が武徳殿《ぶとくでん》の前で御馬の競走をし、右馬寮《ぶ》が負けていた。

本日に至り、右方の三衛府《さんえふ》（右近衛府《うこのえふ》・右兵衛府《うひょうえふ》・右衛門府《うえもんふ》）と右馬寮が共に物を出し、併せて種々の音楽を奏した。宴が終わると差をなして禄を賜った。

○二十二日 癸巳 河内《かわち》国の人散位正六位上林 連馬主《はやしのむらじうまぬし》に伴宿禰《とものすくね》を賜姓し、本貫を改めて右京に貫附した。

○二十三日 甲午 大蔵省《おおくらしょう》に命じて新銭《しんせん》（承和昌宝《じょうわしょうほう》）を提供させ、見参《げんざん》の親王以下五位以上の者に分け与えた。また、嵯峨《さが》・淳和《じゅんな》両院にそれぞれ十万文を奉り、皇太子に二万文を賜った。

○二十六日 丁酉 雷が殊の外激しく、四衛府（左右近衛府・左右兵衛府）が清涼殿《せいりょうでん》の前に陣を敷いた。見参の者に禄を賜った。

讃岐《さぬき》国の人従六位上秦部福依《はたべのふくより》・弟福益《ふくます》ら三戸に秦公《はたのきみ》を賜姓した。

摂津国の人散位矢田部聡耳《やたべのさとみみ》・弟従八位上貞成《さだなり》らに興野《おきの》宿禰を賜姓した。

○二十七日 戊戌 遣唐録事《けんとうろくじ》松川 造 貞嗣《まつかわのみやつこさだつぐ》・散位同姓家継《いえつぐ》らに高峯《たかみね》宿禰を賜姓した。その先祖は高句《こうく》麗《り》人である。

左京の人内豎《ないじゅ》従六位上上毛野《かみつけぬ》公諸兄《もろえ》に朝臣を賜姓した。

近江国の人弾 正 大疏《だんじょうのだいそ》嶋《しま》（あるいは鴫か）朝臣真行《まゆき》に高生《たかお》朝臣を賜姓した。その先祖は孝昭《こうしょう》天皇の後裔《こうえい》である。

左京の人正六位上秦《はた》忌寸（名前欠）に朝原《あさはら》宿禰を賜姓した。

○二十八日 己亥 勅により、新銭（承和昌宝）四万文を平安《へいあん》・平城《へいじょう》京の名の知られた寺院の仏僧に分け施した。寺ごとに内舎人《うどねり》を使者とした。

○庚子二十九日　左京の人道公安野《みちやすの》に当道朝臣《まさみち》を賜姓した。左京の人従六位下民首氏主《たみのおびとうじぬし》に長岑宿禰《ながみね》を賜姓した。氏主は白鳥村主《しらとりのすぐり》と同祖関係にあり、魯《ろ》公伯禽《こうはっきん》に出自するという。

○辛丑三十日　河内《かわち》国の荒廃田《こうはいでん》八十五町を時子《ときこ》内親王に賜った。

○冬十月壬申朔一、賜二親王以下侍従已上禄綿一有レ差、以二寒服之初一也、○乙亥四、丹波国人右近衛医師外従五位下大村直福吉、及其同族幷五人、賜二姓紀宿祢一焉、武内宿祢之支別也、福吉妙得二療レ瘡之術一、当時諸医不レ得二間然一、天皇寵愛、至レ賜二宅居一、遂抛二其口訣一、令レ撰二治瘡記、一」勘解由使言、使局雑使十二人之中、給二服食一者二人、便以二此二人一、号為二使掌一、准二省掌一令二把笏一、許レ之、○甲申十三、行二幸箕津野一、逓放二鷹鷂一、賜二扈従者禄一、日暮還宮、○丁亥十六、賜二右京人遣唐訳語廬原公有子、兄散位柏守等朝臣姓一、春宮坊少属佐太忌寸道成、兄散位道純等賜二姓滋原宿祢一、八多真人同族也、○戊子十七、摂津国人従五位下長我孫葛城及其同族合三人、賜二姓長宗宿祢一、事代主命八世孫、忌毛宿祢苗裔也、近江国人外従五位下下毛野朝臣田舎麻呂、改二其本居一貫二附左京一、○己丑十八、延暦寺僧伝灯大法師位義真奏言、天台一門、已立二円宗一、大乗三学、流伝未レ周、伏請簡下堪レ為二講読師一者各一人上、毎年申レ官補レ之、演二伝此宗一、然則皇風遠振、恵日再明、宣二揚像教一、弘二闡妙法一、作二菩提之由漸一、為二彼岸之良因一、勅許レ之、○庚《十九》寅、以二従六位下藤原朝臣貞敏一為二遣唐准判官一、○壬《廿一》辰、先レ是、五月六日左右馬寮於二武徳殿前一、競二馳御馬一、以決二勝負一、右御馬負焉、至レ是、右方三衛府及右馬寮共奉二輸物一、兼奏二雑楽一、宴竟賜レ禄有レ差、○癸《廿二》巳、河内国人散位正六位上林連馬主賜二姓伴宿祢一、又改二本居一貫二附右京一、○甲《廿三》午、令下二大蔵省一進中新銭上、分二賜見参親王以下五位已上一、又奉二嵯峨淳和両院各十万文一、賜二皇太子二万文一、○丁《廿六》酉、雷電殊切、四衛府陣二于清涼殿前一、計二見参一賜レ禄、」賜二讃岐国人従六位上秦部福依、弟福益等三烟秦公姓一、摂津国人散位矢田部聡耳、弟従八位上貞成等賜二姓興野宿祢一、○戊《廿七》戌、遣唐録事松川造貞嗣、散位同姓家継等賜二姓高峯宿祢一、其先高麗人也、」賜二左京人内竪従六位上上毛野公諸兄朝臣姓一、近江国人弾正大疏嶋朝臣真行賜二姓高生朝臣一、其先観松彦香殖稲(孝昭)天皇之後也、左京人正六位上秦忌寸賜二姓朝原宿祢一、○己《廿八》亥、勅、以二新銭四万文一、分レ之供二施京城及平城有名之寺仏僧一、毎寺内舎人為レ使、」左京人道公安野賜二姓当道朝臣一、○庚《廿九》子、勅旨曰、左京人従六位下民首氏主、賜二姓長岑宿祢一焉、氏主与二白鳥村主一同祖、出レ自二魯公伯禽一云、○辛《三十》丑、河内国荒廃田八十五町賜二時子内親王一、

○十一月壬寅朔戊申《七日》　任官があった。

主計頭《かぞえのかみ》従五位上宮道宿禰《みやじのすくね》吉備麻呂《きびまろ》・玄蕃少允《げんばのしょうじょう》同姓吉備継《きびつぐ》らに朝臣《あそん》を賜姓した。
○癸丑《十二日》　山城《やましろ》国愛宕《おたぎ》郡の人鼓吹佑《くすいのじょう》粟田永宗《あわたのながむね》の本貫《ほんがん》を改めて左京に貫附《かんぷ》した。
○甲寅《十三日》　左京の人正六位上越智直年足《おちのあたいとしたり》・伊予《いよ》国越智《おち》郡の人正六位上越智直広成《ひろなり》ら七人の直を改めて宿禰を賜った。
○辛酉《二十日》　遣唐使知乗船事《けんとうしちじょうせんじ》従八位上香山連清貞《かぐやまのむらじきよさだ》・兄（脱字があるか）ら二人の連を改めて宿禰を賜った。その先祖は百済《くだら》国人である。
　木工寮《もくりょう》に寮掌《りょうしょう》一員を置くことにした。
○庚午《二十九日》　美濃《みの》国の荒廃田《こうはいでん》十町を後院《ごいん》の勅旨田《ちょくしでん》とした。

　○十一月壬寅朔戊申《七》、任官、」賜ニ主計頭従五位上宮道宿祢吉備麻呂、玄蕃少允同姓吉備継等朝臣姓一、○癸丑《十二》、改ニ山城国愛宕郡人鼓吹佑粟田永宗本居一附ニ貫左京一、○甲寅《十三》、左京人正六位上越智直年足、伊予国越智郡人正六位上越智直広成等七人、改レ直賜ニ宿祢一、○辛酉《二十》、遣唐使知乗船事従八位上香山連清貞、兄二人、改レ連賜ニ宿祢一、其先、百済国人也、」木工寮置ニ寮掌一員一、○庚午《廿九》、以ニ美濃国荒廃田十町一為ニ後院勅旨田一、

○十二月辛未朔《一日》　天皇が紫宸殿《ししんでん》に出御《しゅつぎょ》して、群臣に酒を賜った。これより先、右大臣清原真《うだいじんきよはらのま》

人夏野《ひとなつの》が桂里《かつらのさと》の屋敷で五色の卿雲《けいうん》を見、本日、それを描いた図と一緒に見た人の姓名を天皇の御覧に供し、併せて真心からの慶賀を表明した。左右近衛府《さゆうのこのえふ》が互いに音楽を奏し、その後見参《げんざん》の親王以下五位以上の者に差をなして禄《ろく》を賜った。

○壬申《二日》　遣唐使《けんとうし》に仮に位を授けることとし、大使従四位上藤原朝臣常嗣《ふじわらのあそんつねつぐ》を正二位、副使従五位上小野《おの》朝臣篁《たかむら》を正四位上とした。共に大臣が口宣《くぜん》し、位記《いき》を与えることはしなかった。

○癸酉《三日》　故参議刑部卿《さんぎぎょうぶきょう》従四位上小野朝臣岑守《みねもり》は、以前大宰大弐《だざいのだいに》であった時、続命院《ぞくめいいん》を作り、往来する人の宿舎に提供した。ただし、公の力に依拠していないので、今後長く存続することができないのではないかと心配して思いを記し、次のような解文《げぶみ》を作成して提出した。

　九国二島（九州地方。二島は対馬《つしま》と壱岐《いき》）の民は公私により大宰府《だざいふ》へ往来することが続いており、用務が軽微な場合はしばらくの旅程で済みますが、重大事の場合は一年が過ぎて帰郷することがあります。そこで民は大宰府の高床式の倉の下で宿をとったり、民家に宿賃を払って宿泊していますが、病気に纏《まと》われ手足が不随になった者を役所が調査しますと、宿泊しているところは病を癒《い》やす場所でなく、そこの主《あるじ》は死者を嫌って争って追い出そうとし、遂には道路で露宿し、風霜に晒《さら》されて死に至る仕儀となっています。たとえ病が癒えることがあっても、今度は飢えと寒さで死ぬ者が十中七、八です。このありさまを見て救いの気持ちを深くし、小規模ですが、檜《ひ》皮葺《わだぶき》の屋《おく》七棟からなる続命院を建て、鼎《かなえ》一口と墾田《こんでん》百十四町を納《い》れ、飢病の人を救済しようとしました。しかし、志はあるものの、力がありません。望むところはわずかです。大弐の任を離れた私にとり、続命院は遠方の所在で管理が難しく、他人に任せています。このため破損がますます進み、もし公の力によらなければ、私の意図が潰《つい》えることになるのを恨む次第です。伏して、大宰府の監《げん》ないし典《てん》一人と観世音寺《かんぜおんじ》の講師《こうじ》に続命院の管理に当たらせることを要望します。それらの者が交替する時は、すべてについて引き継ぎを行わせ、修理をせず破損させたり、非法に用立てしたような場合は、国法をもって処断するようにしてください。

右の解《げ》が天皇に届く前に峯守《みねもり》は死去したので、小野家では大臣を介し、天皇に陳情した。天皇は「朕は民を安楽にすることを思い、日夜忘れたことがない。ただし、天下は広大で、岑守の訴えを聞かずにきてしまった。このすばらしい申請をみて、ここに忠義のほどを知った。速やかに関係する官司に告げて要請を受け入れさせよ。管理に当たる官人は、国司《こくし》に准じて解由《げゆ》を求めよ」と勅報《ちょくほう》した。

○甲戌《四日》　夷俘《いふ》（俘は帰順した蝦夷《えみし》）が居住地を離れることは久しく禁止してきているが、年来勝手に入京する者がいる。そこで官符を下して陸奥出羽按察使《むつでわあぜち》と国司・鎮守府《ちんじゅふ》官人らを譴責《けんせき》した。

左中弁《さちゅうべん》従四位下笠《かさ》朝臣仲守《なかもり》が死去した。

○壬午《十二日》　尾張《おわり》国の日割御《ひさきのみ》子《こ》神・孫若御《ひこわかみ》子《こ》神・高座結御《たかくらむすびのみ》子《こ》神併せて三神を名神《みょうじん》とした。これらは熱田《あつた》大神の御子神《みこがみ》である。
○甲申《十四日》　阿耶賀《あさか》大神に従五位下を授け奉った。この神は伊勢《いせ》国壱志《いちし》郡に鎮坐している。
○乙酉《十五日》　天皇が芹川野《せりかわの》に行幸《みゆき》して、猟をした。
○丙戌《十六日》　四天王寺《してんのうじ》の十禅師《じゅうぜんじ》一人を、梵釈《ぼんしゃく》・常住《じょうじゅう》両寺の僧に倣い、毎年宮中における金光明《こんこうみょう》最勝王経会《さいしょうおうきょうえ》の聴衆に加えることにした。
○庚寅《二十日》　天皇が初めて清涼殿《せいりょうでん》において三夜、仏名経《ぶつみょうきょう》を礼拝した。能登《のと》国が、旱魃《かんばつ》と疫病が相つぎ、人民が飢え苦しんでいると上言してきたので、物を恵み与えた。
○壬辰《二十二日》　天皇が神泉苑《しんせんえん》に行幸して、隼《はやぶさ》を放ち水鳥を追った。
○乙未《二十五日》　参議従四位上藤原朝臣常嗣《つねつぐ》を兼左大弁《さだいべん》に任じ、近江《おうみ》守は故《もと》のままとした。（下略）

続日本後紀　巻第四

○十二月辛未朔《一》、天皇御二紫宸殿一、賜二群臣酒一、先レ是、右大臣清原真人夏野在二楓里第一、見二五彩卿雲一、是日、以二其図画、幷相共見人姓名一奉覧、且効二慶賀之誠一、左右近衛府逓奏二音楽一、既而賜二見参親王以下五位已上禄一各有レ差、○壬申《二》、借二遣唐使位一、大使従四位上藤原朝臣常嗣正二位、副使従五位上小野朝臣篁正四位上、並大臣口宣、不レ授二告身一。三○癸酉、故参議刑部卿従四位上小野朝臣岑守、前為二大宰大弐一時建二続命院一処一、以備二往来之舎宿一、但不レ藉二公力一、恐不レ得二長存一、乃叙二本意一具修二解文一曰、管九国二嶋之民、或公或私、往来相続、其求軽者暫経二時月一、其事重者竟レ歳始還、客二宿於府倉之下一、賃二寄於閭閻之間一、若至二疾病纏一レ身、手足不レ随、官司督察、非二養レ病之処一、主家争趁、皆忌レ死之人、遂使下露二臥道路一、暴中死風霜上、縦有三時得二痊愈一、亦以二飢寒一死者、十而七八矣、見二其如一レ此、心深救恤、聊建二続命院一処一、檜皮葺屋七宇鼎一口、墾田百十四町、以擬レ救二飢病一、有レ志無レ力、庶二幾万一一、地隔人遠、執撿難レ周、転以属レ人、更増二疎廃一、若遂不レ因二公力一、恨二心願之徒已一、伏望、令下二府監或典一人、及観音寺講師一、勾中当其事上、相替之日、一事已上、皆依レ実勘附、若不レ加二修理一、令レ致二破損一、及非法費用之類、並以二官法一論、未レ及二上聞一、岑守物故、其家就二大臣一、追以陳請、勅報曰、思レ撫二黎甿一、不レ忘二鑒寐一、宇県敻遠、無レ聞二控告一、見二此奨納一、爰知二忠槩一、宜下速令二所司一俾上允レ所レ請、勾当之官、遷替之日、与二奪解由一、一准二国司一。四○甲戌、夷俘出レ境、禁制已久、而頃年任レ意、入京有レ徒、仍下二官符一、譴二責陸奥出羽按察使幷国司鎮守府等二」、左中弁従四位下笠朝臣仲守卒。十二○壬午、尾張国日割御子神、孫若御子神、高座結御子神、惣三前奉レ預二名神一、並熱田大神御児神也。十四○甲申、奉レ授二阿耶賀大神従五位下一、此神坐二伊勢国壱志郡一、○乙酉《十五》、行二幸芹川野一遊猟、○丙戌《十六》、四天王寺十禅師准二梵釈常住両寺僧一、毎年一口預二宮中金光明会聴衆一、○庚寅《二十》、聖上始於二清涼殿一、限二三夜裏一、礼二拝仏名経一」能登国言、旱疫相仍、人民飢苦、賑二給之一、○壬《廿二》辰、天皇幸二神泉苑一、放レ隼払二水禽一、○乙未《廿五》、以二参議従四位上藤原朝臣常嗣一為二兼左大弁一、近江守如レ故云々、

続日本後紀　巻第四

続日本後紀　巻第五　承和三年正月より十二月まで

太政大臣従一位臣藤原朝臣良房ら勅を奉《うけたまわ》りて撰す

○三年春正月辛丑朔《一日》　天皇が大極殿《だいごくでん》に出御《しゅつぎょ》して群臣の朝賀《ちょうが》を受けた。終了後、宴を侍従《じじゅう》以上の者と紫宸殿《ししんでん》で催し、御被《みふすま》を賜った。

○癸卯《三日》　天皇が紫宸殿に出御した。皇太子が御杖《みつえ》を献上した。

本日、天皇が嵯峨《さが》太上天皇《だいじょうてんのう》と太皇太后《たいこうたいごう》に嵯峨院で拝賀した。

○丁未《七日》　天皇が豊楽院《ぶらくいん》に出御した。百官と朝堂で宴を催した。従《じゅ》四位上藤原朝臣常嗣《ふじわらのあそんつねつぐ》に正四位下、無位時宗《ときむね》王に従四位下、従五位上大県《おおあがた》王に正五位下、正六位上弟綱《おとつな》王・愛宕《あたご》王に並びに従五位下、正五位上源《みなもと》朝臣寛《ひろし》に従四位上、正五位下坂上大宿禰浄野《さかのうえのおおすくねきよの》・藤原朝臣長良《ながら》・安倍《あべ》朝臣安仁《やすひと》に並びに従四位下、従五位上丹墀真人清貞《たじひのまひときよさだ》・小野《おの》朝臣篁《たかむら》に並びに正五位下、従五位下藤原朝臣真主《まぬし》・丹墀真人興宗《おきむね》・安倍朝臣浜主《はまぬし》・石川《いしかわ》朝臣英多麻呂《あがたまろ》・良峯《よしみね》朝臣木連《いたび》・橘《たちばな》朝臣峯継《みねつぐ》に並びに従五位上、外正五位下広宗《ひろむね》宿禰糸継《いとつぐ》・紀《き》朝臣国守《くにもり》・正六位上藤原朝臣吉継《よしつぐ》・藤原朝臣俊継《としつぐ》・文室《ふんや》朝臣笠科《かさしな》・紀朝臣綱雄《つなお》・橘朝臣千枝《ちえだ》・橘朝臣起奈《きな》

理《り》・藤原朝臣板野麻呂《いたのまろ》・淡海《おうみ》真人真浄《まきよ》・清滝《きよたき》朝臣河根《かわね》・大原《おおはら》真人宗吉《むねよし》・大中臣《おおなかとみ》朝臣天足《あまたり》に並びに従五位下、正六位上蕃良《はら》朝臣弟主《おとぬし》・山田《やまだ》宿禰古嗣《ふるつぐ》・住吉《すみのえ》朝臣氏継《うじつぐ》・御船《みふね》宿禰清風《きよかぜ》・物部首広国《もののべのおびとひろくに》に並びに外従五位下を授けた。差をなして禄《ろく》を下賜した。

○戊申《八日》　天皇が大極殿に出御して、『最勝王経《さいしょうおうきょう》』を聴講し、その後紫宸殿に戻り、礼仏《らいふつ》した。

　従五位下安倍朝臣室子《むろこ》・三原《みはら》朝臣数子《かずこ》に並びに従五位上、無位紀朝臣清子《きよこ》・橘朝臣潁《とし》子《こ》・丹墀真人冬子《ふゆこ》に並びに従五位下を授けた。

○辛亥《十一日》　四品《しほん》忠良《ただなが》親王を上総太守《かずさのたいしゅ》に任じ、従四位下藤原朝臣長良を右馬頭《うまのかみ》に任じた。（中略）正四位下源朝臣弘《ひろむ》を兼美作守《みまさかのかみ》に任じ、刑部卿《ぎょうぶきょう》は故《もと》のままとした。（下略）

○甲寅《十四日》　最勝会《さいしょうえ》が終了した。最勝会の講師《こうじ》と僧綱《そうごう》らを喚《よ》び、殿上《てんじょう》で論議を行った。論議に基づき、勅して元興寺《がんごうじ》伝灯大法師位《でんとうだいほっしい》延祥《えんしょう》法師を権律師《ごんのりつし》に任命した。

○丁巳《十七日》　天皇が豊楽殿《ぶらくでん》に出御して、大射《たいしゃ》を観覧した。

○庚申《二十日》　仁寿殿《じじゅうでん》で内宴を催した。詩を楽しむことを旨とし、ともに「残粧（残り香）を観賞する」を題にして詩を作り、終了後、禄を賜った。

　本日、従七位上飯高《いいたか》宿禰全継子《またつぐこ》を外従五位下に叙した。

○壬戌《二十二日》　天皇が神泉苑《しんせんえん》へ行幸《みゆき》し、風景を楽しんだ。見参《げんざん》の五位以上の者に禄を賜った。無位飯高宿禰永刀自《ながとじ》を外従五位下に叙した。（下略）

○乙丑（二十五日）　詔《みことの》りして、陸奥《むつ》国白河《しらかわ》郡の従五位下勲《くん》十等八溝《やみぞ》黄金《こがね》神に封戸《ふこ》二戸を奉納した。国司《し》の祈願に応《こた》えて、採取した砂金が常の倍となり、唐《とう》へ使節を派遣する財源の助けとなったことによる。

○戊辰（二十八日）　天皇が神泉苑へ行幸し、隼《はやぶさ》を放って水鳥を追った。

続日本後紀　巻第五　起㆓承和三年正月㆒尽㆓十二月㆒

太政大臣従一位臣藤原朝臣良房等奉　勅撰

○三年春正月辛丑朔（一）、天皇御㆓大極殿㆒、受㆓群臣朝賀㆒、畢宴㆓侍従已上於紫宸殿㆒、賜㆓御被㆒、○癸卯（三）、天皇御㆓紫宸殿㆒、皇太子献㆓御杖㆒」是日、天皇拝㆓賀先太上天皇及太皇太后於嵯峨院㆒、○丁未（七）、天皇御㆓豊楽院㆒、宴㆓百官於朝堂㆒、詔授㆓従四位上藤原朝臣常嗣正四位下㆒、无位時宗王従四位下、従五位上大県王正五位下、正六位上弟綱王、愛宕王並従五位下、正五位上源朝臣寛従四位上、正五位下坂上大宿祢浄野、藤原朝臣長良、安倍朝臣安仁並従四位下、従五位上丹墀真人清貞、小野朝臣篁並正五位下、従五位下藤原朝臣真主、丹墀真人興宗、安倍朝臣浜主、石川朝臣英多麻呂、良峯朝臣木連、橘朝臣峯継並従五位上、外正五位下広宗宿祢糸継、紀朝臣国守、正六位上藤原朝臣吉継、藤原朝臣俊継、文室朝臣笠科、紀朝臣綱雄、橘朝臣千枝、橘朝臣起奈理、藤原朝臣板野麻呂、淡海真人真浄、清滝朝臣河根、大原真人宗吉、大中臣朝臣天足並従五位下、正六位上蕃良朝臣弟主、山田宿祢古嗣、住吉朝臣氏継、御船宿祢清風、物部首広国並外従五位下、賜レ禄有レ差、○戊申《八》、天皇御二大極殿一、聴レ講二最勝王経一、且還三御紫宸殿一、以礼レ仏、」授二従五位下安倍朝臣室子、三原朝臣数子並従五位上一、无位紀朝臣清子、橘朝臣穎子、丹墀真人冬子並従五位下、○辛亥《十一》、以二四品忠良親王一為二上総太守一、従四位下藤原朝臣長良為二右馬頭一云々、正四位下源朝臣弘為二兼美作守一、刑部卿如レ故云々、○甲寅《十四》、最勝会竟、引二其講師及僧綱等一、論三義殿上一、於レ是、勅以三元興寺伝灯大法師位延祥法師一任二権律師一、○丁巳《十七》、天皇御二豊楽殿一、観二大射一、○庚申《二十》、内三宴於仁寿殿一、以二詩興一為レ先、同賦下理二残粧一之題上、訖賜レ禄、」是日、叙二従七位上飯高宿祢全継子外従五位下一、○壬戌《廿二》、天皇幸二神泉苑一遊賞、賜二見参五位已上禄一、」叙二无位飯高宿祢永刀自外従五位下一云々、○乙丑《廿五》、詔奉レ充二陸奥国白河郡従五位下勲十等八溝黄金神封戸二烟一、以下応二国司之禱一、令レ採三得砂金一、其数倍レ常能助中遣唐之資上也、○戊辰《廿八》、天皇幸二神泉苑一、放レ隼払二水禽一、

○二月庚午朔《一日》　天皇が執務を取り止めた。遣唐使《けんとうし》のために、北野《きたの》で天神《てんじん》・地祇《ちぎ》を祀《まつ》った。

○丙子《七日》　遣唐使が賀茂《かも》大神に幣帛《へいはく》を奉納した。

本日、従四位上藤原朝臣文山《ふじわらのあそんふみやま》を内蔵頭《くらのかみ》に任じた。（中略）従四位下橘《たちばな》朝臣氏人《うじひと》を大蔵《おおくらの》大輔《たいふ》に任じた。（中略）正四位下菅原《すがわら》朝臣清公《きよとも》を兼但馬守《たじまのかみ》とし、左京大夫文章博士《さきょうのだいぶもんじょうはかせ》は故《もと》のままとした。（下略）

○戊寅《九日》　天皇が紫宸殿《ししんでん》に出御《しゅつぎょ》して、遣唐大使・副使らと接見した。参議右近衛大将《さんぎうこのえのたいしょう》橘朝臣氏《うじ》公《きみ》が殿上より降りて、詔《みことのり》を宣《の》べた。（中略）（詔の言葉は笏に書かれていて、通例である黄紙（黄檗〈きはだ〉で染めた紙）に書くことをしなかった。）差をなして禄《ろく》を賜った。大使に綵帛《さいはく》百匹・貲布《さよみぬの》二十端、副使に綵帛八十匹・貲布十端、判官《はんがん》・准《じゅん》判官にそれぞれ綵帛十五匹・貲布六端、録事《ろくじ》に綵帛十匹・貲布四端、知乗船事《ちじょうせんじ》・訳語《やくご》に各綵帛五匹・貲布二端、還学僧《げんがくそう》（短期留学僧）に各綵帛十匹を賜った。

和泉《いずみ》国の人遣唐使准録事県主益雄《あがたぬしのますお》と父散位《さんに》文貞《ふみさだ》らに和気宿禰《わけのすくね》を賜姓し、本貫《ほんがん》を改めて、右京二条二坊に貫附《かんぷ》した。

○壬午《十三日》　天皇が神泉苑《しんせんえん》へ行幸《みゆき》して、鷂《はしたか》と隼《はやぶさ》を放った。

山城《やましろ》国綴喜《つづき》郡の空閑地《くうかんち》四町を掌侍《ないしのじょう》従五位上大和《やまと》宿禰館子《たちこ》に賜い、河内《かわち》国丹比《たじひ》郡の荒廃《こうはい》田《でん》十三町を皇太后《こうたいごう》（正子《まさこ》内親王）宮の後院《ごいん》の領地とし、古市《ふるいち》郡の空閑地四町を繁子《しげこ》内親王に賜った。

○丙戌《十七日》　八省院《はっしょういん》において、遣唐使史生《ししょう》以下、将従《しょうじゅう》以上の者に位記《いき》を賜った。

○戊子《十九日》　嵯峨太上天皇《さがだいじょうてんのう》が河内国の交野《かたの》で狩猟を行った。

○己丑《二十日》　天皇が神泉苑へ行幸して隼を放った。天皇はその隼の気性の優れ生き生きしているのを愛した。指図をすればそれに応じ、手招きすればすぐに戻った。

本日、無位百済王永琳《えいりん》に従五位下を授けた。

○癸巳（二十四日） 正六位上百済《くだら》王慶苑《けいえん》・百済王元仁《げんじん》に並びに従五位下を授けた（元仁は女子である。）

○戊戌（二十九日） 伊勢《いせ》国に飢饉《ききん》が発生したので、物を恵み与えた。

○二月庚午朔（一）、廃務、為二遣唐使一祠二天神地祇於北野一也、○丙子（七）、遣唐使奉二幣帛賀茂大神社一、」是日、以二従四位上藤原朝臣文山一為二内蔵頭一云々、従四位下橘朝臣氏人為二大蔵大輔一云々、正四位下菅原朝臣清公為二兼但馬守一、左京大夫文章博士如レ故云々、○戊寅（九）、天皇御二紫宸殿一、引三見遣唐大使副使等一、参議右近衛大将橘朝臣氏公降レ殿宣レ詔云々、（其詞書レ紛、無二黄紙文一）、賜レ禄有レ差、大使綵帛百匹、貲布廿端、副使綵帛八十匹、貲布十端、判官并准判官各綵帛十五匹、貲布六端、録事綵帛十匹、貲布四端、知乗船事、訳語、各綵帛五匹、貲布二端、還学僧各綵帛十匹、」和泉国人遣唐使准録事県主益雄、父散位文貞等賜二姓和気宿祢一、又改二本居一貫三附右京二条二坊一、○壬午（十三）、天皇幸二神泉苑一、放二鶺隼一、」山城国綴喜郡空閑地四町賜二掌侍従五位上大和宿祢舘子一、河内国丹比郡荒廃田十三町充二皇太后宮後院一、古市郡空閑地四町賜二繁子内親王一、○丙戌（十七）、於二八省院一賜二遣唐使史生已下将従已上位記一、○戊子（十九）、先太上天皇遊三猟河内国交野一、○己丑（二十）、天皇幸二神泉苑一放レ隼、愛二其逸気横生一、麾則応レ機、招則易レ呼、」

是日、授二无位百済王永琳従五位下一、〇癸巳《廿四》、授二正六位上百済王慶苑、百済王元仁並従五位下一（元仁是婦人也）、〇戊戌《廿九》、伊勢国飢、賑二給之一、

〇三月庚子朔《一日》　天皇が紫宸殿《ししんでん》に出御《しゅつぎょ》して侍従《じじゅう》以上の者に酒を賜った。酣酔《かんすい》して酒宴を終えた。

〇壬寅《三日》　木工寮《もくりょう》の算師《さんし》八戸史礒益《やべのふひといそます》・同姓弥継《いやつぐ》ら二十人に常澄宿禰《つねすみのすくね》を賜姓した。その先祖は高句麗《こうくり》人である。

〇甲辰《五日》　天皇が前殿（紫宸殿）に出御して、無位藤原朝臣方子《ふじわらのあそんまさこ》に従四位下を授けた。（中略）従五位下藤原朝臣泉子《いずみこ》を掌侍《ないしのじょう》とした。（下略）

左大臣《さだいじん》正二位藤原朝臣緒嗣《おつぐ》が支給されている職田《しきでん》・職分資《しきぶんし》人《じん》・考選の対象になっている種々の雑色《ぞうしき》および衛士《えじ》を返還し、顕職にありながら責任を果たしていないという譏《そし》りを免れ、国家財政の助けとしたい、と申し出たが、天皇は認めなかった。

〇丙午《七日》　左京の人従五位下飯高《いいたか》宿禰全雄《またお》・外従五位下同姓弟高《おとたか》ら五戸の宿禰姓を改めて、朝臣を賜姓した。

讃岐《さぬき》国の人左大史《さだいし》正六位上坂本臣鷹野《さかもとのおみたかの》が讃岐国における付籍《ふせき》を止め、和泉《いずみ》国の旧籍に戻ることを求めてきたので、許可した。戸籍の移還の理由については、古い記録に詳細である。

○庚戌《十一日》　本日は三月中旬の初めである。天皇が紫宸殿に出御して侍臣《じしん》に酒を賜った。天皇は自らの床子の側へ侍臣の座を設け、囲碁を行い、琵琶《びわ》を弾《ひ》かせた。陽《ひ》が斜めになった頃、酒宴を終え、大臣に御衣《ぎょい》を賜った。

　本日、左大史正六位上坂本臣鷹野ら十三人の臣姓を改めて、朝臣を賜姓した。鷹野らは建内宿禰《たけしうち》の男　紀角宿禰《むすこきのつの》の後裔《こうえい》である。

○辛亥《十二日》　地震があった。

○壬子《十三日》　造西寺《ぞうさいじ》司《し》に詰める勾当僧《こうとうそう》（事務管理に当たる僧）九人に位一階を授けた。ただし、伝灯住位《でんとうじゅうい》僧《そう》明遠《みょうえん》には二階を授けた。

○癸丑《十四日》　遣唐僧《けんとうそう》に当てられた伝灯法師《ほっし》位《い》俊貞《しゅんてい》ら八人に位一階を授けた。

○丙辰《十七日》　大和《やまと》国山辺《やまのべ》郡の荒廃田《こうはいでん》十町を宗康《むねやす》親王に賜った。

○戊午《十九日》　外従五位下大判事《だいはんじ》明法博士《みょうぼうはかせ》讃岐公《さぬきのきみ》永直《ながなお》・右《う》少史《しょうし》兼明法博士同姓永成《ながなり》ら合わせて二十八戸の公《きみ》姓を改めて、朝臣を賜姓した。永直は讃岐国寒川《さむかわ》郡の人である。今回、山田《やまだ》郡の人外従七位上同姓全雄《またお》ら二戸と共に本貫《ほんがん》を改めて、右京三条二坊に貫附《かんぷ》することにした。永直らの遠い先祖は、景行《けいこう》天皇の第十皇子神櫛《かみくし》命である。

○己未《二十日》　尾張《おわり》国に飢饉《ききん》が発生したので、物を恵み与えた。

○辛酉《二十二日》　能登史《のとのし》生馬《しょうま》史真主《まぬし》・右近衛《うこのえ》同姓貞主《さだぬし》らに春沢《はるさわ》史を賜姓した。真主らの先祖は百済《くだら》国人である。

○甲子[二十五日]　山城《やましろ》国の人式部大録《しきぶのだいさかん》秦《はた》宿禰氏継《うじつぐ》の本貫を改めて四条三坊に貫附した。
陸奥《むつ》の俘囚《ふしゅう》（帰順した蝦夷）外従八位上勲五等吉弥侯部於加保《きみこべのおかほ》・勲九等伴部子羊《ともべのこひつじ》らに並びに外従五位下を授けた。軍事面での功績が評価するに足ることによる。

○乙丑[二十六日]　石見《いわみ》国に飢饉が発生したので、物を恵み与えた。
山城国願安寺《がんあんじ》を真言院《しんごんいん》（真言宗の修法道場）とした。

○三月庚子[一]朔、天皇御二紫宸殿一、賜二侍従已上酒一、具酔而罷、○壬寅[三]、木工寮筭師八戸史礒益、同姓弥継等廿人賜二姓常澄宿祢一、其先高麗人也、○甲辰[五]、天皇御二前殿一、授二无位藤原朝臣方子従四位下一云々、以二従五位下藤原朝臣泉子一為二掌侍一云々、」左大臣正二位藤原朝臣緒嗣請下返二上職田職分資人雑色考人衛士一、以避二尸素之譏一、助中国用之費上、不レ許、○丙午[七]、左京人従五位下飯高宿祢全雄、外従五位下同姓弟高等五烟、改二宿祢一賜二朝臣一」讃岐国人左大史正六位上坂本臣鷹野請下除二讃岐之籍帳一、復中和泉旧墟上、許レ之、其去就由具二于古記一、○庚戌[十一]、是中旬之初也、天皇御二紫宸殿一、賜二侍臣酒一、至二御床之下一、促二侍臣座一、令三以囲レ碁且弾二琵琶一、日斜酒罷、賜二大臣御衣一」是日、左大史正六位上坂本臣鷹野等十三人、改レ臣賜二朝臣一、建内宿祢男紀角宿祢之後也、○辛亥[十二]、地震、○壬子[十三]、授二造西寺勾当僧九口位各一階一、但伝灯住位明遠二階、○癸丑[十四]、授二擬遣唐僧伝灯法師位俊貞等八口位各一階一、○丙辰[十七]、大和国山辺郡荒廃田十町賜二宗康親王一、○戊午《十九》、外従五位下大判事明法博士讃岐公永直、右少史兼明法博士同姓永成等合廿八烟、改レ公賜二朝臣一、永直是讃岐国寒川郡人、今与二山田郡人外従七位上同姓全雄等二烟一、改二本居一貫三附右京三条二坊一、永直等遠祖、景行天皇第十皇子神櫛命也、○己未《二十》、尾張国飢、賑三給之一、○辛酉《廿二》、能登史生馬史真主、右近衛同姓貞主等賜二姓春沢史一、其先百済国人也、○甲子《廿五》、山城国人式部大録秦宿祢氏継、改二本居一貫三附四条三坊、二」陸奥俘囚外従八位上勲五等吉弥侯部於加保、勲九等伴部子羊等、並授二外従五位下一、以二勲功足レ勧也、○乙丑《廿六》、石見国飢、賑三給之、二」以二山城国願安寺一為二真言院一、

○夏四月己巳朔《一日》　飛驒《ひだ》国の人散位《さんに》三《み》尾臣永主《おのおみながぬし》・右京史生《うきょうのししょう》同姓息良《おきなが》らに笠朝臣《かさのあそん》を賜姓し、右京五条二坊に貫附《かんぷ》した。永主は稚武彦《わかたけひこ》命の後裔である。伯耆《ほうき》国の人陰陽師《おんようじ》宍人　首玉成《ししひとのおびとたまなり》に春苑宿禰《はるそののすくね》を賜姓した。玉成は孝元《こうげん》天皇の第一皇子大彦《おおひこ》命の後裔である。

○戊寅《十日》　遣唐使《けんとうし》が八省院《はっしょういん》において天皇に拝謁することになっていたが、天皇は慣例により出御《しゅつぎょ》しなかった。ただし、大臣以下参議《さんぎ》以上の者がそれぞれの定められた位置につき、天皇が臨御《りんぎょ》して行う視告朔《こうさく》の儀と同じであった。

○癸未《十五日》　散位従四位下藤原《ふじわら》朝臣真川《まかわ》が死去した。

○甲申《十六日》　任官があった。

○乙酉《十七日》　天皇が紫宸殿《ししんでん》に出御して、賀茂《かも》祭使《さいし》の乗る馬の飾り付けと従者の容儀を観閲し、祭使らに禄《ろく》を賜った。播磨守《はりまのかみ》従四位下　橘《たちばな》　朝臣永名《ながな》を権《かり》に内蔵頭《くらのかみ》に任じ、祭使とすることにしたのであった。

○丙戌《十八日》　散位従四位下甘南備真人高直《かんなびのまひとたかなお》が死去した。高直は敏達《びだつ》天皇の子孫で、六世王正五位下清野《きよの》の第三子である。父清野は文章生《もんじょうしょう》から大内記《だいないき》に任命され、大学大允《だいがくのだいじょう》に移り、宝亀《ほうき》年間に遣唐判官《けんとうはんがん》兼播磨大掾《はりまのだいじょう》となった。帰朝すると正五位下に叙《じょ》され、肥前《ひぜん》守に任命され、兵部少輔《ひょうぶのしょうふ》・武蔵介《むさしのすけ》に遷り、延暦《えんりゃく》十三年に死去した。高直は身長が六尺二寸ほどあり、文章生として文筆に勝れ、琴に巧みであった。延暦二十三年に少内記《しょうないき》となり、大同《だいどう》元年に大《だ》宰少監《ざいのしょうげん》・西海道観察使《さいかいどうかんさつし》判官《はんがん》を歴任し、弘仁《こうにん》の初めに続けて左右近衛将監《さゆうのこのえのしょうげん》に遷任され、同六年に従五位下に叙され、陸奥《むつ》・上野《かみつけ》介に累任された。天長《てんちょう》三年に常陸《ひたち》守となったが、地方監察官の監査にあい、前司の罪に関わり国務停止の処分を受けた。しかし、下僚も常陸国民も高直の徳化に感じ、競って高直の必要とする経費分（国庫に与えた損害分の補塡《ほてん》のためのものであろう）を提供し、嵯峨太上天皇《さがだいじょうてんのう》もまた憐《あわ》れに思って都合をつけて、荘園の収益を高直の必要分に充てた。天長六年に摂津《せっつ》守に任じ、仁明《にんみょう》天皇が践祚《せんそ》すると正五位上に叙され、次いで従四位下を授けられた。践祚の翌年実母が死去すると、悲しみで死んだも同然となり、さほど経《た》たないうちに死去した。行年六十二。

○辛卯《二十三日》　備中《びっちゅう》国に飢饉《ききん》が発生したので、物を恵み与えた。
○壬辰《二十四日》　天皇が紫宸殿に出御して、入唐大使《にっとうたいし》藤原朝臣常嗣《つねつぐ》・副使小野《おの》朝臣篁《たかむら》らに餞《はなむけ》を賜り、五位以上の者に命じて「入唐使に餞する」の題で詩を賦《ふ》させた。この時大使常嗣朝臣が天皇の長寿を祈願する寿詞を奉ろうとして許しを求めると、勅許が出、常嗣朝臣は自分の座から前へ進んだ。采女《うねめ》を喚《よ》ぶ声が二度発せられると、采女が御盃《ぎょはい》をささげて現れ、陪《ばい》膳《ぜん》采女に渡した。常嗣朝臣が跪《ひざまず》いて寿詞を述べ、天皇はこれを受けるため立ち上がった。次いで、御盃をもった者が進んで常嗣朝臣に酒を賜い、常嗣朝臣は跪いて飲みほし、南階より降りて拝舞し元の座へ戻った。そうこうする間に群臣が詩を献じ、それとは別に天皇自身も作り、大使に賜うと、大使は懐《ふところ》に入れ、引き下がって拝舞した。大使に御衣《ぎょい》一襲《かさね》・白絹御被《はくけんのみふすま》二条・砂金二百両（約二八〇〇グラム）、副使に御衣一襲・赤絹被《せきけんのふすま》二条・砂金百両が下賜された。皆が深く酔い、餞の宴は終わった。
○甲午《二十六日》　五畿内・七道の名神《みょうじん》に幣帛《へいはく》を奉納した。遣唐使のことによってである。
　加賀《かが》国に飢饉が発生したので、物を恵み与えた。
○丁酉《二十九日》　入唐使に節刀《せっとう》を賜った。大臣（右大臣清原夏野《うだいじんきよはらのなつの》か）が口頭で次の宣命《せんみょう》を読み上げた（宣命体）。
　天皇のお言葉として唐国へ派遣される使人に仰せになるお言葉を承われ、と申し聞かせる大使たちは「おお」と答えた。今、仰せになるには、藤原常嗣朝臣・小野朝臣篁よ、今、汝《なんじ》ら二人を唐国へ派遣するが、使節派遣は、今回に始まったことでなく、従前から朝使が唐国へ遣わされ、同国から日本へ戻っていた。このあり方に倣い、汝らを派遣するのである。このことを理解して、唐国の人が和やかで安心して応対するよう、不穏当なことをしてはならない。また、派遣する判官《はんがん》以下について、死罪以下の罪を犯す者がいれば、刑罰を執行できるよう、天皇の権威の象徴である節刀を賜る、とのお言葉を承れ、と申し聞かせる。

大使・副使それぞれに御衣《ぎょい》被《ひ》を賜った。

遣唐医師山城《やましろ》国葛野《かどの》郡の人朝原《あさはら》宿禰岡野《おかの》の本貫《ほんがん》を改めて左京四条三坊に貫附《かんぷ》した。

○戊戌（三十日）　遣唐判官外従五位下長岑《ながみね》宿禰高名《たかな》に従五位下、無位滋野《しげの》朝臣縄子《ただこ》に正五位下、無位菅野《すがの》朝臣浄子《きよこ》に従五位下を授けた。浄子は遣唐大使藤原朝臣常嗣の母であり、旧例に倣い叙位した。

遣唐録事《けんとうろくじ》高岑《たかみね》宿禰貞継《さだつぐ》の宿禰を改めて、朝臣を賜姓した。その先祖は高句麗《こうくり》人である。

○夏四月己巳朔（一）、飛驒国人散位三尾臣永主、右京史生同姓息長等賜二姓笠朝臣一、貫二附右京五条二坊一、永主、稚武彦命之後也、」伯耆国人陰陽師宍人首玉成賜二姓春苑宿祢一、国牽（孝元）天皇第一皇子大彦命苗裔也、○戊寅（十）、遣唐使於二八省院一朝拝、天皇不レ御、例也、但大臣已下参議以上各在二其位一、一如下天皇視二告朔一之儀上、○癸未（十五）、散位従四位下藤原朝臣真川卒、○十六甲申、任官、○十七乙酉、天皇御㆓紫宸殿㆒、閲㆔覧賀茂祭使等鞍馬調飾并従者容儀㆒、賜㆓使等禄㆒、以㆓播磨守従四位下橘朝臣永名㆒権為㆓内蔵頭㆒、令㆑供㆓祭使㆒、○十八丙戌、散位従四位下甘南備真人高直卒、天渟名倉太玉敷天皇(敏達)之後、六世正五位下清野之第三子也、父清野、自㆓文章生㆒、任㆓大内記㆒、遷㆓大学大允㆒、宝亀年中、遣唐判官、兼㆓播磨大掾㆒、帰朝之日、叙㆓正五位下㆒任㆓肥前守㆒、遷㆓兵部少輔武蔵介㆒、延暦十三年卒、高直身長六尺二寸、少為㆓文章生㆒、能属㆑文、巧㆓琴書㆒、廿三年任㆓少内記㆒、大同元年歴㆓大宰少監西海道観察使判官㆒、弘仁之初、頻□㆓左右近衛将監㆒、六年叙㆓従五位下㆒、累㆔任陸奥上野介㆒、天長三年除㆓常陸守㆒、遭㆓訪採使㆒、縁㆓前司犯㆒、被㆑停㆓釐務㆒、吏民感㆓其徳化㆒、競遺㆓資用㆒、嵯峨太上天皇復垂㆓眷憐㆒、便以㆓荘家物㆒、任㆓其所㆑須、至㆓六年㆒、任㆓摂津守㆒、仁明天皇践祚之初、叙㆓正五位上㆒、尋授㆓従四位下㆒、明年居㆓親母喪㆒、殆至㆑滅㆑性、不㆑幾而卒、年六十二、○廿三辛卯、備中国飢、振㆔給之㆒、○廿四壬辰、天皇御㆓紫宸殿㆒、賜㆓餞入唐大使藤原朝臣常嗣、副使小野朝臣篁等㆒、命㆓五位已上㆒、賦㆘賜㆓餞入唐使㆒之題㆖、于時大使常嗣朝臣欲㆑上㆑寿、先候㆓進止㆒、勅許訖、常嗣朝臣避㆑座而進、喚㆓采女㆒二声、采女擎㆓御盃㆒、来授㆓陪膳采女㆒、常嗣朝臣跪唱㆑平、天皇為㆑之挙訖、行酒人進賜㆓常嗣朝臣酒㆒、即跪受飲竟、降㆑自㆓南階㆒、拝舞還㆑座、既而群臣献㆑詩、別有㆓御製㆒、大使賜而入㆑懐、退而拝舞、賜㆓大使御衣一襲、白綃御被二条、砂金二百両、副使御衣一襲、赤綃被二条、砂金百両一、各淵酔而罷、〇甲午《廿六》、頒二奉幣帛五畿内七道名神一、為レ有二遣唐使事一也、」一加賀国飢、賑二給之一、〇丁酉《廿九》、賜二入唐使節刀一、大臣口宣曰、天皇我大命良万止、遣二唐国一使人尓詔大命乎、衆聞食止詔布大使共称レ唯、今詔久波、藤原常嗣朝臣、小野朝臣篁、今汝等二人乎遣二唐国一者、今始弖遣物尓波不レ在、本来朝使其国尓遣之、其国与利進渡祁里、依レ此氐使次止遣物曾、悟二此意一氐、其人等乃和美安美応レ為久相言部、驚呂之伎事行奈世曾、亦所レ遣使人判官已下、有下犯二死罪已下一者上、順レ罪氐行氐止之、節刀給久止詔大命乎聞食止宣布、賜二大使副使各御衣被一、」遣唐医師山城国葛野郡人朝原宿祢岡野改二本居一、貫二附左京四条三坊一、〇戊《三十》戌、授二遣唐判官外従五位下長岑宿祢高名従五位下一、无位滋野朝臣縄子正五位下、无位菅野朝臣浄子従五位下也、浄子是遣唐大使藤原朝臣常嗣母氏、故准二旧例一叙レ之、」一遣唐録事高岑宿祢貞継改二宿祢一賜二朝臣一、其先高麗人也、

〇五月己亥朔庚子《二日》　無位小《お》野《の》神に従五位下を授けた。遣唐副使《けんとうふくし》小《お》野《の》朝臣《のあそん》篁《たかむら》の申請による。山城《やましろ》国の人遣唐史生大宅臣福主《ししょうおおやのおみふくぬし》の臣を改めて朝臣を賜姓した。

〇辛丑《三日》　天皇が神泉苑《しんせんえん》の釣台《ちょうだい》に出向いて釣り糸を垂れ、暑さを避けた。見参《げんざん》の五位の者には侍従《じじゅう》・非侍従を問わず、皆禄《ろく》を賜った。

〇癸卯《五日》　天皇が武徳殿《ぶとくでん》に出御《しゅつぎょ》して、四衛府《しえふ》（左右近衛府《さゆうのこのえふ》・左右兵衛府《ひょうえふ》）の騎射《うまゆみ》と五位以上の者が貢上した競走馬の勝負を観閲した。

○甲辰　六日　本日も天皇が武徳殿に出御して、種々の馬芸を観覧した。

○丁未　九日　下総《しもふさ》国香取《かとり》郡の従三位伊波比主《いわいぬし》命に正二位、常陸《ひたち》国鹿嶋《かしま》郡の従二位勲一等建御賀豆智《たけみかつち》命に正二位、河内《かわち》国河内郡の従三位《じゅさんみ》勲三等天児屋根《あめのこやね》命に正三位《しょうさんみ》、従四位下比売《ひめ》神に従四位上を授け奉った。その時の詔《みことのり》は次のとおりである（宣命体）。

　皇統を受け継ぐ皇孫《すめみま》である天皇が四柱《よはしら》の大神に申し上げます。大神たちにますます高く広くお仕えしようと思い、位を上げることにしました位記《いき》を、中務少輔《ちゅうむのしょうふ》従五位下藤原朝臣豊継《とよつぐ》・内舎人《うどねり》正六位下藤原朝臣千葛《ちふじ》らに持たせて奉ります、とのお言葉を、申し上げます。また、言葉を改めて、申し上げます。神として在位する皇孫である天皇をしっかりといつまでも護《まも》り、幸いを齎《もたら》してください。また、遣唐使《けんとうし》参議《さんぎ》正四位下藤原朝臣常嗣が往来の間で風波の難に遭うことがないよう御心配り賜り、無事に帰国できるようにしてください、との神を称えるお言葉を奉ります、とて申し上げます。

本日、天皇が次のように勅した。

　去年の冬の雷雨により、水害や疫病の災害が起きているのを恐れている。東大寺《とうだいじ》の真言院《しんごんいん》に灌頂《かんじょう》道場を建立《こんりゅう》し、二十一人の僧を置き、夏の六月および正月・五月・九月に除災・増益《ぞうやく》の修法《しゅほう》を行い、国家が鎮まるようにし、これを今後永く恒例《ごうれい》とせよ。

○戊申　十日　発遣する遣唐使に托して、以前朝廷の命を受けて入唐《にっとう》した使人と留学生《るがくしょう》らで、彼の地で死没した八人に、位記を贈ることにした。死者の魂を慰めるためである。位記に付された詔詞《しようし》は次のとおりである。

故入唐大使贈正二位藤原朝臣清河《きよかわ》に従一品を贈ることにする。以前天皇の命を受けて遠国に派遣されたが、帰途の航海が首尾よくいかず、漂流、遭難して、遂《つい》に外国にあったまま逝去した。その死を顧みるに、誠に深く悼むものである。そこで従前の叙階に加階して、清河を偲《しの》ぶ朕の恩を施すことにする。

故留学問生贈《るがくもんしようぞう》従二品安倍《あべ》朝臣仲満《なかまろ》（仲麻呂）、すなわち大唐国光禄大夫《こうろくたいふ》右《う》散騎常侍《さんきじようじ》兼御史中丞《ぎよしちゆうじよう》北海郡開国公《ほつかいぐんかいこくこう》贈潞州大都督《ぞうろしゆうだいととく》朝衡《ちようこう》に正二品を贈ることにする。仲満は大海を越えて唐国へ渡り、学んで類稀《たぐいまれ》な成績をあげ、文章に優れ、学問で知られた。唐朝で高官となり名声が広まったが、何とも傷むべきことに遂に帰朝せずに終わった。ただすばらしい文章を残し、長く雄麗のほどを伝えている。冥界《めいかい》での飾りとするため、以前より位を上げることとし、再度高位に叙す。朕の詔命に潤うようにせよ。

故入唐使贈従四品下石川《いしかわ》朝臣道益《みちます》に従四品上を贈ることにする。自分の身を顧みることなく命に従い、先代の朝廷に仕えて使人となり、義に従い忠を本分として、唐国へ遣わされたが、途中苦難に遭遇して病となり、長安京《ちようあんきよう》へ達する前に死に至ってしまった。ここに偲び悼むものである。伝えられるところによれば、道益の墳墓には霊芝《れいし》（まんねんたけ。祥瑞《しようずい》）が生えているという。冥界での思いにより、霊芝の出現となったのであろう。贈位を授け、冥界での栄誉とすべきである。

他の死没した遣唐使人らへの詔は次のとおりであった。

　故入唐判官《はんがん》贈従五品下紀《き》朝臣馬主《うまぬし》に従五品上を贈り、故入唐判官従五品下勲十二等田《た》口《ぐち》朝臣養年富《やねとみ》に従五品上を贈り、勲位は故《もと》のままとし、故入唐判官従五品下甘南備真人《かんなびのまひと》信影《のぶかげ》に従五品上を贈り、故入唐判官贈従五品下紀朝臣三寅《みとら》に従五品上を贈り、故入唐判官従五品下掃守宿禰明《かにもりのすくねあかる》に従五品上を贈ることにする。馬主から明に至るまでの五人の位記には同じ文詞を用いることとし、「以前朝廷から選抜されて大唐国へ派遣されたが、慌しい中で死去し、日本へ帰ることができなくなってしまった。憐《あわれ》みの気持ちをもって故人を偲ぶことにより、国家の原則が守られ、道理に従い労《いた》わりを忘れないことにより、朝廷に掟《おきて》があるというものである。そこで恩恵を施し、死者の霊魂を慰めることにする」とせよ。

　本日、伝灯大法師《でんとうだいほっし》位《い》実恵《じつえ》を律師《りっし》に任じた。
○己酉《十一日》　中納言《ちゅうなごん》従三位兼行民部卿《みんぶきょう》藤原《ふじわら》朝臣愛発《あらち》が上表した。（下略）
　丹波《たんば》国の人右《う》近衛将曹《このえのしょうそう》和邇部龍人《わにべのたつひと》・散位《さんに》同姓臣成《おみなり》らの部姓を改めて臣を下賜した。
○庚戌《十二日》　鴛鴦《おしどり》が飛来して、弁官東庁《べんかんとうちょう》の南端に番《つがい》で止まった。
　本日、右近衛中将従四位下藤原朝臣助《たすく》が勅語を携えて摂津《せっつ》国難波《なにわ》の港に向かい、派遣される遣唐使を慰労した。その時の宣命《せんみょう》は次のとおりであった（宣命体）。

　天皇が仰せになるお言葉を承れ、とて申し聞かせる。大使藤原常嗣朝臣らは天皇の命令を受けて朝廷を退出して以来、何日も経っていないが、旅行く人の気持ちは遠近にかかわらず、辛《つら》いものと思う。また、遠方へ出掛けるのであるから、心から慰めるものである。途中事故に遭わず、元気に出立する今日のように面変《おも》わりすることなく、早く帰るよう、御酒《みき》・肴《さかな》を賜うとの天皇のお言葉を承れ、とて申し聞かせる。

○辛亥十三日　右少弁《うしょうべん》藤原朝臣当道《まさみち》が難波の港の浜のほとりで、次のような太政官《だいじょうかん》の伝達を読み上げた（宣命体）。

遣唐使の判官以下が朝廷に対し罪を犯すことがあれば、軽重となく死罪以下すべて科決（刑の執行）せよとて、大使・副使に権限を象徴する節刀が下賜されている。唐へ遣わされる皆がこのことを理解して、謹んで任務に勤《いそ》しめ、と申し聞かせる。

本日、遣唐使らが乗船した。

○壬子十四日　遣唐使の乗る四船が纜《ともづな》を解いて出航した。

○癸丑十五日　治部卿《じぶきょう》三品阿保《あぼ》親王を宮内卿《くないきょう》に任じ、上野大守《かみつけのたいしゅ》は故のままとし、宮内卿正四位下安倍朝臣吉人《よしひと》を治部卿に任じ、参議従四位上朝野《あさの》宿禰鹿取《かとり》を民部卿に任じた。（下略）

参議従四位上民部卿朝野宿禰鹿取が上表して、次のように申し出た。

私は年齢を数えますと、頽齢《たいれい》となり、まことに官を辞する時期に来ております。しかるに、今、陛下の命令で民部卿に任命されまして、御恩は計り知れないほどですが、恐れと値しないことによる恥ずかしさで一杯です。私は老い頓《とみ》に苦しみ疲れるようになり、多忙な官は勤まりません。それだけでなく、中納言従三位藤原朝臣愛発が捧呈《ほうてい》した民部卿を辞退する表を見ますと、重職である民部卿を私に譲るとあり、その文言《もんごん》には「鹿取の智恵は古今に渉《わた》っている」とありますが、全く当たらず、私の才能を見誤っています。自省しますに恥じることが多く、怖気《おじけ》だって、安らかな気持ちになれません。古の立派な人物は、実に沿わない名声を避けたものでした。まして私は平凡で愚かですから、民部卿任官は避けるべきものです。再三にわたり考え直してみますに、私が安んじて就く職ではありません。伏して、民部卿任官の恩詔《おんしょう》を撤回し、私の憂い負担となっている思いから免れることができますことを要望します。

天皇は要望を認めなかった。

○丙辰《十八日》　夜間、大風と強雨が交《こもごも》ひどくなり、樹木が折れ家屋が壊れた。平安京《へいあんきょう》内で損壊を免れた家は稀《まれ》であった。

この風雨の重なったとき、遣唐使船が摂津国輪田泊《わだのとまり》に停泊していたので、看督近衛《かんとくのこのえ》一人を停泊地へ派遣したが、河の水が溢《あふ》れて行くことができなかった。そこでさらに左兵衛《さひょうえの》少志《しょうさかん》田辺吉備成《たなべのきびなり》を遣わして遣唐使船の安否を調べさせた。

播磨《はりま》国神埼《かんざき》郡の荒廃田《こうはいでん》三十三町を宗康《むねやす》親王に賜った。

○丁巳《十九日》　河内《かわち》国の人散位鴨部船主《かもべのふなぬし》・兵部省《ひょうぶしょう》詰めの武散位同姓氏成《うじなり》らに賀茂《かも》朝臣を賜姓した。船主らは速須《はやす》佐雄《さのお》命の後裔《こうえい》である。

○戊午《二十日》　地面が大いに揺れた。

○庚申《二十二日》　遣唐使のために、山階《やましな》（天智《てんじ》天皇）・田原《たわら》（光仁《こうにん》天皇）・柏原《かしわばら》（桓武《かんむ》天皇）・神功《じんぐう》皇后らの陵《みささぎ》に幣帛《へいはく》を奉り、次のように申し上げた（宣命体）。

天皇のお言葉をもって、言葉にして口にするのも憚《はばか》られる山階御陵《やましなのみささぎ》に、畏《かしこま》って申し上げよ、とて申し上げます。参議正四位下藤原朝臣常嗣を大使として唐国へ派遣する使節らが道中風波の難に遭うことがなく、慈しみと憐みを受けて、無事にしっかりと帰朝できるようにしてくださいますよう、参議従四位上文室《ふんや》朝臣秋津《あきつ》・常陸権介《ひたちのごんのすけ》正五位下永《なが》野《の》王・内舎人《うどねり》正六位上良岑《よしみね》朝臣清風《きよかぜ》らを遣わして、畏って申し上げよ、とて申し上げます。

○壬戌《二十四日》　東西両京の人民が病に苦しんでいるので、物を恵み与えた。

○癸亥《二十五日》　平城京《へいじょうきょう》内の空閑地《くうかんち》二百三十町を太皇太后《たいこうたいごう》（橘嘉智子《たちばなのかちこ》）の後院《ごいん》である朱雀院《すざくいん》の所領とした。

○甲子《二十六日》　皇太子（恒貞《つねさだ》親王）が参内して、天皇の安否を問い、退出した。天皇の使が出て勅答を伝えた。

左大臣《さだいじん》正二位藤原朝臣緒嗣《おつぐ》・従二位行大納言《だいなごん》兼皇太子傅《こうたいしふ》藤原朝臣三守《みもり》・正三位行中納言藤原朝臣吉野《よしの》・従三位藤原朝臣愛発・権中納言《ごんのちゅうなごん》従三位兼行左兵衛督《さひょうえのかみ》藤原朝臣良房《よしふさ》・従四位下行勘解由長官《かげゆのちょうかん》藤原朝臣雄敏《おとし》らが上表して、次のように申し出た。

私たちは、風の吹く方向に呼べば思いどおりにしやすく、時の動きに合わせていけば力を出しやすいものである、と聞いておりますが、現在、願っているのは、この格言の言っているところであります。故左大臣贈正一位藤原朝臣冬嗣《ふゆつぐ》は謙譲の気持ちが深く、他人に施しをすることを人の道とし貴んでいました。そして、食封《じきふ》千戸を割いてその収益を施薬《せやく》・勧学《かんがく》両院に入れ、藤原氏の窮乏した者と勉学に勤める子弟に分かち与えることにしたのでした。しかし、封戸《ふこ》や所領からの収益は、本主が死亡すれば途絶するものでして、諸国に散在する買い置いておいた田地は、始めこそ収益は督促せずともすべて院に収められましたが、大臣が死去すると、さまざまな企《たくら》みを弄《ろう》して納入すべきものを納入しない者が、十中八、九となってしまいました。これはことが朝廷関係でなく、そのため畏《おそ》れる気持ちがなく、田地の所在地が遠方で管理が行き届かないことに由《よ》ります。伏して思いますに私たちは、これまでの功績により、大臣の功封《こうふ》を永く賜り、ちっぽけな身ながら恩沢に浴しています。私家のことを顧みず国のために尽くすことは、まず臣下のなすべきことであり、この故に官に就いては心からの誠をもって奉仕し、御恩を受けた上で退き、褒賞を受けて私宅に下がるものです。有力者であった大臣は固《もと》より臣節を尽くしましたが、死後間もなくにして蔑《ないがし》ろにされるようになり、残った生者として私たちは容認することができません。伏して、大いなる慈しみをもって助力賜り、国司に命令して収益を調べ納入させるようにしてくださることを請願します。こうしていただけますならば、玉を転がすような勢いがつき、円滑に事が運びます。朝廷にとり妨げにならず、私たちの収取にとりましては恩恵となります。遥か彼方の大臣の霊魂のため、その墓に恩寵《おんちょう》を賜り、一族が陛下の教化に浴し、徳を仰ぎ奉りたいと思います。天皇は、詔により「上表は人の踏み行うべき仁義によく合《かな》い、要は収納体制を復興することである。請願に従い、困難な事態への助成をすべきである」と答えた。

信濃《しなの》国小県《ちいさがた》郡の公田《こうでん》十二町を弾正尹《だんじょうのいん》秀良《ひでなが》親王に賜った。

◯五月己亥朔庚子二、授二无位小野神従五位下一、依二遣唐副使小野朝臣篁申一也、」山城国人遣唐史生大宅臣福主改レ臣賜二朝臣一、◯辛丑三、天皇御二神泉苑釣台一、且以垂レ緡、且以陶レ暑、見参五位不レ論二侍従非侍従一皆賜レ禄、◯癸卯五、天皇御二武徳殿一、閲二覧四衛府馬射、及五位已上所レ貢走馬勝負一、◯甲辰六、亦御二同殿一、観二種々馬芸一、◯丁未九、奉レ授二下総国香取郡従三位伊波比主命正二位一、常陸国鹿嶋郡従二位勲一等建御賀豆智命正二位、河内国河内郡従三位勲三等天児屋根命正三位、従四位下比売神従四位上一、其詔曰、皇御孫命尓坐、四所大神尓申給波久、大神等乎弥高尓弥広尓仕奉止奈毛思保志食、是以件等冠尓上献状乎、中務少輔従五位下藤原朝臣豊継、内舎人正六位下藤原朝臣千葛等尓令二捧持一氏、奉出事乎申給久止申、辞別氏申給久、神那我良母皇御孫之御命乎、堅磐尓常磐尓護奉幸閇奉給部、又遣唐使参議正四位下藤原朝臣常嗣乎、路間無二風波之難久、慈賜比矜賜比天、平久可太良可尓帰之賜倍止、称辞竟奉久止申」是日、勅、去歳冬雷、恐有水害疫気之災、宜於東大寺真言院建立灌頂道場、置廿一僧、夏中及三長斎月、修息災増益之法、以鎮国家、永為恒例、○戊申、便附聘唐使、贈遣往歳衜本朝命入唐使幷留学等、在彼身殁者八人位記、以慰幽魂、其詔詞曰、故入唐大使贈正二位藤原朝臣清河可贈従一品、昔膺帝簡、遠効皇華、不利帰帆、還苦漂梗、終在殊域、俄従閲川、睠彼云亡、良深嗟悼、宜加異代之寵、以中追遠之恩、故留学問贈従二品安倍朝臣仲満大唐光禄大夫右散騎常侍兼御史中丞北海郡開国公贈潞州大都督朝衡可贈正二品、身渉鯨波、業成麟角、詞峰聳峻、学海揚漪、顕位斯昇、英声已播、如何不憖、莫遂言帰、唯有揆天之章、長伝擲地之響、追賁幽壌、既隆於前命、重叙崇班、俾洽於命詔、故入唐使贈従四品下石川朝臣道益可贈従四品上、忘躯徇節、奉使先朝、履義資忠、修聘唐国、路嘗艱苦、泊遘沈痾、未達於中京、奄淪於下窆、興言及此、追以悼傷、伝道霊芝、産于墳裏、蓋由幽感克致之歟、宜錫寵章式旌泉壌、故入唐判官贈従五品下紀朝臣馬主可贈従五品上、故入唐判官従五品下勲十二等田口朝臣養年富可贈従五品上、余如故入唐判官従五品下甘南備真人信影可贈従五品上、故入唐判官贈従五品下紀朝臣三寅可贈従五品上、故入唐判官従五品下掃守宿祢明可贈従五品上、馬主以下至明五人位記、共用同詞、往参高選、出使大邦、俄淹泉台、不レ帰二本土一、仁惻念レ旧、彜典无レ愆、義不レ忘レ労、朝章斯在、宜下申二寵渥一、用慰中亡魂上」是日、以二伝灯大法師位実恵一為二律師一、十一○己酉、中納言従三位兼行民部卿藤原朝臣愛発上表曰云々、」丹波国人右近衛将曹和迩部龍人、同姓臣成等、改レ部賜レ臣、十二○庚戌、鴛鴦飛来、双二集弁官東庁南端一」是日、右近衛中将従四位下藤原朝臣助銜二勅語一、向二摂津国難波海口一、慰二労聘唐使発遣一、其宣命曰、天皇詔旨止良麻宣大命乎聞食止宣、大使藤原常嗣朝臣等、奉レ命弖退罷以来、幾日母経須在止礼、旅情波遠志近志止波不レ言苦之久在良牟止奈母所念行須、又遠出退良須在間波心良母慰米遣給、路間母無レ恙久珍重久、退出今日乃己止、変二顔容一世須早還参来止之氏奈母、御酒肴賜久止勅大命乎聞食止宣、十三○辛亥、右少弁藤原朝臣当道於二浜頭一称二揚太政官宣一曰、遣唐使判官以下、為二国家一尓有二犯事一者、随二罪軽重一、死罪以下科決止志氏、大使主小使主尓節刀給部理、諸知二此状一謹勤仕奉止宣、」是日、使等駕レ舶、十四○壬子、四船共解レ纜発去、十五○癸丑、以二治部卿三品阿保親王一為二宮内卿一、上野太守如レ故、宮内卿正四位下安倍朝臣吉人為二治部卿一、参議従四位上朝野宿祢鹿取為二民部卿一云々、」参議従四位上民部卿朝野宿祢鹿取上表曰、臣屈二計年筭一、頽仄已臻、当レ褫二朝章一、実有レ期矣、而今厳旨忽降、以レ臣拝二民部卿一、恩貸不レ訾、懼慙惣萃、臣華巓朽叟、苦羸頓至、於二劇官一不レ堪二自審一、加以臣見二中納言従三位藤原朝臣愛発抗表一、以二茲顕職一譲二于愚臣一、其文曰、鹿取智渉二古今一、此詞尤紕、臣器所レ乖、捫レ己多レ慙、竪毛何息、古之人士、不レ処二空名一、況臣之庸虚、豈須レ不レ避、再三惟忖、無レ或レ可レ安、伏望、還二収恩詔一、免二臣憂負一、不レ許、○丙辰《十八》、夜裏大風、暴雨交切、折レ樹発レ屋、城中人家不レ壊者希、」斯時入唐使船寄二宿摂津国輪田泊一、遣二看督近衛一人於船処一、河水氾溢不レ得二通行一、更遣下二左兵衛少志田辺吉備成一問二其安危一」 播磨国神埼郡荒廃田卌三町賜二宗康親王一、○丁巳《十九》、河内国人散位鴨部船主、武散位同姓氏成等賜二姓賀茂朝臣一、速須佐雄命之苗裔也、○戊午《二十》、地大震、○庚申《廿二》、為二遣唐使一奉二山階(天智)、田原(光仁)、柏原(桓武)、神功皇后等陵幣帛一曰、天皇大命以、掛畏岐山階御陵尓恐牟恐美毛申賜部止白久、参議正四位下藤原朝臣常嗣等乎為二大使一氏、遣二唐国一使人止母、路間無二風波之難一久、慈賜比矜賜比氏、平久可太良可尓帰志賜止志氏、参議従四位上文室朝臣秋津、常陸権介正五位下永野王、内舎人正六位上良岑朝臣清風等乎差レ使氏、恐牟恐美毛申賜久止申、○壬戌《廿四》、東西両京人民病苦、賑二給之一、○癸亥《廿五》、以二平城京内空閑地二百卌町一奉レ充二太皇太后朱雀院一、○甲子《廿六》、皇太子入朝、問レ安而退、中使出伝二勅答一」 左大臣正二位藤原朝臣緒嗣、従二位行大納言兼皇太子傅藤原朝臣三守、正三位行中納言藤原朝臣吉野、従三位藤原朝臣愛発、権中納言従三位兼行左兵衛督藤原朝臣良房、従四位下行勘解由長官藤原朝臣雄敏等上表言、臣聞、順レ風呼者易レ為レ気、因レ時行者易レ為レ力、今之所レ祈、蓋此之謂矣、故左大臣贈正一位藤原朝臣冬嗣、情深二謙挹一、義貴二能施一、遂乃折二割食封千戸一、貯二収於施薬勧学両院一、藤原氏諸親絶乏之者、同氏子弟勤学之輩、量二班与之一、但封邑之賞、人歿則已、所以買二置田

業一、散二在諸国一、創業之始、壌利所レ輸、不レ須二督促一、全入二院廩一、大臣歿後、巧避多端、合レ輸不レ輸、十而八九、此則物色非レ公、人情不レ畏、州県僻遠、按覈不レ由之所レ致也、伏以、臣因二旧績一、永錫二功封一、悠々眇末、靡レ不レ沾レ沢、夫毀レ家益レ国、臣節攸レ先、以レ此拝レ章、血誠奉レ返、於レ是逸レ恩者戢レ翼、赴レ賞者反レ蹤、憑レ力大臣、理固宜レ然、而墳土未レ乾、陵遅倏及、在二於生者一不レ忍二緘呑一、伏冀乾慈殊賜二接援一、下二知国司一、令レ加二撿送一、然則勢易二於走レ丸焉、事同二於転レ円矣、擾レ公之妨細、而済レ物之矜大也、緬彼幽魂、戴二光寵於窀穸一、凡厥眷属陶二宝化一而俯仰、詔報曰、情切二仁義一、事憑二興復一、宜下依二来請一助中彼周急上焉、」賜二信濃国小県郡公田十二町弾正尹秀良親王一、

○閏五月己巳朔《一日》　皇太子が天皇に拝謁した。
本日、越中介《えっちゅうのすけ》従五位下石川朝臣越智人《いしかわのあそんおちひと》を大膳亮《だいぜんのすけ》に任じ、大膳亮外従五位下吉田宿禰《よしだのすくね》高《たか》世《よ》を越中介に任じた。

○庚午《二日》　伯耆《ほうき》国に飢饉《ききん》が発生したので、物を恵み与えた。

○丙子《八日》　西大寺《さいだいじ》僧伝灯大法師《でんとうだいほっし》位慈朝《いじちょう》を律師《りっし》に任じた。
河内《かわち》国の人遣唐音声長《けんとうおんじょうのちょう》外従五位下良枝《よしえ》宿禰清上《きよかみ》・遣唐画師《けんとうえし》雅楽答笙師《がくとうしょうし》同姓朝生《あさなり》・散位《さんに》春道《はるみち》宿禰吉備成《きびなり》らの本貫《ほんがん》を改めて右京七条二坊に貫附《かんぷ》した。

○戊寅《十日》　右京の人内蔵大属《くらのだいさかん》 百済連《くだらのむらじ》 清継《きよつぐ》に多《おお》朝臣を賜姓した。清継は誤って継父の姓を附されたが、今回、本来の姓に戻りたいとの請願が出されたのである。右京の人左衛門権 少 志《さえもんのごんのしょうさかん》 大原 史《おおはらのふひと》 河麻呂《かわまろ》の史《ふひと》姓を宿禰に改めた。河麻呂の先祖は百済国人である。

○辛巳《十三日》　若狭《わかさ》・薩摩《さつま》両国に飢饉が発生したので、両国で物を恵み与えた。（下略）

遣唐使船が風波により新羅《しらぎ》の領域へ漂着する恐れがあるので、太政官《だいじょうかん》は過去の例に倣い、新羅国執事《しつじ》省（太政官に相当する）に対し、予《あらかじ》め次のように告諭することにした。

旧来の友好関係は変わらず、ますます発展している。朝廷の権威は盛んで、自ずと遠方にまで及んでいる。今般、大唐国へ使節を派遣することになった。現在、海は穏やかで渡海に好都合とはいえ、風波の変により、非常事態となることを恐れている。もし遣唐使船が新羅の領域へ漂着したならば、救助して送還に滞りのないようにせよ。

武蔵権 大掾《むさしのごんのだいじょう》 紀三津《きのみつ》を使人《しじん》とし、右の牒 状《ちょうじょう》をもって出立させた。三津には御被《みふすま》を賜った。

本日、大安寺《だいあんじ》僧伝灯大法師位恵霊《えりょう》、俗姓名紀《き》朝臣春主《はるぬし》を正六位上に叙し、遣唐訳語《けんとうやくご》に任じ但馬権 掾《たじまのごんのじょう》とした。

○壬午《十四日》　右京 少 属《うきょうのしょうさかん》 秦忌寸安麻呂《はたのいみきやすまろ》・造檀林寺《ぞうだんりんじ》使《し》主典《しゅてん》同姓家継《いえつぐ》らに朝原《あさはら》宿禰を賜姓した。

染作遣唐料雑物所《せんさくけんとうりょうざつぶつしょ》（遣唐使に供する種々の染色品を作る工房。仮に皇后宮職を使用していた）の帛《きぬ》一匹が突然の飃《つむじかぜ》で四十丈ほど飛ばされ、間《ま》を置いて侍従所《じじゆうしよ》に落ちた。

○乙酉《十七日》　美濃《みの》国の人主殿寮少属《とのもりようのしようさかん》美見造貞継《みみのみやつこさだつぐ》の本貫を改めて、左京六条二坊に貫附した。その先祖は百済国人である。

○辛卯《二十三日》　大和《やまと》国の人大宰大典《だざいのだいてん》正七位下神服《かんはとり》連清継《きよつぐ》の本貫を改めて右京に貫附した。

○壬辰《二十四日》　右京の人従五位下清峯《きよみね》宿禰門継《かどつぐ》の宿禰を改めて朝臣を賜姓した。

○癸巳《二十五日》　河内国の人美濃国少目《しようさかん》下村主氏成《しもつすぐりのうじなり》・散位同姓三仲らに春滝《はるたき》宿禰を賜姓した。その祖先は後漢光武帝《ごかんこうぶ》の後裔《こうえい》である。

○丙申《二十八日》　遣唐留学《けんとうるがく》元興寺《がんごうじ》僧《そう》伝灯住位常暁《じようぎよう》に満位を授けた。

○丁酉《二十九日》　貴布禰《きふね》・丹生川上《にふかわかみ》等の神に幣帛《へいはく》を奉納した。

本日、平安京内で大索《おおあなぐり》（罪人の一斉捜索）を行った。

○閏五月己巳朔《一》、皇太子朝覲、」是日、以㆓越中介従五位下石川朝臣越智人㆒為㆓大膳亮㆒、大膳亮外従五位下吉田宿祢高世為㆓越中介㆒、○庚午《二》、伯耆国飢、賑㆓給之㆒、○丙《八》子、以㆓西大寺僧伝灯大法師位慈朝㆒為㆓律師㆒」河内国人遣唐音声長外従五位下良枝宿祢清上、遣唐画師雅楽答笙師同姓朝生、散位春道宿祢吉備成等改㆓本居㆒貫㆓附右京七条二坊㆒、○戊寅《十》、右京人内蔵大属百済連清継賜㆓姓多朝臣㆒、清継誤負㆓後父之姓㆒、今有㆓落葉帰㆑根之請㆒」右京人左衛門権少志大原史河麻呂、改㆑史賜㆓宿祢㆒、河麻呂之先、百済国人也、」若狭薩摩両国飢、並賑給云々」〇辛巳《十三》、恐㆔遣唐使船風濤或変漂㆔着新羅境㆒、所以太政官准㆓旧例㆒、牒㆓彼国執事省㆒、先告㆔喩之㆒曰、不㆑渝㆓旧好㆒、隣穆弥新、廼発㆓皇華㆒、朝章自遠、仍今遣㆑使修㆓聘巨唐㆒、海晏当時、雖㆑知㆓利渉㆒、風濤或変、猶慮㆓非常㆒、脱有㆔使船漂㆓着彼境㆒、則扶㆑之送過、不㆑俾㆓滞閼㆒」因以㆓武蔵権大掾紀三津㆒為㆑使、賷㆑牒発遣、賜㆓三津御被㆒」是日、大安寺僧伝灯大法師位恵灵俗姓名紀朝臣春主、叙㆓正六位上㆒、為㆓遣唐訳語㆒兼㆓但馬権掾㆒、〇壬午《十四》、右京少属秦忌寸安麻呂、造檀林寺使主典同姓家継等賜㆓姓朝原宿祢㆒」染作遣唐料雑物処権用㆓皇后宮職㆒、帛一匹、忽随㆓颷風㆒飛揚卌許丈、須臾堕㆓侍従所㆒、〇乙酉《十七》、美濃国人主殿寮少属美見造貞継、改㆓本居㆒貫㆔附左京六条二坊㆒、其先百済国人也、〇辛卯《廿三》、改㆓大和国人大宰大典正七位下神服連清継本居㆒、貫㆔附右京㆒、〇壬辰《廿四》、左京人従五位下清峯宿祢門継改㆓宿祢㆒賜㆓朝臣㆒、〇癸巳《廿五》、河内国人美濃国少目下村主氏成、散位同姓三仲等賜㆓姓春滝宿祢㆒、其先出㆑自㆓後漢光武帝之後㆒者也、〇丙申《廿八》、授㆓遣唐留学元興寺僧伝灯住位常暁満位㆒、〇丁酉《廿九》、奉㆓貴布祢丹生川上等神幣帛㆒也、」是日大㆔索城中㆒、

〇六月戊戌朔《一日》、能登《のと》国に飢饉《ききん》が発生したので、物を恵み与えた。
太政官《だいじょうかん》が僧綱《そうごう》へ次のような牒《ちょう》を送った。

勅を奉《うけたまわ》るに「近頃雨が降らず、日照りが十日も続いている。前もって慎まないと、秋の収穫を損なう恐れがある。東西二寺・十三大寺および畿内諸寺に通知して最も尊い経典（『法華経《ほけきょう》』や『大般若経《だいはんにゃきょう》』など）を転読し、良き雨が降るよう祈雨《あまごい》をすべきである」と指示された。

○癸卯《六日》　松尾《まつのお》・賀茂御祖《かものみおや》・住吉《すみのえ》・垂水《たるみ》等の神社に奉幣《ほうべい》して、祈雨をした。

○戊申《十一日》　天皇が神嘉殿《しんかでん》において神事（神今食《じんごんじき》）を行った。

○庚戌《十三日》　地震があった。

○壬子《十五日》　山城《やましろ》国の人右大衣《うだいい》（隼人の物品製造について指導し、犬吠のことに当たる役）阿《あ》多《たの》隼人《はやと》逆足《さかたり》に阿《あ》多忌寸《たのいみき》を賜姓した。

○丁巳《二十日》　隠岐《おき》国に飢饉が発生したので、物を恵み与えた。

○戊午《二十一日》　天皇が紫宸殿《ししんでん》に出御《しゅつぎょ》して、侍臣《じしん》に酒を賜い、囲碁を行った。天皇は暑いので御靴《おくつ》を脱ぎ、勅により侍臣も同様に脱いだ。相撲司《すもうし》の鼓役《くやく》を喚《よ》んで、音楽を奏した。侍臣は酣酔《かんすい》し、親王以下、五位以上の者に差をなして御衣被《ぎょいひ》を賜った。

○壬戌《二十五日》　美濃《みの》国席田《むしろだ》郡の空閑地《くうかんち》七十町を宗康《むねやす》親王に賜い、近江《おうみ》国の荒廃田《こうはいでん》十七町と加賀《かが》国の百九十町および備前《びぜん》国の空閑地四十四町を三品弾正尹秀良《だんじょうのいんひでなが》親王に賜った。

○六月戊戌朔、能登国飢、賑給、」一太政官牒二僧綱一曰、奉レ勅、日者、陰雨不レ降、陽旱擲レ旬、不レ有二預慎一、恐損二百稼一、宜下告二東西二寺幷十三大寺、畿内諸寺一、転二読経王一、令上祈二甘雨一、○癸卯《六》、奉二松尾、賀茂御祖、住吉、垂水等社幣一、祈レ雨也、○戊申《十一》、天皇於二神嘉殿一視二神事一、○庚戌《十三》、地震、○壬子《十五》、山城国人右大衣阿多隼人逆足賜二姓阿多忌寸一、○丁巳《二十》、隠伎国飢、賑二給之一、○戊午《廿一》、天皇御二紫宸殿一、賜二侍臣酒一、且令レ囲レ棊、天皇依二炎熱一、脱二御靴一、勅二侍臣一同亦脱レ之、喚二相撲司鼓一、令レ奏二音楽一、侍臣具酔、賜二親王已下五位已上御衣被一有レ差、○壬戌《廿五》、美濃国席田郡空閑地七十町賜二宗康親王一、近江国荒廃田十七町、加賀国百九十町、備前国空閑地卌四町、賜二三品弾正尹秀良親王一、

○秋七月戊辰朔《一日》　天皇が紫《し》宸殿《しんでん》に出御《しゅつぎょ》した。皇太子が拝謁して、侍臣《じしん》に酒を賜った。

今月は、朝廷から頒《わか》たれた暦では小月（二十九日の月）であったが、七耀暦《しちようれき》により大月（三十日の月）に改めた。また、八月の大を改めて小月とし、九月の小を大、十月の大を小に改めた。暦博士《れきはかせ》二人の間で見解が分かれ、識者が検討して七耀暦の説が正しいとされ、改めることになったのである。

○癸酉《六日》　文章博士《もんじょうはかせ》従五位下惟良宿禰貞道《これよしのすくねさだみち》を図書頭《ずしょのかみ》に任じた。

○乙亥《八日》　本日、東方に白虹《はっこう》（白く見える虹）が出現した。天皇が神泉苑《しんせんえん》において相撲節《すまいのせち》を観覧した。

○丙子《九日》　天皇が紫宸殿に出御して、相撲司の音楽と舞を観覧した。夕刻になろうとする頃終了した。

○辛巳《十四日》　因幡《いなば》国に飢饉《ききん》が発生したので、物を恵み与えた。

伊勢《いせ》国壱志《いちし》郡の空閑地《くうかんち》百三十町を左近衛少将《さこのえのしょうしょう》従五位上橘朝臣岑継《たちばなのあそんみねつぐ》に賜った。

○壬午《十五日》　天皇が次のように勅した。

現在は作物の成熟期で、五穀が穂を垂れている。もし風雨に異変があれば、秋稼を損なう恐れがある。五畿内・七道諸国に命じて名神《みょうじん》に奉幣《ほうべい》して、災いが起こる前に祓除《ばつじょ》すべきである。幣帛《へいはく》の財源には正税《しょうぜい》を用い、長官が自ら下僚を率いて斎戒《さいかい》し、神が在《いま》すが如く祭り、必ず応報があるようにせよ。

大宰府《だざいふ》が飛駅《ひえき》により、今月二日に遣唐使《けんとうし》船《せん》四艘《そう》が共に出航した、と言上してきた。

○癸未《十六日》　再び天皇が次のように勅した。

聞くところによれば、諸国において間々《まま》疫病が発生し、若死にする者が多いという。災いを消滅させ福を招来するのは、ただ『般若経《はんにゃきょう》』の奥深い助勢と名神の威厳をもった力のみである。五畿内・七道諸国の国司に命じて『般若経』を転読し、名神に急ぎ奉幣せよ。

本日、大宰府が飛駅により、遣唐使の第一船と四船が進めなくなり、引き返した、と言上してきた。両船の密封の奏も一緒に齎《もたら》された。

○甲申《十七日》　遣唐大使藤原《ふじわら》朝臣常嗣《つねつぐ》・判官菅原《はんがんすがわら》朝臣善主《よしぬし》らに、次のような勅符を下した。

今月六日と九日の二通の飛駅による奏状により、遣唐使船が漂流して肥前《ひぜん》国へ引き返した詳細を知った。使節らは忠貞《ちゅうてい》の精神で敢えて苦労を申告することなく、困難を冒して大海を渡ろうとしたが、事がうまくいかず、途中で引き返した。静かにこのことを思うと、憂いの気持ちの止むことがない。今、奏状を読み検討するに、両船ともに無傷でなく、修繕が必須である。そこで修繕が終わった後に、出航すべきである。遣唐使の第二・三船の動静は不明であるが、心配である。

また、大宰大弐《だざいのだいに》藤原朝臣広敏《ひろとし》らに次のような勅符を下した。

今月十日の飛駅奏《ひえきそう》により、遣唐使の第一・四船が肥前国へ引き返したことを知った。遣唐使らは西風により進むことができず、漂流して引き返し、困難な目に遭った。そこで大宰府の施設に収容し、再出発するまで供給して安らかに過ごさせよ。また、遣唐使の奏状に当たると、両船は壊れ、修繕が必要である。大宰府が適宜修繕を行い、渡海できるようにせよ。作業に当たる工人は朝廷から派遣する。また、第二・三船も引き返している疑いがある。値嘉島《ちかのしま》（五島列島）の船が着岸しそうな地点に監視人を配置し、事に備えよ。もし漂着したならば、速やかに上奏せよ。

○戊子《二十一日》　雷雨が例ならず激しく、人は皆恐れひれ伏す仕末であった。夜半に至り、朱雀門《すざくもん》の

本日、安房《あわ》国の無位安房大神に従五位下を授け奉った。

柳の木に落雷した。

○己丑（二十二日）　遣唐持節大使藤原朝臣常嗣らが上表して、次のように申し出た。

伏して、今月十七日の勅符を奉《うけたまわ》りますに、じっとしていることができず、手足も落ち着かない状態です。ここに神仏の見通す力が公平で物ごとの表裏を照らし、偉大な恩沢が普《あまね》くすべてを潤すことが分かりました。私常嗣らは船の準備が終わり、遠方を目指して大海へ乗り出しましたが、日夜漂流し、生きた心地もなく、ただ水波に呑《の》み込まれるのを待ち、魚腹《ぎょふく》の中に葬られる思いでしたが天は人を殺さず、ようやく本土に漂着することができました。私たちは神霊に祈り再び生き延びることができましたが、賜りました詔命《しょうめい》を果たさず、身も心も半死の状態であります。今、格別の思《おぼ》し召《め》しを賜り、常と異なる慰めと喜びに浸っております。私たちは自らを顧みますに凡庸でして、どうして陛下の大きな期待に応えられましょうか。伏して、危うい気持ちが増す次第です。

○辛卯（二十四日）　大宰府が飛駅により遣唐使第二船が漂流して引き返した、と上言した。

○壬辰（二十五日）　遣唐副使小野《おの》朝臣篁《たかむら》に次のような勅符を下した。

今月八日の飛駅奏により、肥前国松浦《まつら》郡の別島《わけしま》に引き返したことを知った。近くは遣唐使第一・四船が途中で漂流して引き返し、船は壊れて事故が続き、次いでこの度の奏上を見て、ますます驚き嘆いている。本来忠貞の心があれば、必ず無事に行くことができるものだが、今回の遭難はいかなる鬼神の仕業《しわざ》なのだろうか。引き返すことができて大事故ではないが、悩み憂うに足る災難である。今、来奏に当たると、船には破損があり、艀《はしけぶね》は失われたという。大宰府まで戻り、損壊した箇処を修繕し、その後大使らと共に朝廷の使命を果たせ。

○秋七月[一]戊辰朔、天皇御二紫宸殿一、皇太子朝謁、賜二侍臣酒一」是月、元拠二頒暦一為二小月一、而更拠二七耀暦一改為二大月一、又八月大改為レ小、九月小改為レ大、十月大改為レ小、時有二暦博士二人一、其執見不レ同也、議者討論、以二七耀之説一為レ得、故改従レ之、○[六]癸酉、以二文章博士従五位下惟良宿祢貞道一為二図書頭一」是日東方白虹見、○[八]乙亥、天皇於二神泉苑一、観二相撲節一、○[九]丙子、御二紫宸殿一、覧二相撲司音楽奏舞一、将レ夕乃罷、○[十四]辛巳、因幡国飢、賑給、」伊勢国壱志郡空閑地百卅町賜二左近衛少将従五位上橘朝臣岑継一、○[十五]壬午、勅曰、方今時属二西成一、五穀垂レ穂、如有二風雨愆レ序、恐損二秋稼一、宜レ令下二五畿内七道諸国一奉二幣名神一、攘中災未萌上、其幣帛料用二正税一、長官率二僚属一、自親斎戒、祭如二神在一、必致二徴応一」大宰府馳レ駅言、今月二日遣唐使四船共進発畢、○[十六]癸未、復勅曰、如レ聞、諸国疫癘間発、夭死者衆、夫鎖二災眚一招二福祐一者、唯般若冥助、名神厳力而已、宜レ令下五畿内七道諸国司転二読般若一走中幣名神上」是日、大宰府馳レ駅、奏二遣唐使第一第四両船漂蕩却廻之状一、両船密封奏、同共到来、○[十七]甲申、勅二符大使藤原朝臣常嗣、判官菅原朝臣善主等一、得二今月六日九日二道飛駅奏状一、具知三漂苦廻着二肥前国一也、使等忠貞之操、不二敢告一レ労、蒙三冒険難一、廻三渉蒼海一、而事不二諧偶一、中路却廻、靖言念レ之、憂心何已、今案二奏状一、両船並已無レ完、必須二改営一、宜下俟二修造畢一以遂中渡海上耳、第二第三等船、未レ知二平不一、鬱三嗟乎懐二」又勅三符大宰大弐藤原朝臣広敏等一、得二今月十日飛駅奏一、知下遣唐使第一第四船廻三着肥前国一之状上、使等不レ利二西颿一、漂廻嘗レ艱、宜下安二置府舘一、迄二于更発一、依レ旧供億上、又案二使等奏一、両船摧残、更須二改営一、府宜下便修造、令中得二渡海一、其匠手者復将二択遣一、又第二第三両舶、疑亦或二廻着一、宜下値嘉嶋涯畔可レ着レ船処、為置二斥候一、以備中接援上、如有二漂着一、亟以上奏、」是日、安房国无位安房大神奉レ授二従五位下一、廿一○戊子、雷雨殊切、人皆讐伏、至二于夜分一、震二朱雀柳樹一、廿二○己丑、遣唐持節大使藤原朝臣常嗣等上表言、伏奉二今月十七日璽書一、精守飛越、手足未レ厝、知是、玄鑒無レ私、能照二表裏一、潢渥不レ貰、普霑二巨細一、臣常嗣等自三営艤甫畢遠入二大瀛一、日夜漂簸、了無二生頼一、只待二蕭鍔於水波一、占二殯瘞於魚腹一、而天不レ殲レ人、裁泊二旧壌一、臣等固雖下万三禱霊祇一再延中瞬息上、猶傷二給詔未達心神半死一、今特賁二叡旨一、慰喜非レ常、臣等顧二躬庸櫟一、曷答二重厚一、更煩二天覧一、伏増二阽焦一、廿四○辛卯、大宰府馳レ駅、奏二第二船漂廻之状一、廿五○壬辰、勅三符副使小野朝臣篁一、得二今月八日飛駅奏状一、知レ帰三着肥前国松浦郡別島一也、近聞、第一第四両隻船、半路漂廻、疾壊未レ弭、尋省二玆奏一、転以驚嗟、本謂忠貞必蒙二利往一、不レ知此行何負二幽明一、雖レ無二巨災一、艱虞足レ患、今案二来奏一、舶船有レ損、艫艇亦失、還二大宰府一、繕二補其不レ完不レ足者一、然後与二持節使等一、共果二国命一、

○八月戊戌朔《一日》　大宰府《だざいふ》が飛駅《ひえき》により、遣唐使《けんとうし》第三船の水手《かこ》ら十六人が板を編んだ筏《いかだ》に乗って漂着したと奏上した。

○己亥《二日》　遣唐大使藤原朝臣常嗣《ふじわらのあそんつねつぐ》に次のような勅符《ちょくふ》を下した。

大宰府の先月二十日の飛駅奏《ひえきそう》によれば、遣唐使第三船の水手十六人が板を編んだ筏に乗って、対馬島《つしまとう》の南浦《みなみうら》に漂着し、水手らは、実に船はばらばらに分解してしまった、と語ったという。荒れ狂う波浪は収まらず、どんなに悔やんでも為《せ》ん方なく、ここにこの災難のことを思うと、永く憐み心を痛めるものである。また、別の大宰府の奏状を見ると、大宰府管内は衰弊していまだ復興しておらず、日照りと疫病の流行が続いていて、遣唐使ら六百余人に供給することができないので、かつての天平宝字《てんぴょうほうじ》年間と宝亀《ほうき》年間の例に倣って、使節は帰京させ、水手は郷里へ帰し、また、判官《はんがん》・録事《ろくじ》各一人を残留させて、府の官人と共に破損した船の修造に当たらせるようにしてほしいとあるので、来奏により処置することにする。遣唐使らは事情を理解して、判官以下、水手に至るまで海路をとって帰京し、それぞれの自分の家へ戻れ。もし帰京を求めない者がいれば、願いのままに大宰府へ留めよ。ただし大使・副使は留まるも帰京するも任意とし、船の修造

に関わり残留する判官・録事は大使が撰定《せんてい》せよ。

○辛丑 四日 遣唐使第三船に乗船していた九人が筏に乗って肥前《ひぜん》国へ漂着した。

○乙巳 八日 天皇が次のように勅した。

遣唐使第三船はうまく航進することができず、途中で遭難し、わずかに筏に乗った遣唐使配下の二十五人が漂着した後、十日が経ったが、判官・録事・史生《ししょう》・知乗船事《ちじょうせんじ》らを含め百余人の行方が分からず、生死も不明である。そこで大宰府に命じて、海辺《かいへん》に住む海路に通じた人を穀《こく》・帛《はく》を賞物にして募り、無人島に派遣して漂着した人・物の捜索に当たらせよ。

○辛亥 十四日 河内《かわち》国の人左少史《さしょうし》善世宿禰《よしよのすくね》豊上《とよかみ》らの本貫《ほんがん》を改めて右京四条二坊に貫附《かんぷ》した。

○癸丑 十六日 正三位《しょうさんみ》百済王《くだらのこにきし》慶命《けいめい》を尚侍《ないしのかみ》に任じた。

○甲寅 十七日 伊勢《いせ》大神宮《だいじんぐう》の禰宜《ねぎ》正六位上神主《かんぬし》継麻呂《のつぎまろ》・豊受《とようけ》神の禰宜正六位上神主虎主《とらぬし》に並びに外従五位下を授けた。

○丁巳 二十日 正五位上紀《き》朝臣乙魚《おとうお》に従四位下を授けた。乙魚は桓武《かんむ》天皇の女御《にょうご》である。

本日、大宰府が次のように奏上した。

遣唐使第三船の遭難の様子については、審問に応じて真言請益僧真済《しんごんしょうやくそうしんさい》らがわずかに作成した「柂《かじ》が折れ船棚《ふなだな》は崩落し、船内に海水が溢《あふ》れて人は溺《おぼ》れ、船頭（船の長）以下百四十余人は波の中を漂う仕儀となりました。そこで船頭である判官丹墀文雄《たじひのふみお》が提議して、空しく船上で渇死するより、船を壊して筏を作り、それに乗って水を求め進むのがよい、ということになり、録事以下が争って船板を剝《は》ぎ取り、筏を作り去っていきました」という解答があるのみで、他に報告すべきことはありません。

○辛酉《二十四日》　五十人の禅定《ぜんじょう》に卓れた僧侶《そうりょ》を八省院《はっしょういん》に喚《よ》んで、『大般若経《だいはんにゃきょう》』を転読した。病気を防ぐためである。諸司では精進食《しょうじんじき》を食した。

○壬戌《二十五日》　大宰府が飛駅により、遣新羅使《けんしらぎし》が出立したことと、遣唐使第三船が対馬島上県《かみあがた》郡南浦に漂着したが船上には三人のみしかいなかったことを奏上した。

○丙寅《二十九日》　八省院における禅僧（禅定に卓れた僧）による転読が終わり、布帛《ふはく》と度者《どしゃ》一人をそれぞれに賜った。天皇が紫宸殿《ししんでん》に出御《しゅつぎょ》して、禅僧中の智慧《ちえ》に勝れた者十人を喚び出して一人一人に論議させた。また、袿衣《うちき》と御被《みふすま》を差をなして賜った。

○八月戊戌《一》朔、大宰府馳レ駅、奏下遣唐使第三船水手等十六人駕二編板一漂着之状上、○己亥《二》、勅三符遣唐大使藤原朝臣常嗣一、省二大宰府去月廿日飛駅奏一言、第三舶水脚十六人、編レ板如レ桴、駕レ之漂三着対馬嶋南浦一、其水脚等申云、舶実依レ数解散者、翻水不レ収、悔而何及、言念二災変一、永用憫傷、又案二同府別奏一言、彫弊未レ復、旱疫相仍、使人等六百有余不レ堪二供給一、伏望准二宝字宝亀例一、使人入京、水脚還レ郷、又留二判官録事各一人一、与二府司一共修三造破舶一者、並依二来奏一、使等宜下知二此情一、判官已下、至二于水手一、惣自二舟途一入京還レ堵、脱有下不レ欲二更入レ都者上、随レ願駐レ之、但大使副使、去留任レ意、其縁二修造事一、応レ留判官并録事者、任二大使之簡定一、○辛丑《四》、遣唐第三船人九人、駕レ桴漂二着肥前国一、○乙巳《八》、勅曰、遣唐第三船、未レ遂二利渉一、半途漂損、纔乗レ桴所レ着使下之徒廿有五人、漂着之後、已経二旬日一、而判官録事史生知乗船事等惣一百余人、未レ知レ所レ去、存亡難レ量、宜下仰二大宰府一、差二海辺諳レ路之人一、遣二絶嶋無レ人之処一、漂損人物一向尋覓、募以中穀帛上、○辛亥《十四》、河内国人左少史善世宿祢豊上等改二本居一、貫二附右京四条二坊一、○癸丑《十六》、正三位百済王慶命為二尚侍一、○甲寅《十七》、伊勢大神宮祢宜正六位上神主継麻呂、豊受神祢宜正六位上神主虎主並授二外従五位下一、○丁巳《二十》、正五位上紀朝臣乙魚授二従四位下一、柏原《(桓武)》天皇女御也、」是日、大宰府奏言、問二遣唐第三船漂蕩之由一、真言請益僧真済等、僅作レ書答云、桅折棚落、潮溢人溺、船頭已下百卌余人任レ波漂蕩、爰船頭判官丹墀文雄議云、我等空渇二死船上一、不レ如二壊レ船作レ筏、各乗覓レ水、録事已下争放二取船板一、造レ桴各去、自外無二復所一レ言、○辛酉《廿四》、延二五十口禅僧於八省院一、転二読大般若経一、以禦二疫気一、諸司醋食、○壬戌《廿五》、大宰府馳レ駅、奏下遣新羅使進発、并遣唐第三船漂二着対馬嶋上県郡南浦一船上唯有二三人一之状上、○丙寅《廿九》、八省院禅僧転経竟、施二布帛及度者各一人一、天皇御二紫宸殿一、引二禅僧中恵解者十人一、令二一一論義一、亦施二褂衣并御被一各有レ差、

○九月丁卯朔《一日》　天皇が紫宸殿《ししんでん》に出御《しゆつぎよ》して、侍臣《じしん》に酒を賜った。近衛府《このえふ》の官人を敷政《ふせい》・日華《にっか》両門の閾《しきみ》（しきり）の外に遣わし、五位以上の者が遅れてきて出し抜けに入るのを制した。閾内で相伴する非侍従《ひじじゆう》以上の者に、差をなして綿を賜った。

○壬申《六日》　尚縫《ぬいのかみ》従四位下和気朝臣緒継《わけのあそんおつぐ》が死去した。

○乙亥《九日》　天皇が紫宸殿に出御して、重陽節《ちようようのせち》の宴を催した。文人に「夏蟬《なつせみ》に吟《ぎん》ず」の題で詩を賦させた。日暮れて宴が終わり、差をなして禄《ろく》を賜った。

○丁丑《十一日》　左兵庫頭《さひようごのかみ》従五位上岡野《おかの》王を伊勢大神宮《いせだいじんぐう》へ遣わし、今月九日に宮中に穢《けが》れがあり、神《かん》嘗祭《なめさい》の幣帛《へいはく》を奉献することができないことを伝えさせた。

右京の人造兵司大令史《ぞうひようしのだいさかん》朴弟春《ぼくていしゆん》に貞宗　連《さだむねのむらじ》を賜姓した。その先祖は百済《くだら》国人である。

○辛巳《十五日》　遣唐大使《けんとうだいし》・副使らが大宰府《だざいふ》から帰京し、節刀を奉還した。

○乙酉《十九日》　参議《さんぎ》従二位紀《き》朝臣百継《ももつぐ》が死去した。行年七十三。

○辛卯《二十五日》　右中弁《うちゆうべん》正五位下伴宿禰氏上《とものすくねうじがみ》を修理《しゆり》遣唐舶使長官《けんとうはくしのちようかん》に任じ、大工《だいこう》外従五位下三嶋公嶋継《みしまのきみしまつぐ》を次官に任じた。

○乙未《二十九日》　山城《やましろ》国久世《くせ》郡の空閑地《くうかんち》三町を無品時康《ときやす》親王（後の光孝《こうこう》天皇）に賜った。

○丙申《三十日》　備前《びぜん》国の人外従八位上石生別公《いわなすのわけ》諸上《もろかみ》らの本貫《ほんがん》を改めて、右京八条三坊に貫附《かんぷ》した。美濃《みの》国の人正親大令史《おおきみのだいさかん》勝　広吉《すぐりのひろよし》らの本貫を改めて、右京四条三坊に貫附した。

○九月丁卯《一》朔、天皇御二紫宸殿一賜二侍臣酒一、遣下二近衛官人於敷政日華両門闔外一、制中五位已上遅参者唐突而入上也、計二闈内所レ陪非侍従以上一、賜レ綿有レ差、○壬申《六》、尚縫従四位下和気朝臣緒継卒、○乙亥《九》、天皇御二紫宸殿一、宴二重陽節一、命二文人一賦二蟪蛄吟之題一、日暮宴罷、賜レ禄有レ差、○丁丑《十一》、遣下二左兵庫頭従五位上岡野王等於伊勢大神宮一、申中今月九日宮中有レ穢、神嘗幣帛、不レ得二奉献一之状上、右京人造兵司大令史朴弟春賜二姓貞宗連一、其先百済国人也、○辛巳《十五》、遣唐大使副使等自二大宰府一入京、奉レ還二節刀一、○乙酉《十九》、参議従二位紀朝臣百継薨、年七十三、○辛卯《廿五》、以二右中弁正五位下伴宿祢氏上一、為二修理遣唐船使長官一、大工外従五位下三嶋公嶋継為二次官一、○乙未《廿九》、山城国久世郡空閑地三町賜二无品時康《(光孝)》親王一、○丙申《三十》、備前国人外従八位上石生別公諸上等改二本居一、貫二附右京八条三坊一、美濃国人正親大令史勝広吉等改二本居一、貫二附左京四条三坊一、

○冬十月丁酉朔《一日》　出雲《いずも》国出雲郡の古《こ》荒地《こうち》四十町を勅旨田《ちょくしでん》とした。

○丙午《十日》　宮中の使を十三箇寺へ遣わして、読経《どきょう》を行わせ、綿千屯《とん》を布施《ふせ》とした。内裏《だいり》に物怪《もののけ》が出現したことに由る。

○己酉《十三日》　讃岐《さぬき》国の人散位《さんに》佐伯直真継《さえきのあたいまつぐ》・同姓長人《ながひと》ら二戸の本貫《ほんがん》を改めて、左京六条二坊に貫附《かんぷ》

した。

○丙辰《二十日》　下総国《しもうさ》が、香取神宮《かとりじんぐう》の禰宜《ねぎ》の任限《にんげん》・交替を常陸国《ひたち》の鹿嶋神宮《かしまじんぐう》の禰宜と同一とし、さらに把笏《はしやく》も同様にすることを求めてきたので、許可した。

○戊午《二十二日》　遣新羅使《けんしらぎし》紀三津《きのみつ》が大宰府《だざいふ》へ帰着した。

○己未《二十三日》　これまで畿内国の序列は大和国《やまと》が筆頭であったが、勅により新式（『弘仁式《こうにんしき》』）に基づき山城国《やましろ》を第一とすることにした。

○癸亥《二十七日》　肥前国《ひぜん》神埼郡《かんざき》の空閑地《くうかんち》六百九十町を勅旨田とした。

○冬十月丁酉朔《一》、出雲国出雲郡古荒地卌町為二勅旨田一、○丙午《十》、遣二中使於十三箇寺一令レ行二読経事一、以二綿千屯一為二布施一、縁三内裏有二物恠一也、○己酉《十三》、讃岐国人散位佐伯直真継、同姓長人等二烟改二本居一貫三附左京六条二坊一、○丙辰《二十》、下総国言、香取神祢宜下准二常陸国鹿嶋神祢宜一、遷代相続同令中把笏上、許レ之、○戊午《廿二》、遣新羅使紀三津還到二大宰府一、○己未《廿三》、承前之例、畿内国次、以二大和国一処二之第一一、勅宜下拠二新式一改レ之、以二山城国一処中之第一上、○癸亥《廿七》、肥前国神埼郡空閑地六百九十町為二勅旨田一、

○十一月丙寅朔《一日》　天皇が次のように勅した。

神社や祭祀を護持しても、仏教の力には及ばない。禍《わざわい》を転じて福となすのも、仏教の修善の功による。五畿内・七道にそれぞれ僧一人を遣わして、国内の名神社ごとに『法華経《ほけきょう》』一部を読ましめよ。国司《こくし》が監督して、努めて清らかにし、必ず霊験《れいげん》があるよう期せ。

○丁卯（二日）　山城国《やましろ》綴喜郡《つづき》の乗陸田《じょうりくでん》二町と河内国《かわち》の荒廃田《こうはいでん》三十三町を時子内親王《ときこ》に賜った。

○戊辰（三日）　近江国《おうみ》野洲郡《やす》の空閑地三十五町を本康親王《もとやす》に賜った。

○己巳（四日）　美濃国《みの》不破郡《ふわ》仲山《なかやま》に鎮座する金山彦大神《かなやまひこ》に従五位下を授け、名神《みょうじん》に列格《れっかく》した。

○庚午（五日）　従四位上今木大神《いまき》に正四位上を授け奉り、従五位下久度《くど》・古開《ふるあき》両神に並びに従五位上を授け奉った（三神は山城国平野《ひらの》神社の祭神）。

○壬申（七日）　無位酒解神《さかとけ》に従五位上を授け奉り、無位大若子神《おおわくご》と小若子神《おわくご》に並びに従五位下を授け奉った。この三神は山城国葛野郡《かどの》の梅宮神社《うめのみや》の祭神である。讃岐国《さぬき》の水主神《みぬし》に従五位下を授け奉った。

○癸酉（八日）　山城国久世郡の空閑地二町を高子内親王《たかこ》に賜った。

○甲戌（九日）　怪しい雲が出現して空を覆った。東南から西北にかけてかかり、四時間ほどしてようやく消えた。

○庚辰（十五日）　石見国《いわみ》に命令して、有能な百姓四人を選抜して銅の採取を学ばせ、雑徭《ぞうよう》を免除することにした。

右京の人散位《さんに》正五位下道善宿禰真貞《みちよしのすくねまさだ》の戸に対し、宿禰を改め朝臣《あそん》を賜姓した。
○壬辰（二十七日） 河内国の人故従七位下我孫公諸成《あびこのきみもろなり》・散位同姓阿比古道成《あびこのみちなり》らに秋原《あきはら》朝臣を賜姓した。
○癸巳（二十八日） 因幡《いなば》国八上《やかみ》郡の人私部栗足女《きさいべのくりたりめ》が一度に二男二女を生んだので、正税《しょうぜい》三百束と乳母一人分の公粮《こうろう》を支給し、養育させることにした。

○十一月丙寅朔（一）、勅、護㆔持神道㆒、不㆑如㆓一乗之力㆒、転㆑禍作㆑福、亦憑㆓修善之功㆒、宜㆘遣㆓五畿内七道僧各一口㆒、毎㆓国内名神社㆒、令㆖㆑読㆓法華経一部㆒、国司撿挍、務存㆓潔信㆒、必期㆓灵験㆒、○丁卯（二）、山城国綴喜郡乗陸田二町、河内国荒廃田卅三町、賜㆓時子内親王㆒、○戊辰（三）、近江国野洲郡空閑地卅五町賜㆓本康親王㆒、○己巳（四）、美濃国不破郡仲山金山彦大神奉㆑授㆓従五位下㆒、即預㆓名神㆒、○庚午（五）、従四位上今木大神奉㆑授㆓正四位上㆒、従五位下久度、古開両神並従五位上、○壬申（七）、奉㆑授㆓无位酒解神従五位上㆒、无位大若子神、小若子神並従五位下、此三前坐㆓山城国葛野郡梅宮社㆒、讃岐国水主神奉㆑授㆓従五位下㆒、○癸酉（八）、山城国久世郡空閑地二町賜㆓高子内親王㆒、○甲戌（九）、有㆓恠異㆒之、雲竟㆑天、其端涯在㆓艮坤両角㆒、経㆓二尅程㆒、稍以銷滅、○庚辰（十五）、仰㆓石見国㆒、選㆓幹了百姓四人㆒習㆑採㆑銅、免㆓其雑傜㆒」右京人散位正五位下善道宿祢真貞一烟、改㆓宿祢㆒賜㆓朝臣㆒、○壬辰（廿七）、河内国人故従七位下我孫公諸成、散位同姓阿比古道成等、賜㆓姓秋原朝臣㆒、○癸巳（廿八）、因幡国八上郡人私部栗足女一㆔産二男二

女㆒、給㆓正税三百束、及乳母一人公粮㆒、令㆓以養育㆒、

○十二月乙未朔丁酉《三日》　遣新羅《けんしらぎ》国使《こくし》紀三津《きのみつ》が復命した。三津は自らの失敗で使者としての任務を果たせず、新羅の不当な脅しを受けて帰国したのであった。何となれば、三津を新羅に派遣した理由は、遣唐使《けんとうし》の四船が渡海するに当たり、遭難して新羅の領域へ漂着する恐れがあるので、過去の例に倣い、新羅国へ告知して、然るべき応待を期したからであるが、三津は新羅へ到着すると、朝廷から託《たく》された使命を放棄して、もっぱら友好を目的として訪問したと言ったのである。恐れ怯《おび》えて媚《こ》び、自分に都合のよい発言をしたらしい。新羅執事省は太政官牒《だいじょうかんちょう》の趣旨と異なることを疑い、再三にわたり詰問したが、三津はますます困惑し、説明できなくなってしまった。これは三津に見識がなく、また弁舌が下手だったことによる。この故に執事省の太政官宛て牒では「新羅・日本両国はお互いに通じ合い、偽り欺くようなことは少しも行わないものです。使人《しじん》三津はその任に相応しくない人物で、頼むに足りません」と言っている。ただし、執事省牒では「小野篁《おののたかむら》の乗船した船は、遠く唐に向けて出帆しており、必ずしも三津を重ねて唐へ派遣するのではない、と言っています」とも述べている。唐へ派遣する使節には大使がおり、篁は副使でしかない。どうして大使の名を出さず、その下の者の名を出したのか。それだけでなく、その時、篁は日本にいて渡海以前であり「遠く唐に向けて出帆している」というのは、いずれも海路

をとり航行する商人らの流言を聞いて、でたらめを言ったに過ぎない。「挍《くびかせ》を荷《にな》いて耳を滅《やぶ》る」（『易経《えききょう》』。罪重くしかも改めようとしないで重罰を蒙《こうむ》る者のこと）というのは、思うにこのようなことであろう。また、三津は一介の六位に過ぎず、小船に乗ったこのような者がどうして入唐使《にっとうし》に擬せられようか。このような三津の発言は、ないことをあったように言う偽論に近い。今回のことについて、大略を記すのみで事の推移を詳述しておかないと、後代の人は事情が判らなくなるので、執事省牒の全文を写して附載しておく。

新羅国執事省が日本国太政官に通牒《つうちょう》します。

紀三津が朝廷の使人を詐称し、併せて贈り物を賷《もたら》してきました。しかし、太政官牒を調査するに及んで、実の使人でないことが判明しましたので、通知します。三津らが提出した書状に当たりますと、朝廷の命を受けて、もっぱら友好のためにやって来たとありますものの、太政官牒の入った函《はこ》を開《あ》け牒を閲読しますと、大唐国へ派遣する使節の船が新羅の領域へ漂着したら、救助して遅滞なく送還してほしい、とありました。我が方では再度勅使を出して丁寧に訊問《じんもん》しましたが、三津の言うことと太政官牒の内容とが一致せず、虚実を判断できない事態となりました。結局、三津は友好のための使節でなく、贈り物は真実のものではありませんでした。実ではないのに、どうして贈り物を受納できましょうか。その一方で太政官印ははっきりと捺《お》されております。そして、小野篁の乗船した船は、遠く唐に向けて出帆しており、必ずしも三津を重ねて唐へ派遣するのではない、と言っています。どこかの島に住む者が諸方に利を求めてこっそりと太政官印を模して太政官牒を偽造し、監視の目を逃れて、海上を往来しているのです。新羅・日本両国はお互いに通じ合い、偽り欺くようなことは少しも行わないものです。使人三津はその任に相応しくない人物で、頼むに足りません。我が方の関係官司は繰り返し刑罰をもって悪人を阻みくいとめることを要請してきましたが、今回の件についてはおおよその把握に努め、過ちを措いて良き結果を求め、つまらない人物のひどい罪を許し、大国の寛大な原則で対処することにしました。現在時候は穏やかで、海は波立っていません。旧来の友好関係を追うことに、お互い何の妨げがありましょうか。貞観《じょうがん》年間（唐の年号。六二七〜六四九年）に高表仁《こうひょうじん》が日本へ派遣されて信頼関係が始まり（『日本書紀』舒明《じょめい》天皇四年八月条）、利害を共にして久しい時が経過しています。今回の件について、太政官に牒を送り、併せて菁州《せいしゅう》（新羅の地方官衙《かんが》）へ通牒して必要な程粮《ていろう》を量り与え、日本へ帰国させそこで処置すべきであると決定しましたので、それに従い書状により、太政官へ通知する次第です。よくよく理解していただきたいと思います。

○己亥《五日》　和泉《いずみ》国の人右大史《うだいし》正六位上山直《やまのあたい》池作《いけつくり》・弟池永《いけなが》らの本貫《ほんがん》を改めて、左京五条に貫附《かんぷ》した。

○庚子《六日》　天皇が建礼門《けんれいもん》南に出御《しゅつぎょ》して、伊勢《いせ》大神宮《だいじんぐう》へ遣使して幣帛《へいはく》を奉納した。

本日、天皇が次のように勅した。

最近、四天王寺《してんのうじ》に落雷があり、塔と建物が損壊した。恐らくこれは災いの兆しであろう。東大《とうだい》・新薬《しんやく》・興福《こうふく》・元興《がんごう》・大安《だいあん》・四天王等の十九寺において、三日三夜『大般若《だいはんにゃ》経《きょう》』を転読し、順次続けて経を読む声が絶えないようにせよ。

○辛丑《七日》　安房《あわ》国が、「安房郡の人伴《とも》直家主《いえぬし》は性格が慎み深く寡黙で孝道を守り、父母死後は美味な食べ物を口にせず、霊屋《たまや》を作り父母の像を置き、季節ごとに供養して、死者に対して生者に対する如く仕え、倦《う》むことがありません。その心情を思いますに、孝子といえます」と言上してきたので、勅により位三階を叙し、終身戸の田租《でんそ》を免除し、村里の入口と家門に書きつけて表彰することにした。

○丁未《十三日》　淳和太上天皇《じゅんなだいじょうてんのう》の皇太后正子《こうたいごうまさこ》内親王が皇子（承和《じょうわ》四年正月戊辰条に死去のことがみえる）を生んだ。

○丙辰《二十二日》　天皇が神泉苑《しんせんえん》に出御して、隼《はやぶさ》を放ち、水鳥百八十羽を獲た。本日、見参《げんざん》の侍従《じじゅう》・非侍従に差をなして禄《ろく》を賜った。

○丁巳《二十三日》　下野国の従五位上勲四等二荒《ふたら》神に正五位下を授け奉り、勲位は故《もと》のままとした。

三品秀良《ひでなが》親王が清涼殿《せいりょうでん》に奉献した。女御藤原朝臣貞子《にょうごふじわらのあそんさだこ》の皇子（成康《なりやす》親王）出生を祝賀した。

〇十二月乙未朔丁酉[三]、遣新羅国使紀三津復命、三津自失二使旨一、被二新羅誣劫一仮来、何則所三以遣二三津於新羅一者、遣唐四ケ船、今欲二渡海一、恐或風変漂二着彼境一、由レ是、准二之故実一、先遣告喩、期二其接授一、而三津到レ彼、失二本朝旨一、称二専来通レ好、似二畏怯媚託一、私自設レ辞、執事省疑下与二太政官牒一相違上、再三詰問、三津逾増二迷惑一、不レ能二分疏一、是則三津不文、而其口亦訥之所レ致也、故執事省牒中云、両国相通、必無二詭詐一、使非二専対一、不レ足レ為レ憑、但其牒中亦云、小野篁船帆飛已遠、未下必重遣二三津一聘中于唐国上、夫修二聘大唐一、既有二使頭一、篁其副介耳、何除二其貴一、軽挙二其下一、加以当二尓之時一、篁身在二本朝一、未レ及二渡海一、而謂帆飛已遠、斯並聞二商帆浮説一、妄所レ言耳、荷レ按滅レ耳、蓋在レ玆歟、又三津一介緑衫、孤舟是駕、何擬レ為二入唐使一哉、如レ此異論、近二于誣罔一、斯事若只存二大略一、不レ詳二首尾一、恐後之観者莫レ弁二得失一、因全写二執事省牒一附二載之一、

新羅国執事省牒　日本国太政官

紀三津詐称二朝聘一兼有二贄賮一、及レ撿二公牒一仮偽非レ実者、牒、得二三津等状一偁、奉二本王命一、専来通レ好、及レ開レ函覧レ牒、但云修二聘巨唐一、脱有三使船漂二着彼界一、則扶レ之送過、無レ俾二滞遏一者、主司再発二星使一、設問丁寧、口与レ牒乖、虚実莫レ弁、既非二交隣之使一、必匪二由衷之賂一、事無レ撫レ実、豈合二虚受一、且太政官印、篆跡分

明、小野篁船帆飛已遠、未下必重遣二三津一聘中于唐国上、不レ知嶋嶼之人、東西窺レ利、
偸学二官印一、仮造二公牒一、用備二斥候之難一、自逞二白水之遊一、然両国相通、必無二詭
詐一、使非二専対一、不レ足レ為レ憑、所司再三請下以正二刑章一用阻中姦類上、主司務存二大
体一、舎レ過責レ功、恕二小人荒迫之罪一、申二大国寛弘之理一、方今時属二大和一、海不レ揚
レ波、若求二尋旧好一、彼此何妨、況貞観中、高表到レ彼之後、惟我是頼、脣歯相須、
其来久矣、事須下牒二太政官一幷牒二菁州一、量レ事支二給過海程粮一、放二還本国一、請中処
分上者、奉レ判准レ状、牒二太政官一、請垂二詳悉一者、
五○己亥、和泉国人右大史正六位上山直池作、弟池永等改二本居一貫二附左京五条一、六○
庚子、天皇御二建礼門南一、奉レ遣二伊勢大神宮幣帛一」是日、勅、頃者霹二靂于四天王
寺一、破二壊塔廟一、恐是咎徴、宜レ令下二東大、新薬、興福、元興、大安、四天王等十九
寺一、三日三夜、転二読大般若経一、結番不上レ絶レ音、七○辛丑、安房国言、安房郡人伴直
家主、立性粛黙、常守二孝道一、父母殁後、口絶二滋味一、建レ廟設レ像、四時供養、事
レ死如レ生、未二嘗懈倦一、量二其因心一、可レ謂二孝子一、勅宜下叙二三階一、終レ身免二戸田租一、
旌中門閭上、十三○丁未、淳和院皇太后(正子)誕二皇子一也、廿二○丙辰、天皇於二神泉苑一放レ隼、獲二
水鳥百八十翼一、是日、侍従及非侍従見参者、賜レ禄有レ差、廿三○丁巳、奉レ授二下野国従
五位上勲四等二荒神正五位下一、余如レ故、」一 三品秀良親王奉二献清涼殿一、以賀三女御藤
原朝臣貞子誕二皇子(成康)一也、

続日本後紀　巻第五

続日本後紀　巻第六　承和四年正月より十二月まで

太政大臣従一位臣藤原朝臣良房ら勅を奉《うけたまわ》りて撰す

○四年春正月乙丑朔《一日》　天皇が大極殿《だいごくでん》に出御《しゅつぎょ》して、群臣の朝賀《ちょうが》を受けた。終了後、侍従《じじゅう》以上の者と紫宸殿《ししんでん》において宴を催し、御被《みふすま》を賜った。

○丁卯《三日》　天皇が嵯峨《さが》太上天皇《だいじょうてんのう》と太皇太后《たいこうたいごう》（橘 嘉智子《たちばなのかちこ》）に嵯峨院で拝謁した。日暮れ時に扈《こ》従《しょう》の者に禄《ろく》を賜い、宮へ戻った。

○戊辰《四日》　淳和院《じゅんないん》の皇太后（正子《まさこ》内親王）の生んだ皇子が死去した。

○庚午《六日》　恒例に従えば、内記《ないき》が本日、予《あらかじ》め明日叙すべき五位以上の者の位記《いき》を書くことになっているが、今回は取り止めた。叙位の予定がないからである。

本日、勅により参議《さんぎ》民部卿《みんぶきょう》朝野宿禰《あさのすくね》鹿《か》取《とり》を淳和院へ遣わして、皇子の死を弔った。

○辛未《七日》　天皇が豊楽院《ぶらくいん》に出御して、群臣と宴を催した。差をなして禄を賜った。

○壬申《八日》　天皇が大極殿に出御して『最勝王経《さいしょうおうきょう》』を聴講した。皇太子（恒貞《つねさだ》親王）が侍候《じこう》し、午前中に講説が終わり、天皇は宮へ戻った。

○癸酉《九日》　伊予《いよ》国の人典薬権允《てんやくのごんのじょう》物部首広宗《もののべのおびとひろむね》・弟真宗《まむね》らの本貫《ほんがん》を改めて、左京二条四坊へ貫《かん》附《ぷ》した。

○丙子《十二日》　従《じゅ》五位上良岑朝臣木連《よしみねのあそんいたび》を右衛門佐《うえもんのすけ》に任じ、従五位下惟良《これよし》宿禰春道《はるみち》を伊勢介《いせのすけ》に任じ、従四位下藤原《ふじわら》朝臣助《たすく》を兼尾張守《おわりのかみ》に任じ、右近衛中将《うこのえのちゅうじょう》は故《もと》のままとした。(下略)

○戊寅《十四日》　大極殿における最勝会《さいしょうえ》が終了し、その講師《こうじ》と智《ち》と徳に勝れた僧侶《そうりょ》を仁寿殿《じじゅうでん》に喚《よ》び、互いに論議させた。終わると御被を施した。

○庚辰《十六日》　天皇が紫宸殿に出御して、踏歌《とうか》を観覧した。皇太子が侍候し、侍従以上の者に禄を賜った。

○辛巳《十七日》　天皇が豊楽殿《ぶらくでん》に出御して、射礼《じゃらい》を観覧した。

○壬午《十八日》　本日もまた天皇が豊楽殿に出御しようとしたが、殿上《てんじょう》に設けた天皇の座の近くに突然物怪《もののけ》が出現したので、降臨するのを取り止め、大臣を遣わして、六衛府《ろくえふ》が昨日の射《じゃ》の残りを射るのを観閲させた。

○甲申《二十日》　天皇が仁寿殿で内宴を催した。「花の棚に鶯《うぐいす》の鳴くのを聞く」を題に詩を賦させ、詩を献上した大臣以下の者に、差をなして綿を賜った。

○丙戌《二十二日》　河内《かわち》国の荒廃田《こうはいでん》三十町を本康《もとやす》親王に賜った。

○辛卯《二十七日》　石見《いわみ》国の五郡に鎮座する十五の神社を官社とした。役人と民の祈願に応じて、永らく日照りと疫病の災いから救ってくれたことによるそれらの神社の名はすべて神祇官の官社帳に見えている。

続日本後紀　巻第六　起二承和四年正月一尽二十二月一

太政大臣従一位臣藤原朝臣良房等奉　勅撰

○四年春正月乙丑朔、天皇御二大極殿一、受二群臣朝賀一、畢宴二侍従已上於紫宸殿一、賜二御被一、○丁卯、天皇朝二覲先太上天皇及太皇太后於嵯峨院一、日暮賜二扈従者禄一、車駕還宮、○戊辰、淳和院皇太后所レ誕皇子殤焉、○庚午、恒例、内記今日預設二明日可レ叙五位已上位記一、而此般停レ之、応レ無二叙位事一也、」是日、勅遣二参議民部卿朝野宿祢鹿取於淳和院一、奉レ弔二皇子殤一、○辛未、天皇御二豊楽院一、宴二于群臣一、賜レ禄有レ差、○壬申、天皇御二大極殿一、聴レ講二最勝王経一、皇太子侍焉、崇朝之講竟而鑾輿還宮、○癸酉、伊予国人典薬権允物部首広宗、其弟真宗等改二本居一貫二附左京一条四坊一、○丙子、以二従五位上良岑朝臣木連一為二右衛門佐一、従五位下惟良宿祢春道為二伊勢介一、従四位下藤原朝臣助為二兼尾張守一、右近衛中将如レ故云々、○戊寅、大極殿最勝会竟、引二其講師及智徳僧於仁寿殿一、逓令二論義一、訖施二御被一、○庚辰、天皇御二紫宸殿一、観二踏歌一、皇太子侍焉、賜二侍従已上禄一、○辛巳、天皇御二豊楽殿一観レ射、○壬午、亦欲レ御二同殿一、殿上所レ設御座縁辺、忽有二物恠一、因停二降臨一、遣下二大臣一閲中視六衛府射昨日之余上、○甲申、天皇内二宴於仁寿殿一、令レ賦二花欄聞レ鶯之題一、賜二献レ詩大臣以下綿一有レ差、○丙戌《廿二》、河内国荒廃田卌町賜二本康親王一、○辛卯《廿七》、在二石見国五ケ郡中一神惣十五社、始預二官社一、以下能応二吏民之禱一、久救中旱疫之災上也（其神名具在二神祇官帳一）、

○二月甲午朔《一日》　遣唐使《けんとうし》が山城《やましろ》国愛宕《おたぎ》郡の郡家《ぐうけ》の門前において天神《てんじん》・地祇《ちぎ》を祠《まつ》った。諸司はこのため執務を取り止めた。

○乙未《二日》　天皇が次のように勅した。

君主が安穏に過ごし、人民が和らぎ楽しんで暮らせるようにするには、十一面観世音《かんぜおん》菩薩《ぼさつ》の密教《みっきょう》に基づく奥深い呪言《じゅごん》の力以上のものはない。普《あまね》く五畿内・七道諸国に通告して、浄行《じょうぎょう》の僧七人を国分寺に喚《よ》び、七夜にわたり十一面観世音を本尊とする薫修《くんじゅ》をせよ。

○戊戌《五日》　伯耆《ほうき》国川村《かわむら》郡の無位伯耆神・会見《あうみ》郡の大山《おおやま》神・久米《くめ》郡の国坂《くにさか》神および対馬島上県《かみつあがた》郡の無位和多都美《わたつみ》神・胡簶御子《ころくのみこ》神・下県《しもつあがた》郡の無位高御魂《たかみむすび》神・住吉《すみのえ》神・和多都美《わたつみ》神・多久《たく》都《つ》神・太祝詞《ふとのりと》神に並びに従五位下を授け奉った。

○辛丑《八日》　陸奥《むつ》国が次のように言上した。

剣戟《けんげき》（つるぎとほこ）は交戦の際に役立つ武器であり、弓弩《きゅうど》（大弓）は離れたところから攻撃する際の強力な仕掛けです。これがために五兵（弓矢《きゅうし》・殳《しゅ》・矛《む》・戈《か》・戟《げき》からなる五種の兵器）は適宜用いるものであり、一として欠けてはなりません。まして弓馬に

よる戦闘は蝦夷《えみし》らが生来慣《なら》いとしているもので、通常の民は十人いても蝦夷一人にかないません。しかし、弩《ど》による戦いとなれば、多数の蝦夷であっても、一弩の飛ばす鏃《やじり》に対抗できないものです。すなわちこれが夷狄《いてき》を制圧するに当たり、最も有力です。ところで、今、武器庫の中の弩を調べますと、あるものは全体として不調であり、あるものは矢を発する部分が壊れています。また、弩の使用法を学ぶ者がいますが、指導する者がいません。これは事に当たる責任者を置くに必要な財源がないことによります。そこで鎮守府《ちんじゅふ》に倣い、弩師《どし》を置くことを要望します。その公廨《くげ》（給与）としては新たに出挙《すいこ》稲《とう》をふやすことなく、現在の出挙稲の利稲から配分することとし、史生《ししょう》並みにしたいと思います。

言上を許可した。

○癸卯 十日 従五位上藤原朝臣貞雄《ふじわらのあそんさだお》を左兵衛佐《さひょうえのすけ》に任じた。

本日、勅により、小野《おの》氏に准じて、大春日《おおかすが》・布留《ふる》・粟田《あわた》三氏の五位以上の者が、春秋二期の祭礼の時、太政官符《だいじょうかんぷ》を待たず近江《おうみ》国滋賀《しが》郡にある氏神社へ向かうことを許した（承和《じょうわ》元年二月辛丑条参照）。

○甲辰 十一日 任官があった。

本日、散位《さんに》従四位下和気《わけ》朝臣綱継《つなつぐ》が死去した。

○丙午 十三日 従五位下藤原朝臣高扶《たかすけ》に従五位上を授けた。

遣唐大使参議《さんぎ》正《しょう》四位下藤原朝臣常嗣《つねつぐ》を兼大宰権帥《だざいのごんのそち》に任じ、左大弁は故《もと》のままとした。

（下略）

○庚戌（十七日）　近江国の人散位永野忌寸《ながののいみき》石友《いしとも》・散位同姓賀古麻呂《かこまろ》らの本貫《ほんがん》を改めて、左京五条三坊に貫附《かんぷ》した。石友の先祖は、後漢献帝《ごかんけんてい》の後裔《こうえい》である。

○癸丑（二十日）　備前《びぜん》国に飢饉《ききん》が発生したので、物を恵み与えた。

○庚申（二十七日）　従五位下菅野《すがの》朝臣永岑《ながみね》が、次のように言上した。

亡父参議従三位《じゅさんみ》真道《まみち》朝臣が、桓武《かんむ》天皇のために建立した道場一院（院は建物のある一画）が山城《やましろ》国愛宕《おたぎ》郡八坂《やさか》郷にあります。その境界は八坂寺に接していまして、道場は八坂寺の別院に適《かな》った様相があり、このため僧侶《そうりょ》も俗人も、八坂東院《やさかとういん》と呼んでいます。伏して、周囲を寺地として定め、別院として、僧一人を置き、永く桓武天皇の護持に当たらせることを要望します。

上言を許した。

○癸亥（三十日）　近江国野洲《やす》郡の公田《こうでん》と荒廃田《こうはいでん》併せて二百八十五町を親子《ちかこ》内親王に賜った。

○二月甲午朔（一）、遣唐使祠㆓天神地祇於当国愛宕郡家門前㆒、諸司為㆑之廃務、○乙未（二）、勅曰、令㆓人主安穏、黎庶和楽㆒、不㆑如㆓十一面大悲者秘密神咒之力㆒、宜㆘普告㆓五畿内七道諸国㆒、請㆓浄行僧七口於国分寺㆒、一七日夜薫㆗修十一面之法㆖、○戊戌（五）、伯耆国川村郡无位伯耆神、会見郡大山神、久米郡国坂神、及対馬嶋上県郡无位和多都美神、胡簶御子神、下県郡无位高御魂神、住吉神、和多都美神、多久都神、太祝詞神並奉レ授二従五位下一、八○辛丑、陸奥国言、劒戟者交レ戦之利器、弓弩者致レ遠之勁機、故知下五兵更用、廃レ一不一レ可、況復弓馬戦闘、夷獠之生習、平民之十不レ能レ敵二其一一、然至二于弩戦一、雖レ有二万方之獷賊一、不レ得レ対二一弩之飛鏃一、是即威レ狄之至尤者也、今見二庫中弩一、或大体不レ調、或機牙差誤、又雖レ有二生徒一、無二人督習一、是不レ置二其主司一之費也、望請准二鎮守府一置二弩師一、其公廨不二更加挙一、分レ所レ有准二一分一給、許レ之、十○癸卯、以二従五位上藤原朝臣貞雄一為二佐兵衛佐一、是日、勅聴下大春日、布瑠、粟田三氏、五位已上、准二小野氏一、春秋二祠時、不レ待二官符一、向中在二近江国滋賀郡一氏神社上、十一○甲辰、任官、是日、散位従四位下和気朝臣縄継卒、十三○丙午、授二従五位下藤原朝臣高扶従五位上一、遣唐大使参議正四位下藤原朝臣常嗣為二兼大宰権帥一、左大弁如レ故云々、十七○庚戌、近江国人散位永野忌寸石友、散位同姓賀古麿等改二本居一貫二附左京五条三坊一、石友之先、後漢献帝苗裔也、二十○癸丑、備前国飢、賑二給之一、廿七○庚申、従五位下菅野朝臣永岑言、亡父参議従三位真道朝臣、奉二為桓武天皇一、所二建立一道場院一区、在二山城国愛宕郡八坂郷一、雖二其疆界接二八坂寺一、而其形勢猶宜二別院一、由レ是、道俗号曰二八坂東院一、伏望、限以二四至一、別為二一院一、置二僧一口一、永俾二護持一、許レ之、三十○癸亥、近江国野洲郡公田幷荒廃田二百八十五

町、賜二親子内親王一、

○三月甲子朔丁卯《四日》　ほうき星が東南の方向に出現した。その光の尾は東方に向かい空の果てまで延びていた。

○戊辰《五日》　天皇が内裏の射場《いば》に出御《しゅつぎょ》した。右大臣《うだいじん》従二位兼行左《さ》近衛《このえの》大将《たいしょう》清原《きよはらの》真人《まひと》夏野《なつの》が奉献して、それにより侍臣《じしん》に酒を賜った。

本日、右大臣清原真人夏野が宿衛《しゅくえい》（左近衛大将）の職を辞することを求め、次のように上表した。

　宿衛の職の辞任を求めて、私は二度にわたり心からの思いを申し出ましたが、二度とも受け入れていただけず、願いは実現せず、困惑しております。私は、一人で二つの権限を兼ねると、永く両者を共に維持することは難しく、力量を知って一のみに当たれば、能《よ》く全うできる、と聞いております。私は文をもっぱらとするでなく、武も任ではありませんのに、忝《かたじけな》くも二官を帯び、嵯峨《さが》・淳和《じゅんな》・仁明《にんみょう》の三天皇に仕え、文武という硬軟二つの職に当たり、長期間を過ごしてきました。ところで、近衛は帝王を護衛し、国家を守備するもので、不慮の事態に備え、侮られないように防ぐことが目指すところです。夙夜《しゅくや》しっかりと事に当たることになりますので、老臣が任とするのは困難です。その故に、去年の夏、真心を述べてこの任を解かれますことを請願しましたが、陛下は特に厚い御恩を降して任を解かないとしたのでした。ここにおいて、私はこのありがたい廻《めぐ》り合わせに感激し、なお、身を終えるまで尽くそうと思ったのですが、老齢が進み、視力は衰え、髪は白くなり、聴力も弱り、物を見聞して得られる知見は、以前と異なるようになってしまい、陛下の護《まも》りの勤めも、従前のようにはできなくなりました。老い疲れた副馬《そえうま》（馬車の外側を進む護衛の乗る馬）は進むのを恐れ、夕方になると鳥は巣に帰ることを思うものです。まして腰の弱った私は剣を帯びても歩行に難渋し、力のない手に弓をとっても引くことができません。自ら深く顧みますに、どこからみてもその任ではありません。伏して、警衛の任を解いていただき、兵の指揮を賢い将軍に譲り、大臣を専職とし、公務の間に養生したいと思います。私のことをよく見てくださり、特に私の力量に相応しい憐《あわ》れみを賜るならば、私は身のほどを弁《わきま》えて足る思いをし、小人でありながら重責を負うという非難を免れることができます。

天皇は許可しなかった。

右京の人遣唐知乗船事《けんとうちじょうせんじ》槻本連良棟《つきのもとのむらじよしむね》・民部少録《みんぶのしょうさかん》同姓豊額《とよぬか》らに安墀宿禰《あじのすくね》を賜姓した。その先祖は後漢献帝《ごかんけんてい》の後裔《こうえい》に出自している。

○己巳六日　任官があった。

○庚午七日　詔《みことのり》により、尾《お》張《わり》国の課税負担者の三分の一を特別に免税とした。河川が溢《あふ》れ、多くの民が水害を被ったので、この恩恵を下した。

○辛未《八日》　和泉《いずみ》・淡路《あわじ》両国に飢饉《ききん》が発生したので、物を恵み与えた。

○壬申《九日》　ほうき星がなお見えている（本月朔条）が、月光のため光が微《かす》かになった。

○癸酉《十日》　美作《みまさか》国に飢饉が発生したので、物を恵み与えた。

○甲戌《十一日》　入唐大使《にっとうたいし》参議《さんぎ》常嗣《つねつぐ》と副使　篁《たかむら》に　餞《はなむけ》を賜り、五位以上の者に命じて「晩春、入唐使への餞別《せんべつ》の宴に陪侍する」という題で詩を賦させた。日暮れ時になると群臣が詩を献じ、副使も献じた。ただし、大使は酔って退出した。

○丙子《十三日》　遣唐使が拝謁した。

豊後《ぶんご》国の人外従五位下吉弥侯部龍麻呂《きみこべのたつまろ》に貞道　連《さだみちのむらじ》を賜姓した。

内舎人《うどねり》正六位上和　朝臣豊永《やまとのあそんとよなが》に従五位下を授けた。

○戊寅《十五日》　入唐使に節刀《せっとう》を賜った。大臣が口宣《くぜん》した詞《ことば》は、去年と同じであった。大使は前進して節刀を受け、捧《ささ》げて左肩にあて退出した。副使は走って大使の前へ出、共に連なって退出した。

○壬午《十九日》　遣唐大使藤原《ふじわら》朝臣常嗣が鴻臚館《こうろかん》を出て、大宰府《だざいふ》へ向け出立した。

○癸未《二十日》　美濃《みの》国が、二月二十五日に武器庫がひとりでに鳴り、三月十五日にも同様に鳴った、と言上してきた。

丹波《たんば》国の人右近衛府将曹《うこのえふのしょうそう》和邇臣龍人《わにのおみたつひと》の本貫《ほんがん》を改めて、左京五条二坊に貫附《かんぷ》した。

○甲申《二十一日》　近江《おうみ》国蒲生《がもう》郡の荒廃田《こうはいでん》四十三町を勅旨《ちょくし》後院田《ごいんでん》とした。

○二十二日乙酉　遣唐使の出立のことで、内匠頭《たくみのかみ》正五位下楠野《くすの》王らを遣して伊勢《いせ》大神宮《だいじんぐう》に奉幣《ほうべい》した。本日、雨で天皇は大極殿《だいごくでん》に出御せず、権中納言《ごんのちゅうなごん》従三位《じゅさんみ》兼行左兵衛督《さひょうえのかみ》藤原朝臣良房《よしふさ》が関係する諸司を率いて事に当たった。

○二十三日丙戌　従四位下和気《わけ》朝臣真綱《まつな》を兼左近衛権中将《さこのえのごんのちゅうじょう》に任じ、右大弁《うだいべん》は故《もと》のままとした。（下略）

○二十四日丁亥　遣唐副使小野《おの》朝臣篁が鴻臚館を出て、大宰府へ向かった。

○二十五日戊子　常陸《ひたち》国新治《にいばり》郡の佐志能《さしの》神・真壁《まかべ》郡の大国玉《おおくにたま》神を並びに官社とした。年来格別の霊験《れいげん》があったことによる。

○三月甲子朔丁卯[四]、彗星見二于東南一、其光芒東至二天涯一、○戊辰[五]、天皇御二内裏射場、有二右大臣従二位兼行左近衛大将清原真人夏野奉献之設一、因賜二侍臣酒一、」是日、右大臣上表、請レ褫二宿衛職一言、臣再陳二欵心一、両隔二天瞻一、祈請無レ験、精爽有レ迷、臣聞、秉レ権兼レ二者、永難二倶存一、量レ力処レ一者、終得二能全一、臣文非二専業一、武非二折衝一、忝帯二二官一、恭奉二三主一、剛柔遁生、歳月稍深、夫近衛者、帝王之爪牙、国家之扞城、守備二不虞一、義在レ禦レ侮、夙夜靡レ盬、老臣難レ任者也、所以去夏瀝レ欵、乞レ脱二斯任一、陛下特降二渥恩一、逾錫二寵命一、於レ是、感三戴昌運一、猶冀レ終レ身、而頽齢行邁、眼眸暗朦、霜華二双鬢一、風厳二両耳一、瞻聴之智、猶非二先聡一、侍衛之勤、亦異二昔力一、夫疲驂畏レ路、夕鳥懐レ帰、況臣匪腰帯レ劔、有レ煩二歩趁一、弱手撫レ弓、無レ力二弛張一、揆レ己三省、無二其一可一、伏乞、幸免二警衛之任一、避二鋭兵於賢将一、専守二宰衡之職一、餌二医薬于公隙一、若天鑒廻照、特賜二称レ力之矜一、微臣知レ足、則免二負乗之嘖一、不レ許、」右京人遣唐知乗船事槻本連良棟、民部少録同姓豊額等、賜二姓安墀宿祢一、其先、出レ自二後漢献帝後一也、六○己巳、任官、七○庚午、詔、尾張国課口三分之一、特従二優復一、河流漲溢、民多病レ水、故降二此恩一、八○辛未、和泉淡路両国飢、振二給之一、九○壬申、彗星猶見、但為二月光所一レ奪、其光芒微少耳、十○癸酉、美作国飢、振二給之一、十一○甲戌、賜二餞入唐大使参議常嗣、副使篁一、命二五位以上一賦下春晩陪レ餞二入唐使一之題上、日暮群臣献レ詩、副使同亦献レ之、但大使酔而退出、十三○丙子、遣唐使朝拝、」豊後国人外従五位下吉弥侯龍麻呂賜二姓貞道連一、」授二内舎人正六位上和朝臣豊永従五位下一、十五○戊寅、賜二入唐使節刀一、大臣口宣、詞同二去年一、大使進賜二節刀一、擎当二于左肩一退出、副使趁在二大使前一、相連而退、十九○壬午、遣唐大使藤原朝臣常嗣出レ自二鴻臚一、発二向大宰府一、二十○癸未、美濃国言、二月廿五日兵庫自鳴、至二三月十五日一亦鳴同レ前、」丹波国人右近衛府将曹和迩臣龍人改二本居一、貫二附左京五条二坊一、廿一○甲申、近江国蒲生郡荒廃田四十三町為二勅旨後院田一、廿二○乙酉、依二遣唐使進発一、差二内匠頭正五位下楠野王等一、奉二幣帛於伊勢大神宮一、是日、天皇不レ御二大極殿一、雨也、権中納言従三位兼行左兵衛督藤原朝臣良房率二諸司一行レ事也、廿三○丙戌、以二従四位下和気朝臣真綱一為二兼左近衛権中将一、右大弁如レ故云々、○丁亥《廿四》、遣唐副使小野朝臣篁発レ自二鴻臚一、向二大宰府一、○戊子《廿五》、常陸国新治郡佐志能神、真壁郡大国玉神、並預二官社一、以三比年特有二霊験一也、

○夏四月癸巳朔《一日》　天皇が紫宸殿《ししんでん》に出御《しゅつぎょ》した。皇太子（恒貞《つねさだ》親王）が侍候《じこう》した。群臣に酒を賜い、酒宴が終わると禄《ろく》を賜った。

○丁酉《五日》　大和《やまと》国の人内蔵史生《くらのししょう》大俣　連《おおまたのむらじ》福山《ふくやま》に大貞《おおさだ》連を賜姓した。

○戊申《十六日》　陸奥《むつ》国が「玉造塞《たまつくりのせき》の温泉石《ゆのいし》神は雷のような響きを上げて振動し、昼夜止まず、温泉の湯が川に流れ込んで、漿《しょう》（おも湯）のような色になっています。それだけでなく、山は噴火し谷は塞《ふさ》がり、岩石は崩壊して木は折れ、さらには新しく沼が出現して雷鳴のような音と共に、沸き立っています。このような不思議な現象が数えきれないほど起こっています」と言上してきたので、国司に対して、この異変を鎮めるよう神に願い、夷狄《いてき》を教え諭すよう指示した。

○癸丑《二十一日》　陸奥出羽《むつでわ》按察使《あぜち》従四位下坂上大宿禰浄野《さかのうえのおおすくねきよの》が飛駅《ひえき》により、次のように奏上してきた。

鎮守将軍《ちんじゅしょうぐん》匝瑳《そうさ》宿禰末守《すえもり》からの連絡によりますと、「去年の春から今年の春にかけて、百姓が不穏な言葉を発して、騒動が止まず、奥地の住人は逃亡する事態になっていま

す。守備につく兵をふやし、騒ぎを静めて農に向かうようにすべきです。また、栗原《くりはら》・賀美《かみ》両郡の逃亡する百姓は多数にのぼり、抑止することができません」とありました。私、浄野が考えますに、禍《わざわい》を防ぎ騒ぎを静めますには、未然のうちに処置すべきです。それだけでなく、栗原・桃生《ものう》以北の俘囚《ふしゅう》は武力に勝れた者が多く、朝廷に服属したように見えながら、反抗を繰り返しています。四、五月はいわゆる馬が肥え蝦夷《えみし》らが驕《おご》り高ぶる時期です。もし非常事が発生しますと、防禦《ぼうぎょ》が難しくなります。伏して、援兵として一千人を動員し、四、五月の間、番をなして勤務させ、しばらく異変に備えることを要望します。その食料には当地の穀を使用し、慣例に従って支給することにしたいと思います。ただし、上奏に対する返報を待っていますと、時機を失う恐れがありますので、兵を動員する一方で上奏する次第です。

勅符を陸奥出羽按察使に下して、「事に対処するには時機が大切なので、上奏を許可する。ただし、よく臨機応変に対処して、威厳と恩恵を併せて施すようにせよ」と指示した。

○丁巳（二十五日）　僧綱《そうごう》が次のように奏上した。

出家して仏道に進むのは国家を護るためであり、寺を建て僧を供養《くよう》するのは禍を除き福を齎《もたら》すためですが、近頃天地の災異が各地から次々と奏上されております。そこで毎月十日ごとに三日間、諸寺において順番に、昼は『大般若経《だいはんにゃきょう》』を読み、夜は薬師如来《やくしにょらい》の尊号を讃《たた》え、これにより国の御恩に報いたいと思います。

天皇は次のように勅報した。

　仏教の教えは奥が深く、慈しみを第一のこととしている。災いを攘《はら》い祥《さいわ》いを齎すのは誠に勝れた仏教の経典の力である。今、提出された上奏を見ると、朕の心中に期するところに適《かな》っている。そこで梵釈《ぼんしやく》・崇福《すうふく》・東西両寺《とうざいりようじ》・東大《とうだい》・興福《こうふく》・新薬師《しんやくし》・元興《がんごう》・大安《だいあん》・薬師《やくし》・西大《さいだい》・唐招提《とうしようだい》・本元興《もとがんごう》・弘福《ぐふく》・法隆《ほうりゆう》・四天王《してんのう》・延暦《えんりやく》・神護《じんご》・聖神《しようしん》・常住《じようじゆう》等の二十寺に命じて、十日ごとに順番をなして、五月上旬から八月上旬まで、攘災致祥《じようさいちしよう》の願《がん》を立て、薫修《くんじゆ》を実施せよ。
○戊午二十六日　天皇が清涼殿《せいりようでん》において曲宴《きよくえん》（小規模な宴）を催した。音楽を奏し、侍臣は酣酔《かんすい》し、差をなして禄を賜った。
○庚申二十八日　天皇が武徳殿《ぶとくでん》に出御して、左右馬寮《さゆうのめりよう》の馬を観閲した。淳和太上天皇《じゆんなだいじようてんのう》が参議《さんぎ》源《みなもと》朝臣定《さだむ》に托《たく》して、馬二疋《ひき》を天皇に貢上した。

　　○夏四月癸巳朔一、天皇御二紫宸殿一、皇太子侍焉、賜二群臣酒一、酒罷賜レ禄、○丁酉五、大和国人内蔵史生大俣連福山賜二姓大貞連一、○戊申十六、陸奥国言、玉造塞温泉石神、雷響振動、昼夜不レ止、温泉流レ河、其色如レ漿、加以山焼谷塞、石崩折レ木、更作二新沼一、沸声如レ雷、如レ此奇恠不レ可二勝計一、仍仰二国司一、鎮二謝災異一、教二誘夷狄一、○

癸丑《廿一》、陸奥出羽按察使従四位下坂上宿祢浄野馳レ伝奏言、得二鎮守将軍匝瑳宿祢末守牒一偁、自二去年春一至二今年春一百姓妖言、騒擾不レ止、奥邑之民、去レ居逃出、事須下加二添戍兵一、静レ騒赴上レ農、又栗原賀美両郡百姓逃出者多、不レ得二抑留一者、臣浄野商量、防レ禍静レ騒、須レ慎二未然一、加以、栗原桃生以北俘囚、控レ弦巨多、似レ従二皇化一、反覆不レ定、四五月所謂馬肥虜驕之時也、儻有二非常一、難レ可二支禦一、伏望差二発援兵一千人一、四五月間、結般上下、暫候二事変一、其粮料者、用二当処穀一、依レ例支給、但上奏待レ報、恐失二機事一、仍且発且奏者、」一 賜二勅符一曰、事縁レ慎レ機、依レ請許レ之、唯克制二権変一、威恵兼施、○丁巳《廿五》、僧綱奏言、出家入道、為レ保二護国家一、設レ寺供レ僧、為レ滅レ禍致上レ福、頃者天地災異、処々間奏、今須下毎月三旬、三ケ日間、輪二転諸寺一、昼読二大般若経一、夜讃二薬師宝号一、以レ此奉上レ答二国恩一、勅報曰、仏旨冲奥、大悲為レ先、攘レ灾致レ祥、諒在二妙典一、今省二来奏一、自叶二心期一、宜レ令下梵釈、崇福、東西両寺、東大、興福、新薬、元興、大安、薬師、西大、招提、本元興、弘福、法隆、四天王、延暦、神護、聖神、常住等廿ケ寺、毎旬輪転、自二五月上旬一、迄二八月上旬一、誓願薫修上、○戊午《廿六》、天皇於二清涼殿一曲宴、奏二音楽一、侍臣具酔、賜レ禄有レ差、○庚申《廿八》、天皇御二武徳殿一、閲二覧左右馬寮駒一、後太上天皇(淳和)附二参議源朝臣定一、貢二御馬二疋於天皇一、

○五月癸亥朔丁卯《五日》　天皇が武徳殿《ぶとくでん》に出御《しゅつぎょ》して騎射《うまゆみ》を観覧した。
○己巳《七日》　平安京《へいあんきょう》に近い諸寺において住僧が死に絶え、しばしば濫《みだ》りがわしいことが出来《しゅったい》しているとの聞こえがあるので、詔《みことのり》により別当を定めて取り締まりに当たらせることとし、文武官の五位で物事を見分け正義感のある人物を起用することにした。
○丁酉（四月五日に当たるか）　遣唐使《けんとうし》第一船太平良《たいへいりょう》に従五位下を授けた。
○癸未《二十一日》　上野国《かみつけ》が勅旨牧《ちょくしぼく》の馬が病死したと言上してきたので、使人を派遣して調査させた。
　伊予国《いよ》で飢饉《ききん》が発生したので、物を恵み与えた。
○丁亥《二十五日》　正五位上伴宿禰益立《とものすくねますたて》に本位従四位下を贈った。益立は宝亀《ほうき》十一年に征夷持節副使《せいいじせつふくし》となり、京を出発する日に従四位下に叙されたが、その後讒訴《ざんそ》に遭い、位階を剝奪《はくだつ》されていたのである（『続日本紀《しょくにほんぎ》』天応《てんのう》元年九月辛巳条）。その息子越後大掾《えちごのだいじょうの》野継《つぐ》が冤罪《えんざい》を訴え、長い時間が経っていたが、遂《つい》に事実を明らかにして、父の恥を雪《そそ》ぐことができた。
○庚寅《二十八日》　大宰大弐《だざいのだいに》従四位下藤原朝臣広敏《ふじわらのあそんひろとし》が死去した。

○五月癸亥朔丁卯《五》、天皇御二武徳殿一、観二馬射一、○己巳《七》、近城諸寺、住持寂絶、淫濫慶聞、詔定二別当一、令二其糺正一、以二文武官五位中明察鯁直者一充レ之、○丁酉、授二遣唐第一船其号大平良従五位下一、○癸未《廿一》、上野国言、御馬疫死、遣二レ使監察一、」伊予国飢、賑二給之一、○丁亥《廿五》、贈二正五位上伴宿祢益立本位従四位下一、益立、宝亀十一年為二征夷持節副使一、発入之日、叙二従四位下一、厥後遭レ譏奪レ爵、其男越後大掾野継、上書訴レ冤久矣、遂弁明得レ雪二父耻一、〇庚寅《廿八》、大宰大弐従四位上藤原朝臣広敏卒、

〇六月壬辰朔丁酉《六日》　従五位下勲六等小野朝臣宗成《おののあそんむねなり》の申請により、勅して出羽《でわ》国最上《もがみ》郡に済苦《さいく》院《いん》を建立することを許可した。また、同じ宗成の申請により、国分二寺に奉造した仏《ぶつ》・菩《ぼ》薩像《さつぞう》および種々の書写することのできた経四千余巻を官帳に登載して紛失しないようにした。事は太政官符《だいじょうかんぷ》に詳しく記されている。

〇己亥《八日》　右大臣夏野《うだいじんなつの》が上表して辞職を求めてきたが、詔《みことの》りして左近衛大将《さこのえのたいしょう》の任のみを停め、食封《じきふ》は収還しなかった。

〇甲辰《十三日》　虹《にじ》が六つ同時に内裏《だいり》に出現した。

〇丁未《十六日》　人康《ひとやす》親王に山城《やましろ》国葛野《かどの》郡の空閑地《くうかんち》一町を賜った。

〇庚戌《十九日》　地震があった。

〇壬子《二十一日》　天皇が次のように勅した。

聞くところによると、疫病が間々《まま》流行し、病に苦しむ者が多いという。災いを未然に防ぐには般若《はんにゃ》（仏教の智恵）が何より勝れている。そこで五畿内・七道諸国の修行者、二十人以下、十人以上に命じて、国分僧寺において七月八日から三日間、昼は『金剛般《こんごうはん》若経《にゃきょう》』を読ませ、夜は薬師悔過《やくしけか》を行わせよ。これが終わるまで、殺生《せっしょう》を禁断せよ。

○癸丑《二十二日》　山城・大和《やまと》・河内《かわち》・摂津《せっつ》・近江《おうみ》・伊賀《いが》・丹波《たんば》等の七国に使人を派遣して、境界において祭礼（疫神祭《えきしんさい》）を行い、病の原因（疫神）の侵入を防禦《ぼうぎょ》させた。

○甲寅《二十三日》　宮内卿《くないきょう》三品阿保《あぼ》親王を兼兵部卿《ひょうぶきょう》に任じ、上野大守《かみつけのたいしゅ》は故《もと》のままとし、左衛門督《さえもんのかみ》従四位上百済王《くだらのこにきし》勝義《しょうぎ》を兼宮内卿に任じ、相模守《さがみのかみ》は故のままとし、中納言《ちゅうなごん》正三位《しょうさんみ》源《みなもと》朝臣常《ときわ》を左近衛大将に任じ、左近衛権中将《ごんのちゅうじょう》従四位下和気《わけ》朝臣真綱《まつな》を兼左近衛中将に任じ、右大弁《うだいべん》は故のままとし、正三位源朝臣信《まこと》を兼左衛門督に任じ、近江守は故のままとした。

○戊午《二十七日》　散位《さんに》正四位上小野朝臣野主《ののぬし》が死去した。

○己未《二十八日》　天皇が「（略）山城・大和等へ使を遣わして名山に奉幣《ほうべい》し、祈雨《あまごい》をすべきである」と勅し、また「五畿内・七道諸国の名神《みょうじん》に奉幣して、予《あらかじ》め風雨を防ぎ、穀物の稔《みの》りが損なわれないようにせよ」と勅した。

　正三位行中納言兼左近衛大将源朝臣常が上表して、左大将の職を解くことを求め、「（略）」と申し出た。

　右京の人左京亮《さきょうのすけ》従五位上吉田《よしだ》宿禰書主《ふみぬし》・越中介《えっちゅうのすけ》外従五位下同姓高世《たかよ》らに興世朝臣《おきよのあそん》を賜《し》姓《せい》した。始め先祖の塩垂津《しおだれつ》は日本人であったが、朝廷の命を受けて、任那《みまな》の三己汶《さんこもん》に移り住んだ。そこは結局百済《くだら》の領地となり、塩垂津八世の子孫である達率《たつそつ》吉大尚《きちだいしょう》と弟少尚《しょうしょう》らは、日本を慕う気持ちから来朝し、代々医術を伝え、併せて文芸に通じ、子孫は奈良京《ならきょう》の田村《たむら》里に住んだ。そこで吉田連《むらじ》を賜姓したのである。

備後《びんご》国に飢饉《ききん》が発生したので、物を恵み与えた。
○(三十日)辛酉　従四位上紀《き》朝臣善岑《よしみね》が死去した。

○六月壬辰朔丁酉(六)、依㆓従五位下勲六等小野朝臣宗成請㆒、勅聴㆔出羽国最上郡建㆓立済苦院一処㆒、又宗成所㆑司国分二寺奉㆑造㆓仏菩薩像㆒、并写㆓得雑経四千余巻㆒、並令㆘附㆓官帳㆒不㆗紛失㆖、事具㆓官符㆒、○(八)己亥、右大臣夏野上表、詔、唯停㆓大将之任㆒、不㆑令㆑還㆓食封㆒、○(十三)甲辰、六虹一時見㆓于内裏㆒、○(十六)丁未、賜㆓人康親王山城国葛野郡空閑地一町㆒、○(十九)庚戌、地震、○(廿一)壬子、勅、如㆑聞、疫癘間発、疾苦者衆、夫銷㆓殃未然㆒、不㆑如㆓般若之力㆒、宜㆑令㆘五畿内七道諸国内行者㆒、廿口已下十口已上、於㆓国分僧寺㆒始㆑自㆓七月八日㆒、三箇日、昼読㆓金剛般若㆒、夜修㆓薬師悔過㆒迄㆓于事竟㆒、禁㆗断殺生㆖、○(廿二)癸丑、遣㆘㆓使山城、大和、河内、摂津、近江、伊賀、丹波等七国㆒、鎮㆓祭彼疆界㆒、以禦㆗時気㆖、○(廿三)甲寅、宮内卿三品阿保親王為㆓兼兵部卿㆒、上野大守如㆑故、左衛門督従四位上百済王勝義為㆓兼宮内卿㆒、相摸守如㆑故、中納言正三位源朝臣常為㆓兼左近衛大将㆒、権中将従四位下和気朝臣真綱為㆓兼中将㆒、右大弁如㆑故、正三位源朝臣信為㆓兼左衛門督㆒、近江守如㆑故、○(廿七)戊午、散位正四位上小野朝臣野主卒、○(廿八)己未、勅云々、宜㆘遣㆓使山城大和等㆒、奉㆓幣名山㆒、以祈㆗甘雨㆖」又勅令㆘五畿内七道諸国㆒奉㆓幣名神㆒、予防㆓風雨㆒、莫㆖損㆓年穀㆒」㆒正三位行中納言兼左近衛大将源朝臣常上表請レ解二左大将職一、曰云々、」一右京人左京亮従五位上吉田宿祢書主、越中介外従五位下同姓高世等、賜二姓興世朝臣一、始祖塩垂津、大倭人也、後順二国命一、住居三己汶地一、基地遂隷二百済一、塩垂津八世孫、達率吉大尚、其弟少尚等、有レ懐二土心一、相尋来朝、世伝二医術一、兼通二文芸一、子孫家二奈良京田村里一、仍賜二姓吉田連一」備後国飢、賑二給之一、○辛酉《三十》、従四位上紀朝臣善岑卒、

○秋七月壬戌朔甲子《三日》　十五人の僧を常寧殿《じょうねいでん》に喚《よ》んで、昼は読経《どきょう》を行い、夜は適宜悔過《けか》を行った。内裏に物怪《もののけ》が出現したことに由る。

○己巳《八日》　天皇が紫宸殿《ししんでん》に出御《しゅつぎょ》して、相撲節《すまいのせち》を観覧した。散位《さんに》正六位上八多真人《はたのまひと》清雄《きよお》が「『新撰姓氏録《しんせんしょうじろく》』所載の始祖についての記述が誤り、真実でないので、私たち一門にとり大変不都合です」と言上してきたので、詔《みことのり》により訂正させた。

○丁丑《十六日》　地震があった。

式部省《しきぶしょう》が次のように言上してきた。

大学寮《だいがくりょう》が、「天平《てんぴょう》二年三月格《きゃく》により、文章生《もんじょうしょう》二十人を雑任《ぞうにん》（官司の下級職員）と、聡く賢い白丁《はくちょう》から選抜することになりましたが、今、学生らの才器を見ますと、若年時から勝れている者は少なく、多くは晩成でして、文章道から官人への出身となりますと、

そろそろ白髪が混じる年齢になっております。人は賢く優れていても、必ずしも蔭位《おんい》の恩典に預かれません。こういう状態ですので、白丁身分の文章生が官人として出身できますことを要請いたします（現実の文章生には良家出身者が少なく、それらの人たちは有利に出身し得たが、白丁身分の者は不遇であった）」と言上してきました。

勅により、上言を許可した。

○庚辰《十九日》　従四位上南淵《みなぶちの》　朝臣《あそん》永河《ながかわ》を大宰大弐《だざいのだいに》に任じた。

○癸未《二十二日》　大宰府《だざいふ》が飛駅《ひえき》により、遣唐使《けんとうし》の三船が共に松浦《まつら》郡旻楽埼《みみらくみさき》を目指して出航したものの、第一、四船はすぐに逆風に遭って壱岐《いき》島《とう》に流着し、第二船は種々手立てを尽くして値《ち》賀島《かのしま》（五島列島）へ漂着した、と言上してきた。

本日、嵯峨太上天皇《さがだいじようてんのう》の皇子従四位上源《みなもと》　朝臣鎮《しずめ》が神護寺《じんごじ》に入り、剃髪《ていはつ》入道した。宮中の者はそれを聞いて、涙を流した。

○丙戌《二十五日》　天皇が後宮において左近衛府《さこのえふ》に命じて音楽を奏し、玉と刀剣を使用した芸を楽しんだ。

○庚寅《二十九日》　嵯峨太上天皇が源朝臣鎮の位記《いき》を内裏《だいり》に返還した（今月癸未条）。

本日、勅により宮城北の園池司《えんちし》の土地三十二町のうちの荒廃地二町を、典薬寮《てんやくりょう》の土地とした。

○辛卯《三十日》　加賀《かが》国石川《いしかわ》郡の荒廃田《こうはいでん》四十九町を、三品弾正　尹《だんじょうのいん》　秀良《ひでなが》親王に賜り、近江《おうみ》国の荒田《こうでん》六十四町を、勅により太皇太后《たいこうたいごう》（橘嘉智子《たちばなのかちこ》）の後院《ごいん》に充てた。

○秋七月壬戌朔甲子《三》、延二十五口僧於常寧殿一、昼則読経、夜便悔過、以三内裏有二物恠一也、○己巳《八》、天皇御二紫宸殿一、観二相撲節一、散位正六位上八多真人清雄言、姓氏録所レ載始祖、錯謬非レ実、私門之大患也、詔令レ刊三改之一、○丁丑《十六》、地震、」式部省言、大学寮言、去天平二年三月格、文章生廿人、簡三取雑任及白丁聡慧者一、今諸生等器少二岐嶷一、才多二晩成一、至レ応二文章之選一、皆及二二毛之初一、而人雖二賢良一、未二必位蔭一、望請、白丁文章生預二之出身一、勅許レ之、○庚辰《十九》、以二従四位上南淵朝臣永河一為二大宰大弐一、○癸未《廿二》、大宰府馳レ伝言、遣唐三ケ船、共指二松浦郡旻楽埼一発行、第一第四船、忽遇二逆風一、流三着壱伎嶋一、第二船左右方便漂三着値賀嶋一」是日、先太上天皇皇子従四位上源朝臣鎮、攀三陟神護寺一、剃頭入道、城中聞者為レ之隕レ涙、○丙《廿五》戌、天皇御二後庭一、命二左近衛府一、奏二音声一、令レ弄二玉及刀子一、○庚寅《廿九》、先太上天皇奉レ還二源朝臣鎮位記於内裏一」是日、勅、以二宮城北園池司地卅二町内荒廃地二町一、充二典薬寮一、○辛卯《三十》、加賀国石川郡荒廃田卌九町、賜二三品弾正尹秀良親王一、近江国荒田六十四町、勅充二太皇大后後院一

○八月壬辰朔《一日》 日向《ひゅうが》国子湯《こゆ》郡の都濃《つの》神・妻《つま》神・宮崎《みやざき》郡の江田《えた》神・諸県《もろあがた》郡の霧嶋岑《きりしまみね》神を並びに

官社とした。

○丙申《五日》　天皇が次のように勅した。

年来、真言宗《しんごんしゅう》の教えは平安京《へいあんきょう》内に流伝しているが、辺境には拡まっていない。そこで真言宗の講読と修法《しゅほう》に堪能《たんのう》な僧を選抜して、毎年諸国の講読師に任命し、正しい方法で薫修を実施せよ。その僧は修行年限を考慮することなく、ただ能力によって選べ。

○戊戌《七日》　伊予《いよ》国の従四位下大山積神《おおやまつみ》・従五位下野間《のま》神を並びに名神《みょうじん》とした。

○辛亥《二十日》　大宰府《だざいふ》が遣唐使《けんとうし》の三船が漂流した様子を奏上し、併せて遣唐使らの奏状を上呈した。

○癸丑《二十二日》　勅使（略）。

○丁巳《二十六日》　無位正道《まさみち》王が殿上で冠《こうぶり》（成人式）をし、従四位下に叙した。正道王は故中務卿《ちゅうむきょう》三品恒世《つねよ》親王の子で、淳和太上天皇《じゅんなだいじょうてんのう》の孫である。淳和太上天皇が大変可愛《かわ》いがり、仁明《にんみょう》天皇の子とし、いつも殿上《てんじょう》で天皇の側に陪侍《ばいじ》させていた。このため今回の叙位となったのである。

○庚申《二十九日》　勅により、陸奥《むつ》国の課丁《かちょう》三千二百六十九人に五年間税を免除することにした。国司《こくし》の提言により、それらの者の気持ちを安らげ慰めるためである。

○八月壬辰朔《一》、日向国子湯郡都濃神、妻神、宮埼郡江田神、諸県郡霧嶋岑神、並預二官社一、○丙申（五）、勅曰、頃年真言法教、雖レ流二伝京城一、而未レ遍二辺境一、宜丙選下彼宗僧堪二講読及修法一者上、毎年任二諸国講読師一、依レ法薫修、其僧不レ限二年臘一、唯選乙堪レ之者甲、○戊戌（七）、伊予国従四位下大山積神、従五位下野間神、並預二名神一、○辛亥（二十）、大宰府奏二遣唐使三ケ船漂廻之状一、并上三使等奏状一、○癸丑（廿二）、勅使云々、○丁巳（廿六）、无位正道王於二殿上一冠焉、即叙二従四位下一、正道王者、故中務卿三品恒世親王之子、而後太上天皇（淳和）之孫也、後太上天皇殊鍾愛、令下二天皇一為上子、毎陪二殿上一、因有二此叙一、○庚申（廿九）、勅、陸奥国課丁三千二百六十九人給二復五年一、安三慰其情一、以二国司言一也、

○九月辛酉朔壬戌（二日）　地震があった。
○甲子（四日）　天皇が病となった。御薬を服用し、宮中の使を七箇寺に分かち遣わして誦経《じゅきょう》した。
○戊辰（八日）　勅により、式部少輔《しきぶのしょうふ》良岑《よしみねの》朝臣《あそん》木連《いたび》に幣帛をもって八幡大神宮《はちまんだいじんぐう》へ向かわせた。以前天皇が祈禱《きとう》したので、今回、お礼のために奉幣《ほうべい》するのである。
○己巳（九日）　天皇が紫宸殿《ししんでん》に出御して、重陽節《ちょうようのせち》の宴を催した。文人に命じてともに「露重なり菊花が鮮やかである」の題で詩を賦させた。宴が終了すると、差をなして禄《ろく》を賜った。
○甲戌（十四日）　摂津《せっつ》国の人右衛門《うえもん》医師辟秦真身《ひじはたのまみ》・武散位《ぶさんに》同姓仲主《なかぬし》ら三戸の本姓を改めて、秦勝《はたのすぐり》を賜った。

○辛巳（二十一日） 従五位上藤原《ふじわら》朝臣当道《まさみち》を河内守に任じ、右少弁《うしょうべん》は故のままとし、散位従五位下丹墀《たじひの》真人《まひと》石雄《いしお》を伯耆守《ほうきのかみ》に任じ、豊前《ぶぜん》守従五位上石川《いしかわ》朝臣橋継《はしつぐ》を修理船使《しゅうりはくし》長官に任じ、筑前権《ちくぜんのごんの》守《かみ》従五位下小野《おの》朝臣末嗣《すえつぐ》・遣唐判官《けんとうはんがん》従五位下長岑宿禰高名《ながみねのすくねたかな》を並びに遣唐次官に任じた。

今月一日より三十日に至るまでの間に、五畿内・七道の予《あらかじ》め秋収の被損を申し出たのは、三十一国となった。

○己丑（二十九日） 天皇の病が回復した。金銀長上工《きんぎんちょうじょうこう》正六位上丹波直広主《たんばのあたいひろぬし》が老齢となり帰郷するので、勅により正税穀《しょうぜいこく》五十斛《こく》を給わった。

○九月辛酉朔壬戌（二）、地震、○甲子（四）、聖躬不予、羞二之御薬一、頒二遣中使一、誦二経於七ケ寺一、○戊辰（八）、勅、令下式部少輔良岑朝臣木連一、齎二幣帛一、向中八幡大神宮上、天皇元有レ所レ禱、今以奉賽也、○己巳（九）、天皇御二紫宸殿一、宴二重陽節一、命二文人一、同賦二露重菊花鮮之題一、宴了賜レ禄有レ差、○甲戌（十四）、摂津国人右衛門医師辟秦真身、武散位同姓仲主等三烟、改二本姓一賜二秦勝一、○辛巳（廿一）、以二従五位上藤原朝臣当道一為二河内守一、右少弁如レ故、散位従五位下丹墀真人石雄為二伯耆守一、豊前守従五位上石川朝臣橋継為二修理船使長官一、筑前権守従五位下小野朝臣末嗣、遣唐判官従五位下長岑宿祢高名並為二次官一」自二従今月一日一、至二于卅日一、五畿内七道、予申レ損者、惣三十一

国、○己丑《廿九》、聖躰平復、」金銀長上工正六位上丹波直広主、年老還レ郷、勅給二正税穀五十碩一、

○冬十月辛卯朔《一日》　天皇が紫宸殿《ししんでん》に出御《しゅつぎょ》して、群臣に酒を賜った。

本日、左右京亮《さゆうのきょうのすけ》および検非違使《けびいし》を帯びる左右衛門佐《さゆうのえもんのすけ》併せて四人を紫宸殿の前に喚《よ》び、東西両京の飢病の百姓を調査し、特別に物を恵み与えよ、と勅した。霖雨《ながあめ》が続き、穀価が騰貴したためである。

○丁酉《七日》　右大臣《うだいじん》従二位清原真人夏野《きよはらのまひとなつの》が死去した。使を遣わして、喪儀を監督し護《まも》らせた。賻《ふ》物《もつ》（死者を弔うための贈り物）が送られた。天皇は三日間執務を取り止めた。夏野は正三位御原《みはら》王の孫で、正五位下小倉《おぐら》王の第五子である。行年五十六。

○癸丑《二十三日》　左京の人従七位上佐伯直長人《さえきのあたいながひと》・正八位上同姓真持《まもち》らに佐伯宿禰《さえきのすくね》を賜姓した。

○乙卯《二十五日》　正六位上清科朝臣弟主《きよしなのあそんおとぬし》に従五位下を授けた。

○丙辰《二十六日》　斎院司《さいいんし》に対し鷹《たか》二羽を飼養することを許した。

○戊午《二十八日》　従五位上百済王慶仲《くだらのこにきしけいちゅう》に正五位下、正六位上百済王忠誠《ちゅうせい》に従五位下を授けた。嵯峨《さが》太上天皇《だいじょうてんのう》が遊猟した交野《かたの》から、遠まわしながら太上天皇の意向が伝わってきたので、今回の叙位となった。

○冬十月辛卯朔《一》、天皇御㆓紫宸殿㆒賜㆓群臣酒㆒、是日、喚㆓左右京亮、左右衛門撿非違使佐幷四人㆒、於㆓殿前㆒宣㆑勅、遣㆑勘㆓録東西両京飢病百姓㆒、特加㆓賑恤㆒、以㆓陰霖経㆑日、穀価踊貴㆒也、○丁酉《七》、右大臣従二位清原真人夏野薨、遣㆔㆑使監㆓護葬事㆒、有㆓賻物㆒、天皇不㆑聴㆑朝三日、夏野、正三位御原王孫、正五位下小倉王之第五子也、薨時年五十六、○癸丑《廿三》、左京人従七位上佐伯直長人、正八位上同姓真持等賜㆓姓佐伯宿祢㆒、○乙卯《廿五》、授㆓正六位上清科朝臣弟主従五位下㆒、○丙辰《廿六》、聴㆔斎院司私養㆓鷹二聯㆒、○戊午《廿八》、授㆓従五位上百済王慶仲正五位下、正六位上百済王忠誠従五位下㆒、先太上天皇自㆓交野遊猟処㆒有㆓諷旨㆒、因所㆑叙也、

○十一月辛酉朔《一日》　天皇が紫宸殿《ししんでん》に出御《しゅつぎょ》して、侍臣《じしん》に酒を賜った。皇太子が天皇に拝謁した。
○戊辰《八日》　天皇が神泉苑《しんせんえん》で隼《はやぶさ》を放った。
○丁丑《十七日》　加賀《かが》国が「所管する能美《のみ》郡の人財部造《たからべのみやつこ》継麻呂《つぎまろ》は、親に仕えて礼節を失うことなく、親の死後も身持ちが変わらず、朝夕悲しみ慕っております。近隣の村里で敬服しない人はいません。孝子と言うべき人物です」と言上してきたので、勅により位三階を叙し、終身その戸の田租《でんそ》を免除し、家門と村里の入り口に表彰のしるしを立て、多くの人々に知らせることにした。
○甲申《二十四日》　山城《やましろ》国の人造酒司《みきのつかさ》史生《のししょう》秦忌寸《はたのいみき》伊勢麻呂《いせまろ》らの本貫《ほんがん》を改めて、右京九条四坊に貫附《かんぷ》し

た。

○丁亥《二十七日》　天皇が神泉苑で隼を放った。

○十一月辛酉朔《一》、天皇御二紫宸殿一、賜二侍臣酒一、皇太子朝覲、○戊辰《八》、天皇於二神泉苑一放レ隼、○丁丑《十七》、加賀国言、管能美郡人財部造継麿、父母存日、定省之礼、無レ失二其節一、歿後操行不レ変、朝夕哀慕、隣里郷邑莫レ不二推服一、可レ謂二孝子一、勅宜下叙二三階一、終レ身免二其戸租一、旌二表門閭一、令中二衆庶一知上、○甲申《廿四》、山城国人造酒司史生秦忌寸伊勢麻呂等改二本居一貫二附右京九条四坊一、○丁亥《廿七》、天皇於二神泉苑一放レ隼、

○十二月庚寅朔《一日》　日蝕《にっしょく》があった。

○辛卯《二日》　本日夜、盗人が春興殿《しゅんこうでん》に入り、絹五十余疋《ひき》を盗んだ。宿衛《しゅくえい》の者は気づかなかった。

右兵衛督《うひょうえのかみ》従四位下百済《くだら》王安義《あんぎ》が死去した。

○癸巳《四日》　近江《おうみ》国の人左兵衛権少志《さひょうえのごんのしょうさかん》志賀史《しがのふひと》常継《つねつぐ》・左衛門少志《さえもんのしょうさかん》錦部村主《にしごりのすぐり》薬麻呂《くすりまろ》・越中少目《えっちゅうのしょうさかん》錦部村主人勝《ひとかつ》・太政官史生《だいじょうかんのししょう》大友《おおとも》村主弟継《おとつぐ》らに春良宿禰《はるよしのすくね》を賜姓した。常継の先祖は後漢《ごかん》献帝《けんてい》の後裔《こうえい》である。

○甲午《五日》　夜半、女盗人二人が清涼殿《せいりょうでん》に侵入した。天皇は驚き、蔵人らに命じて宿衛の者に告げ、あとを追い捕らえさせたが、一人を捕らえたのみで、もう一人は逃亡した。

○丁酉《八日》　勅により、四天王寺《してんのうじ》の聖徳太子《しょうとくたいし》の髪を奉納するための、轆轤《ろくろ》作りの木壺《もっこ》一合と彫刻で飾り立てた銅壺《どうこ》一口を作らせたことの次第は未詳である。ただし口伝によると聖徳太子の髪は四把あり、四天王寺の塔心の下に深く蔵されていたが、去年の冬、塔心に落雷があった時、調査のために派遣された使人が秘かに太子の髪を盗み、自分の妻に与えた。このことにより、後日祟りが発生したので、髪を捜し出して四天王寺塔心の下の本来の場所へ戻したという。（下略）。

本日、左大臣《さだいじん》正二位藤原朝臣緒嗣《ふじわらのあそんおつぐ》が上表して、次のように言上した。

私は年老い病が重く、出入ができなくなり、床について日を過ごし、十二年になります。また私が窃《ひそ》かに見ますに、天下の官の倉庫は空尽《くうじん》化し、国の費用に欠乏しています。米倉が充たされていないで、どうして礼節を弁《わきま》えることができましょうか。私は以前、この思いをもって天長の初めに意見を奉り、不用の官を廃止し、贅沢《ぜいたく》な支出を止めるべきだ、と奏言したことがありますが、私こそ長らく病に沈んだまま歳月を送り、役に立たないまま官にいる責めを負う筆頭です。文章は代を経《へ》て朽ちない大切なものです。自ら立派なことを申し出て、長らく官職に就いていてよいものでしょうか。さらに不作を齎《もたら》す陰陽《おんよう》、不調の責任は、臣下にあります。伏して、私には相応しくない官を解き、賢く徳のある者に道を開くことを要望します。それにより、天が災いをなすことがなく、自と中興《ちゅうこう》が可能になります。陛下からいただいた栄誉やありがたい名誉は大切にし、敢えて棄て去るものではありません。

内侍《ないし》が次の天皇の言葉を宣示した（内侍《ないし》宣《せん》。宣命体《せんみょうたい》）。

国家に尽くした老臣としてただ一人在職している緒嗣は、日々の国政に当たっていないが、朝廷のことは緒嗣の思うように決めていけばよく、以前申し出た辞職のことについて、今後このようなことを申し出てはならない、と告げたが、今回も同様の思いであり、この辞任の申し出は天皇の御意《ぎょい》に合わないので、左近衛中将《さこのえのちゅうじょう》従四位下和気《わけ》朝臣真《ま》綱《つな》を遣して、差し戻すことにする、と述べ聞かせる。

○庚子《十一日》　日の出時から午後八時頃まで大風が吹き、京中の屋舎があちこちで損壊した。

大宰府《だざいふ》が次のように言上した。

豊前《ぶぜん》国田河《たがわ》郡の香春岑《かはるみね》の神は、韓国息長大姫大目《からくにおきながおおひめおおま》命・忍骨《おしほね》命・豊比咩《とよひめ》命の三社です。この山は元来石山で、土も木も全くありませんでしたが、延暦《えんりゃく》年間に遣唐請益僧《けんとうしょうやくそう》であった最澄が自らこの山に至り、神の力により無事に渡海できるよう祈願し、山の麓《ふもと》に神のために寺を建て読経したのでした。それ以来、草木が鬱蒼《うっそう》と茂り、神験《しんげん》はあらたかで、水旱《すいかん》や疫病の災いがあるたびに、郡司《ぐんじ》・百姓がこの神に祈禱《きとう》しますと感応があり、穀物は稔《みの》り人は長寿で、他郡と異なる仕儀となっています。そこでこの三社を官社とし、貴い神社であることを明らかにすることを要望します。

言上を許可した。

○庚戌《二十一日》　本日夜、盗人が大蔵省《おおくらしょう》の東長殿《ひがしながどの》の壁を破り、絁《あしぎぬ》・布等を窃取した。どれほどのものが盗られたか不明であった。

〇辛亥二十二日　六衛府《ろくえふ》を遣わして、平安京《へいあんきょう》内で大捜索を行った。
〇丙辰二十七日　従四位下橘《たちばな》朝臣永名《ながな》を兼右兵衛督《うひょうえのかみ》に任じ、播磨守《はりまのかみ》は故《もと》のままとした。

続日本後紀　巻第六

〇十二月庚寅一朔、日有レ蝕之、〇辛卯二、是夜、盗開ニ春興殿一、偸ニ取絹五十余疋一、宿衛之人不レ得ニ見着一、」右兵衛督従四位下百済王安義卒、〇癸巳四、近江国人左兵衛権少志志賀史常継、左衛門少志錦部村主薬麻呂、越中少目錦部村主人勝、太政官史生大友村主弟継等賜ニ姓春良宿祢一、常継之先、後漢献帝苗裔也、〇甲午五、夜分、女盗二人昇ニ入清涼殿一、天皇愕然、命ニ蔵人等一、告ニ宿衛人一、逐捕レ之、纔獲ニ一人一、其一人脱亡、〇丁酉八、勅令レ造ニ轆轤木壺一合、銅壺釦鏤者一合一、備ニ于奉レ納ニ天王寺聖霊御髪一事由未レ詳、但口伝曰、聖徳太子御髪四把、深蔵ニ于四天王寺塔心底下一、去年冬、霹ニ靂彼寺塔心一時、遣ニ使監察一、而其使私偸ニ霊髪一、与ニ之己妻一、由レ是後日成レ祟、因更捜索、還ニ蔵本処一云々、」是日、左大臣正二位藤原朝臣緒嗣上表言、臣年老病重、出入絶レ望、疾床引レ日、既過ニ一紀一、臣竊見、天下官庫空罄、国用闕乏、況今年不レ稔、衣食共損、倉廩不レ実、何知ニ礼節一、臣前以ニ此義一、去天長之初、上ニ意見一之日奏言、省ニ不要之官一、断ニ文華之費一、而臣久沈ニ疢疾一、空積ニ星霜一、曠レ官之責、可レ謂ニ其首一、其文章者、歴代不朽也、豈口奏ニ其言一、久居ニ其職一哉、加以、陰陽不レ調、責在ニ臣子一、伏望、停ニ不当之号一、開ニ賢徳之進一、然則天道無㆑灾、自作㆓中興㆒、非㆔敢逃㆓天沢之栄、名餝之利、㆓」㆒内侍宣久、国老止志氏波独能美許曾坐世、朝夕政波不㆓申給㆒阿礼止毛、国家事波定申任尓止志氏、前前尓辞申事尓附氏、自㆑今以後、如㆑此久辞申事不㆑得止宣岐、今毛又志賀奈毛思行須、然今進礼留辞書非㆓御意㆒止志氏、左近衛中将従四位下和気朝臣真綱乎差㆑使返給止宣、○(十一)庚子、自㆓旭旦㆒至㆓戌時㆒大風、京中屋舎往々破壊、」㆒大宰府言、管豊前国田河郡香春岑神、辛国息長大姫大目命、忍骨命、豊比咩命、惣是三社、元来是石山、而土木惣無、至㆓延暦年中㆒、遣唐請益僧最澄躬到㆓此山㆒祈云、願縁㆓神力㆒、平得㆑渡㆑海、即於㆓山下㆒、為㆑神造㆑寺読経、尓来草木蓊鬱、神験如㆑在、毎㆑有㆓水旱疾疫之灾㆒、郡司百姓就㆑之祈禱、必蒙㆓感応㆒、年登人寿、異㆓於他郡㆒、望預㆓官社㆒、以表㆓崇祠㆒、許㆑之、○(廿一)庚戌、是夜、盗穿㆓大蔵省東長殿壁㆒、竊㆓取絁布等㆒、不㆑知㆓幾匹端㆒、○(廿二)辛亥、遣㆘㆓六衛府㆒大㆗索城中㆖、○(廿七)丙辰、以㆓従四位下橘朝臣永名㆒為㆓兼右兵衛督㆒、播磨守如㆑故、

続日本後紀　巻第七

承和五年正月より十二月まで

太政大臣従一位臣藤原朝臣良房ら勅を奉《うけたまわ》りて撰す

○五年春正月庚申朔《一日》　天皇が大極殿《だいごくでん》に出御《しゅつぎょ》して、朝賀《ちょうが》を受けた。終了後、侍従《じじゅう》以上の者と紫《し》宸殿《しんでん》で宴を催し、御被《みふすま》を賜った。

○壬戌《三日》　天皇が嵯峨《さが》太上天皇《だいじょうてんのう》と太皇太后《たいこうたいごう》（橘《たちばなの》嘉智《かち》子《こ》）に嵯峨院で拝謁した。扈従《こしょう》する従五位以上の者に差をなして禄《ろく》を賜った。

○丙寅《七日》　天皇が豊楽殿《ぶらくでん》に出御して青馬《あおうま》を観覧し、百官と宴を催した。詔《みことの》りして、従五位上豊江《とよえ》王に正《しょう》五位下、従《じゅ》五位下豊村《とよむら》王に従五位上、正六位上高原《たかはら》王に従五位下、従四位下和《わ》気朝臣《けのあそん》真綱《まつな》・笠《かさ》朝臣梁麻呂《やなまろ》・藤原《ふじわら》朝臣雄敏《おとし》・大枝《おおえ》朝臣総成《ふさなり》に並びに従四位上、正五位下藤原朝臣豊主《とよぬし》・紀《き》朝臣名虎《なとら》・丹墀真人《たじひのまひと》清貞《きよさだ》・従五位上笠朝臣広庭《ひろにわ》に並びに従四位下、正五位下善道《よしみち》朝臣真貞《まさだ》に正五位上、従五位上坂上大宿禰鷹主《さかのうえおおすくねたかぬし》・藤原朝臣嗣宗《つぐむね》に並びに正五位下、従五位下紀朝臣椿守《つばきもり》・百済王《くだらのこにきし》永豊《えいほう》・大蔵《おおくら》宿禰横佩《よこはき》に並びに従五位上、外従五位下門部《かどべの》連貞宗《むらじさだむね》・無位興我《こが》朝臣三夏《みなつ》・正六位上藤原朝臣良相《よしみ》・藤原朝臣氏宗《うじむね》・丹墀真人貞峰《さだみね》・橘朝臣諸成《もろなり》・小野《おの》朝臣興道《おきみち》・浄野《きよの》宿禰二腹《ふたはら》・林《はやし》朝臣常継《つねつぐ》に並びに従五位下、正六位上出雲《いずも》朝臣全嗣《またつぐ》・高村《たかむら》宿禰清直《きよなお》・飯高公常比麿《いいだかのきみつねひまろ》・秦《はた》宿禰氏継《うじつぐ》・神服《かんはとり》連清継《きよつぐ》に並びに外従五位下を授けた。宴が終了して差をなして禄を賜った。

○丁卯《八日》　天皇が紫宸殿に出御した。皇太子（恒貞《つねさだ》親王）が御《み》杖《つえ》を献上した。

正五位下田口《たぐち》朝臣善子《よしこ》に従四位下を授けた。

本日は大極殿における最勝会《さいしょうえ》の初日である。

○己巳《十日》　従二位藤原朝臣三守《みもり》を右大臣《うだいじん》に任じ、正三位源《しょうさんみみなもと》朝臣常《ときわ》を大納言に任じ、従三位橘朝臣氏公《うじきみ》を中納言《ちゅうなごん》に任じ、従四位下安倍《あべ》朝臣安仁《やすひと》を参議《さんぎ》に任じた。

○壬申《十三日》　従五位上藤原朝臣当道《まさみち》を□弁に任じ、河内守《かわちのかみ》は故《もと》のままとし、従五位下藤原朝臣豊嗣《とよつぐ》を左少弁《さしょうべん》に任じ、従五位下藤原朝臣氏宗《うじむね》を式部少輔《しきぶのしょうふ》に任じた。（中略）三品仲野《さんぼんなかの》親王を上総太守《かずさのたいしゅ》に任じ、四品忠良《ただなが》親王を常陸《ひたち》太守に任じ、従五位下藤原朝臣貞公《さだきみ》を介《すけ》に任じ、一品葛原《かずらはら》親王を兼上野《かみつけ》大守に任じ、式部卿《しきぶきょう》は故のままとし、従五位下浄野宿禰二腹《ふたはら》を下野《しもつけ》介に任じ、従四位上源朝臣明《あきら》を兼加賀《かが》守に任じ、大学頭《だいがくのかみ》は故のままとし、従五位下丹墀真人貞峰《さだみね》を介に任じた。（中略）従三位《じゅさんみ》源朝臣定《さだむ》を兼播磨《はりま》守に任じ、中務卿《ちゅうむきょう》は故のままとした。（下略）

本日、従四位下藤原朝臣河子《かわこ》が死去した。

○癸酉《十四日》　最勝会が終了した。ついでその講師《こうじ》と名僧十余人を禁中《きんちゅう》に喚《よ》び、論議を行い、終わると御被を施した。
○乙亥《十六日》　天皇が紫宸殿に出御して踏歌《とうか》を観覧した。宴が終わると、侍従以上の者に差をなして禄を賜った。
○丙子《十七日》　天皇が豊楽殿《ぶらくでん》に出御して、大射《たいしゃ》を観覧した。（下略）
○己卯《二十日》　天皇が仁寿殿《じじゅうでん》において内宴を催した。公卿《くぎょう》および才知のある文人を喚び、「よもやま話をして春の音曲に遊ぶ」の題で詩を賦《ふ》させた。宴が終わると差をなして禄を賜った。
（下略）
○辛巳《二十二日》　摂津《せっつ》国豊嶋《てしま》郡の人正六位上豊津《とよつ》連弥嗣《いやつぐ》・民部史生《みんぶのししょう》同姓吉雄《よしお》ら二十八人の本貫《ほんがん》を改めて、右京二条に貫附《かんぷ》した。弥継《いやつぐ》（嗣）は外国から帰化した者の流れを汲《く》んでいる。
○乙酉《二十六日》　勲《くん》五等吉弥侯《きみこ》部東人麻呂《べのあずまひとまろ》・同姓玉岐《たまき》に並びに外従五位下を授けた。朝廷に叛《そむ》いた者に従わず、久しきに渉《わた》り勲功《くんこう》をあげたことによる。

続日本後紀　巻第七　起㆓承和五年正月㆒尽㆓十二月㆒

太政大臣従一位臣藤原朝臣良房等奉　勅撰

○五年春正月庚申朔《一》、天皇御㆓大極殿㆒、受㆓朝賀㆒、畢宴㆓侍従已上於紫宸殿㆒、賜㆓御被㆒、○壬戌《三》、天皇朝㆓覲先太上天皇及太皇太后於嵯峨院㆒、賜㆓扈従五位已上禄㆒有レ差、○丙寅七、天皇御二豊楽殿一、覧二青馬一、宴二百官一、詔授二従五位上豊江王正五位下一、従五位下豊村王従五位上、正六位上高原王従五位下、従四位下和気朝臣真綱、笠朝臣梁麻呂、藤原朝臣雄敏、大枝朝臣総成並従四位上、正五位下藤原朝臣豊主、紀朝臣名虎、丹墀真人清貞、従五位上笠朝臣広庭並従四位下、正五位下善道朝臣真貞正五位上、従五位上坂上大宿祢鷹主、藤原朝臣嗣宗並正五位下、従五位下紀朝臣椿守、百済王永豊、大蔵宿祢横佩並従五位上、外従五位下門部連貞宗、无位興我朝臣三夏、正六位上藤原朝臣良相、藤原朝臣氏宗、丹墀真人貞峰、橘朝臣諸成、小野朝臣興道、浄野宿祢二腹、林朝臣常継並従五位下、正六位上出雲朝臣全嗣、高村宿祢清直、飯高公常比麿、秦宿祢氏継、神服連清継、並外従五位下、宴了賜レ禄有レ差、○丁卯八、天皇御二紫宸殿一、皇太子献二御杖一」授二正五位下田口朝臣善子従四位下一」是日、大極殿最勝会之初也、○己巳十、以二従二位藤原朝臣三守一為二右大臣一、正三位源朝臣常為二大納言一、従三位橘朝臣氏公為二中納言一、従四位下安倍朝臣安仁為二参議一、○壬申十三、従五位上藤原朝臣当道為二□□弁一、河内守如レ故、従五位下藤原朝臣豊嗣為二左少弁一、従五位下藤原朝臣氏宗為二式部少輔一云々、三品仲野親王為二上総太守一、四品忠良親王為二常陸太守一、従五位下藤原朝臣貞公為レ介、一品葛原親王為二兼上野太守一、式部卿如レ故、従五位下浄野宿祢二腹為二下野介一、従四位上源朝臣明為二兼加賀守一、大学頭如レ故、従五位下丹墀真人貞峯為レ介云々、従三位源朝臣定為二播磨守一、中務卿如レ故云々、」是日、従四位下藤原朝臣河子卒、○十四癸酉、最勝会竟、更引二其講師及名僧十余口於禁中一、令二論議一、訖施二御被一、○十六乙亥、天皇御二紫宸殿一覧二踏歌一、宴竟賜二侍従已上禄一有レ差、○十七丙子、天皇御二豊楽殿一観二大射一云々、○二十己卯、天皇内二宴于仁寿殿一、喚二公卿及知文士一、令レ賦二雑言遊春曲之題一、宴畢賜レ禄有レ差云々、○廿二辛巳、摂津国豊嶋郡人正六位上豊津連弥嗣、民部史生同姓吉雄等廿八人、改二本居一貫二附右京二条一、弥継、諸蕃帰化之余種也、○廿六乙酉、授二勲五等吉弥侯部東人麻呂、同姓玉岐、並外従五位下一、以下不レ従二逆類一久効中功勲上也、

○二月己丑朔庚寅二日　丹波《たんば》国桑田《くわた》郡の空閑地《くうかんち》三十町を道康《みちやす》親王（文徳《もんとく》天皇。田邑《たむら》天皇）に賜った。

○癸巳五日　春宮坊《とうぐうぼう》の主□に今後永く笏《しゃく》を把《と》ることを許した。

○乙未七日　天皇が内裏《だいり》の射場《いば》に出御して、侍臣《じしん》に命じて射《じゃ》を行った。本日、右大臣《うだいじん》従二位藤原《ふじわらの》朝臣《あそんみ》三守《もり》が奉献して美を尽くし、また銭・布を積み置いて賭物《かけもの》とした。

○丁酉九日　従五位下藤原朝臣氏雄《うじお》を縫殿頭《ぬいどののかみ》に任じた。（下略）

○戊戌十日　畿内諸国に群盗が横行し、放火・殺人を行っているので、国司《こくし》に命令して取り締まらせることにした。

山陽・南海道等の諸国司に命じて、海賊の逮捕に当たらせた。

○庚子《十二日》　天皇が水生瀬野《みなせの》に遊猟した。扈従《こしよう》する五位以上の者に、差をなして禄を賜った。日暮れて宮へ戻った。（下略）
左右衛門府生《さゆうのえもんのふしよう》・看督《かんとく》らを畿内諸国に分遣して、盗賊の追捕《ついぶ》を行った。（下略）
○癸卯《十五日》　天皇が次のように勅した。
斎院《さいいん》の雑使《ぞうし》四人は、東宮《とうぐう》・皇后宮《こうごうぐう》および淳和院《じゆんないん》の舎人《とねり》に准じて公験《くげん》（身分証明書）を与えるべきである。嵯峨院《さがいん》の勘籍《かんじやく》（採用に際し戸籍により身許《みもと》調査をする下級職員）二十人もまたこれに准ずるべきである。
○庚戌《二十二日》　武蔵《むさし》国都筑《つづき》郡の杉山《すぎやま》神社（杉山神社）を官幣《かんぺい》に預かる神社とした。霊験《れいげん》があることによる。
詔《みことのり》により、陸奥守《むつのかみ》従五位上良岑《よしみね》朝臣木連《いたび》に正五位下を授けた。

○二月己丑朔庚寅《二》、波国桑田郡空閑地三十町賜レ諱田邑、」春宮坊主□永預二把笏一也、○癸巳《五》、天皇御二内裏射場一、命二侍臣一射レ之、是日、右大臣従二位藤原朝臣三守奉献尽レ美、亦積二置銭布一、備二于賭物一、○乙未《七》、従五位下藤原朝臣氏雄為二縫殿頭一云々、○丁酉《九》、畿内諸国、群盗公行、放レ火殺レ人、下二知国司一、令二以糺勘一、○戊戌《十》、令下二山陽、南海道等諸国司一、捕中紕海賊上、○庚子《十二》、行二幸水生瀬野一遊猟、賜二扈従五位已上禄一有レ差、日暮車駕還宮云々、」分二遣左右衛門府生看督等於畿内諸国一、逐二捕姧盗一云々、○十五癸卯、勅、斎院雑使四人、宜下准二二宮并淳和院舎人等一、与中之公験上、嵯峨院勘籍廿人亦宜レ准レ此、」詔授二陸奥守従五位上良岑朝臣木連正五位下一、○廿二庚戌、武蔵国都筑郡杉山神社預二之官幣一、以二霊験一也、

○三月戊午朔癸亥六日　摂津《せっつ》国八部《やたべ》郡□の公田《こうでん》と乗田《じょうでん》二十一町を後院勅旨田《ごいんちょくしでん》とした。

○乙丑八日　散位《さんに》従四位下池田朝臣春野《いけだのあそんはるの》が死去した。春野は天応《てんおう》以後の人である。延暦《えんりゃく》十年に始めて官に就き、内舎人《うどねり》に任命され、同十四年に左衛門少尉《さえもんのしょうじょう》に任じて大尉《だいじょう》に転じ、同十九年に従五位下に叙され、内蔵助《くらのすけ》に任じて丹波守《たんばのかみ》を兼任した。大同《だいどう》元年に従五位上となり、中務少輔《ちゅうむのしょうふ》・弾正少弼《だんじょうしょうひつ》を歴任した。弘仁《こうにん》元年に大蔵大輔《おおくらのたいふ》に任じ、同三年に正五位下に叙され、続けて遠江《とおとうみ》・越中《えっちゅう》守を兼ね、宮内大輔《くないのたいふ》に転任している。天長《てんちょう》三年に図書頭《ずしょのかみ》に遷《うつ》り、同四年に正五位上となり、掃部頭《かもんのかみ》に任じ、同元年正月に従四位下となっている。春野宿禰《はるののすくね》（ここの宿禰は敬称）はよく故事について語り、その中には採用すべきものがあった。天長十年冬に大嘗会《だいじょうえ》を行うことになり、天皇が禊《みそぎ》をするため、賀茂川《かもがわ》に行幸《みゆき》した時、掃部頭として行幸の列に加わったが、五位の者が着用している当色《とうじき》の装束《しょうぞく》の裾《すそ》が地面を曳《ひ》きずっているのを見て、大笑いして「地面を曳きずるのは通常の場合で、神事の時の古風のあり方ではない」と言い、ついで自分の着ている装束を指して、古体の証《あかし》とした。春野の装束の裾は地面より少々高く、下に着用している袴《はかま》の裾が露見していた。五位の者たちは皆驚

き「古い着用方法は唐《とう》と同じであり、後代の者はこの古体に倣う必要がある」と言った。春野の衣冠は古風で、身長は六尺（百八十センチメートル）余あり、人が集まる中で立つと誰もが注目した。白髪を蓄え、国の元老《げんろう》とはこのような人物のことであり、今は見られなくなってしまった。行年八十二。

○壬申《十五日》 左京二条二坊十六町の半分を掌侍《ないしのじょう》正五位下大和《やまと》宿禰館子《たちこ》に賜った。勲六等夷守志為奈《ひなもりのしいな》・深江枚子《ふかえのひらこ》らに外従五位下を授けた。勲功《くんこう》があったことによる。

○丙子《十九日》 大法師《だいほっし》静安《じょうあん》を律師《りっし》に任じた。

○戊寅《二十一日》 弥勒寺《みろくじ》に出火があり、堂舎《どうしゃ》五棟《とう》を焼いた。

○癸未《二十六日》 天皇が次のように勅した。

諸衛府《しょえふ》および勤務の多忙な劇官《げきかん》に勤務する者には特別に六位以下であっても緋色《ひいろ》の袴《はかま》の着用を許し、他の官司の六位以下の者には染色した染袴《せんこ》を認めていないが、格別に染袴の着用を許された者たちは黒緋（黒ずんだ緋色）を用いたり、浅緋（明かるい緋色）を用いるなど、勝手なことをして規則を守っていない。これでは五位の服色（浅緋）が六位以下、庶民の袴色《こしょく》になってしまう。これを取り締まらなければ、事は秩序の紊乱《びんらん》となるので、今後は一切禁止し、着用を許さない。ただし、厳しく取り締まると罪に陥る者が多くなるので、六十日以内に規定の色に戻せばよい。猶予期間を置くのは、厳しくすることによる弊害を避けるのが重要なことによる。今、呉桃染《くるみぞめ》（薄い褐色）・黄墨《きすみ》染

（黒ずんだ黄色）・杉《すぎ》染（薄藍色）・皀《くり》染（焦げ茶色）は、染色に高価を要さず、着用して汚れが目立たないので、この四色の袴は色の濃淡を問わず、公私の場で着用してよく、参議《さんぎ》以上の者にはこの四色すべての着用を認め、他の者には呉桃染の着用を許さないこととする。

○甲申二十七日　天皇が次のように勅した。

遣唐使《けんとうし》はしきりに漂流して引き返し、渡海できていない。奥深い霊力は深く信ずることにより応報を齎《もたら》し、神祇《じんぎ》の加護はよき仏教修行により必ず実現されるものである。そこで大宰府監《だざいふのげん》以上の官人を管内の国ごとに一人遣わし、国司《こくし》・講師《こうじ》を率いて、その国の内外を問わず、年齢が二十五歳以上で精進して経《きょう》を絶えず読み、心持ちに変わりのない者を選び、九人を出家させよ。香椎宮《かしいのみや》二人・大臣（香椎宮に祀《まつ》られている武内《たけしうち》宿禰）一人・宇佐《うさ》八幡大菩薩《はちまんだいぼさつ》宮二人・宗像《むなかた》神社二人・阿蘇《あそ》神社二人とし、国分寺《こくぶんじ》と神宮寺《じんぐうじ》に配置し、供養せよ。使人らは、出張先の国への往来の間、通過するだけで、民や役人を煩《わずら》わすことがないようにせよ。（下略）

○乙酉二十八日　正六位上佐伯《さえき》宿禰長人《ながひと》に従五位下を授けた。

○丙戌二十九日　山城《やましろ》国葛野《かどの》郡の空閑地《くうかんち》一町を春宮坊《とうぐうぼう》に賜った。

○三月戊午朔癸亥六、以㆓摂津国八部郡□□公田并乗田廿一町為㆓後院勅旨田㆒、○乙八丑、散位従四位下池田朝臣春野卒、春野者、天応以往之人也、至二延暦十年一、始預二官班一、補二内舎人一、十四年任二左衛門少尉一、転二大尉一、十九年叙二従五位下一、除二内蔵助一、兼二丹波守一、大同元年加二従五位上一、轍歴二中務少輔弾正少弼一、弘仁元年任二大蔵大輔一、三年叙二正五位下一、頻兼二遠江越中守一、遷二宮内大輔一、天長三年遷二図書頭一、四年叙二正五位上一、除二掃部頭一、六年正月授二従四位下一、春野宿祢能説二故事一、或レ可レ採容一、比二十年冬一、将レ有二大嘗会事一、天皇欲レ修二禊祓一、幸二賀茂河一、春野以二掃部頭一奉二鹵簿陣一、看二諸大夫所レ着当色一、其裾曳レ地、大咲曰、是尋常之装束、非二神事之古体一、便指二自所レ着、為二古体之証一、其裾離レ地差高、而袴襴露見矣、諸大夫皆驚云、古之儀制応二与レ唐同一、後代当レ効レ之、春野衣冠古様、身長六尺余、稠人之中、掲焉而立、会集衆人莫レ不レ駐レ眼、皤々国老如レ此者今則不レ見也、卒時年八十二、○壬申《十五》、左京二条二坊十六町二分之一、賜二掌侍正五位下大和宿祢舘子一、○丙子《十九》、大法師静安為二律師一」授二勲六等夷守志為奈、深江枚子等外従五位下一、以レ有二勲功一也、○戊寅《廿一》、火二于弥勒寺一、焚二堂舎五宇一、○癸未《廿六》、勅曰、諸衛府及劇官雑色人、特聴レ着二緋色袴一、自余諸人不レ聴レ着二染袴一、而特聴之徒、所レ着之袴、或用二黒緋一、或用二浅緋一、着人任レ意、不レ拘二文法一、大夫当色之服、還為二士庶之袴一、知而不レ糺、事渉二僭濫一、宜下自今以後、一切禁止、不上得レ令レ着、但慮二厳制下入レ罪者衆一、須三六十日内皆令二換却一、其権レ宜行レ制、省レ弊為レ貴、如今呉桃染、黄墨染、杉染、皂染等色、染作無レ貴、着服難レ汚、宜下四色袴不レ謂二色浅深一、不レ論二公私所一、特聴中着服上、其参議已上聴三通着二四色一、自余諸人不レ得レ着二呉桃染一色一、○甲申《廿七》、勅曰、遣唐使頻年却廻、未レ遂二過海一、夫冥霊之道、至信乃応、神明之徳、修善必祐、宜下令二大宰府監已上一、毎国一人率二国司講師一、不レ論二当国他国一、択二年廿五以上精進持経心行無レ変者一、度レ之九人上、香襲宮二人、大臣一人、八幡大菩薩宮二人、宗像神社二人、阿蘇神社二人、於二国分寺及神宮寺一、安置供養、使等往還之間、専心行道、令レ得二穏平一云々、○乙酉《廿八》、授二正六位上佐伯宿祢長人従五位下一、○丙戌《廿九》、山城国葛野郡空地一町賜二春宮坊一、

○夏四月戊子朔己丑《二日》　勅により、使者を大和《やまと》国へ遣わし、富豪の資財を調査して、困窮の民に無利子で貸し付け、秋の収穫期に返納させることにした。

○壬辰《五日》　勅により、遣唐使《けんとうし》が出立した日から帰朝の日まで、五畿内・七道諸国に指示して『海龍王経《かいりゅうおうきょう》』を読ませることにした。

○甲午《七日》　天皇が次のように勅した。

去年は穀物が稔《みの》らず、間々《まま》疫病《えきびょう》が流行した。般若《はんにゃ》の力には奥深いものがあるので、十五大寺と五畿内・七道諸国および大宰府《だざいふ》に命令して、『大般若経《だいはんにゃきょう》』を七日間読み、殺生《せっしょう》を禁断せよ。

○庚子（十三日） 勅により、筑前《ちくぜん》・筑後《ちくご》・肥前《ひぜん》・豊後《ぶんご》等の四ヵ国は、年来疫病に遭い、死亡する者が半ばとなり、生き残った者も造船（遣唐使のためのもの）のことで疲弊しているので、貧窮の者にさらに一年間の税を免除することにした。

○辛丑（十四日） 大宰府管内の諸国に飢饉《ききん》が発生したので、物を恵み与えた。

○壬寅（十五日） 右京の人正六位上春男《はるお》王に宗高真人《むなたかのまひと》を賜姓した。

○戊申（二十一日） 備前国に飢饉が発生したので、物を恵み与えた。

○乙卯（二十八日） 天皇が遣唐大使藤原朝臣常嗣《ふじわらのあそんつねつぐ》・副使小野《おの》朝臣篁《たかむら》に、次のように勅した。

遣唐使らは天皇の使節として大海を渡ることになったが、計画どおりいかないことが多く、旅舎《りょしゃ》で逗留《とうりゅう》している。朕はこの困難な事態を思い、心に憂《うれ》いの気持ちを抱いている。現在北東の風が吹き始め、出航の期限が迫っている。使節としての任務遂行はどうなっているか。使を派遣して、朕の意を示すことにする。そこで従四位下右近衛中将《うこのえのちゅうじょう》藤原朝臣助《たすく》を遣わし、出立の遅延について調査しようと思う。

本日、天皇が常寧殿《じょうねいでん》に遷《うつ》り、暑気を避けた。

○夏四月戊子朔己丑（二）、勅、遣㆓使者於大和国㆒、実㆓録富豪之資㆒、借㆓貸困窮之輩㆒、至㆓秋収時㆒、依㆑員俾㆑報、○壬辰（五）、勅、自㆓遣唐使進発之日㆒、至㆓皈朝之日㆒、令㆘㆓五畿内七道諸国㆒、読㆗海龍王経㆖、○甲午（七）、勅、去歳年穀不㆑稔、疫癘間発、夫般若之力不可思議、宜レ令下二十五大寺、五畿内七道諸国及大宰府一、奉二読大般若経一、一七ヶ日禁中断殺生上、○庚子《十三》、勅、筑前、筑後、肥前、豊後等四ケ国、頻年遭レ疫、死亡者半、蘇息之輩、既疲二造船一、就レ中択二窮貧者一、給二復一年一、○辛丑《十四》、大宰管内諸国飢、賑二給之一、○壬寅《十五》、右京人正六位上春男王賜二姓宗高真人一、○戊申《廿一》、備前国飢、賑給、○乙卯《廿八》、勅二遣唐大使藤原朝臣常嗣、副使小野朝臣篁一、使等本期三鳳挙用渉二鼇波一、心事多睽、滞二留逆旅一、朕眷二言艱節一、憂二念于懐一、方今信風甫臻、厳程已迫、如二靡盬一何、因二雲帆往一、付レ之示レ意、仍遣下二従四位下右近衛中将藤原朝臣助一、勘中発遅怠之由上」是日、天皇遷二御常寧殿一、以避レ暑也、

○五月丁巳朔己未《三日》　遣唐使《けんとうし》が次のように上奏した。

私たち遣唐使は漂流して引き返し、陛下の指示を達成できずにいます。風向きのせいとはいえ、これは天の示したものであり、二度の渡海の失敗は、神霊《しんれい》の妨げによるものとみられます。これから大海を渡る困難は測りがたく、神霊の助力がなければ、どうして行くことができましょうか。諸国に命じて『大般若経《だいはんにゃきょう》』を転読してください。

本日、詔《みことのり》により五畿内・七道諸国に命じて、今月中旬から遣唐使が帰朝する日まで、しっかりと『海龍王経《かいりゅうおうきょう》』を講説し、併せて『大般若経』を転読することにした。

○辛酉《五日》　天皇が武徳殿《ぶとくでん》に出御《しゅつぎょ》して騎射《うまゆみ》を観覧した。

○乙丑九日　安芸《あき》国が、「管下の駅家《うまや》十一所には、駅家ごとに駅子《えきし》が百二十人いますが、駅道は山にかかり険しく、駅使の送迎に当たる駅子の任務は多忙で、実に他国の駅子の倍にもなり、煩労のほどは同じではありません。そこで本年から国司《こくし》の俸給に当てる財源である公《く》解稲《げとう》を減らし、三万一千二百束を新たに出挙《すいこ》し、その利稲《りとう》を駅子の食料に充当したいと思います」と言上してきたので、許可した。

○丁卯十一日　出羽《でわ》国の従五位上勲五等大物忌神《おおものいみ》に正五位下を授け奉《たてまつ》り、勲位は故《もと》のままとした。

美濃国が、「古式の弓弩《きゅうど》（大弓）は機能せず、修理しても役に立ちません。そこで今ある二十脚の古式の弓弩を廃棄し、新たに新式の弓弩四脚を作りたいと思います」と言上してきたので、許可した。

○甲戌十八日　百人の僧侶《そうりょ》に八省院《はっしょういん》で五日間を限り、『大般若経』を転読させることにした。天下を豊かで安楽にするためである。

○辛巳二十五日　山城《やましろ》国に飢饉《ききん》が発生したので、近江《おうみ》国の正税穀《しょうぜいこく》を用い、恵み与えた。

○甲申二十八日　地震があった。

○五月丁巳朔己未三、遣唐使上奏言、使等漂廻、厳綸未レ允、雖二風信之愆一、及是天時、而重行之累、類有二冥妨一、況巨海之程、艱虞無レ測、不レ資二霊祐一、何以利レ征、請令下二諸国一転中読大般若経上、是日、詔、令下二五畿内七道諸国一、始レ自二今月中旬一、至二使等帰朝之日一、堅固講二海龍王経一、相并転中読大般若経上、○辛酉《五》、天皇御二武徳殿一、観二騎射一、○乙丑《九》、安芸国言、管駅家十一処、駅家別駅子百廿人、山路険阻、送迎繁多、良倍二他国一、労逸不レ等、始レ自二今年一減二公廨穎一、加三挙三万一千二百束一、以二彼息利一、充三給駅子等食一、許レ之、○丁卯《十一》、奉レ授二出羽国従五位上勲五等大物忌神正五位下一、余如レ故、」美濃国言、古様弓弩、不レ可レ中レ用、徒加二修理一、何用之有、今須下弃二古様廿脚一、更造中新様四脚上、許レ之、○甲戌《十八》、百僧於二八省院一限二五ケ日一、転三読大般若経一、為レ令二天下豊楽一也、○辛巳《廿五》、山城国飢、以二近江国正税穀一賑三給之一、○甲申《廿八》、地震、

○六月丁亥朔戊子《二日》　地震があった。

○甲午《八日》　勅により、種々の薬物を貢納《こうのう》することになっている国で未進がある場合は、多少を問うことなく医師の公廨《くげ》（俸禄。出挙《すいこ》して得た利稲を充てる）支給を停止し、完納したという返抄《へんしょう》（受け取り）が出されるのを待って支給することに定め、今後これを恒法《こうほう》とすることにした。

○乙未《九日》　天皇が次のように勅した。

貢進される蔭子孫《おんしそん》（五位以上の子・孫）と位子《いし》（内八位以上の子）に関して、式部《しきぶ》・

民部《みんぶ》両省の丞《じょう》が戸籍に当たり勘籍《かんじゃく》（身許調査）をする時は、写し取った戸籍の姓名の上に一致するか否かで合否を書き付け、その下に式部・民部両省の丞が署名するようにせよ。治部《じぶ》・兵部《ひょうぶ》両省が勘籍の作業をする時も同様とし、今後恒法とせよ。

○丙申《十日》　治部卿正四位下安倍朝臣吉人《あべのあそんよしひと》が死去した。行年五十八。

○辛丑《十五日》　天皇が次のように勅した。

天平宝字《てんぴょうほうじ》元年勅書（『類聚三代格《るいじゅうさんだいきゃく》』巻五天平宝字元年十一月九日勅）によれば、学生《がくしょう》が諸国の博士・医師に任命されると、支給される公廨一年分を業《ぎょう》を受けた師に送らなければならないとあるが、一年分をすべて送るというのは、物の道理に反している。国ごとに分けて、差を設けて送るようにするべきである。赴任している場合も兼任により赴任していない場合も共に公廨から、大国は二百束、上国は百五十束、中国は百束、下国は五十束を、毎年取り分けて、国がそれを軽貨（絹・布等の類）に交易して、博士料《はかせりょう》は大学寮《だいがくりょう》へ、医師料は典薬寮《てんやくりょう》へ送れ。大学博士や侍医《じい》が諸国博士・医師を兼任している場合は、この限りでない。

○丁未《二十一日》　大宰府《だざいふ》が、「府官人の公廨は未納があっても、正税《しょうぜい》を用いて全額支給し、未納分は国司《こくし》が代わって徴収していますが、正税が不足している国の場合は、大宰府管内の他の国の正税を用いたいと思います」と言上してきたので、許可した。

正六位上　橘《たちばな》朝臣貞根《さだね》に従五位下を授けた。

○戊申《二十二日》　勘発遣唐使《かんばつけんとうし》（遣唐使の出立事情について調査する役）右近衛中将《うこのえのちゅうじょう》藤原《ふじわら》朝臣助《たすく》が、副使小野《おの》朝臣篁《たかむら》は病により出発できなかった、と奏上した。

○壬子《二十六日》　天皇が清涼殿《せいりょうでん》に出御《しゅつぎょ》して、助教正六位上直道宿禰広公《なおみちのすくねひろきみ》に『群書治要《ぐんしょちよう》』第一巻を読ませた。『易経《えききょう》』『書経《しょきょう》』『詩経《しきょう》』『礼記《らいき》』『春秋《しゅんじゅう》』の五経の文句が含まれていることに由る。勘解由使《かげゆし》が（「史」以下「名簿」欠字により意味未詳）試験することなく、適宜任用したい、と言上してきたので、許可した。

○六月丁亥朔戊子《二》、地震、○甲午《八》、勅、令レ貢二雑薬一之国、不レ論二未進多少一、拘二留医師公廨一、待二返抄畢一而後充行、以為二恒例一、○乙未《九》、勅、諸所レ貢蔭子孫位子等、須下式部民部並勘籍之日、於二其戸籍姓名之上一、具注二合否之状一、両省之丞、署中名其下上、治部兵部省亦宜レ同レ之、自今以後、立為二恒例一、○丙申《十》、治部卿正四位下安倍朝臣吉人卒、年五十八、○辛丑《十五》、勅、天平宝字元年勅書曰、諸学生等、被レ任二諸国博士幷医師一之後、所レ給公廨一年之分、必応レ令レ送二本受業師一、夫全取二一年俸一、物情難レ和、分折之事、宜レ有二節級一、須下不レ論二在国兼任一、大国二百束、上国百五十束、中国百束、下国五十束、毎年折留、随二国所レ出、交二易軽物一、博士料送二大学寮一、医師料送中典薬寮上、大学博士侍医等兼任之類、不レ在二此限一、○丁未《廿一》、大宰府言、府吏公廨、雖レ有二未納一、猶被下以二正税一全給上レ之、彼代令下二国司一徴塡上、若当国正税数少者、管内通行、許レ之、」授二正六位上橘朝臣貞根従五位下一、○戊申《廿二》、勘発遣唐使右近衛中将藤原朝臣助奏、副使小野朝臣篁依レ病不レ能二進発一、○壬子《廿六》、天皇御二清涼殿一、令三助教正六位上直道宿祢広公読二群書治要第一巻一、有二五経文一故也、」勘解由使言、使局史□□下二名簿一、不レ給二監試一、便被二補任一、許レ之、

○秋七月丙辰朔《一日》　天皇が「聞くところによると、京中で好んで水田を営む者が多いというが、すべて禁断せよ。ただし元来低湿地であったところでの水葱《みずにら》・芹《せり》・蓮《はす》の類《たぐい》を栽培することは許せ」と勅した。

○庚申《五日》　大宰府《だざいふ》が遣唐使《けんとうし》第一・四船が出航したと奏上した。

○丙寅《十一日》　天皇が葛野《かどの》川《がわ》に行幸《みゆき》して、魚を観覧した。扈従《こしょう》の五位以上の者に差をなして禄《ろく》を賜った。

兵部省《ひょうぶしょう》が、式部省《しきぶしょう》に准じて扶省掌《ふしょうしょう》二人を置くことにしたい、と言上してきたので、許可した。

大和《やまと》国に飢饉《ききん》が発生したので、物を恵み与えた。

僧侶《そうりょ》と沙弥《しゃみ》各七人に命じて、柏原山陵《かしわばらさんりょう》（桓武《かんむ》天皇）で読経《どきょう》した。物怪《もののけ》が出現したことに由る。

○戊辰《十三日》　仕丁《しちょう》に充てられていた長さ二十四丈、幅四丈の土地を、陰陽寮《おんようりょう》の守辰丁《しゅしんてい》二十二人の

居住する建物の用地とした。

○壬申（十七日）　畿内・畿外諸国の名神《みょうじん》に幣帛《へいはく》を分かち奉納した。秋の収穫を祈願してである。

○癸酉（十八日）　粉のような物が空から降ってきた。雨に遭っても融けず、降ったり止んだりしていた（今月五日に始まる神津島《こうづしま》の噴火に関係する。次の乙亥条も同じ。承和七年九月乙未条参照）。

○乙亥（二十日）　東の方角から大鼓のような音がした。

○丁丑（二十二日）　天皇が「春から夏にかけて、雲がしばしば湧《わ》き興って雨が降り、水稲に秋の収穫が期待される。伊勢《いせ》大神宮《だいじんぐう》に奉幣《ほうへい》して、稲の成熟を祈願すべきである」と勅した。

○庚辰（二十五日）　七大寺の僧三十人に紫宸殿《ししんでん》で三日間『仁王経《にんのうきょう》』百巻を講説《こうせつ》させた。怪異現象があったことによる。

○甲申（二十九日）　天皇が八省院《はっしょういん》に出御《しゅつぎょ》して伊勢大神宮に奉幣して、豊年を祈願した。

大宰府が、遣唐使第二船が出航した、と奏上した。

○秋七月丙辰朔（一）、勅、如レ聞、諸家京中、好営二水田一、自今以後、一切禁断、但元来卑湿之地、聴レ殖二水葱芹蓮之類一、○庚申（五）、大宰府奏、遣唐使第一四船進発、○丙寅（十一）、天皇幸二葛野川一観レ魚、賜二扈従五位已上禄一有レ差、」兵部省言、准二式部省一、置二扶省掌二人一、許レ之、」大和国飢、賑給、」令三僧沙弥各七口、読二経於柏原（桓武）山陵一、以レ有二物恠一也、○戊辰《十三》、以二仕丁町地長廿四丈広四丈一、為二陰陽寮守辰丁廿二人廬居一、○壬申《十七》、分二幣内外諸国名神一、以祈二秋稼一也、○癸酉《十八》、有レ物如レ粉、従レ天散零、逢レ雨不レ銷、或降或止、○乙亥《二十》、東方有レ声、如レ伐二大鼓一、○丁丑《廿二》、勅、従二彼青春一、終二此朱夏一、雲膚屢興、旬液応レ候、隴畝之苗、秋稼可レ期、宜下奉二幣帛於伊勢大神宮一、以祈中成熟上、○庚辰《廿五》、令下二七大寺僧卅口一於二紫宸殿一、限二三ケ日一講中仁王経一百巻上、以二恠異一也、○甲申《廿九》、天皇御二八省院一、奉二幣伊勢大神宮一、以禱二豊年一也、」大宰府奏、遣唐第二船進発、

○八月丙戌朔丁亥《二日》 孔子《こうし》（文宣王《ぶんせんのう》）を祀《まつ》る釈奠《せきてん》を行った。

○戊子《三日》 天皇が紫宸殿《ししんでん》に出御《しゅつぎょ》した。大学博士《だいがくはかせ》・学生《がくしょう》ら十一人を召し、前日講義された『尚《しょう》書《しょ》』の解釈について互いに批判させ、差をなして禄《ろく》を賜った。

本日、次のような遣唐使《けんとうし》の表奏が到来した。

臣下である常嗣《つねつぐ》らが申し上げます。伏して、四月二十八日の勅書による慰問を奉《うけたまわ》り、私たちは押し頂いて、ありがたさに立っていられない思いでした。陛下は身分にかかわらず、遠近を区別することなく施し、万物に対する支援は目に見えないながら弘まっており、御恩は使人として途上にいる私達にまで及び、心に深く感動しております。私たちは朝廷を辞去して一年が過ぎましたが、使命を果たさず、これは生涯どのように

お仕えしましても、万死に当たる罪であります。しかるに、思ってもいないことに、刑死にあってもよいところをお許し賜りました。天が植物を茂らせるように偏《ひとえ》に枯れた根を温かくつつみ育む御恩はありがたく、ここに私たちは幾年経っても御恩に酬いることができず、私たちの罪が書き尽くせないほどであることを知った次第です。上表を呈出して申し上げます。

○庚寅五日　刑部卿《ぎょうぶきょう》正四位下　源　朝臣弘《みなもとのあそんひろむ》を治部卿《じぶきょう》に任じ、美濃守《みののかみ》は故《もと》のままとし、参議《さんぎ》正四位下安倍《あべ》朝臣安仁《やすひと》を兼刑部卿に任じた。(下略)

○壬辰七日　美濃国多紀《たき》郡の無位久久美雄彦《くくみおひこ》神に従五位下を授け奉った。

天皇が次のように勅した。

五畿内・七道諸国の勅旨田《ちょくしでん》および親王以下、寺家《じけ》が所有する墾田地《こんでんち》は、未開の間は公も私人も立ち入り利用できるものとせよ。もしこの法に従わず、民を排除して愁苦《しゅうく》させるようなことがあれば、国司《こくし》・郡司《ぐんじ》は現職を解任し、勅旨田・墾田地を管理する専当《せんとう》や荘長《しょうちょう》には違勅の罪を科せ。

○乙未十日　大舎人頭《おおどねりのかみ》従四位下占野《うらの》王が死去した。

○己亥十四日　監物《けんもつ》の前の柳の木に落雷し、往来の途中、その樹の下で休んでいた男一人が雷に当たって死亡し、女一人が脛《すね》に傷を負い、子供一人が息絶え絶えとなり、もう一人の女は無事であった。

○甲辰（十九日）　貴布禰《きふね》神・丹生川上雨師神《にふかわかみのあまし》に幣帛《へいはく》と白馬を献納した。雨の止むのを祈願してである。
○乙巳（二十日）　暴風雨が民の家屋を壊した。
○戊申（二十三日）　備前《びぜん》国に飢饉《ききん》が発生したので、物を恵み与えた。
○癸丑（二十八日）　雨が降り続くので、賀茂《かも》上下・松尾《まつのお》・乙訓《おとくに》・垂水《たるみ》・住吉《すみのえ》等の名神《みょうじん》に奉幣《ほうべい》し、晴れるよう祈願した。

○八月丙戌朔丁亥（二）、釈二奠文宣王一也、○戊子（三）、天皇御二紫宸殿一、召二大学博士学生等十一人一、遞令レ論二難昨日所レ講尚書之義一、賜レ禄有レ差、」是日、遣唐使表奏到来、其表曰、臣常嗣等言、伏奉二四月廿八日勅書慰問一、臣等捧戴顚倒、涯分不次、施無二遠近一、資生之道潜通、恩及二客旅一、感化之心更切、臣等自レ辞二闕庭一、載離二寒暑一、国命未レ宣、労勤頻年、雖レ有二一生一、分当二万死一、不レ憶、運闕二三秋一、厳霜不レ行二粛殺之命一、天為二一物一、偏恩曲煦二埋枯之根一、是知、臣等年斉二柏寝一、酬恩何期、紙罄二蘭台一、書罪空満、謹拝表以聞、○庚寅（五）、以二刑部卿正四位下源朝臣弘一為二治部卿一、美濃守如レ故、参議従四位下安倍朝臣安仁為二兼刑部卿一云々、○壬辰（七）、奉レ授二美濃国多紀郡无位久久美雄彦神従五位下一、」勅、五畿内七道諸国勅旨、幷親王以下寺家所レ占墾田地、未レ開之間、公私共レ利、若不レ慎二憲法一、令二民愁苦一者、国宰郡司解二却見任㆒、専当荘長科㆓違勅罪㆒、○乙未《十》、大舎人頭従四位下占野王卒、○己亥《十四》、霹㆔靂於監物前柳樹㆒、往還人休㆓于樹下㆒、一男震死、一女傷レ脛、一童纔存、一女無レ恙、○甲《十九》辰、奉㆓幣帛幷白馬於貴布祢神、丹生河上雨師神㆒、以祈㆓止雨㆒也、○乙巳《二十》、暴風大雨、壊㆓民廬舎㆒、○戊申《廿三》、備前国飢、賑㆔給之㆒、○癸丑《廿八》、降雨殊切、奉㆔幣賀茂上下、松尾、乙訓、垂水、住吉等名神㆒、以祈レ霽焉、

○九月丙辰朔辛酉《六日》　下野《しもつけ》国那須《なす》郡の三和《みわ》神を官社とした。

○癸亥《八日》　再び貴布禰《きふね》・丹生川上雨師《にふかわかみのあまし》の神に馬を奉納した。風雨の止むのを祈願してである。

○甲子《九日》　本日は重陽節《ちょうようのせち》である。天皇が病となり、節会を取り止めたが、菊酒《きくさけ》を廊下において見参《げんざん》の親王以下、侍従《じじゅう》以上の者に賜り、差をなして禄《ろく》を賜った。

○乙丑《十日》　七大寺へ使いを分遣して誦経《じゅきょう》した。天皇の病気が癒えないためである。寺別に御衾《みふすま》一条を布施《ふせ》に当てた。

○己巳《十四日》　大宰府《だざいふ》管内における地子《じし》を交易する際の基準を定め、綿一屯《とん》の直《あたい》を稲八束とした。

○壬申《十七日》　近江《おうみ》国愛智《えち》郡の荒廃田《こうはいでん》百七十町を勅旨田《ちょくしでん》とした。

○甲戌《十九日》　勅により、天下の定額寺《じょうがくじ》の堂舎《どうしゃ》・仏像《ぶつぞう》・経論《きょうろん》および諸神社を修理することにした。

○甲申《二十九日》　七月から今月に至るまで、河内《かわち》・参河《みかわ》・遠江《とおとうみ》・駿河《するが》・伊豆《いず》・甲斐《かい》・武蔵《むさし》・上総《かずさ》・美《み》濃《の》・飛騨《ひだ》・信濃《しなの》・越前《えちぜん》・加賀《かが》・越中《えっちゅう》・播磨《はりま》・紀《き》伊等の十六国からそれぞれ、灰のような物

が降ってきて、何日も止まらない、と言上してきた。怪異に似ているが、被害はなく、現在、畿内・七道ともに豊年で五穀の値段は安く、老農はこれを米の華と名づけたという（本年七月五日に始まる神津島《こうづしま》の噴火に関係する。承和《じょうわ》七年九月乙未条）。

○九月丙辰朔辛酉六、下野国那須郡三和神預二之官社一、○癸亥八、又奉二幣馬於貴布祢、丹生河上雨師神一、以祈レ止二風雨一也、○甲子九、是重陽之日也、天皇不予、停三廃節会一、但賜二菊酎見参親王以下侍従已上於廊下一、賜レ禄有レ差、○乙丑十、頒二使七大寺一誦経、以三聖体未レ復二康平一也、寺別御被一条、以充二布施一、○己巳十四、定二大宰管内地子交易法一、綿一屯直稲八束、○壬申十七、近江国愛智郡荒廃田百七十町為二勅旨田一、○甲戌十九、勅令レ修三理天下定額寺堂舎、幷仏像経論及神祇諸社一、○甲申廿九、従二去七月一至二今月一、河内、参河、遠江、駿河、伊豆、甲斐、武蔵、上総、美濃、飛騨、信濃、越前、加賀、越中、播磨、紀伊等十六国、一一相続言、有レ物如レ灰、従レ天而雨、累レ日不レ止、但雖レ似二恠異一、無レ有二損害一、今茲畿内七道、倶是豊稔、五穀価賤、老農名二此物米花一云、

○冬十月乙酉朔戊子四日　左兵庫頭《さひょうごのかみ》従五位上岡野《おかの》王らを遣わして、伊勢大神宮《いせだいじんぐう》に神宝を奉納した。

○癸巳《九日》　民部省《みんぶしょう》が次のように言上してきた。
　永らく大帳《だいちょう》に記載された課丁《かちょう》の割合は、ある国では一戸に二、三丁、別な国では一戸に三、四丁となっています。ところで、年来検損田使帳《けんそんでんしちょう》を見ますと、課丁の多い戸が損害に遭い、課税免除となっていますので、負担の多い戸が有利になっているのが判ります。損戸《そんこ》（損害を被った戸）と得戸《とくこ》（損害を被らない戸）の割合がこうなるのは、理屈にあいません。今後は、損戸と得戸の課丁数の割合が同じになるようにすべきです。

言上を許可した。
○甲午《十日》　隠岐《おき》国の無位比奈麻治比売《ひなまじひめ》神に従五位下を授け奉った。
○乙未《十一日》　勅により、畿内諸国の出挙に出されている雑官稲《ざっかんとう》の収納を銭で行うことを、一切禁止した。
○丁酉《十三日》　諸司《しょし》の書に勝れた五位以下の者四十人を冷然院《れいぜいいん》に喚《よ》び集め、『金剛寿命陀羅尼経《こんごうじゅみょうだらにきょう》』一千軸を写した。
　本日、天皇が常寧殿《じょうねいでん》から清涼殿《せいりょうでん》へ移った。

　天皇が次のように詔りした。

　人の器量は同じでなく、識見・才能はそれぞれ異なりながら定まっているものである。智恵と徳行において他より勝れ、仏教の指導者たるに相応しい者を、それぞれ有名・無名を問うことなく、また員数を限らず、同じく共に推挙すべきである。そこで仏教の学問に勝れ、仏教を承け伝える能力を有する者と精進苦行《しょうじんくぎょう》して仲間に知られている者を、大寺ごとに七人以下選び、僧としての修行年数を注記せよ。もし適任者がいない時は、強いて推挙する必要はない。適任者が多数いても、同一宗からのみの推挙はならず、各派に詢《はか》れ。僧綱《そうごう》一人が寺ごとに衆僧と相対して選び、推薦結果を記した帳簿には、寺の別当《べっとう》・三綱《さんごう》・学頭《がくとう》（各宗派や諸大寺で教学を統括する僧）が署名せよ。この帳簿は三年に一度作成し、十月のうちに提出せよ。

○戊戌《十四日》　午後六時頃、平安京《へいあんきょう》の西山の南北にかけて長さ約四十丈、幅約四丈の白虹《はくこう》が出現し、まもなくして消えた。

○丙午《二十二日》　本日夜、ほうき星が東南方の方角に出現した。その光は赤白く、天空に数里に渉り、尾を引いていた。まもなく見えなくなった。

正六位上安倍朝臣鯛継《あべのあそんたいつぐ》に従五位下を授けた。

○庚戌《二十六日》　ほうき星が本日も見えた。

○甲寅《三十日》　太政官《だいじょうかん》の決定で、大宰府《だざいふ》が恒例《こうれい》として貢進する緋綿紬《ひめんのつむぎ》百端を、今回、紺紬《こんつむぎ》十端・黒《こく》緋紬《ひつむぎ》四十端・緋紬五十端に改定し、画革《えかわ》五十枚を今回、白革《しらかわ》三十枚と画革二十枚に改定した。

○冬十月乙酉朔戊子《四》、遣㆘㆓左兵庫頭従五位上岡野王等㆒、奉㆗神宝於伊勢太神宮㆖、○

癸巳《九》、民部省言、永大帳口率之数、或国戸到二二三丁一、或国戸到二三四丁一、而頃年撿損田使帳、多丁之戸、定是遭レ損、多課之烟、必以為レ得也、通計之率、理不レ可レ然、自今以後、損得戸丁、彼此同率、許レ之、○甲午《十》、奉レ授二隠岐国无位比奈麻治比売神従五位下一、○乙未《十一》、勅、畿内諸国雑官稲代収レ銭、一切禁レ之、○丁酉《十三》、喚二集諸司官人能書者五位已下卌人於冷然院一、奉レ写二金剛寿命陀羅尼経一千軸一」是日、天皇遷レ自二常寧殿一、御二清涼殿一」詔曰、人之度量、器非二一同一、識鑒行能、各有二帰趣一、宜下智徳翹楚為二道棟梁一者、無レ問二隠顕一、不レ限二員数一、同共選挙上、其道業優潤能堪二伝灯一、及精進苦行衆所二共知一、毎二大寺一、簡二択七人已下一、具注二年臈一、若無二此類一、不レ可二強挙一、縦雖二人多一、同宗之人不レ得二専挙一、遍詢二諸業一、仍僧綱一人、毎寺須下顕対二大衆一而選上レ之、令三別当三綱幷学頭同署二其帳一、皆三年一度造レ簿、十月之内、為レ例進レ之、○戊戌《十四》、酉尅、白虹竟二西山南北一、長卌許丈、広四許丈、須臾而鎖焉、○丙午《廿二》、是夜、彗星見二東南一、其気赤白、竟レ天数許里、須臾而不レ見、」授二正六位上安倍朝臣鯛継従五位下一、○庚戌《廿六》、彗星猶見、○甲寅《三十》、太政官処分、大宰府例進緋綿紬一百端、今定二紺紬十端、黒緋紬卌端、緋紬五十端一、画革五十枚、今定二白革卅枚、画革廿枚一、

○十一月乙卯朔辛酉《七日》　天皇が次のように勅した。

近頃災いの前兆がしばしば現れ、妖気《ようき》の止むことがない。朕は民と穀物のことを思い、寝食を忘れるほどである。人民に病の憂いがなく、農業に豊年の喜びを致すには、般若《はんにゃ》の妙《たえ》なる力と大乗の二つとない徳に及ぶものはない。広く京畿《けいき》・七道に告げて『般《はん》若心経《にゃしんぎょう》』を書写して供養すべきである。そこで、国司《こくし》・郡司《ぐんじ》および百姓に人別銭《にんべつせん》一文、もしくは米一合を提供させて、郡ごとに一の定額寺または郡衙《ぐんが》に収置し、国司・講師《こうじ》に管理させて、供出された物を二分して、一を写経料に当て、他を供養料に当てよ。

その米で来年二月十五日に、収置してある本処で、精進して修行を積み講説のできる者を招《よ》んで法会《ほうえ》を開き、教えを受けて、供養せよ。法会の前後三日間は、殺生《せっしょう》を禁断せよ。朝廷は一法会ごとに正税稲《しょうぜいとう》百束を施捨《せしゃ》することとし、経費に当てよ。願わくは、天下に普《あまね》く、仏教の勝れた事業を広め、国土の隅々まで民が皆仁徳をもって長寿となることを。

○丁卯（十三日）　正六位上百済王《くだらのこにきし》教凝《きょうぎょう》に従五位下を授け、また外従六位下宇漢米公毛志《うかめのきみもし》に外□五位下を授けた。かつて出征して勲功を挙げたことによる。

○辛未（十七日）　ほうき星が東方に見えた。この星は十月二十二日より今月十七日に至るまで、毎夜午前四時頃東方に現れ、その長さは七、八尺ほどあった。

○甲戌（二十日）　従五位上真国《まくに》王を大舎人頭《おおどねりのかみ》に任じ、従五位下文室朝臣氏雄《ふんやのあそんうじお》を内匠頭《たくみのかみ》に任じ、正五位下藤原《ふじわら》朝臣嗣宗《つぐむね》を兼兵部大輔《ひょうぶのたいふ》に任じ、少納言《しょうなごん》は故《もと》のままとし、従五位下岡於《おかのえ》王を内膳正《ないぜんのかみ》に任じ、従四位下滋野《しげの》朝臣貞主《さだぬし》を弾正大弼《だんじょうのだいひつ》に任じ、従五位下藤原朝臣諸氏《もろうじ》を右衛門権佐《うえもんのごんのすけ》に任じ、侍従《じじゅう》従四位下正行王《まさゆき》を兼越中守《えっちゅうのかみ》に任じ、従四位下和気《わけ》朝臣仲世《なかよ》を阿波《あわ》守に任じ、従五位下在原《ありはら》朝臣仲平《なかひら》を豊前《ぶぜん》守に任じた。

右京の人散位《さんに》従七位上勲九等坂上忌寸《さかのうえのいみき》豊雄《とよお》の忌寸を改めて宿禰《すくね》を賜った。

○辛巳《二十七日》　皇太子（恒貞《つねさだ》親王）が紫宸殿《ししんでん》において元服《げんぷく》した。天皇が次のように詔《みことの》りした。

　皇太子恒貞は、立派な風姿をもち、生まれつき性格が穏やかで宮城内で育ち、皇太子として宗廟《そうびょう》の守りについている。幼稚を離れ成人となったので、良き日柄を選び、初《うい》冠《こうぶり》（成人式）をすることになった。恒貞は君臣・父子・兄弟・朋友の四礼を身につけて元服し（三加は加冠の意）、優れた徳をますます明らかにし、先代を受け継ぎいよいよ栄えることになろう。この慶《よろこ》びは一人朕のみのものではない。恩沢を国内すべてに及ぼすべきである。そこで、父の後を嗣《つ》いでいる者を意味する嫡子であるところの六位以下の者に位一階を賜うことにし、承和《じょうわ》四年以前の未納となっている租税はすべて免除する。広く内外に告知して周知させよ。

無位佐伯《さえき》宿禰貞子《さだこ》・紀《き》朝臣是子《よしこ》・栗前真人《くりくまのまひと》永子《ながこ》・吉野《よしの》真人高子《たかこ》に並びに従五位下を授けた。東宮《とうぐう》の侍女《じじょ》をもってである。

本日はまた、源《みなもと》朝臣融《とおる》が内裏において元服した。天皇が自ら筆をとって正四位下に叙した。融は、嵯峨《さが》太上天皇《だいじょうてんのう》の第八子で、大原全子《おおはらのまたこ》の所生である。仁明《にんみょう》天皇が養子としたので、この叙位となった。見参《げんざん》の親王以下、五位以上の者に差をなして禄《ろく》を賜った。

○癸未《二十九日》　嵯峨太上天皇がまず冷然院《れいぜいいん》に向かい、次に神泉苑《しんせんえん》に出御して隼《はやぶさ》を放ち、水鳥を猟《か》った。天皇が馬四疋《ひき》・鷹《たか》・鶬《はしたか》各四羽・猟犬および屏風《びょうぶ》その他種々の愛翫物《あいがんぶつ》を献上した。

無位源朝臣生《すすむ》に従四位上、従五位下滋野《しげの》朝臣貞雄《さだお》に従五位上、従四位上笠《かさ》朝臣継子《つぎこ》に正四位下、従五位上内蔵《くら》宿禰影子《かげこ》に従四位下、無位菅原《すがわら》朝臣閑子《しずこ》・大中臣《おおなかとみ》朝臣岑子《みねこ》に並びに従五位下を授けた。本日嵯峨太上天皇に奉仕した近臣《きんしん》・侍女の類《たぐい》であったことによる。扈《こ》従《しょう》の諸臣および外記《げき》・官史《かんし》・内記《ないき》らに差をなして禄を賜った。

○甲申《三十日》　律師《りっし》伝灯大法師《でんとうだいほっし》位慈朝《いじちょう》が死去した。慈朝は俗姓長尾《ながお》氏で、右京の人である。神護景《じんごけい》雲《うん》四年に法相宗《ほっそうしゅう》で得度《とくど》し、西大寺《さいだいじ》に住み、故少僧都常騰《しょうそうずじょうとう》の弟子となった。行年八十二。

嵯峨太皇太后《たいこうたいごう》（橘　嘉智子《たちばなのかちこ》）が朱雀院《すざくいん》に出御した。五位以上と宴を催し、差をなして禄を賜った。

○十一月乙卯朔辛酉《七》、勅、廼者妖祥屢見、氛祲不㆑息、思㆓民与㆑歳、忘㆓寝与㆑食、其令㆘黎庶無㆓疾疫之憂㆒、農功有㆗豊稔之喜㆖、不㆑如㆓般若妙詮之力、大乗不二之徳㆒、普告㆓京畿七道㆒、令㆑書㆓写供㆓養般若心経㆒、仍須㆘国郡司并百姓、人別俾㆑出㆓一文銭、若一合米㆒、郡別於㆓一定額寺若郡館㆒収㆓置之㆒、国司講師惣加㆓撿挍㆒、所㆑出之物、分為㆓二分㆒、一分充㆓写経料㆒、一分充㆗供養料㆖、其米、来年二月十五日各於㆓本処一、屈下請精進練行堪二演説一者上、開二設法筵一、受持供養、当レ会前後并三ケ日内、禁二断殺生一、公家所レ捨之物、毎二一会処一、以二正税稲一百束一充レ之、庶使下普天之下旁薫二勝業一、率土之民共登中仁寿上、十三○丁卯、授二正六位上百済王教凝従五位下一、又外従六位下宇漢米公毛志外□五位下、以下曾経二征戦一有中勲功上也、十七○辛未、彗星見二東方一、是星起二十月廿二日一、至二今月十七日一、毎夜寅尅見二東方一、其長七八許尺、二十○甲戌、以二従五位上真国王一為二大舎人頭一、従五位下文室朝臣氏雄為二内匠頭一、正五位下藤原朝臣嗣宗為二兼兵部大輔一、少納言如レ故、従五位下岡於王為二内膳正一、従四位下滋野朝臣貞主為二弾正大弼一、従五位下藤原朝臣諸氏為二右衛門権佐一、侍従従四位下正行王為二兼越中守一、従四位下和気朝臣仲世為二阿波守一、従五位下在原朝臣仲平為二豊前守一」右京人散位従七位上勲九等坂上忌寸豊雄、改二忌寸一賜二宿祢一、廿七○辛巳、皇太子於二紫宸殿一加二元服一、詔、皇太子恒貞、風標岐嶷、元稟温潤、毓二問東華一、守二器上序一、離レ幼従レ長、日以躋昇、令月休辰、肇修二元服一、義兼二四礼一、道重二三加一、盛徳以レ之克融、承祧由レ其逾楙、嘉慶之事、豈独在レ予、宜下治二愷沢一、被中之率土上、可丙賜下天下為二父後一者六位已下爵一級上、承和四年以往言上租税未納咸従乙免除甲、普告二中外一、俾レ知二此意一」无位佐伯宿祢貞子、紀朝臣是子、栗前真人永子、吉野真人高子並授二従五位下一、以二東宮侍女一也、」是日亦源朝臣融於二内裏一冠焉、天皇神筆叙二正四位下一、嵯峨太上天皇第八皇子、大原氏所レ産也、賜二之天皇一令レ為レ子、故有二此叙一、賜二見参親王已下五位已上禄一有レ差、○癸未《廿九》、先太上天皇先御二冷然院一、次御二神泉苑一、放レ隼撃二水禽一、天皇献二御馬四疋、鷹鷂各四聯、嗅鳥犬及御屛風、種々翫好物一、授二无位源朝臣生従四位上一、従五位下滋野朝臣貞雄従五位上、従四位上笠朝臣継子正四位下、従五位上内蔵宿祢影子従四位下、无位菅原朝臣閑子、大中臣朝臣岑子並従五位下、以下当日陪二奉先太上天皇一近臣侍女之類上也、賜二扈従諸臣及外記官史内記等禄一各有レ差、○甲申《三十》、律師伝灯大法師位慈朝卒、俗姓長尾氏、右京人、神護景雲四年得度、法相宗、住二西大寺一、故少僧都常騰之入室也、卒時年八十二、」嵯峨太皇太后御二朱雀院一、宴二五位已上一、賜レ禄有レ差、

○十二月乙酉朔甲午《十日》　弾正台《だんじようだい》が次のように奏上した。

朝服の色については、衣服令《いふくりよう》に明文規定がありますが、今官人が会集している時の様子を見ますと、六・七位の緑色を着用している者はいますが、八位・初位の着用する縹《はなだ》色《いろ》（薄い藍色《あいいろ》）を見かけません。これは下の者が分《ぶん》を越えて上を冒し、遂《つい》には敬意を示すことを忘れることになり、朝廷の儀式・秩序からみて、あってはならないことです。紫や緋色は高位のものが着用する服色ですので、違反があっても糺《ただ》しやすいのですが、それに続く下位の緑・縹色となりますと、人数も多く、得てして糺正《きゆうせい》することが困難です。早く糺しませんとこのままとなり、元に戻せなくなる恐れがあります。式部《しきぶ》・兵部《ひようぶ》

両省に指示して、文武諸司の縹色を着用すべき八位以下の人の位・姓名を弾正台に通知していただき、弾正台の巡察等を派遣して位に相応しい服色かどうか調査し、もし違犯を改めない場合は、毎年五、六月に各官司に通報するようにしたいと思います。

奏上を許可した。

○丙申《十二日》 山城《やましろ》国宇治《うじ》郡の公田《こうでん》一町五段三百歩を左《さ》大臣《だいじん》正二位藤原朝臣緒嗣《ふじわらのあそんおつぐ》に賜った。

○丁酉《十三日》 名僧百人を八省院《はっしょういん》に喚《よ》んで、天皇の祈願により写した『金剛寿命陀羅尼経《こんごうじゅみょうだらにきょう》』千軸《せんじく》を転読した。

○己亥《十五日》 天皇が清涼殿《せいりょうでん》において三日三夜、仏の名号《みょうごう》を称える仏名懺悔《ぶつみょうざんげ》を行った。律師《りっし》静安《じょうあん》・大法師願安《がんあん》・実敏《じつびん》・願定《がんじょう》・道昌《どうしょう》らが交互に導師《どうし》となった。内裏《だいり》の仏名懺悔は今回が起源である。

本日、天皇が次のように勅した。

小野篁《おののたかむら》は、天皇の命を受けて使人として外国へ向かったが、病を称して朝命に従わず、留まったままである。律条を適用すれば絞刑《こうけい》に当たるが、死一等を降し、遠流《おんる》に処すこととし、隠岐《おき》国へ配流《はいる》せよ。

初め造船使《ぞうはくし》が遣唐使《けんとうし》船《せん》を建造した時、第一船から四船までの順序は造船使が定めていた。これは古くからの慣例ではないが、遣唐使はこれに従い乗船した。出航後、遭難して引き返すと、大使藤原常嗣《つねつぐ》は上奏して船の順序を更《あら》めて第二船を第一船とし、大使はそれに乗船した。ここにおいて副使小野篁は怨《うら》みを懐《いだ》き、病と詐《いつわ》り乗船せず、遂に晴れない憤《いきどお》りのままに「西海道の謡《うた》」を作り、遣唐使を譏《そし》った。その文詞《ぶんし》には思いのままに記した憚《はばか》るべき言葉が多く、嵯峨太上天皇《さがだいじょうてんのう》はこれを見てはなはだ怒り、篁の罪を審理させ、このたびの配流となった。

○壬寅《十八日》　仏名懺悔が終了し、導師の僧五人に物と得度者《とくどしゃ》一人を施した。

○甲辰《二十日》　従五位上藤原朝臣春津《はるつ》を侍従に任じた。

○乙巳《二十一日》　山城国紀《き》伊郡の空閑地《くうかんち》二町八段を繁子《しげこ》内親王に賜った。

○庚戌《二十六日》　芳子《よしこ》内親王が死去した。内親王は嵯峨太皇太后《たいこうたいごう》（橘嘉智《たちばなのかち》子《こ》）所生の第五皇女である。太后の指示により、監督・警護の任に当たる朝使《ちょうし》の派遣を取り止めた。

○辛亥《二十七日》　小野篁の帯びる正五位下の位記《いき》を没収した。
　大安寺伝灯大法師位寿遠《だいあんじでんとうだいほっしいじゅえん》が死去した。寿遠は俗姓が椋橋部《くらはしべ》氏で、武蔵《むさし》国の人である。延暦《えんりゃく》の末に至り、出家《しゅっけ》・得度《とくど》して、大法師安澄《あんちょう》の弟子となり、三論の学識で名声をあげ、因明《いんみょう》（論理学）に最も精《くわ》しく、人々が崇《あが》め従った。行年六十八。

続日本後紀　巻第七

○十二月乙酉朔甲午《十》、弾正台奏、朝服之色、明在㆓法条㆒、而今会集之時、有㆑緑無レ縹、僭上之弊遂失二致敬一、稽二之朝儀一、理不レ可レ然、紫緋之品、其色灼然、易二就而正一、緑縹之次、其類猥多、難二得而糺一、若非二早糺正一、恐流連忘レ返、望請、仰二式兵両省一、俾三文武諸司移二八位以下人位姓名於台一、仍遣下二巡察等一対中勘位色上、若猶不レ改、年五六月為レ例令三移奏二、許レ之、[十二]○丙申、山城国宇治郡公田一町五段三百歩、賜二左大臣正二位藤原朝臣緒嗣一、[十三]○丁酉、延二名僧百口於八省院一、令レ転三読御願奉写金剛寿命陀羅尼経一千軸一也、[十五]○己亥、天皇於二清涼殿一、修二仏名懺悔一、限以二三日三夜一、律師静安、大法師願安、実敏、願定、道昌等逓為二導師一、内裏仏名懺悔自レ此而始、」是日、勅曰、小野篁、内含二綸旨一、出使二外境一、空称二病故一、不レ遂二国命一、准三拠律条一、可レ処二絞刑一、宜下降二死一等一、処中之遠流上、仍配三流隠岐国一、初造船使造レ船之日、先自定二其次第一名レ之、非二古例一也、使等任レ之、各駕而去、一漂廻後、大使上奏、更復卜定、換二其次第一、第二船改為二第一一、大使駕レ之、於レ是副使篁怨懟、陽レ病而留、遂懐二幽憤一、作二西道謡一、以刺二遣唐之役一也、其詞率興多犯二忌諱一、嵯峨太上天皇覧レ之、大怒令レ論二其罪一、故有二此竄謫一、[十八]○壬寅、仏名懺悔竟、施二導師僧五口、物及得度者各一人一、[二十]○甲辰、従五位上藤原朝臣春津為二侍従一、[廿一]○乙巳、山城国紀伊郡空閑地二町八段賜二繁子内親王一、[廿六]○庚戌、芳子内親王薨、嵯峨太皇太后所レ誕第五皇女也、依二太后旨一、停二監護使一、[廿七]○辛亥、追二小野篁所レ帯正五位下之告身一、」大安寺僧伝灯大法師位寿遠卒、俗姓椋橋部氏、武蔵国人也、延暦之末、出家得度、

大法師安澄之入室、而三論之学有レ声、最精二因明一、諸人推服、卒時年六十八、

続日本後紀　巻第七

続日本後紀　巻第八　承和六年正月より十二月まで

太政大臣従一位臣藤原朝臣良房ら勅を奉《うけたまわ》りて撰す

○六年正月甲寅朔《一日》　朝賀《ちょうが》を取り止めた。天皇の同母妹芳子《よしこ》内親王が前月死去したためである。

本日、天皇は紫宸殿《ししんでん》に出御《しゅつぎょ》しなかった。ただし、陣頭《じんとう》において、侍従《じじゅう》以上の者に酒と禄《ろく》を賜った。

○庚申《七日》　天皇が紫宸殿に出御して、青馬《あおうま》を観覧し、百官と宴を催した。

詔《みことの》りして、正四位下菅原朝臣《すがわらのあそん》清公《きよとも》に従三位《じゅさんみ》、正五位下基棟《もとむね》王に従四位下、従五位下有《あり》雄《お》王・岡於《おかのえ》王に並びに従五位上、正六位上弟河《おとかわ》王・野長《のなが》王に並びに従五位下、従四位下橘《たちばな》朝臣氏人《うじひと》・滋野《しげの》朝臣貞主《さだぬし》・藤原《ふじわら》朝臣助《たすく》に並びに従四位上、正五位上善道《よしみち》朝臣真貞《まさだ》・正五位下百済王《くだらのこにきし》慶仲《けいちゅう》に並びに従四位下、従五位上藤原朝臣貞雄《さだお》・橘朝臣岑継《みねつぐ》・高道宿禰《たかみちのすくね》鯛《たい》釣《つり》に並びに正五位下、従五位下藤原朝臣岳守《おかもり》・大春日《おおかすが》朝臣公守《きみもり》に並びに従五位上、外従五位下御船《みふね》宿禰清風《きよかぜ》・正六位上藤原朝臣良方《よしかた》・藤原朝臣近主《ちかぬし》・藤原朝臣関雄《せきお》・朝野《あさの》宿禰貞《さだ》

吉《よし》・藤原朝臣友長《ともなが》・佐伯《さえき》宿禰三松《みまつ》・藤原朝臣正雄《まさお》・橘朝臣枝主《えだぬし》・丹墀真人氏永《たじひのまひとうじなが》・高階《たかしな》真人黒雄《くろお》・佐伯宿禰宮成《みやなり》・吉野《よしの》真人宮城《みやぎ》・紀《き》朝臣松永《まつなが》に並びに従五位下、正六位上清内《きようち》宿禰御《み》園《その》・志紀《しき》宿禰永成《ながなり》・直道《なおみち》宿禰広公《ひろきみ》・物部首広泉《もののべのおびとひろいずみ》・春江《はるえ》宿禰安主《やすぬし》・尾張連浜主《おわりのむらじはまぬし》に並びに外従五位下を授けた。

○辛酉《八日》　大極殿《だいごくでん》において最勝会《さいしようえ》を開始した。

　本日、従四位下藤原朝臣貞子《さだこ》に従三位、無位紀朝臣種子《たねこ》に正五位下、従五位下橘朝臣枝《えだ》子《こ》・無位藤原朝臣仲子《なかこ》・安倍《あべ》朝臣貞子《さだこ》に並びに従五位上、無位橘朝臣小数《おかず》・藤原朝臣鳳子《たかこ》に並びに従五位下を授けた。

○甲子《十一日》　従五位下藤原朝臣秋常《あきつね》を少納言《しようなごん》に任じ、正五位下藤原朝臣嗣宗《つぐむね》を右中弁《うちゆうべん》に任じ、従四位下百済王慶仲《けいちゆう》を民部大輔《みんぶのたいふ》に任じ、従五位下藤原朝臣浜雄《はまお》を少輔《しようふ》に任じ、従四位上藤原朝臣雄敏《おとし》を兵部大輔《ひようぶのたいふ》に任じ、従四位上滋野《しげの》朝臣貞主《さだぬし》を兼大和守《やまとのかみ》に任じ、弾正大弼《だんじようのだいひつ》は故《もと》のままとし、従五位下小野《おの》朝臣興道《おきみち》を左衛門佐《さえもんのすけ》に任じ、従四位下藤原朝臣長良《ながら》を左馬頭《さまのかみ》に任じ、正五位下高道宿禰鯛釣を摂津《せつつ》守に任じ、従四位上大枝《おおえ》朝臣総成《ふさなり》を伊□守に任じ、従五位下惟良《これよし》宿禰貞道を兼伊勢介《いせのすけ》に任じ、図書頭《ずしよのかみ》は故のままとし、従五位下在原《ありはら》朝臣仲平《なかひら》を駿《する》河《が》守に任じ、従五位下藤原朝臣友永《ともなが》を介に任じ、従五位下藤原朝臣伊勢雄《いせお》を甲斐《かい》守に任じ、従五位上藤原朝臣貞成《さだなり》を相模権守《さがみのごんのかみ》に任じ、外従五位下出雲《いずも》朝臣全嗣《またつぐ》を武蔵《むさし》介に任じ、従四位上源朝臣明《あきら》を兼近江《おうみ》守に任じ、大学頭《だいがくのかみ》は故のままとし、従五位上安倍朝臣浜主《はまぬし》を介に任じ、従五位下出雲《いずも》朝臣岑嗣《みねつぐ》を美濃《みの》権介《ごんのすけ》に任じ、権中納言《ごんのちゅうなごん》従三位藤原朝臣良房《よしふさ》を陸奥《むつ》出羽《でわ》按察使《あぜち》に任じ、左兵衛督《さひょうえのかみ》は故のままとし、従五位下紀朝臣松永《まつなが》を若狭《わかさ》守に任じ、従四位上源朝臣寛《ひろし》を加賀《かが》守に任じ、従五位下藤原朝臣良方《よしかた》を介に任じ、従五位下真福良《まふくら》王を能登守に任じ、従五位下丹墀真人氏永《うじなが》を越後《えちご》守に任じ、従四位下正躬《まさみ》王を丹波《たんば》守に任じ、正五位下坂上《さかのうえ》大宿禰鷹主《たかぬし》を但馬《たじま》守に任じ、外従五位下志紀《しき》宿禰永成《ながなり》を伯耆《ほうき》介に任じ、従五位下藤原朝臣貞根《さだね》を出雲守に任じ、従五位下朝野宿禰貞吉《さだよし》を美作《みまさか》介に任じた。（中略）従五位下菅野《すがの》朝臣永岑《ながみね》を兼豊前《ぶぜん》守に任じ、主殿頭《とのものかみ》・斎院長官《さいいんのちょうかん》は故のままとした。

○丁卯《十四日》　最勝会が終了し、さらに名僧十余人を禁中《きんちゅう》に喚《よ》び、論議を行わせた。終わると、御《み》被《ふすま》を施した。（下略）

○己巳《十六日》　天皇が紫宸殿に出御して、踏歌《とうか》を観覧し、宴を侍従以上の者と催して、差をなして禄を賜った。

○庚午《十七日》　天皇が大射《たいしゃ》を豊楽院《ぶらくいん》で観覧した。

○癸酉《二十日》　天皇が仁寿殿《じじゅうでん》で内宴を催した。公卿《くぎょう》と詩文のことを知る三、四人に昇殿《しょうでん》を許し、ともに「雪の中の梅」の題で詩を賦した。終わると、差をなして禄を賜った。

○丙子《二十三日》　ほうき星が西方に現れた。長さは一丈ほどあった。参議《さんぎ》従四位上民部卿《みんぶきょう》勲六等朝野宿禰鹿取《かとり》が表を捧呈して、辞職を求めたが、手厚い詔《みことのり》により許さなかった。

伊勢《いせ》守従四位下丹墀真人清貞《きよさだ》が死去した。
○己卯二十六日　伊勢国桑名《くわな》郡の多度大神宮寺《たどだいじんぐうじ》を天台宗《てんだいしゅう》の別院とした。

続日本後紀　巻第八　起㆓承和六年正月㆒尽㆓十二月㆒

太政大臣従一位臣藤原朝臣良房等奉　勅撰

○六年春正月甲寅一朔、廃㆓朝賀㆒、縁㆓天皇之同産芳子内親王去月薨背㆒也、是日、天皇不㆑御㆓紫宸殿㆒、但於㆓陣頭㆒賜㆓侍従已上酒及禄㆒、○庚申七、天皇御㆓紫宸殿㆒、覧㆓青馬㆒、宴㆓百官㆒、詔授㆓正四位下菅原朝臣清公従三位㆒、正五位下基棟王従四位下、従五位下有雄王、岡於王並従五位上、正六位上弟河王、野長王並従五位下、従四位下橘朝臣氏人、滋野朝臣貞主、藤原朝臣助並従四位上、正五位上善道朝臣真貞、正五位下百済王慶仲並従四位下、従五位上藤原朝臣貞雄、橘朝臣岑継、高道宿祢鯛釣並正五位下、従五位下藤原朝臣岳守、大春日朝臣公守並従五位上、外従五位下御船宿祢清風、正六位上藤原朝臣良方、藤原朝臣近主、藤原朝臣関雄、朝野宿祢貞吉、藤原朝臣友長、佐伯宿祢三松、藤原朝臣正雄、橘朝臣枝主、丹墀真人氏永、高階真人黒雄、佐伯宿祢宮成、吉野真人宮城、紀朝臣松永並従五位下、正六位上清内宿祢御園、志紀宿祢永成、直道宿祢広公、物部首広泉、春江宿祢安主、尾張連浜主並外従五位下、○辛酉《八》、於二大極殿一始修二最勝会一、是日、授二従四位下藤原朝臣貞子従三位一、无位紀朝臣種子正五位下、従五位下橘朝臣枝子、无位藤原朝臣仲子、安倍朝臣貞子並従五位上、无位橘朝臣小数、藤原朝臣鳳子並従五位下、○甲子《十一》、以二従五位下藤原朝臣秋常一為二少納言一、正五位下藤原朝臣嗣宗為二右中弁一、従四位下百済王慶仲為二民部大輔一、従五位下藤原朝臣浜雄為二少輔一、従四位上藤原朝臣雄敏為二兵部大輔一、従四位上滋野朝臣貞主為二兼大和守一、弾正大弼如レ故、従五位下小野朝臣興道為二左衛門佐一、従四位下藤原朝臣長良為二左馬頭一、正五位下高道宿祢鯛釣為二摂津守一、従四位上大枝朝臣総成為二伊□守一、従五位下惟良宿祢貞道為二兼伊勢介一、図書頭如レ故、従五位下在原朝臣仲平為二駿河守一、従五位下藤原朝臣友永為レ介、従五位下藤原朝臣伊勢雄為二甲斐守一、従五位上藤原朝臣貞成為二相摸権守一、外従五位下出雲朝臣全嗣為二武蔵介一、従四位上源朝臣明為二兼近江守一、大学頭如レ故、従五位上安倍朝臣浜主為レ介、従五位下出雲朝臣岑嗣為二美濃権介一、権中納言従三位藤原朝臣良房為二陸奥出羽按察使一、左兵衛督如レ故、従五位下紀朝臣松永為二若狭守一、従四位上源朝臣寛為二加賀守一、従五位下藤原朝臣良方為レ介、従五位下真福良王為二能登守一、従五位下丹墀真人氏永為二越後守一、従四位下正躬王為二丹波守一、正五位下坂上大宿祢鷹主為二但馬守一、外従五位下志紀宿祢永成為二伯耆介一、従五位下藤原朝臣貞根為二出雲守一、従五位下朝野宿祢貞吉為二美作介一云々、従五位下菅野朝臣永岑為二兼豊前守一、主殿頭斎院長官如レ故、○丁卯《十四》、最勝会竟、更引二名僧十余人於禁中一、令二論議一、訖施二御被一云々、○己巳《十六》、天皇御二紫宸殿一、覧二踏歌一、宴二侍従已上一、賜レ禄有レ差、○庚午《十七》、天皇観二大射於豊楽院一、○癸酉《二十》、天皇内二宴于仁寿殿一、公卿及知レ文者三四人得二昇殿一、同賦二雪裏梅之題一、訖賜レ禄有レ差、○丙子《廿三》、彗星見二兌方一、長一許丈、」参議従四位上民部卿勲六等朝野宿祢鹿取抗表乞レ老、優詔不レ許、」伊勢守従四位下丹墀真人清貞卒、○己卯《廿六》、以二伊勢国桑名郡多度大神宮寺一為二天台別院一、

○閏正月甲申朔乙酉《二日》　天皇が嵯峨《さが》太上天皇《だいじょうてんのう》に嵯峨院で拝謁した。

　本日、正四位下　源　朝臣融《みなもとのあそんとおる》・従四位下正道《まさみち》王を並びに侍従《じじゅう》に任じた。扈従《こしょう》の群臣に差をなして禄《ろく》を賜った。

○丁亥《四日》　周《す》防《おう》国の無位三坂《みさか》神に従五位下を授け奉った。

○甲午《十一日》　内蔵助《くらのすけ》従五位下藤原《ふじわら》朝臣良相《よしみ》を頭《かみ》に任じた。

○戊戌《十五日》　織部司《おりべし》の織手町《おりてまち》に火災が発生し、百姓の居宅数戸《こ》が焼けた。

○己亥《十六日》　美都野《みつの》に行幸《みゆき》した。山城《やましろ》国が御贄《みにえ》を献じ、親王以下国司《こくし》の判官《はんがん》以上の者にそれぞれ差をなして禄を賜った。日暮れて宮へ戻った。

○丙午《二十三日》　天皇が次のように勅した。

　山の如く穀物が貯積されるのは豊年に由《よ》り、たくさんの収穫は農民の勤勉による。と

ころで、去年は農事を奨励して豊作となったが、今年も今、奨励しないと、農事に怠るようになろう。そこで諸道・諸国に命令して農事を奨励し、必ず豊作を期すようにせよ。

上野国が次のように言上した。

前年の綱領郡司《こうりようぐんじ》（調庸《ちようよう》・租税等を京へ運び諸司・諸家へ納入する任に当たる郡司）らは、納入する調庸の不足分の補塡《ほてん》や納入品の価値が下がったと称して、諸司・諸家から利付きの貸付金である出挙銭《すいこせん》を借りることを行っています。その時の契約書には翌年の綱領郡司が返済するとしています。翌年の綱領郡司は事情を知らされていませんが、納入先の諸司・諸家は納入物の中から適宜貸付け分を割きとっています。利息の方は、さらにそれが元本に組み入れられ、動《やや》もすれば、本来の借銭の数倍になっています。このため一年に払う分はほとんど一万貫に及ぶほどでして、納めるべき物が納入されない理由は、大旨ここにあります。諸家に指示して、このようなことの起こらないよう、要望します。

諸司・諸家・七道諸国に命令して、綱領郡司らに対する出挙を禁止した。

天皇が次のように勅した。

聞くところによると、諸国に疫病《えきびよう》が発生し、百姓が若死にしているという。天下の国分寺に命令して、七日間『般若経《はんにやきよう》』を転読し、併せて僧侶《そうりよ》と医師を遣わし、それぞれの手段により治療と養生に当たらせよ。また、郷里《ごうり》に指示して、季節ごとに敬《つつ》しんで疫神を祀《まつ》らせよ。

○辛亥《二十八日》　天皇が水成瀬野《みなせの》に行幸して遊猟した。山城・摂津《せっつ》両国が御贄を献上し、親王以下、侍従および国司以上の者に差をなして禄を賜った。

○閏正月甲申朔乙酉《二》、天皇朝二覲先太上天皇於嵯峨院一、是日、以二正四位下源朝臣融、従四位下正道王一、並為二侍従一、賜二扈従群臣禄一有レ差、○丁亥《四》、奉レ授二周防国无位三坂神従五位下一、○甲午《十一》、内蔵助従五位下藤原朝臣良相為レ頭、○戊戌《十五》、織部司織手町災、焼二百姓廬舎数烟一、○己亥《十六》、行二幸美都野一、山城国献二御贄一、賜二親王已下国司判官已上禄一各有レ差、日暮還宮、○丙午《廿三》、勅、如坻之貯由二有年一、多稌之穫在レ務レ業、去年勧レ農、諸国致レ稔、今玆不レ勧、習俗猶怠、宜レ令下諸道諸国一勧二課農桑一必期中豊衍上」上野国言、前年綱領郡司等、称下塡二調庸欠一、并減中直物上、借二取諸司諸家出挙銭一、其手実云、附二来年使一将二報上一、而不レ令二後年綱領知一レ情、而封家諸司等便割二調物一、先補二銭代一、廻レ利為レ本、動成二数倍一、年中所レ報、殆及二万貫一、官物未進、莫レ不レ由レ此、望請、下二知諸家一以除二此煩一者、仰二下諸司諸家七道諸国一禁二制之一」勅、如レ聞、諸国疾疫、百姓夭折、宜レ令下天下国分寺一、限二七ケ日一、転二読般若一、兼遣二僧医一、随レ道治養上、又令二郷邑毎レ季敬二祀疫神一」○辛亥《廿八》、行二幸水成

瀬野㆓遊猟㆒、山城摂津両国献㆓御贄㆒、賜㆓親王已下侍従及国司已上禄㆒有㆑差、

○二月癸丑朔乙丑《十三日》　天皇がまず神泉苑《しんせんえん》に行幸《みゆき》し、次いで北野《きたの》に遊猟した。皇太子（恒貞親《つねさだ》王）が付き従い、山城国《やましろ》が御贄《みにえ》を献上した。途中右近衛府《うこのえふ》の馬場に立ち寄り、先駆する近《この》衛《え》らに命じて、馬の遅速を試させた。日暮れて宮へ戻った。

○丁卯《十五日》　東西両寺に命令して、『般若心経《はんにゃしんきょう》』を講読《こうどく》させた。ほうき星がしきりに出現したことに由る。

○庚午《十八日》　従五位下文室朝臣助雄《ふんやのあそんすけお》を玄蕃頭《げんばのかみ》に任じ、従四位下和気《わけ》朝臣仲世《なかよ》を刑部大輔《ぎょうぶのたいふ》に任じ、従五位下豊前《ぶぜん》王を大膳大夫《だいぜんのだいぶ》に任じ、外従五位下大岡宿禰豊継《おおおかのすくねとよつぐ》を木工助《もくのすけ》に任じ、従四位下紀《き》朝臣名虎《なとら》を兼掃部頭《かもんのかみ》に任じ、備前守《びぜんのかみ》は故《もと》のままとし、従五位下愛宕《おたぎ》王を内膳正《ないぜんのかみ》に任じ、外従五位下秦《はた》宿禰氏継《うじつぐ》を造酒正《みきのかみ》に任じ、従五位上岡於《おかのえ》王を斎宮長官《さいぐうのちょうかん》に任じ、従四位下坂上《さかのうえ》大宿禰清野《きよの》を右馬頭《うまのかみ》に任じ、従五位下佐伯《さえき》宿禰宮成《みやなり》を助に任じ、正五位下永野《ながの》王を下野守《しもつけ》に任じ、従五位上山名《やまな》王を阿波《あわ》守に任じ、従五位下文室朝臣笠科《かさしな》を土佐守に任じた。

○丁丑《二十五日》　従四位上百済《くだら》王勝義《しょうぎ》に従三位、正六位上百済王永仁《えいにん》に従五位下を授けた。

○戊寅《二十六日》　播磨《はりま》国印《い》南《なみ》郡の佐突《さつち》駅を、以前のあり方に倣い建置した。

越前《えちぜん》国の気比大神宮《けひだいじんぐう》の種々の庶務事項を国に委ねていたのを止め、神祇官《じんぎかん》に管隷《かんれい》させることにした。

○二月癸丑朔乙丑《十三》、天皇先幸二神泉苑一、次遊二覧北野一、皇太子従レ駕、山城国献二御贄一、便駐二蹕於右近衛馬埒一、命二先駆近衛等一、騁二試御馬之遅疾一、日暮還宮、○丁卯《十五》、令下二東西両寺一講中読般若心経上、以二彗星頻見一也、○庚午《十八》、以二従五位下文室朝臣助雄一為二玄蕃頭一、従四位下和気朝臣仲世為二刑部大輔一、従五位下豊前王為二大膳大夫一、外従五位下大岡宿祢豊継為二木工助一、従四位下紀朝臣名虎為二兼掃部頭一、備前守如レ故、従五位下愛宕王為二内膳正一、外従五位下秦宿祢氏継為二造酒正一、従五位上岡於王為二斎宮長官一、従四位下坂上大宿祢清野為二右馬頭一、従五位下佐伯宿祢宮成為レ助、正五位下永野王為二下野守一、従五位上山名王為二阿波守一、従五位下文室朝臣笠科為二土左守一、○丁丑《廿五》、授二従四位上百済王勝義従三位一、正六位上百済王永仁従五位下、○戊寅《廿六》、播磨国印南郡佐突駅家、依レ旧建立、」一越前国気比大神宮雑務、停レ預二国司一、隷二神祇官一、

○三月壬午朔《一日》 天皇が次のように勅した。遣唐使《けんとうし》の乗る三船が風波の難に遭う恐れがあるので、五畿内・七道諸国および十五大寺に命じて、『大般若経《だいはんにゃきょう》』および『海龍王経《かいりゅうおうきょう》』を転読させよ。遣唐使が帰朝するのを待って、転読を終えよ。

○乙酉《四日》　陸奥《むつ》国の百姓三万八百五十八人に三年間税を免除することにした。窮弊状態から救うためである。

天皇が次のように勅した。

相模《さがみ》・武蔵《むさし》・上総《かずさ》・下総《しもうさ》・常陸《ひたち》・上野《かみつけ》・下野《しもつけ》七国に命じて、巻数を分けて一切経《いっさいきょう》一部を書写せよ。経の飾りつけは同じ色とせよ。(下略)

○壬辰《十一日》　掌侍《ないしのじょう》正五位下大和宿禰《やまとのすくね》館子《たちこ》に従四位下を授け、従五位下菅原朝臣《すがわらのあそん》閑子《しずこ》を掌侍に任じた。

○乙未《十四日》　大法師《だいほっし》長訓《ちょうくん》を律師《りっし》に任じた。

○丙申《十五日》　修理坊城使《しゅりぼうじょうし》の職員は左右各二員であるが、一員を省いて各一員を置くことにした。

畿内外権任郡司《ごんにんぐんじ》の職田《しきでん》支給を停止した。(下略)

○丁酉《十六日》　遣唐使の三船に分乗していた知乗船事《ちじょうせんじ》従七位上伴《とも》宿禰有仁《ありひと》・暦請益《れきしょうやく》従六位下刀岐《ときの》直雄貞《あたいおさだ》・暦留学生《れきるがくしょう》少初位《しょうそい》下佐伯《さえき》直安道《やすみち》・天文留学生《てんもんるがくしょう》少初位下志斐連永世《しひのむらじながよ》らは、朝廷の使命を果たさず、相共に逃亡した。法律に照らすと罪は斬刑《ざんけい》に当たるが、勅により特別に死罪一等を降して、佐渡《さど》国へ配流《はいる》した。

○己亥《十八日》　従四位下百済《くだら》王恵信《けいしん》に従三位《じゅさんみ》を授けた。

○庚戌《二十九日》　貴布禰《きふね》・雨師《あまし》二神に奉幣《ほうべい》した。祈雨《あまごい》をもってのことである。夕刻になり雷雨となり、諸衛府《しょえふ》等の者に差をなして禄《ろく》を賜った。

従四位下永原《ながはら》朝臣真殿《まとの》が死去した。（下略）
本日、加賀《かが》国の高雄《たかお》山寺《さんじ》を真言宗《しんごんしゅう》の別院とした。

○三月壬午朔（一）、勅、遣唐三艘船、恐有二風波之変一、宜下令三五畿内七道諸国及十五大寺、転二読大般若経及海龍王経一、待二使者帰朝一、為中転経之終上、○乙酉（四）、陸奥国百姓三万八百五十八人給二復三年一、為レ済二窮弊一也、」勅、令下二相摸、武蔵、上総、下総、常陸、上野、下野七国一、相二分巻数一、写中進一切経一部上、其経修飾、通為二同色一云々、○壬辰（十一）、授二掌侍正五位下大和宿祢舘子従四位下一、従五位下菅原朝臣閑子為二掌侍一、○乙未（十四）、大法師長訓為二律師一、○丙申（十五）、修理坊城使員、左右各二員、今省定置二各一員一」停レ給二内外権任郡司職田一云々、○丁酉（十六）、遣唐三箇船所二分配一、知乗船事従七位上伴宿祢有仁、暦請益従六位下刀岐直雄貞、暦留学生少初位下佐伯直安道、天文留学生少初位下志斐連永世等、不レ遂二王命一、相共亡匿、稽二之古典一、罪当二斬刑一、勅、特降二死罪一等一、配二流佐渡国一、○己亥（十八）、授二従四位下百済王恵信従三位一、○庚戌（廿九）、奉二幣貴布祢雨師二神一、以祈レ雨也、比レ及二晩頭一、雷雨、賜二諸衛府等禄一有レ差、」従四位下永原朝臣真殿卒云々、」是日、加賀国高雄山寺為二真言別院一、

○夏四月壬子朔癸丑（二日）　右近衛将監《うこのえのしょうげん》正六位上坂上大宿禰当宗《さかのうえのおおすくねまさむね》と近衛《このえ》・俘夷《ふい》（服属した蝦夷《えみし》）

らを伊賀《いが》国へ派遣して、名張《なばり》郡山中の私鋳銭《しじゅせん》（贋金作《にせがね》り）群盗およそ十七人を捕らえ、鋳銭のための用具と銭等を没収した。

○甲寅 三日 中納言《ちゅうなごん》兼右近衛大将《うこのえのたいしょう》従三位《じゅさんみ》橘《たちばなの》朝臣《あそん》氏公《うじきみ》が上表して、大将の職の辞任を申し出ていたが、手厚い詔《みことのり》により、認めなかった。（下略）

○乙卯 四日 従五位下浄野《きよの》宿禰良山《よしやま》に従五位上を授けた。

○戊午 七日 地震があった。

越前《えちぜん》国の人造兵司正《ぞうひょうしのかみ》正六位上味真公《あじまのきみ》御助麻呂《みすけまろ》の本貫《ほんがん》を改めて、左京五条二坊に貫附《かんぷ》した。

美濃《みの》国恵奈《えな》郡に飢饉《ききん》が発生したので、物を恵み与えた。

○庚申 九日 右京の人正六位上次田連魚麻呂《すきたのむらじうおまろ》ら七人に忠宗《ただむねの》朝臣《あそん》を賜姓した。

○辛酉 十日 使いを派遣して、丹生《にふ》川上雨師神《かわかみのあまし》に祈雨《あまごい》をした。

従四位下。（下略）

○壬戌 十一日 天皇が紫宸殿《ししんでん》において曲宴《きょくえん》（小規模な宴）を催した。大臣に御被《みふすま》を賜い、それ以外の群臣には差をなして禄《ろく》を賜った。（下略）

○甲子 十三日 無位自玉手祭来酒解神《たまてよりまつりきたるさかとけ》に従五位下を授け奉った。（下略）

○乙丑 十四日 正六位上大神《おおみわ》朝臣野主《のぬし》に従五位下を授けた。

○丙寅 十五日 左馬寮国飼町《さめりょうこくしちょう》に出火があり、その余燼《よじん》が飛んで、宮中《きゅうちゅう》中和院《ちゅうわいん》の正殿である神嘉殿《しんかでん》の細殿《ほそどの》（殿舎から殿舎へ渡る廊）の上に落ちたが、叩《たた》き消した。

○十六日丁卯　兵部省《ひょうぶしょう》が次のように言上した。

年来競馬《くらべうま》の際に、王や非参議《ひさんぎ》、また四位以上の者の競走馬が、順番によらずそれを飛び越えて出走することがあります。人が順番を無視することがあれば、馬が勝手に出走してしまうこともあります。前後を乱して馬が走り出すのは抑えがたいことです。そこで、競走馬が馬場の南端に来ましたら、馬牽《うまひき》の者に馬の銜《くつわ》をとらせ、出走の順序に従って発進させ、その馬が疾走中は次の馬を留めおくようにすることを要望します。まずは勝手に動く馬を糺《ただ》し、動きを止めれば秩序立ち、朝廷の儀礼がしっかりしたものになります。

言上を許可した。

○十七日戊辰　平安京《へいあんきょう》内の七寺において誦経《じゅきょう》した。天皇の病による。勅により、松尾《まつのお》・賀茂《かも》上下・貴布禰《きふね》・丹生川上雨師・住吉《すみのえ》の諸社に奉幣《ほうべい》して、祈雨を行った。また、七日間『仁王経《にんのうきょう》』を十五大寺で読み、あわせて平安京外の崇《あが》められ霊験《れいげん》のある山寺で同様に転読させることにした。ともに春から本日まで、雨が降らないことによる。

○二十日辛未　もっぱら七道諸国の国司《こくし》に命じて、名神《みょうじん》に幣《へい》を奉り、よき雨を祈願させた。

○二十一日壬申　従五位下高原《たかはら》王らを遣わして、伊勢大神宮《いせだいじんぐう》に奉幣して祈雨を行った。

本日、祈雨のための使を山城《やましろ》国宇治《うじ》・綴喜《つづき》・大和《やまと》国石成《いしなり》・須知《すち》等の社に遣わした。他の諸国では国司に祈雨を行わせた。

○丙子《二十五日》　勅使を神功皇后《じんぐうこうごう》の山陵《さんりょう》へ遣わして、次のように詔《みことの》りした（宣命体《せんみょうたい》）。

天皇が畏《かしこ》まって申し上げよ、とて申し上げます。近頃山陵の木を切ったと聞き、使いを派遣して調べましたところ、真実であることが判りました。このため尽きることなく畏まる次第です。御陵守《みささぎもり》らは犯状に従い審理いたします。この科《とが》により日頃の日照りの災いが起こっているのだろう、と畏まって考えます。そこで言葉にして口にするのも恐れ多い神功皇后の護《まも》りと恵みを受けることにより、この災いが消滅し、国家が安泰になると思いますので、参議従四位下守刑部卿《ぎょうぶきょう》安倍《あべ》朝臣安仁《やすひと》と従四位下中務大輔《ちゅうむのたいふ》兼備《び》前守《ぜんのかみ》紀朝臣名虎《なとら》らを遣わして、護り恵み賜いますよう、申し上げよ、とて申し上げます。

本日、終日厚い雲が空を覆った。

○丁丑《二十六日》　陸奥《むつ》守正五位下良岑《よしみね》朝臣木連《いたび》・鎮守《ちんじゅ》将軍外従五位下匝瑳《そうさ》宿禰末守《すえもり》らに、次のような勅符《ちょくふ》を下した。

今月十三日の奏状により、援兵千人を動員したことを知った。奏状では、「災異のしるしである災星《さいせい》がしばしば出現し、地震がしきりに起きています。陸奥国内では奥地の多数の百姓が逃亡し、また胆沢《いさわ》・多賀《たが》両城の間には異類の者（蝦夷）が多く、数千人が朝廷に背こうとしています。もし緊急事態となりましたならば、防禦《ぼうぎょ》が困難でしょう。

そこで、援兵を動員して、民が静かに農作業に従事できるようにすべきです。また、多賀城は胆沢城を背後から支えていますが、兵員を増員しないと、急事の際にどうして救援できましょうか。伏して、右の事態に対処するため兵士を動員し、四、五月の間番をなして任に就かせ、しばらく事変に備えることとし、その食料には陸奥国内の穀を充てることを請願いたします。ただし、許可の返報を待つ間に、時機を失う恐れがありますので、兵士の動員を進める一方で奏上する次第です。準備がなければ、機に応ずることができません」と言ってきたので、請願どおり許可することにする。よく要害を守備し、併せて臨機応変に対処せよ。

○戊寅（二十七日）　百人の法師を八省院《はっしょういん》に喚《よ》び、三日間『大般若経《だいはんにゃきょう》』を転読し、祈雨をした。このため諸司では精進食《しょうじんじき》をとった。本日、夕刻から雨が降り出し、終夜続いた。

○夏四月壬子朔癸丑（二）、遣二右近衛将監正六位上坂上大宿祢当宗、近衛及俘夷等於伊賀国一、索二捕名張郡山中私鋳銭群盗凡十七人一、進二鋳銭作具及銭等一。○甲寅（三）、中納言兼右近衛大将従三位橘朝臣氏公、上表請レ褫二大将職一、優詔不レ許云々、○乙卯（四）、授二従五位下浄野宿祢良山従五位上一」○戊午（七）、地震、」改二越前国人造兵司正正六位上味真公御助麻呂本居一、貫二附左京五条二坊一」美濃国恵奈郡飢、振二給之一、○庚申（九）、右京人正六位上次田連魚麻呂等七人賜二姓忠宗朝臣一、○辛酉（十）、遣三使祈二雨於丹生川上雨師神二」一以従四位下云々、○〔十一〕壬戌、天皇曲二宴于紫宸殿一、賜二大臣御衣、自外群臣禄一各有レ差云々、○〔十三〕甲子、奉レ授二无位自二玉手一祭来酒解神従五位下一云々、○〔十四〕乙丑、授二正六位上大神朝臣野主従五位下一、○〔十五〕丙寅、火二于左馬寮国飼町一、其燼飛落二中院細殿之上一、撲滅焉、○〔十六〕丁卯、兵部省言、頻年王臣幷非参議四位已上走馬、不レ拠二召計一、越レ次競入、或由二人情一、或在二馬力一、前後倒錯、難レ禁二乱奔一、望請、走馬到二埒南頭一、令下二各従者一摂中其馬銜上、即応二召計一、随レ序放進、乱二奔埒中一、抑二留其次一、先糺二乱馬一、依止奏訖、然則甲乙分明、朝礼儼然、依レ請許レ之、○〔十七〕戊辰、誦二経于都下七寺一、以二天皇不予一也、」一勅頒二幣於松尾、賀茂上下、貴布祢、丹生川上雨師、住吉諸社一、令レ祈二澍雨一、又限二七箇日一、令レ読二仁王経於十五大寺一、兼通二城外崇山有験之寺一同俾二転経一、並以二自レ春迄レ今不一レ雨也、○〔二十〕辛未、一向令下二七道諸国宰一奠二幣名神一、雩致中甘雨上、○〔廿一〕壬申、遣下二従五位下高原王等一、奉中幣於伊勢大神宮上、令レ祈レ雨、」一是日、発二遣雩使等於山城国宇治、綴喜、大和国石成、須知等社一、自余之国、便令二国司雩一焉、○〔廿五〕丙子、遣二勅使於神功皇后山陵一、宣レ詔曰、天皇我恐美恐美毛申賜閇止申久、比日御陵乃木伐止聞食尓依天、差レ使天撿見尓実尓有気利、因レ茲天、恐畏己止無レ極、御陵守等乎波犯状乃随尓勘尓勘賜牟止定太利、此過尓依天也、比日之間旱灾有良牟止畏天、左右尓念賜尓、掛畏支天朝乃護賜比矜賜尓依弖之、此灾波滅天、国家波平介久無レ事久可レ有止思賜天奈毛、参議従四位下守刑部卿安倍朝臣安仁、従四位下中務大輔兼備前守紀朝臣名虎等乎差レ使天、護賜比矜賜支閇状乎申賜止久申、是日、終日密雲、○丁丑《廿六》、勅㆓符陸奥守正五位下良岑朝臣木連、鎮守将軍外従五位下匝瑳宿祢末守等㆒、得㆓今月十三日奏状㆒、知㆑調㆓発援兵一千人㆒、案㆓奏状㆒偁、災星屢見、地震是頻、奥県百姓、多以畏逃、又胆沢多賀両城之間、異類延蔓、控弦数千、如有㆓警急㆒、難㆑可㆓支禦㆒、須㆘徴㆓発援兵㆒、静㆑民赴㆖農、又多賀城者、為㆓胆沢之後援㆒、不㆑益㆓兵数㆒、何以救㆑急、伏願、依㆑件加配、四五月間、結般上下、暫候㆓時変㆒、其粮料者、用㆓当処穀㆒、但上奏待㆑報、恐失㆓機事㆒、仍且発且奏者、兵不㆓予備㆒、不㆑可㆑応㆑機、今依㆑請許㆑之、宜㆘能守㆓要害㆒兼制㆗権変㆖、○戊寅《廿七》、会㆓百法師於八省院㆒、限㆓三箇日㆒、転㆓大般若経㆒、以祈㆑雨焉、諸司為㆑之醋食、」是日、晩来雨降、終宵不㆑休、

○五月辛巳朔癸未《三日》　和泉《いずみ》国が、和泉郡に所在する安楽寺《あんらくじ》を国分寺とし、講師《こうじ》一員、僧十人を置き、読師《とくじ》は置かずに済ませたいと申請してきたので、許可した。
○乙酉《五日》　本日は端午節《たんごのせち》である。天皇が武徳殿《ぶとくでん》に出御《しゅつぎょ》して、騎射《うまゆみ》を観覧した。
○辛卯《十一日》（前略）右兵庫頭《うひょうごのかみ》従五位上藤原朝臣貞吉《ふじわらのあそんさだよし》を上野介《かみつけのすけ》に任じ、従五位下小野《おの》朝臣末継《すえつぐ》を安芸権守《あきのごんのかみ》に任じ、従五位下藤原朝臣正雄《まさお》を肥前《ひぜん》介に任じた。
本日から始めて三日間、賀茂《かも》大神のために『金剛般若経《こんごうはんにゃきょう》』一千巻を転読《てんどく》することにした。

○壬辰十二日　河内《かわち》国志紀《しき》郡志紀郷の百姓志紀松取《しきのまつとり》の居宅中で、橘《たちばな》がわずか二寸余ながら花をつけたので、鉢に植えて進上した。
○丁酉十七日　天皇の祈願により、延暦寺《えんりやくじ》で『仁王経《にんのうきょう》』五千巻を転読した。
○丙午二十六日　大和《やまと》国　葛上《かつらぎのかみ》郡の従三位《じゅさんみ》高天彦《たかまひこ》神を名神《みょうじん》とした。
○戊申二十八日　従五位下文室《ふんや》朝臣宮田麻呂《みやたまろ》に従五位上を授けた。

○五月辛巳朔癸未三、和泉国言、以下在二和泉郡一安楽寺上、為二国分寺一、置二講師一員、僧十口一、但不レ置二読師一、依レ請許レ之、○乙酉五、是端五之節也、天皇御二武徳殿一、観二騎射一、○辛卯十一、云々、右兵庫頭従五位上藤原朝臣貞吉為二上野介一、従五位下小野朝臣末継為二安芸権守一、従五位下藤原朝臣正雄為二肥前介一、始レ自二今日一、限二三箇日一、為二賀茂大神一、転二読金剛般若経一千巻一、○壬辰十二、河内国志紀郡志紀郷百姓志紀松取宅中所レ生橘樹、其高僅二寸余而花発者、殖二于土器一進レ之、○丁酉十七、於二延暦寺一転二読仁王経五千巻一、御願也、○丙午廿六、大和国葛上郡従三位高天彦神為二名神一、○戊廿八申、授二従五位下文室朝臣宮田麿従五位上一、

○六月庚戌朔一日　丹生川上《にふかわかみ》および貴布禰《きふね》二社に使を遣わし、祈雨《あまごい》をした。
○癸丑四日　天皇が「近頃日照りが十日も続いているので、諸寺に告げて三日三夜読経《どきょう》・悔過《けか》

し、祈雨せよ」と勅した。

○甲寅（五日）　天皇が「朕の外祖父贈《ぞう》正一位橘朝臣清友《たちばなのあそんきよとも》に太政大臣《だいじょうだいじん》を贈る」と詔《みことの》りした。

○乙卯（六日）　東西市の市人を朱雀路《すざくじ》に向かわせ、祈雨を行った。

天皇が次のように勅した。

弾正台《だんじょうだい》と検非違使《けびいし》はそれぞれ異なる官司であるが、法律違犯者を捕らえ裁判する点で相異しない。ただし、逃走する犯人や逃げ隠れる悪者を追捕《ついぶ》するとなると、弾正台は力不足である。今後は、違犯者を追捕する時は、弾正台と検非違使が通報し合い、検非違使の看督長《かどのおさ》らを遣わして、実情に応じ追捕することとし、これを恒例《ごうれい》とせよ。

○甲子（十五日）　全公卿《くぎょう》が東寺《とうじ》に会集して、天皇の祈願による諸仏の開眼《かいげん》に立ち会った。

○乙丑（十六日）　天皇が「日照りにより使人を分遣して祈雨を行ったところ、はなはだ感応《かんのう》があったようであるが、十分に潤っていない。七大寺の僧を東大寺へ喚《よ》んで三日三夜の間、龍自在《りゅうじざい》王如来《おうにょらい》の名号《みょうごう》を讃《たた》えるべきである」と勅した。

○壬申（二十三日）　上野《かみつけ》国の無位抜鋒《ぬきさき》神・赤城《あかぎ》神・伊賀保《いかほ》神に並びに従五位下を授け奉った。

○丁丑（二十八日）　天皇が次のように勅した。

国分《こくぶん》・国分尼《こくぶんに》両寺《じ》は遠い昔に建立《こんりゅう》され、前者を金光明護国寺《こんこうみょうごこくじ》、後者を法華滅罪寺《ほっけめつざいじ》と称し、先代の皇帝が世を救い利益《りやく》のために行った事業は、遠く今に不朽のものとして伝わっている。しかるに年来国分寺における安居《あんご》の法会《ほうえ》で『最勝王経《さいしょうおうきょう》』を講説《こうせつ》するのみで、滅罪《めつざい》を旨とする尼寺で、滅罪を説く『法華経《ほけきょう》』の講説が行われていない。用いる経典は相異があるはずで、そうしないとよき仏教の行いである修善《しゅぜん》に欠ける恐れがある。そこで、五畿内・七道《しちどう》諸国に命令して、安居の法会では、まず僧寺において『最勝王経』を講説し、次いで尼寺において『法華経』を講説せよ。願うところは、何より勝れた仏教の教理を国家に開示し、除災招福の大いなる善を広く人々の上に及ぼすことである。

本日夜、方四十丈の赤色の光る物体が、東北の方角から紫宸殿《ししんでん》の上まで進んできた。地上二十丈程の高さのところに炬火《たいまつ》のように明かるく見えたが、しばらくして消えた。

○己卯《三十日》　無位藤原《ふじわら》朝臣数子《かずこ》に従五位下を授けた。

女御《にょうご》従四位下藤原朝臣沢子《さわこ》が死去した。沢子は故紀《き》伊守従五位下総継《ふさつぐ》の女《むすめ》である。仁明《にんみょう》天皇の後宮《こうきゅう》に入り、三皇子・一皇女を生んだ宗康・時康・人康・新子である。天皇の盛んな寵愛《ちょうあい》を受け後宮の第一人者となったが、急に病となり苦しみ出し、小車に載せて宮中を出、里の実家についた途端に死に絶えた。天皇はこれを聞いて哀れみ悼み、宮中からの使を遣わし、従三位《じゅさんみ》を贈った。右京大夫《うきょうのだいぶ》従四位上藤原朝臣文山《ふみやま》・少納言《しょうなごん》従五位下藤原朝臣秋常《あきつね》らを遣わして、並びに喪事の監督と護衛に当たらせた。

○六月庚戌朔《一》、遣㆘㆓使於丹貴二社㆒祈㆖雨、○癸丑《四》、勅、頃者、亢旱渉㆑旬、宜㆘告㆓

諸寺㆒、三日三夜読経悔過、令㆘致甘雨㆖、○五甲寅、詔曰、朕外祖父贈正一位橘朝臣清友宜ㇾ贈㆓太政大臣㆒、○六乙卯、駆㆓東西市人於朱雀路中㆒令ㇾ雩、」勅、弾正台及検非違使、雖㆓配置各異㆒、而糺㆓弾違犯㆒、彼此一同、但至㆓犯人逃走、姦盗隠遁㆒、弾正之職、不ㇾ堪㆓追捕㆒、自ㇾ今以後、縁ㇾ糺㆓違犯㆒、有㆘可㆓追捕㆒者㆖、台使相通、遣㆘検非違長等㆒、随ㇾ事追捕㆖、立為㆓永例㆒、○十五甲子、公卿咸会㆓東寺㆒、縁㆓御願諸仏開眼㆒也、○十六乙丑、勅、頃縁㆓旱涸㆒、頒ㇾ使祈ㇾ雨、頗似ㇾ有ㇾ応、未ㇾ能㆓普潤㆒、宜㆘請㆓七大寺僧於東大寺㆒、三日三夜間、令㆘称㆓讃龍自在王如来名号㆒、○廿三壬申、奉ㇾ授㆓上野国无位抜鋒神、赤城神、伊賀保神並従五位下㆒、○廿八丁丑、勅、国分二寺、建立自遠、一則名為㆓金光明護国寺㆒、一則号為㆓法華滅罪寺㆒、先帝救世利物之法、遠伝㆓不朽㆒者也、而頃年僧寺安居之会、独講㆓最勝王経㆒、尼寺滅罪之場、無ㇾ説㆓法華妙典㆒、所ㇾ設法蔵、用有ㇾ不ㇾ同、是忍而不ㇾ行、恐修善闕如、宜ㇾ令㆘五畿内七道諸国、安居之会、先於㆓僧寺㆒講㆓最勝王経㆒、次於㆓尼寺㆒講㆗法華経㆖、所ㇾ願無二無三之勝理、開㆓示国家㆒、除災植福之大善、広被㆓衆庶㆒」是夜、有㆓赤気㆒、方卌丈、従㆓坤方㆒来、至㆓紫宸殿之上㆒、去ㇾ地廿許丈、光如㆓炬火㆒、須臾而滅、○三十己卯、授㆓无位藤原朝臣数子従五位下㆒」女御従四位下藤原朝臣沢子卒、故紀伊守従五位下総継之女也、天皇納ㇾ之、誕㆓三皇子一皇女㆒也宗康、時康、人康、新子是也、寵愛之隆、独冠㆓後宮㆒、俄病而困篤、載㆓之小車㆒、出ㇾ自㆓禁中㆒、纔到㆓里第㆒便絶矣、天皇聞ㇾ之哀悼、遣㆓中使㆒贈㆓従三位㆒也、右京大夫従四位上藤

原朝臣文山、少納言従五位下藤原朝臣秋常等、並監二護喪事一、

○秋七月庚辰朔癸未《四日》　右京の人散事《さんじ》従四位下内蔵宿禰《くらのすくね》影子《かげこ》・右衛門大尉《うえもんのだいじょう》正六位上内蔵宿禰高《たか》守《もり》・散位《さんに》従六位上井門忌寸《いかどのいみき》諸足《もろたり》・山口《やまぐち》忌寸永嗣《ながつぐ》・大蔵《おおくら》宿禰雄嗣《おつぐ》・大蔵忌寸継長《つぐなが》・従八位下檜原《ひはら》宿禰聡通《さとみち》ら男女十二人に、内蔵朝臣《くらのあそん》を賜姓した。高守の遠祖《えんそ》は後漢霊帝《ごかんれいてい》の後裔《こうえい》である。（下略）

○甲申《五日》　僧六十人を紫宸殿《ししんでん》と常寧殿《じょうねいでん》に喚《よ》び、『大般若経《だいはんにゃきょう》』を転読した。宮中に物怪《もののけ》が出現したことによる。

○丁亥《八日》　地震があった。

本日、読経《どきょう》が終わり、差をなして物を施した。また、大法師《だいほっし》僧《そう》には度者《どしゃ》一人、法師位《ほっしい》以下の僧にはそれぞれ位一階を授けた。

○己丑《十日》　勅により、検非違使《けびいし》らに当色《とうじき》の他に、種々の色の袍《あわせ》（上着）を着用させることにした。

○壬辰《十三日》　左右京職《さゆうのきょうしき》と五畿内・七道諸国に命じて、庚午年籍《こうごねんじゃく》（天智《てんじ》天皇九年に作られた戸籍）を写して進上させ、中務省《ちゅうむしょう》の庫《くら》に収置することにした。

○丙申《十七日》　大宰府《だざいふ》に命じて新羅《しらぎ》船（新羅で建造、使用されていた様式の船）を作らせた。これは風波に堪《た》えることができることによる。（下略）

大和国《やまと》の人酒人真人広公《さかひとのまひとひろきみ》らの戸の本貫《ほんがん》を改めて、右京五条二坊に貫附《かんぷ》した。

○庚子《二十一日》 畿内国司《こくし》に命じて、蕎麦《そば》の栽培を奨励することにした。蕎麦は土地の肥沃《ひよく》如何《かん》を問わず、秋のうちに播種《はしゅ》して収穫することが可能であり、米・粟《あわ》とは別に食物とすることができる。

○甲辰《二十五日》 左京の人外従五位下安倍《あべ》宿禰真男《まお》らに御輔《みふ》朝臣を賜姓した。

○秋七月庚辰朔癸未《四》、右京人散事従四位下内蔵宿祢影子、右衛門大尉正六位上内蔵宿祢高守、散位従六位上井門忌寸諸足、山口忌寸永嗣、大蔵宿祢雄継、大蔵忌寸継長、従八位下檜原宿祢聡通等男女十二人、賜二姓内蔵朝臣一、高守遠祖、後漢霊帝之苗裔云々、○甲申《五》、延二僧六十口於紫宸殿、常寧殿一、令レ転二読大般若経一、以三禁中有二物恠一也、○丁亥《八》、地震、」一是日、読経訖、賜レ物各有レ差、復施二大法師僧度者各一人一、法師位以下僧各授二一階一、○己丑《十》、勅令下二撿非違使等一、当色之外着中雑色袍上、○丙《十三》辰、令下二左右京職幷五畿内七道諸国一、写中進庚午年籍上、以収二之中務省庫一、○丙《十七》申、令下二大宰府一造中新羅船上、以三能堪二風波一也云々、」一大和国人酒人真人広公等一烟、改二本居一貫三附右京五条二坊一、○庚子《廿一》、令下二畿内国司一勧中種蕎麦上、以下其所レ生土地不レ論二沃瘠一、播種収穫共在二秋中一、稲粱之外足レ為二人天一也、○甲辰《廿五》、左京人外従五位下安倍宿祢真男等賜二姓御輔朝臣一、

○八月庚戌朔《一日》　嵯峨《さが》太上天皇《だいじょうてんのう》が病となった。このため天皇が拝謁に出向き、夕刻に宮に戻った。

左近衛府《さこのえふ》が次のように言上した。

　近衛の補任《ぶにん》のことについて申し上げます。春宮坊《とうぐうぼう》・皇后宮《こうごうぐう》・中宮《ちゅうぐう》（ここでは皇太后《こうたいごう》宮《ぐう》）の舎人《とねり》や内匠《たくみ》・木工《もく》・雅楽寮《うたりょう》等の考人《こうじん》（四等官より下の下級職員で、成績評価の対象となる人たち）は皆内考《ないこう》（叙位に要する考課年限が内官《ないかん》〈京官《きょうかん》〉扱いされているもの。内考の対《つい》が外考《げこう》で、外考は内官より考課年限が二年長い）扱いとなっています。近衛府ではこれらの人の中から才能の有無を試験して近衛に任用してきましたが、今回、兵部省《ひょうぶしょう》はこれまでの近衛採用方式による任用を差し戻して、大同《だいどう》元年格《きゃく》によれば、蔭子《おんし》孫《そん》（五位以上の子・孫）・式部《しきぶ》・兵部両省詰《つ》めの散位《さんに》・位子《いし》（内八位以上の嫡子）・留《る》省《しょう》・勲位等については近衛府が試験して採用してよいが、外考・白丁《はくちょう》は勅使が再度試験をした上で採用することになっているので、近衛府が試験した人たちは、格が挙げている蔭子孫以下とは異なっており、外考・白丁に准じて勅使が再度試験することにする、と言ってきました。しかし、三宮《さんぐう》（太皇太后《たいこうたいごう》、皇太后、皇后宮）舎人と種々の戸籍による身許調査をした上で採用する勘籍人《かんじゃくにん》は、すでに内考扱いとなっていますので、どうして白丁に准ずることになりましょうか。また、格では大体を定めて、細かな事項については言っておりませんのに、兵部省は格の文字面《もじづら》に拘泥《こうでい》して、従来の慣行に背いています。

太政官《だいじょうかん》は、武術に勝れた者について、従来どおりの方法で近衛府が試験し、近衛に任用してよいと決定した。

本日、天皇が「文殊会《もんじゅえ》は天長《てんちょう》年間から始まっている（天長十年七月朔条）。しかし、聞くところによると、諸国では太政官符の指示に反して、実施していないという。再度命令して実施させよ」と勅した。

○癸丑 四日 嵯峨太上天皇の病が癒《い》えず、天皇が再度拝謁に赴いた。

嵯峨太上天皇のために延暦寺《えんりやくじ》において読経《どきょう》し、すぐ癒えるよう祈願した。

○丙辰 七日 使を遣わして、丹生川上雨師神《にふかわかみのあまし》に奉幣《ほうべい》して、祈雨《あまごい》を行った。（下略）

右京の人好影《よしかげ》王・春等《はるひと》王に文室朝臣《ふんやのあそん》を賜姓した。共に長《なが》親王六世の子孫である。

○辛酉 十二日 東鴻臚院《ひがしこうろいん》の地二町を典薬寮《てんやくりょう》に充て、御薬園とした。

○壬戌 十三日 勅により、内外諸国に命令して、神祇《じんぎ》に奉幣して、穀物の稔《みの》りを期した。

○己巳 二十日 大宰大弐《だざいのだいに》従四上南淵《みなぶち》朝臣永河《ながかわ》らに次のように勅した。

今月十四日の飛駅《ひえき》により上奏された遣唐録事《けんとうろくじ》大神宗雄《おおみわのむねお》が大宰府《だざいふ》に送った牒状《ちょうじょう》により、遣唐使《けんとうし》らが入唐《にっとう》に使用した三船が不完全であることを嫌い、楚州《そしゅう》で新羅船《しらぎせん》九隻を雇って乗船し、新羅の南岸沿いに帰朝したことを知った。帰朝した雇船の第六船に宗雄が乗船し、他の八隻《せき》は見え隠れしていたが、遂《つい》に見失い、現在日本に到達していない。そこで、心配な異変の出来に対して、備えをしておかなくてはいけない。各方面ごとに防《さき》人《もり》に指示して、炬火《たいまつ》を絶やさず、食料・水を貯えて、後続の船が無事に帰着できるようにせよ。宗雄らは大宰府の客館《きゃくかん》に安置して、後続の船を待たせればよい。

本日、十五大寺で継続してきた読経《どきょう》による祈願（遣唐使の無事帰国）を、遣唐使が帰朝したので、終えることにした。

神祇少副《じんぎのしょうふ》従五位下大中臣《おおなかとみ》朝臣礒守《いそもり》と少祐《しょうゆう》正七位上大中臣朝臣薭守《ひえもり》を摂津《せっつ》国住吉《すみのえ》神・越前《えちぜん》国気比《けひ》神に派遣して奉幣し、並びに遣唐使船の帰着を祈願した。

○壬申《二十三日》　真言僧《しんごんそう》十六人を常寧殿《じょうねいでん》に喚《よ》び、無事に済むよう、息災の仏事を行った。物怪《もののけ》が出現したことによる。

○癸酉《二十四日》　摂津国嶋上《しまのかみ》郡の荒田《こうでん》九段を儒教《じゅきょう》の経典に通じた大学者従四位下善道《よしみち》朝臣真貞《まさだ》に賜った。

大宰府が飛駅により、入唐大使藤原《ふじわら》朝臣常嗣《つねつぐ》らの帰着と、併せて入唐使らの奏状を齎《もたら》した。

○甲戌《二十五日》　参議《さんぎ》大宰権帥《だざいのごんのそち》正四位下兼左大弁《さだいべん》藤原朝臣常嗣・大弐《だいに》従四位上南淵朝臣永河らに、次のように勅した。

今月十九日の奏状により、遣唐大使藤原常嗣朝臣らが、七隻の船を率いて肥前《ひぜん》国松浦《まつら》郡生属《いけづき》島に帰着したことを知った。先に戻っていた録事大神宗雄の船と合わせると、すべてで八隻が戻ったことになる。慣例により慰問するので、旅中、寛《くつろ》いでほしい。ただし、陸路平安京《へいあんきょう》に向かうとなると、節約することが必要である。それは今、秋の収穫期に当たり、民の産業を妨げる恐れがあるからである。そこで、大使常嗣朝臣を第一集団とし、備後権掾《びんごのごんのじょう》伴須賀雄《とものすがお》・知乗船事《ちじょうせんじ》春道永蔵《はるみちのながくら》両人を相従え、判官永岑宿禰高名《ながみねのすくねたかな》・菅原朝臣善主《よしぬし》・准判官《じゅんはんがん》藤原貞敏《さだとし》・録事《ろくじ》大神宗雄・准録事高丘百興《たかおかのももおき》・讃岐《さぬき》権掾丹墀高主《たじひのたかぬし》・知乗船事槻本良棟《つきのもとのよしむね》・深根文主《ふかねのふみぬし》・舌人《ぜつじん》（通訳）大和耳主《やまとのみみぬし》・陰陽師《おんようじ》春苑玉成《はるそのたまなり》ら十人は各自が順番をなして、相次いで入京せよ。特別にもし大使常嗣朝臣がこれらの者を引率して出発しようというならば、許す。また、唐からの贈り物や大切な薬は、検校使《けんぎょうし》を遣わして陸路運ばせることにする。それ以外の人・物は、陸路によるか水路をとるかは、審議して定めるので、後勅《こうちょく》を待て。また、遣唐使第二船と、雇い上げた新羅船一隻が到着していないので、またよく監視せよ。到着したならば、すぐに奏聞せよ。

○戊寅《二十九日》　加賀《かが》国の人正六位上百済公豊貞《くだらのきみとよさだ》の本貫《ほんがん》を改めて、左京四条三坊に貫附《かんぷ》した。豊貞の先祖は百済国の人である。庚午の年（天智《てんじ》天皇九年）に河内《かわち》国大鳥《おおとり》郡に貫附され、乙未の年（持統《じとう》天皇九年）に加賀国江沼《えぬ》郡に貫附されていた。

○八月庚戌《一》朔、嵯峨太上天皇不予、天皇為レ之朝覲、黄曛還宮、一左近衛府言、補ニ

近衛一事、春宮坊皇后宮中宮舎人、内匠、木工、雅楽寮考人等、並是内考、至レ有二
才能一、府自試補、而今兵部省勘返云、大同元年格偁、蔭子孫、式部兵部散位、位
子、留省、勲位等之類、聴二本府試補一、外考白丁者、勅使覆試、然後補レ之、件人等
非二格所レ指、須下准二外考白丁一、勅使覆試上者、其三宮舎人幷雑勘籍人、已預二内考一
何准二白丁一、又格挙二大例一、不レ労二細色一、而兵部省偏執二格文一、還乖二旧貫一、太政官処
分、便二弓馬一者、因二循旧例一、本府試二補之一」是日、勅曰、文殊会事、起レ自二天
長之年一（十年七月）、而今聞、諸国或乖二官符旨一、不レ有二遵行一、宜三重下知令二以修レ之、四○癸丑、
嵯峨太上天皇、聖躬未二平服一、天皇重亦朝覲、」奉三為太上天皇一、読二経于延暦寺一、
祈二翌日之瘳一、七○丙辰、遣レ使奉二幣丹生川上雨師神一、祈二止雨一也云々、」右京人好影
王、春等王賜二姓文室朝臣一、並長親王六世之孫也、十二○辛酉、以三東鴻臚院地二町一、
充二典薬寮一、為二御薬園一、十三○壬戌、勅、令三内外諸国奉二幣神祇一、以期二西成一焉、二十○己
巳、勅二大宰大弐従四位上南淵朝臣氷河等一、得下今月十四日飛駅所レ奏遣唐録事大神
宗雄送二大宰府一牒状上、知下入唐三箇船嫌二本船之不レ完、倩二駕楚州新羅船九隻一、傍二
新羅南一以帰朝上、其第六船、宗雄所レ駕是也、余八箇船、或隠或見、前後相失、未
レ有二到着一、艱虞之変不レ可レ不レ備、宜下毎二方面一重戒二防人一、不レ絶二炬火一、贏二貯糧
水一、令上三後着船共得二安穏一、其宗雄等安二置客館一、得レ待二後船一」是日、令下二十五大
寺一読経祈願上、以二船到着一、為二修法之終一」遣下二神祇少副従五位下大中臣朝臣礒守、

少祐正七位上大中臣朝臣薭守一、奉中幣帛於摂津国住吉神、越前国気比神上、並祈二船舶帰着一、○廿三壬申、請二真言僧十六口於常寧殿一、令レ修二息灾之法一、有二物恠一也、○廿四癸酉、以二摂津国嶋上郡荒田九段一、賜二明経碩儒従四位下善道朝臣真貞一」大宰府飛駅、上三奏入唐大使藤原朝臣常嗣等帰着之由、兼使等奏状一、○廿五甲戌、勅二参議大宰権帥正四位下兼左大弁藤原朝臣常嗣、大弐従四位上南淵朝臣永河等一、得二今月十九日奏状一、知下遣唐大使藤原常嗣朝臣等率二七隻船一、廻中着肥前国松浦郡生属嶋上、与二先到録事大神宗雄船一、捴是八艘、宜三依レ例労来式寛二旅思一、但自レ陸入京事須二省約一、何則時属二秋穫一、恐妨二民業一、宜下以二大使常嗣朝臣一為二第一般一、令下備後権掾伴須賀雄、知乗船事春道永蔵両人相中随之上、其判官長岑宿祢高名、菅原朝臣善主、准判官藤原貞敏、録事大神宗雄、准録事高丘百興、讃岐権掾丹墀高主、知乗船事槻本良棟、深根文主、舌人大和耳主、陰陽師春苑玉成等十人、各造レ船聯次入レ都耳、就レ中如有二大使常嗣朝臣引レ之共発一者、任聴レ之、又信物要薬等、差二撿挍使一、取二陸路一逓運、自余人物等、陸行水漕可レ有二議定一、宜レ待二後勅一、又未レ到第二舶、幷一隻舶船、復能覘候、来輙奏聞、○廿九戊寅、改二加賀国人正六位上百済公豊貞本居一、貫三附左京四条三坊一、豊貞之先、百済国人也、以二庚午年(天智九年)一被レ貫二河内国大鳥郡一、以二乙未年(持統九年歟)一被レ貫二加賀国江沼郡一也、

○九月己卯朔癸未《五日》　宮中の使を故贈二品《ぞうにほん》伊予《いよ》親王の墓に遣わし、次のように詔《みことの》りした。

早く死去して長らく墓中の人となり、幸運の行き届かないのを悼み、禍福の因果《いんが》の巡りの測りがたきを思うものである。すでに以前の詔《みことのり》により追贈を行っているが、本年さらに栄誉を増したいとの思いを強くしている。そこで贈位を上げ、死後の飾りとするため、一品を贈る。

また、次のように詔りした。

親王の母故無位藤原朝臣吉子《ふじわらのあそんよしこ》は、志を得ず位階を失ってしまった。しかし、時は移り事情は変わって、死者を偲《しの》び悲しむものである。そこで、本来の位階を贈り、死後を照らすため、従三位《じゆさんみ》を贈る（『日本紀略《にほんきりやく》』弘仁十年三月己亥条に吉子への復位記事が見える）。

本日、無位吉岡《よしおか》女王に従四位下を授けた。

○乙酉《七日》　従五位上永原《ながはら》朝臣門継《かどつぐ》を神祇大副《じんぎのたいふ》に任じ、従五位下藤原朝臣諸成《もろなり》を治部少輔《じぶのしょうふ》に任じ、従五位下田中《たなか》朝臣真成《まなり》を玄蕃頭《げんばのかみ》に任じ、従四位上大枝《おおえ》朝臣総成《ふさなり》を刑部大輔《ぎょうぶのたいふ》に任じ、従五位下文室《ふんや》朝臣助雄《すけお》を少輔に任じ、従五位上文室朝臣永年を宮内少輔《くないのしょうふ》に任じ、従五位下嶋《しま》田《だ》朝臣清田《きよた》を伊賀守《いがのかみ》に任じ、従四位下和気《わけ》朝臣仲世《なかよ》を伊勢《いせ》守に任じ、従五位上藤原朝臣貞《さだ》主《ぬし》を近江権介《おうみのごんのすけ》に任じ、従五位下小野《おの》朝臣千株《ちかぶ》を備中《びっちゅう》守に任じた。

○丁亥《九日》　本日は重陽節《ちょうようのせち》である。天皇が紫宸殿《ししんでん》に出御《しゅつぎょ》して、公卿《くぎょう》以下および文人と宴を催した。ともに「菊の露を汲《く》む」の題で詩を賦し、宴の終了後、差をなして禄《ろく》を賜った。

○甲午 十六日 遣唐持節大使《けんとうじせつたいし》参議《さんぎ》正四位下行左大弁《さだいべん》兼大宰権帥《だざいのごんのそち》藤原朝臣常嗣《つねつぐ》が節刀を返還した。

○乙未 十七日 天皇が紫宸殿に出御し、右大臣《うだいじん》従二位兼行皇太子傅《こうたいしふ》藤原朝臣三守《みもり》が、大唐《だいとう》国の勅書を奏上した。大使藤原朝臣常嗣一人のみが召され、東階より昇殿し、天皇のすぐ側《そば》に近づいた。天皇が「遠方まで危険な路程を無事に帰国したのを喜んでいる（宣命体《せんみょうたい》）」と勅すと、常嗣は「おお」と返事をし、降りた庭中で拝舞し、再度殿上《てんじょう》に召されて酒を頂戴した。そして、遣唐使として考えたことと、途中において遭遇した苦労について、一々天皇の耳に入れた。内侍《ないし》が御被《みふすま》一条と御衣《ぎょい》一襲《かさね》を持って佇《たたず》み、大臣が常嗣朝臣に向かって「今、天皇が仰せになるには、汝は国命を帯びて遠く大海を渡った。遭遇した困難について聞くごとに、憐《あわ》れみの気持ちを深くする。そこでかずけ物を賜うことにする（宣命体）」と告げた。常嗣は「おお」と返事をし、御被を賜り、拝舞して退出した。

○丙申 十八日 権中納言《ごんのちゅうなごん》従三位兼行左兵衛督《さひょうえのかみ》陸奥出羽《むつでわ》按察使《あぜち》藤原朝臣良房《よしふさ》が内記《ないき》を呼び、大唐国の書を手渡し、収めさせた。

○己亥 二十一日 天皇が次のように勅した。

聞くところによると、神護景雲《じんごけいうん》二年以来、諸国国分寺に命令して、毎年正月八日から十四日に至るまで、『最勝王経《さいしょうおうきょう》』を奉読し、併せて吉祥悔過《きちじょうけか》を行ってきているのは、災難を除き、国家を平安に保つためであるという。しかし、今事に当たる講読師《こうとくじ》は、それに相応しい人物でなく、僧尼は怠け、立ち居振る舞いは仏教の教法に反し、国司は監督の任にありながら、心掛けることをしていない。このため良き仏事の名はあっても、利《り》益《やく》するところが全くない状態である。これは僧侶《そうりょ》と俗人が場所を異にし、相互に監督することを放棄していることによる。国分寺での『最勝王経』の奉読と吉祥悔過を止め、国庁において行うこととし、今後はこれを恒法とせよ。

○二十三日 辛丑　紀《き》伊国の人直講《じきこう》正六位上名草直豊成《なくさのあたいとよなり》、少外記《しょうげき》従六位上名草直安成《やすなり》らに宿禰《すくね》を賜姓し、併せて右京四条四坊に貫附《かんぷ》した。元右京の人宗形横根《むなかたのよこね》が紀伊国の人名草直弟日《おとひ》の女《むすめ》を娶《めと》り、生まれた男嶋守《むすこしまもり》が養老《ようろう》五年に母の姓をとり名草氏となったのであった。嶋守はすなわち豊成の祖父である。

○二十五日 癸卯　本日、大宰府に命じて、唐国より求めてきた大元帥明王《だいげんみょうおう》の画像を進上させた。

次のように制定した。

選叙令《せんじょりょう》（叙舎人史生条）では、帳内《ちょうない》・資人《しじん》はともに八年が選限《せんげん》（昇叙の機会が与えられる勤務年限）となっているが、神亀《じんき》五年格（『続日本紀《しょくにほんぎ》』神亀五年三月甲子条）では外五位に仕える資人は、十年を選限としている。今後は外五位の資人の選限も、選叙令の規定に従って行え。ただし、神宮司《じんぐうし》の禰宜《ねぎ》・祝《はふり》・国造《くにのみやつこ》・外散位《げさんに》・郡司《ぐんじ》および俘夷《ふい》の類は、十年の選限のままとする。

○二十八日 丙午　天皇が次のように詔りした（宣命体）。

天皇が仰せになるお言葉を、皆の者が承れ、と申し聞かせる。遣唐使藤原常嗣朝臣らは朝廷により派遣され、遠く荒海を苦労して渡り、大唐国の天子に拝謁して労《ねぎら》われ、復命も速やかに行った。ここに、常嗣朝臣らの勇敢な任務遂行を喜ばしく思っている。そこで常嗣から始めて水夫《かこ》に至るまで、位を上げることにする。在唐中死亡した判官《はんがん》藤原豊並《とよなみ》を哀れに思い、位を贈ることにする、との天皇のお言葉を、皆の者が承れ、と申し聞かせる。

大使正四位下藤原朝臣常嗣に従三位、判官従五位下長岑《ながみね》宿禰高名《たかな》に従五位上、判官正六位上菅原《すがわら》朝臣善主《よしぬし》に従五位下、在唐中死亡した判官正六位上藤原朝臣豊並に並びに従五位上を授けた。

○九月己卯朔癸未[五]、中使就二故贈二品伊予親王墓一、詔曰、早捐二栢館一、長掩二泉台一、悼二福禄之不レ融、悲二倚伏之難レ測、雖三既追二栄於前詔一、逾欲レ飾二終於当年一、宜下贈二栄班一、以賁中幽窀上、可二贈一品一、又詔曰、親王母故无位藤原朝臣吉子属遇二轗軻一、墜三失爵位一、時移事貿、追三悼営魂一、宜下贈二本班一照中之窀穸上、可二贈従三位一」是日、授二无位吉岡女王従四位下一、○乙酉[七]、従五位上永原朝臣門継為二神祇大副一、従五位下藤原朝臣諸成為二治部少輔一、従五位下田中朝臣真成為二玄蕃頭一、従四位上大枝朝臣総成為二刑部大輔一、従五位下文室朝臣助雄為二少輔一、従五位上文室朝臣永年為二宮内少

輔、従五位下嶋田朝臣清田為伊賀守、従四位下和気朝臣仲世為伊勢守、従五位上
藤原朝臣貞主為近江権介、従五位下小野朝臣千株為備中守、九○丁亥、是重陽之節
也、天皇御紫宸殿、宴公卿已下及文人、同賦菊潭引之題、宴畢賜禄有差、十六○
甲午、遣唐持節大使参議正四位下行左大弁兼大宰権帥藤原朝臣常嗣進節刀、十七○乙
未、天皇御紫宸殿、右大臣従二位兼行皇太子傅藤原朝臣三守奏大唐勅書、独召
大使藤原朝臣常嗣、昇自東階、天顔咫尺、勅曰、遠渉危難之途、平安参来《乎》喜
賜々《都》大坐、常嗣朝臣称唯、拝舞庭中、更召殿上置酒焉、于時使旨及路中艱難、
一々以聞、内侍持御被一条、御衣一襲佇立、大臣命常嗣朝臣云、今勅《久》、汝銜
国命、遠渉滄海、毎聞険難、憐愍殊深、仍賜纏頭物、即称唯、賜御被、拝舞
退出、十八○丙申、権中納言従三位兼行左兵衛督陸奥出羽按察使藤原朝臣良房召内
記、賜大唐勅書、令以蔵之、廿一○己亥、勅、如聞、所以神護景雲二年以還、
令諸国国分寺、毎年起正月八日至于十四日、奉読最勝王経、并修吉祥悔
過者、為消除不祥、保安国家也、而今講読師等、不必其人、僧尼懈怠、周旋
乖法、国司撿挍、亦不存心、徒有修福之名、都無殊勝之利、此則緇素異処、
不相監察之所致也、宜停行国分寺、而於庁事修之、自今以後、立為恒
例、廿三○辛丑、紀伊国人直講正六位上名草直豊成、少外記従六位上名草直安成等賜
姓宿祢、兼貫附右京四条四坊、元右京人宗形横根、娶紀伊国人名草直弟日之女、

生二男嶋守一、養老五年冒二母姓一隷二名草氏一、嶋守即豊成之祖父也、」是日、令下二大宰府一進中上自二大唐一所二奉請一大元帥画像上、○癸卯《廿五》、制、選叙令、帳内資人者、並以二八年一為レ限、神亀五年格、外五位資人、十年成選、自レ今而後、外五位資人選限者、宜二依レ令行一レ之、唯神宮司、祢宜、祝、国造、外散位郡司、及俘夷之類、不レ在二此限一、○丙午《廿八》、詔曰、天皇我詔旨良万止宣大命乎衆聞与止宣、遣唐使藤原常嗣朝臣等、朝乃遣乃道尓、遠路荒海乎歴苦美、大唐天子止毛治労礼、返事毛早速申賜倍利、是尓念行久波、常嗣朝臣良我勤仕奉礼留勇止奈毛喜賜大坐須、故是以常嗣乎始天、水手尓至万天尓冠位上賜比治賜不、在レ唐天身罷太留判官藤原豊並乎毛哀愍賜比、追天冠位賜久度詔不天皇我大命乎衆聞食止宣、授二大使正四位下藤原朝臣常嗣従三位一、判官従五位下長岑宿祢高名従五位上、判官正六位上菅原朝臣善主従五位下、贈二在レ唐身亡判官正六位上藤原朝臣豊並従五位上一、

○冬十月己酉朔《一日》　天皇が紫宸殿《ししんでん》に出御《しゅつぎょ》して、群臣に酒を賜った。散位《さんに》従五位下伴宿禰雄堅魚《とものすくねおかつお》と備後権掾《びんごのごんのじょう》正六位上伴宿禰須賀雄《すがお》を天皇の座席の側へ召し、囲碁をさせた。二人は共に当時における碁の名手であった（雄堅魚は石二子。格下であった）。賭物《かけもの》は新銭（承和昌宝《じょうわしょうほう》）二十貫文で、一局に四貫を賭け、五局指した（須賀雄は四敗一勝だった）。また、遣唐使准判官《けんとうしじゅんはんがん》正六位上藤原朝臣貞敏《ふじわらのあそんさだとし》に命じて琵琶《びわ》を弾かせた。群臣は酣酔《かんすい》し、差をなして禄《ろく》を賜った。

越前国《えちぜん》が慶雲《けいうん》が出現したと言上した。

山城《やましろ》国宇治《うじ》郡の荒田《こうでん》一町を無品《むほん》秀子《ひでこ》内親王に賜った。

○甲寅　六日　遣唐大使以下が八省院《はっしょういん》において拝謁の儀を行った。ただし、天皇は出御せず、ただ大臣が慣例に従い事に当たった。

○乙卯　七日　贈従三位《じゅさんみ》藤原朝臣吉子《よしこ》に、さらに従二位を賜った。祟《たた》りがあったことによる。

○丙辰　八日　次のように制定した。

大小麦《だいしょうむぎ》は、栽培に手間がかからず、夏の間に早く熟し、食料不足の時に、大変役立つものである。もし青刈りせず成熟させれば、貧しい民は飢饉《ききん》の時に食することができるので、しばしば青刈りして蒭《まぐさ》とすることを禁止してきたが、年来奢侈《しゃし》の風俗の中で、青刈りして馬の飼料にすることが行われている。愚かな民は利得があれば、すぐに費用してしまう仕儀で、これが今に至るまで、国法を恐れず、慣《なら》いとなっている。そこで、左右京・五畿内諸国に命じて、このようなことのないようにせよ。百姓が改めず、また役人が見逃すようなことがあれば、大同《だいどう》三年格《きゃく》（『類聚三代格《るいじゅうさんだいきゃく》』巻十九弘仁《こうにん》十年六月二日太政官符《だいじょうかんぷ》所引大同三年七月十三日騰勅符）により、犯状に従い処罰せよ。

○丁巳　九日　遣唐使録事《ろくじ》正六位上山代《やましろ》宿禰氏益《うじます》の乗船した新羅《しらぎ》船一隻《せき》が筑前《ちくぜん》国博多《はかた》津《つ》に帰着した。

○辛酉　十三日　唐からの舶載品《はくさいひん》を伊勢《いせ》大神宮《だいじんぐう》に奉納した。

○乙丑　十七日　出羽《でわ》国が次のように言上した。

去る八月二十九日の所管する田川郡司解《たかわぐんじげ》に「本郡の西海岸から郡府に至るまでの五十余里の間には、元来石はありませんでしたが、今月三日から長雨が止まず、雷鳴が轟《とどろ》き十余日が経《た》ちまして、その後晴となり、海岸を見ますと、自然の隕石《いんせき》が無数にありました。あるものは鏃《やじり》に似、あるものは鋒《みね》（刀の背）のようで、あるいは白く、あるいは黒く、また青だったり赤色をしていました。そのさまは鋭く皆西を向き、本《もと》の方は東向きとなっていました。故老に質《ただ》しますと、見たことのないものだと言っております」とありました。国司《こくし》が検討してみますに、この浜は砂地でして、径《さしわたし》が一寸になるほどの石は、古来あったことがありません。そこで言上する次第です。

国司が進上してきた武器の形をした石数十個を、外記局《げききょく》に収置した。

天皇が「陸奥《むつ》・出羽《でわ》および大宰府《だざいふ》等にあっては、もし事変が出来したならば、適切な措置をとり、かつ言上せよ。よく臨機応変に対処して、不虞《ふぐ》が出来しても防禦《ぼうぎょ》せよ。また、禍《わざわ》いを転じて福となすには、神仏がなによりである。仏事を行い、奉幣《ほうべい》すべきである」と勅した。

○丁卯《十九日》　摂津《せっつ》国の人直講博士《じきこうはかせ》従六位下佐夜部直穎主《さよべのあたいひでぬし》に善友朝臣《よしとものあそん》を賜姓し、左京四条二坊に貫附《かんぷ》した。

○癸酉《二十五日》　右中弁《うちゅうべん》正五位下藤原朝臣嗣宗《つぐむね》を左中弁《さちゅうべん》に任じ、従五位上良岑《よしみね》朝臣高行《たかゆき》を兼右中弁に任じ、右近衛少将《うこのえのしょうしょう》は故《もと》のままとし、従四位下和気《わけ》朝臣仲世《なかよ》を治部大輔《じぶのたいふ》に任じ、正五位下小《お》野《の》朝臣真野《まの》を諸陵頭に任じ、従五位下橘《たちばな》朝臣起奈理《きなり》を大蔵大輔《おおくらたいふ》に任じ、外従五位下御輔《みふ》朝臣真雄《まお》を大膳亮《だいぜんのすけ》に任じ、従四位上橘朝臣弟氏《おとうじ》を右京大夫《うきょうのだいぶ》に任じ、参議《さんぎ》正四位下三原《みはら》朝臣春上《はるかみ》を兼伊勢守《いせのかみ》に任じ、従五位上長岑《ながみね》宿禰高名《たかな》を権介《ごんのすけ》に任じ、従五位下紀《き》朝臣盛麻呂《さかりまろ》を常陸介《ひたちのすけ》に任じた。

本日、建礼門《けんれいもん》の前に三棟《さんとう》の天幕を張り、種々の唐物《とうぶつ》を並べ、内蔵寮《くらりょう》官人および内侍《ないし》らに交易させた。これを宮市《みやいち》と名づけた。

○丁丑《二十九日》　下総《しもうさ》国香取《かとり》郡に鎮座する正二位伊波比主《いわいぬし》命・常陸国鹿嶋《かしま》郡に鎮座する正二位勲《くん》一等建御《たけみ》加都智《かつち》命に並びに従一位、河内《かわち》国河内《かわち》郡に鎮座する正三位勲二等天児屋根《あめのこやね》命に従二位、従四位上比売《ひめ》神に正四位下を授け奉った。

散事《さんじ》従四位下丹墀真人祖子《たじひのまひとおやこ》が死去した。

○冬十月己酉《一》朔、天皇御二紫宸殿一、賜二群臣酒一、召二散位従五位下伴宿祢雄堅魚、備後権掾正六位上伴宿祢須賀雄於御床下一、令二囲碁一、並当時上手也雄堅魚下二石二路一、賭物新銭廿貫文、一局所レ賭四貫、所レ約惣五局須賀雄輸二四籌一、贏二一籌一、亦令下二遣唐准判官正六位上藤原朝臣貞敏一弾中琵琶上、群臣具酔、賜レ禄有レ差、」越前国言、慶雲見焉、」山城国宇治郡荒田一町賜二无品秀子内親王一、○甲寅《六》、遣唐大使已下朝二拝於八省院一、無レ有二天臨一、唯大臣行レ事、例也、○乙卯《七》、贈従三位藤原朝臣吉子更贈二従二位一、以レ有レ祟也、○丙辰《八》、制、大小両麦、耕種労少、而夏月早熟、支レ急力多、若不レ刈二青苗一、令二其成熟一、貧賤之民、将二以療一レ飢、屢下二禁制一、不レ聴レ為レ蒭、而頃年奢侈之俗、収二青苗一以飼レ馬、庶民之愚利レ得レ直以暫用、積習至レ今、不レ畏二憲法一、宜レ令下二左右京、五畿内諸国一、不レ得二更然一、其百姓不二改悛一、及所二容隠一、准二大同三年格一、随レ状科処、○〈九〉丁巳、遣唐使録事正六位上山代宿祢氏益所レ駕新羅船一隻、飯二着筑前国博多津一、○〈十三〉辛酉、奉二唐物於伊勢大神宮一、○〈十七〉乙丑、出羽国言、去八月廿九日管田川郡司解偁、此郡西浜達レ府之程五十余里、本自無レ石、而従二今月三日一、霖雨無レ止、雷電闘レ声、経二十余日一、乃見二晴天一、時向二海畔一、自然隕石、其数不レ少、或似レ鏃、或似レ鋒、或白或黒、或青或赤、凡厥状体、鋭皆向レ西、茎則向レ東、詢二于故老一、所レ未二曾見一、国司商量、此浜沙地、而径寸之石自レ古無レ有、仍上言者、其所二進上一兵象之石数十枚、収二之外記局一、勅曰、陸奥出羽并大宰府等、若有二機変一、随レ宜行レ之、且以上言、克制二権変一、令レ禦二不虞一、又転レ禍為レ福、仏神是先、宜二修レ法奉一レ幣、○〈十九〉丁卯、摂津国人直講博士従六位下佐夜部首穎主賜二姓善友朝臣一、編二附左京四条二坊一、○〈廿五〉癸酉、以二右中弁正五位下藤原朝臣嗣宗一為二左中弁一、従五位上良岑朝臣高行為二兼右中弁一、右近衛少将如レ故、従四位下和気朝臣仲世為二治部大輔一、正五位下小野朝臣真野為二諸陵頭一、従五位下橘朝臣起奈理為二大蔵大輔一、外従五位下御輔朝臣真雄為二大膳亮一、従四位上橘朝臣弟氏為二右京大夫一、参議正四位下三原朝臣春上為二兼伊勢守一、従五位上長岑宿祢高名為㆓権介㆒、従五位下紀朝臣盛磨為㆓常陸介㆒」是日、建礼門前張㆓立三幄㆒、雑㆓置唐物㆒、内蔵寮官人及内侍等交易、名曰㆓宮市㆒、〇丁丑廿九、奉㆑授㆘坐㆓下総国香取郡㆒正二位伊波比主命、坐㆓常陸国鹿嶋郡㆒正二位勲一等建御加都智命並従一位㆖、坐㆓河内国河内郡㆒正三位勲二等天児屋根命従二位、従四位上比売神正四位下、」散事従四位下丹墀真人祖子卒、

〇十一月己卯朔庚辰二日　天皇が大極殿《だいごくでん》に出御《しゅつぎょ》して、使いを遣わして伊勢《いせ》大神宮《だいじんぐう》に奉幣《ほうべい》した。〇癸未五日　伊勢《いせ》斎宮《さいぐう》に火災があり、官舎百余棟を焼いた。左衛門権佐《さえもんのごんのすけ》従五位下田口朝臣《たぐちのあそん》房富《ふさとみ》を遣わし、絹百疋《びき》・綿三百屯《とん》・調布《ちょうふ》五十端《たん》をもって斎内親王《いっきないしんのう》（久子《ひさこ》内親王）を慰問した。

左京の人左大史《さだいし》正六位上山直《やまのあたい》池作《いけつくり》ら十人の直《あたい》を改め宿禰《すくね》を賜姓した。池作の先祖は天穂日命《あめのほひ》の後裔《こうえい》である。

左京の人正六位上御春《みはる》宿禰春長《はるなが》ら十一人の宿禰を改めて朝臣を賜姓した。春長らは百済《くだら》王氏の一族で、飛鳥戸《あすかべ》らの後裔である。

文章得業生《もんじょうとくぎょうしょう》従六位下菅原《すがわら》朝臣是善《これよし》が官吏登用試験である対策に応じ、中上の成績をとり、位三階を進叙《しんじょ》された。

伊予《いよ》国の人外従五位下風早《かざはや》直豊宗《とよむね》らの戸に善友《よしとも》朝臣を賜姓し、併せて地方での編籍《へんせき》を改めて左京四条二坊に貫附《かんぷ》した。豊宗らは、天神饒速日命《てんじんにぎはやひ》の後裔である。

○十一月己卯朔庚辰〔二〕、天皇御二大極殿一、遣レ使奉三幣於伊勢大神宮二、○癸未〔五〕、灾二于伊勢斎宮一、焼二官舎一百余宇一、遣二左衛門権佐従五位下田口朝臣房富一、賫二絹百疋、綿三百屯、調布五十端一、存三問斎内親王二一 左京人左大史正六位上山直池作等十人、改二直字一賜二宿祢一、池作之先、出レ自二天穂日命之後一也、一 左京人正六位上御春宿祢春長等十一人、改二宿祢一賜二朝臣一、是百済王之種、飛鳥戸等之後也、一 文章得業生従六位下菅原朝臣是善対策、処二之中上一、進二叙三階二一 伊予国人外従五位下風早直豊宗等一煙、賜二姓善友朝臣一、兼除二辺籍一、貫三附左京四条二坊一、天神饒速日命之後也、

○十二月己酉朔庚戌〔二日〕　参議《さんぎ》従四位上行春宮大夫《とうぐうのだいぶ》兼右衛門督《うえもんのかみ》文室朝臣《ふんやのあそん》秋津《あきつ》を派遣して、伊勢大《いせだい》神宮《じんぐう》に珍貴《ちんき》な幣帛《へいはく》を奉納した。斎宮《さいぐう》が焼損したためである。また、天長《てんちょう》元年九月に、多気《たけ》の斎宮が遠く大神宮を離れていて、何かにつけ不便なので、度会《わたらい》に離宮《りきゅう》を卜定《ぼくてい》し斎宮としたが、今回の火災により卜《うらな》ってみると、多気宮を常の斎宮とすべきであるとの結果が出たので、秋津に指示して、大神宮に斎宮の移遷を祈《ねが》い申告した。

○丙辰〔八日〕　太政官《だいじょうかん》の左大臣《さだいじん》正二位臣藤原《ふじわら》朝臣緒嗣《おつぐ》・右大臣《うだいじん》従二位兼皇太子傅《こうたいしふ》臣藤原朝臣三守《みもり》・大納言《だいなごん》正三位《しょうさんみ》兼左近衛大将《さこのえたいしょう》臣源《みなもと》朝臣常《ときわ》・中納言《ちゅうなごん》正三位臣藤原朝臣吉野《よしの》・中納言従三位《じゅさんみ》臣

藤原朝臣愛発《あらち》・中納言従三位兼右近衛大将《うこのえのたいしょう》臣　橘《たちばな》　朝臣氏公《うじきみ》・権　中納言《ごんのちゅうなごん》従三位兼行左兵衛《さひょうえの》督《かみ》陸奥出羽《むつでわ》按察使《あぜち》臣藤原朝臣良房《よしふさ》・参議正三位行左衛門督《さえもんのかみ》臣源朝臣信《まこと》・参議従三位行中務《ちゅうむ》卿《きょう》兼播磨守《はりまのかみ》臣源朝臣定《さだむ》・参議大宰権帥《だざいのごんのそち》従三位兼行左大弁《さだいべん》臣藤原朝臣常嗣《つねつぐ》・参議正四位下行伊勢《いせ》守臣三原《みはら》朝臣春上《はるかみ》・参議従四位上守民部卿《みんぶきょう》勲六等臣朝野宿禰《あさのすくね》鹿取《かとり》・参議従四位上行春宮大夫兼右衛門督臣文室朝臣秋津・参議従四位下守刑部卿《ぎょうぶきょう》臣安倍《あべ》朝臣安仁《やすひと》らが、次のように奏上した。

私たちは、幽玄《ゆうげん》な天は黙然として、人に徳がなければ動かず、神徳ははっきりとしていて、人が誠意を尽くせば必ず感応するものであり、この故に君主が孝に則した政治を行えば、天は必ずすばらしい賜物《たまもの》を惜しむことなく下し、すぐれた徳が沁《し》みこむように行き渡れば、山も川も瑞祥《ずいしょう》を表す、と聞いております。伏して思いますに、皇帝陛下は中国古代の伝説上の帝王である黄帝《こうてい》と徳を同じくし、堯《ぎょう》と同様に慎み 謙《へりくだ》り、前代の天皇より皇業《こうぎょう》の基礎を受け継ぎ、ますます輝かしいものとして弘めておられます。天下は平和で海内《かいだい》は道を楽しみ、あらゆる生物が陛下《へいか》の仁《じん》に潤っております。

伏して、参河国守従五位下橘朝臣本継《もとつぐ》らの奏状を見ますと、「去年十一月三日に、五色の雲が宝飫《ほお》郡形原《かたはら》郷に出現しました」とあり、また越中国介外従五位下興世《おきよ》朝臣高世《たかよ》らの奏に「去る六月二十八日に、慶雲《けいうん》が新川《にいかわ》郡若佐野《わかさの》村に出現しました」とありました。いずれも皆色は美しく、形は常のものと異なっております。私たちが謹んで『孫子《そんし》瑞応図《ずいおうず》』に当たりますと、「慶雲は太平の世に感応するものである」とあり、『礼斗威《れいとい》儀《ぎ》』に「政治が穏やかであれば、慶雲が出現する」とみえ、また『孝経援神契《こうきょうえんしんけい》』に「優れた徳が山陵《さんりょう》に及ぶと、慶雲が出現する」とあります。広く古書・古典に当たり調べますと、両国の上奏は往古のあり方に叶《かな》っています。道が天下に広まり、仁が隅々にまで及ぶようでなければ、どうしてこの祥瑞が下され、大いなる福を賜ることがありましようか。私たちは幸せな生活を送り、高位高官に就く栄誉に浴し、このたびは未だ見たことのないものを見、出遭ったことのない幸運に遭いまして、喜びに堪えず、謹んで表を奉り、祝賀申し上げます。

天皇が次のように勅した。

天が施す賜物は、智を越えた不思議な力に帰せられ、地上を照覧して幸運を降すのは、すべて立派な功績をまってのことである。この故に、徳のある者は太陽の如く盛んであっても、ますます謙り、政化が進み仁を広めても、思い上がらず、それを後世に伝えようなどと思わないものである。朕は謹んで皇位を継ぎ、祖先の祀《まつ》りを守り、春の薄氷を履《ふ》む気持ちで、世が和ぎ盛んになることを思い、朽ちた手綱《たづな》で馬を馭《ぎょ》する思いで、善の道を求めているが、遠大な経略のないことを恥じ、天を動かすことができないことを謝すものである。どうしてこの慶雲の祥瑞の由来が、公卿《くぎょう》らのお祝いの奏上に相当しようか。もし良き穀物が田畑に育ち稔《みの》れば、慶雲がなくとも、それが朕の元来の願いである。古人は、祥瑞が出現したら、ますます戒《つつし》めと言っているではないか。すなわち吉《きっ》徴《ちょう》である祥瑞は、時々の機に応じて出現するものなのである。皆は、忠誠の心で朕の及ばないところを助けてほしい。重ねての祝賀の奏上は無要である。

○丁巳九日　越前《えちぜん》国の正三位勲一等気比《けひ》大神に従二位を授け奉り、勲位は故のままとし、伊勢《いせ》国の正五位下多度《たど》大神に正五位上を授け奉った。

○辛酉十三日　天皇が建礼門《けんれいもん》に出御して、使者を分遣して、唐物を後《のち》の田原《たわら》（光仁《こうにん》天皇）・八嶋《やしま》（崇道《すどう》天皇）・楊梅《やまもも》（平城《へいぜい》天皇）・柏原《かしわばら》（桓武《かんむ》天皇）等の山陵へ奉納した。

○癸亥十五日　勅により、興福寺《こうふくじ》維摩会《ゆいまえ》の講師《こうじ》を経歴した僧を、宮中最勝会《さいしょうえ》の講師に起用することとし、今後これを長く恒例《ごうれい》とすることに定めた。

○乙丑十七日　天皇が水成瀬《みなせ》野《の》に遊猟した。山城《やましろ》・摂津《せっつ》・河内《かわち》等の国司《こくし》が御贄《みにえ》を献上し、扈従《こしょう》の群臣および国司らに、それぞれ差をなして禄《ろく》を賜った。

○庚午二十二日　天皇が建礼門に出御して、唐物を長岡山陵《ながおかさんりょう》（藤原乙牟漏《おとむろ》）へ奉納した。先日の頒幣《はんぺい》に漏れていたためである。

続日本後紀　巻第八

○十二月己酉朔庚戌二、遣下二参議従四位上行春宮大夫兼右衛門督文室朝臣秋津一、奉中珍幣於伊勢大神上、以二斎宮焼損一也、又去天長元年九月依下多気斎宮遠離二太神宮一、毎事無上便、卜二定度会離宮一、以為二斎宮一焉、今依二火災一、卜下定多気宮地可レ為二常斎宮一之状上、同令下二此使一祈中申於大神宮上、八○丙辰、太政官、左大臣正二位臣藤原朝臣緒嗣、右大臣従二位兼皇太子傅臣藤原朝臣三守、大納言正三位兼左近衛大将臣源朝臣常、中納言正三位臣藤原朝臣吉野、中納言従三位臣藤原朝臣愛発、中納言従三位兼右近衛大将臣橘朝臣氏公、権中納言従三位兼行左兵衛督陸奥出羽按察使臣藤原朝臣良房、参議正三位行左衛門督臣源朝臣信、参議従三位行中務卿兼播磨守臣源朝臣定、参議大宰権帥従三位兼行左大弁臣藤原朝臣常嗣、参議正四位下行伊勢守臣三原朝臣春上、参議従四位上守民部卿勲六等臣朝野宿祢鹿取、参議従四位上行春宮大夫兼右衛門督臣文室朝臣秋津、参議従四位下守刑部卿臣安倍朝臣安仁等奏言、臣聞、惟天玄黙、匪レ徳不レ動、惟神着明、有レ誠必感、故人君孝治、昊穹不レ能レ愛二其霊貺一、至徳潜通、岳瀆以レ之効二其禎祥一、伏惟、皇帝陛下、狗斉伴レ徳、允恭配レ美、纂二洪基於累聖一、弘二前烈於重光一、浹宇浪レ和、環瀛楽レ道、凡厥群生、孰不レ霑レ仁、伏見二参河国守従五位下橘朝臣本継等奏一偁、去年十一月三日五色雲見二宝飫郡形原郷一、又越中国介外従五位下興世朝臣高世等奏偁、去六月廿八日慶雲見二新川郡若佐野村一、並皆彩色奇麗、形象非レ常、臣等謹検、孫子瑞応図曰、慶雲、太平之応也、礼斗威儀曰、政和平則慶雲至、又孝経援神契曰、徳至二山陵一、則慶雲出、普閲二曩篇一、緬尋二夐牒一、両国上奏、事叶二古典一、夫自レ非下道格二区宇一、仁覃中海隅上、何亦降二斯玄符一、錫二彼景福一、臣等幸属二生涯一、栄叨二簪紱一、見二未レ見於今日一、遇二未レ遇於茲晨一、不レ任二抃躍之至一、謹拝表陳賀以聞、」勅、上霊施レ貺、允仮二神功一、玄鑒降レ休、必佇二茂烈一、是以徳佩二就日一、猶揚二克譲之謙光一、化揮二仁風一、逾発二靡記之挹損一、朕祗承二丕緒一、嗣二守宗祧一、履レ薄以想二邕熙一、馭レ朽以求二至道一、而誠慙レ経レ遠、明謝レ動レ天、何以致二景雲之禎祥一、当二槐棘之奏賀一、若二嘉穀栖レ畝、穜稑亘レ原、雖レ匪二郁々之非烟一、而朕之往寗也、古人不レ云乎、見レ祥増レ戒、則休徴応レ機至也、人貢二忠誠一、以輔二不逮一、重賀之事、都所レ不レ允、九 ○丁巳、奉レ授二越前国正三位勲一等気比大神従二位一、余如レ故、伊勢国正五位下多度大神正五位上、十三 ○辛酉、天皇御二建礼門一、分二遣使者一、奉二唐物於後田原(光仁)、八嶋(崇道)、楊梅(平城)、柏原(桓武)等山陵一、十五 ○癸亥、勅、以下経二于興福寺維摩会講師一之僧上、宜為二宮中最勝会講師一、自今以後、永為二恒例一、十七 ○乙丑、車駕遊二猟於水成瀬野一、山城、摂津、河内等国司献二御贄一、賜二扈従群臣及国司等禄一各有レ差、廿二 ○庚午、天皇御二建礼門一、奉二唐物於長岡山陵(藤乙牟漏)一、為レ漏二先日之頒幣一也、

続日本後紀　巻第八

続日本後紀　巻第九

承和七年正月より十二月まで

太政大臣従一位臣藤原朝臣良房ら勅を奉《うけたまわ》りて撰す

○七年春正月戊寅朔《一日》　天皇が大極殿《だいごくでん》に出御《しゅつぎょ》して朝賀《ちょうが》を受けた。朝賀の儀が終わると、侍従《じじゅう》以上の者と紫宸殿《ししんでん》で宴を催し、御衾《みふすま》を賜った。

○甲申《七日》　天皇が紫宸殿に出御して、御簾《みす》を垂れて青馬《あおうま》を観覧した。詔《みことの》りして三品《さんぼん》秀良《ひでなが》親王に二品、従三位《じゅさんみ》藤原朝臣愛発《ふじわらのあそんあらち》に正三位《しょうさんみ》、従四位上朝野宿禰鹿取《あさののすくねかとり》に正四位下、無位世宗《よむね》王に従四位下、正六位上美志真《みしま》王・長川《ながかわ》王に並びに従五位下、正五位下　橘《たちばな》朝臣岑継《みねつぐ》に従四位下、従五位上宮道《みやじ》朝臣吉備麻呂《きびまろ》・長岑《ながみね》宿禰高名《たかな》に並びに正五位下、従五位下伴《とも》宿禰成益《なります》・佐伯《さえき》宿禰利世《としよ》に並びに従五位上、外《げ》従五位下山田《やまだ》宿禰古嗣《ふるつぐ》・正六位上平《たいら》朝臣春香《はるか》・橘朝臣真直《まなお》・藤原朝臣春岡《はるおか》・橘朝臣貞雄《さだお》・藤原朝臣行縄《ゆきただ》・丹墀真人雄《たじひのまひとお》浜《はま》・田口《たぐち》朝臣門長《かどなが》・下毛野《しもつけぬ》朝臣文継《ふみつぐ》・当麻《たいま》真人松成《まつなり》・大神《おおみわ》朝臣宗雄《むねお》・長岑宿禰秀名《ひでな》・菅原《すがわら》宿禰豊道《とよみち》に並びに従五位下、正六位上山《やま》宿禰池作《いけつくり》・額田部湯坐連《ぬかたべのゆえのむらじ》　長吉《ながよし》に並びに外従五位下を授けた。宴が終わり差をなして禄《ろく》を賜った。

○乙酉《八日》　大極殿において、最勝会《さいしょうえ》を開始した。本日、正六位上御春《みはる》朝臣浜主《はまぬし》に従五位下、無位高宗《たかむね》女王に従五位上、正五位下橘朝臣影《かげ》子《こ》に従四位下、従五位上紀《き》朝臣清子《きよこ》に正五位下、無位藤原朝臣潔子《きよこ》・和気《わけ》朝臣数子《かずこ》に並びに従五位上、無位甘南備《かんなび》真人真数《まかず》・清科《きよしな》朝臣殿子《とのこ》に並びに従五位下を授けた。

○戊子《十一日》　天皇が病となった。

○庚寅《十三日》　地震があった。

○辛卯《十四日》　最勝会が終了した。名僧を内裏《だいり》に喚《よ》んで、論議させ、終わると御被を賜った。

○癸巳《十六日》　天皇が紫宸殿に出御した。御簾《みす》を巻き上げず、侍従以上の者と宴を催し、踏歌《とうか》を観覧した。終了すると差をなして禄を賜った。

○甲午《十七日》　大納言《だいなごん》正三位　源《みなもと》朝臣常《ときわ》が勅《ちょく》を奉《ほう》じて、豊楽院《ぶらくいん》において六衛府《ろくえふ》の射《じゃ》を観閲した。

○丁酉《二十日》　内宴を停止した。天皇の病によってである。

○丁未《三十日》　従五位下清原《きよはら》真人秋雄《あきお》を侍従に任じ、従五位下藤原朝臣仲統《なかむね》を右兵衛佐《うひょうえのすけ》に任じ、従五位下百済《くだら》王慶苑《けいえん》を河内介《かわちのすけ》に任じ、従五位下豊前《ぶぜん》王を参河守《みかわのかみ》に任じ、従五位下文室《ふんや》朝臣助《すけ》雄《お》を遠江《とおとうみ》守に任じ、外従五位下飯高　公常比《いいたかのきみつねひ》麻《ま》呂《ろ》を伊豆《いず》守に任じ、従四位下正道《まさみち》王を武蔵《むさし》守に任じ、四品葛井《ふじい》親王を常陸太守《ひたちのたいしゅ》に任じ、従五位上興世《おきよ》朝臣書主《ふみぬし》を信濃《しなの》守に任じ、従五位下御春朝臣浜主を鎮守将軍《ちんじゅしょうぐん》に任じ、従五位上藤原朝臣宮房《みやふさ》を出羽《でわ》守に任じ、従五位上有《あり》雄《お》王を越前《えちぜん》守に任じ、外従五位下山宿禰池作を介に任じ、従五位下長岑宿禰秀名《ひでな》を越中《えっちゅう》介に任じ、外従五位下高田《たかだ》宿禰家守《いえもり》を越後《えちご》介に任じ、参議《さんぎ》従四位上文室朝臣秋津《あきつ》を兼丹後《たんご》守に任じ、春宮大夫《とうぐうのだいぶ》・右衛門督《うえもんのかみ》は故《もと》のままとし、従五位下藤原朝臣良相《よしみ》を兼因幡《いなば》守に任じ、内蔵頭《くらのかみ》は故のままとし、従五位下藤原朝臣行縄《ゆきただ》を石見《いわみ》守に任じ、従四位下清原真人瀧雄《たきお》を美作《みまさか》守に任じ、外従五位下紀宿禰福吉《ふくよし》を掾《じょう》に任じ、従四位上藤原朝臣浜主を安芸《あき》守に任じ、従五位下菅野《すがの》朝臣永岑《ながみね》を兼伊予《いよ》介に任じ、主殿頭《とものかみ》は故のままとし、三品賀陽《かや》親王を大《だ》宰帥《ざいのそち》に任じ、従五位下紀朝臣綱麻呂《つなまろ》を筑前《ちくぜん》守に任じ、従五位下藤原朝臣板野麻呂《いたのまろ》を肥前《ひぜん》守に任じ、従五位上藤原朝臣貞守《さだもり》を兼豊前《ぶぜん》守に任じ、春宮亮《とうぐうのすけ》は故のままとした。

続日本後紀　巻第九　起㆓承和七年正月㆒尽㆓十二月㆒

太政大臣従一位臣藤原朝臣良房等奉　勅撰

○七年春正月戊寅《一》朔、天皇御㆓大極殿㆒、受㆓朝賀㆒、礼畢宴㆓侍従已上於紫宸殿㆒、賜㆓御被㆒、○甲申《七》、天皇御㆓紫宸殿㆒、垂㆓珠簾㆒、覧㆓青馬㆒、詔授㆓三品秀良親王二品㆒、従三位藤原朝臣愛発正三位、従四位上朝野宿祢鹿取正四位下、无位世宗王従四位下、正六位上美志真王、長川王並従五位下、正五位下橘朝臣岑継従四位下、従五位上宮道朝臣吉備麻呂、長岑宿祢高名並正五位下、従五位下伴宿祢成益、佐伯宿祢利世並従五位上、外従五位下山田宿祢古嗣、正六位上平朝臣春香、橘朝臣真直、藤原朝臣春岡、橘朝臣貞雄、藤原朝臣行縄、丹墀真人雄浜、田口朝臣門長、下毛野朝臣文継、当麻真人松成、大神朝臣宗雄、長岑宿祢秀名、菅原宿祢豊道並従五位下、正六位上山宿祢池作、額田部湯坐連長吉並外従五位下、宴竟賜レ禄有レ差、○乙《八》酉、於二大極殿一始修二最勝会一也、」是日、授二正六位上御春朝臣浜主従五位下一、无位高宗女王従五位上、正五位下橘朝臣影子従四位下、従五位上紀朝臣清子正五位下、无位藤原朝臣潔子、和気朝臣数子並従五位上、无位甘南備真人真数、清科朝臣殿子並従五位下、○戊《十一》子、天皇不予也、○庚《十三》寅、地震、○辛《十四》卯、最勝会畢、引二名僧於内裏一令二論義一、訖施二御被一、○癸《十六》巳、天皇御二紫宸殿一、不レ巻二珠簾一、而宴二侍従已上一、覧二踏歌一、畢賜レ禄有レ差、○甲《十七》午、大納言正三位源朝臣常奉レ勅、閲二視六衛府射於豊楽院一、○丁《二十》酉、内宴罷焉、以二聖躬龍蟠一也、○丁《三十》未、以二従五位下清原真人秋雄一為二侍従一、従五位下藤原朝臣仲統為二右兵衛佐一、従五位下百済王慶苑為二河内介一、従五位下豊前王為二参河守一、従五位下文室朝臣助雄為二遠江守一、外従五位下飯高公常比麻呂為二伊豆守一、従四位下正道王為二武蔵守一、四品葛井親王為二常陸太守一、従五位上興世朝臣書主為二信濃守一、従五位下御春朝臣浜主為二鎮守将軍一、従五位上藤原朝臣宮房為二出羽守一、従五位上有雄王為二越前守一、外従五位下山宿祢池作為レ介、従五位下長岑宿祢秀名為二越中介一、外従五位下高田宿祢家守為二越後介一、参議従四位上文室朝臣秋津為二兼丹後守一、春宮大夫右衛門督如レ故、従五位下藤原朝臣良相為二兼因幡守一、内蔵頭如㆑故、従五位下藤原朝臣行縄為㆓石見守㆒、従四位下清原真人滝雄為㆓美作守㆒、外従五位下紀宿祢福吉為㆑掾、従四位上藤原朝臣浜主為㆓安芸守㆒、従五位下菅野朝臣永岑為㆓兼伊予介㆒、主殿頭如㆑故、三品賀陽親王為㆓大宰帥㆒、従五位下紀朝臣綱麻呂為㆓筑前守㆒、従五位下藤原朝臣板野麻呂為㆓肥前守㆒、従五位上藤原朝臣貞守為㆓兼豊前守㆒、春宮亮如㆑故、

○二月戊申中朔己酉《二日》　天皇が嵯峨《さが》太上天皇《だいじょうてんのう》と太皇太后《たいこうたいごう》（橘《たちばなのかち》嘉智子《こ》）に嵯峨院で拝謁した。扈従《こしょう》の群臣と院司《いんし》に差をなして禄《ろく》を賜った。

○壬子《五日》　従五位下久《こ》賀朝臣《がのあそん》三夏《みなつ》を雅楽頭《うたのかみ》に任じ、従五位下小野《おの》朝臣宗成《むねなり》を民部少輔《みんぶのしょうふ》に任じ、従五位下在原《ありはら》朝臣仲平《なかひら》を兼刑部《ぎょうぶのしょうふ》少輔に任じ、駿河守《するがのかみ》は故《もと》のままとし、従五位上清原真人《きよはらのまひと》遠《おん》賀《が》を大膳大夫《だいぜんのだいぶ》に任じ、従五位下近棟《ちかむね》王を正親正《おおきみのかみ》に任じ、従五位下都努《つの》朝臣福人《ふくひと》を左京亮《さきょうのすけ》に任じた。

○己未《十二日》　特別に六衛府《ろくえふ》に平安京《へいあんきょう》の夜間巡邏《じゅんら》を行わせた。群盗が各所に跋扈《ばっこ》したことによる。

○庚申《十三日》　大宰府《だざいふ》例進《れいしん》（毎年貢上することが定められている物品）の朴消《ぼくしょう》（薬物）を停止した。

○辛酉《十四日》　流人《るにん》小野篁《たかむら》を帰還させた（承和《じょうわ》五年十二月己亥条）。

○癸亥《十六日》　陸奥《むつ》国柴田《しばた》郡の権大領《ごんのたいりょう》丈部豊主《はせつかべのとよぬし》・伊具《いぐ》郡の擬大毅《ぎだいき》陸奥真成《むつのまなり》ら二戸に阿倍陸奥臣《あべのむつのおみ》

を賜姓した。同国人丈部継成《つぐなり》ら三十六人に下毛野陸奥公《しもつけぬのむつのきみ》を賜姓した。

　勅により、流人伴有仁《とものありひと》と刀伎雄貞《ときのおさだ》を召喚した（承和六年三月丁酉条）。

○戊辰《二十一日》　参議《さんぎ》左《さ》大弁《だいべん》従三位《じゅさんみ》藤原《ふじわら》朝臣常嗣《つねつぐ》は、去年母の死に遭遇して官を解かれていたが、本日、勅により復職した。

○庚午《二十三日》　天皇が次のように勅した（『類聚《るいじゅう》 三代格《さんだいきゃく》』巻二十承和七年二月二十五日太政官符《だいじょうかんぷ》参照）。

　聞くところによると、悪事をする者が真《まこと》に多く、暗夜に放火したり、白昼物を奪うことをしている。静かにこの悪しき風潮を思うと、人を溝に押し込め、苦しめている思いを強くする。左右京職・五畿内・七道諸国に命じて、厳しく取り締まり、村里を捜索して、身柄を捕らえかつ進め、遅滞のないようにせよ。

○辛未《二十四日》　勅により、平安京内の高年で隠居《いんきょ》（生業がなく生活する）している者と飢え病んでいる百姓らに、物を恵み与えた。

○壬申《二十五日》　相模《さがみ》国大住《おおすみ》郡大領《たいりょう》外従七位上壬生直広主《みぶのあたいひろぬし》が貧窮の民に代わって、私稲《しとう》一万六千束を税として納入し、五千三百五十人もの人口増加を果たした。この善き行状《ぎょうじょう》を褒賞して、外従五位下を仮に授けた。

○癸酉《二十六日》　天皇が次のように勅した。

　国家が盛んになるために肝心なのは、民を富ますことであり、倉が充ち足りるようになるのは、真に稔《みの》りがあればである。この故に耕作時には作物が盛んに繁るようにし、農作時に適切に対処しないと、飢饉《ききん》の心配が生ずるのである。すなわち農の道に励まなければならない。去年は旱害《かんがい》となり、穀物は稔らず百姓は飢え、国用に不足を来たした。災異の出来《しゅったい》は天によるとはいえ、人民が愚かで怠惰であることを恐れるものである。現在、季節は春で、農事の始まる時期に当たる。今が勧農を行う適時なので、五畿内諸国に命じて、農事について戒め、時宜に応じた対処をし、怠ることのないようにせよ。

○甲戌（二十七日） 夜間、雷と降雨がこもごも激しくなったので、宮中からの使《つか》いとして左《さ》近衛少将《このえのしょうしょう》橘《たちばな》朝臣岑継《みねつぐ》を嵯峨院へ、右《う》近衛中将《このえのちゅうじょう》藤原朝臣助《たすく》を淳和院《じゅんないん》へ遣わして、嵯峨・淳和両太上天皇の側に祗候《しこう》させた。

○二月戊申朔己酉（二）、天皇朝二観先太上天皇及太皇太后於嵯峨院一、賜二扈従群臣幷院司禄一有レ差、○壬子（五）、以二従五位下久賀朝臣三夏一為二雅楽頭一、従五位下小野朝臣宗成為二民部少輔一、従五位下在原朝臣仲平為二兼刑部少輔一、駿河守如レ故、従五位上清原真人遠賀為二大膳大夫一、従五位下近棟王為二正親正一、従五位下都努朝臣福人為二左京亮一、○己未（十二）、殊令下二六衛府一夜中行京城上、縁二群盗遍起一也、○庚申（十三）、令下二大宰府一停中止例進朴消上、○辛酉（十四）、召二流人小野篁一、○癸亥（十六）、陸奥国柴田郡権大領丈部豊主、伊具郡擬大毅陸奥真成等戸二烟、賜二姓阿倍陸奥臣一、同国人丈部継成等卅六人賜二姓下毛野陸奥公一」勅喚二流人伴有仁、刀伎雄貞一、○戊辰《廿一》、参議左大弁従三位藤原朝臣常嗣、去年遭二母喪一、今日有レ勅、起視レ事、○庚午《廿三》、勅、如レ聞、姧宄之賊、寔蕃有レ徒、或暗夜放レ火、或白昼奪レ物、静言二流弊一、情切二納隍一、宜下二知左右京職、五畿内、七道諸国一、厳加二督察一、捜二訊閭里一、随レ獲且進、莫上作二留連一、○辛未《廿四》、勅、京中高年隠居、幷飢病百姓等加二振恤一、○壬申《廿五》、相摸国大住郡大領外従七位上壬生直広主、代二窮民一輸二私稲一万六千束一、戸口増益五千三百五十人褒二此善状一、仮二外従五位下一、○癸酉《廿六》、勅、国家隆泰、要在レ富レ民、倉廩充実、良由レ有レ年、故耕耘時必致二京坻之蓄一、稼穡候還招二飢饉之憂一、農之為レ道、豈不レ勗歟、去年炎旱作レ災、嘉穀彫萎、百姓阻飢、国用闕乏、雖二災異之臻則是天道一、而庶民之愚恐有二倦惰一、方今青陽入レ序、俶載二南畝一、勧課之事、適在二此時一、宜下告二五畿内諸国一、戒以二農事一、随レ時催勤莫上レ致二懈怠一、○甲戌《廿七》、夜中雷雨交切、遣下二中使左近衛少将橘朝臣岑継於嵯峨院、右近衛中将藤原朝臣助於淳和院一、祇中候先後太上天皇起居上、

○三月丁丑朔己卯《三日》　天皇が次のように勅した。

遣唐使《けんとうし》の三船は去年の夏六月に出航し、今般帰着した。それ以来時間が経過し、未着船の見張りが怠倦《たいけん》されている恐れがあるので、大宰府《だざいふ》と縁海《えんかい》諸国に命じて、帰着してい

ない第二船のために、これまでどおり炬火《たいまつ》を挙げて監視すべきである。
○庚辰《四日》　陸奥《むつ》国耶磨《やま》郡大領《たいりょう》外正八位上勲八等丈部人麻呂《はせつかべのひとまろ》の戸に上毛野陸奥公《かみつけぬのむつのきみ》を賜姓した。
○辛巳《五日》　従五位下藤原朝臣氏雄《ふじわらのあそんうじお》を縫殿頭《ぬいどののかみ》に任じ、四品忠良《ただなが》親王を兵部卿《ひょうぶきょう》に任じ、従四位下橘《たちばな》朝臣岑継《みねつぐ》を兼兵部大輔《ひょうぶのたいふ》に任じ、左近衛少将《さこのえのしょうしょう》は故《もと》のままとし、従五位上藤原朝臣宮房《みやふさ》を少輔《しょうふ》に任じ、従五位下高原《たかはら》王を伊豆守《いずのかみ》に任じた。正六位上和気《わけ》朝臣真菅《ますげ》に従五位下を授け、そのまま出羽《でわ》守に任じた。良吏としての選考である。
○壬午《六日》　六衛府《ろくえふ》を分遣して、京中の盗賊を捜索した。
○戊子《十二日》　俘夷《ふい》物部斯波連宇賀奴《もののべのしわのむらじうかど》が、反逆者に従わず、長らく軍功を挙げているので、外従五位下を授けた。陸奥《むつ》国磐城《いわき》郡大領外正六位上勲八等磐城臣雄公《おきみ》は遠方の戦場に出て身の危険を顧みず勝利を齎《もたら》し、郡司《ぐんじ》になって以来、大橋二十四所・溝《こう》・池《ち》・堰《えん》二十六所・官舎正倉《しょうそう》百九十棟の修理に勤め、宮城《みやぎ》郡権《ごん》大領外従六位上勲七等物部已波美《もののべのいはみ》は、私池を造って公田《こうでん》八十町余を灌漑《かんがい》し、私稲《しとう》一万千束を提供して公民に恵み与えた。この片よらず面倒見のよい態度を評価して、並びに外従五位下を仮授《かじゅ》した。
○庚寅《十四日》　勅により、去る承和《じょうわ》二年に文殊会料《もんじゅえりょう》として施入《せにゅう》した稲（承和二年四月己卯条）は、必要を賄うことができないので、正税出挙《しょうぜいすいこ》数をふやし、その利息を先の施入分に加えることにした。大・上国はそれぞれ二千束、中・小国はそれぞれ千束を永く文殊会料に充てることに定めた。

○乙未《十九日》　天皇が次のように勅した。

近頃、風俗は頽《すた》れ、衰微の様相となっている。物を消費するに当たっては、倹約が大切である。今後は、女子の裳《も》（スカート）は、夏の紗《しゃ》を用いたものと冬の中裙《なかも》（裳の下に着用する下着）は身分の高下を問わず、すべて禁止すべきである。裳は一つ着ければよく、重ねて着用してはならない。京および五畿・七道に対し、右の指示に従い、禁断させよ。

○辛丑《二十五日》　陸奥国が援兵を発したと奏上した。

○壬寅《二十六日》　陸奥守正五位下良峯《よしみね》朝臣木連《いたび》と前鎮守将軍《ちんじゅしょうぐん》外従五位下匝瑳宿禰《そうさのすくね》末守《すえもり》らに、次の勅符を下した。

今月十八日の奏を見て、援兵二千人を動員したことを知った。奏状では「奥地の民が皆庚申《こうしん》待ち（庚申の夜、寝ないで徹夜する習俗）を称して濫《みだ》りに出廻《でまわ》るのを制止することができません。ここで思いますに、往時、このような行為は懲粛《ちょうしゅく》してきました。国の威力なくして、民の騒動を抑えることはできません。そこで、援兵を動員して事態に備えるべきです。その食料には陸奥国の穀を充てたいと思います。ただし、上奏への返報を待っていますと、時機を失う恐れがありますので、上奏する一方で動員いたします」とあった。予《あらかじ》め不慮の事態に備えておくことは、古今の変わらない原則であるので、申請を許可する。よく荒ぶれた民を制止し、併せて威と徳をもって臨むべきである。

○三月丁丑朔己卯三、勅、遣唐三ケ船、去年夏六月進発、今諸船廻来、稍経二年月一、伺候之事、恐有二懈怠一、宜乙命二大宰府及縁海諸国一、為下未二廻来一第二舶上、依レ例挙レ火候甲レ之、○庚辰四、陸奥国耶磨郡大領外正八位上勲八等丈部人麿戸一烟、賜二姓上毛野陸奥公一、○辛巳五、以二従五位下藤原朝臣氏雄一為二縫殿頭一、四品忠良親王為二兵部卿一、従四位下橘朝臣岑継為二兼兵部大輔一、左近衛少将如レ故、従五位上藤原朝臣宮房為二少輔一、従五位下高原王為二伊豆守一、授二正六位上和気朝臣真菅従五位下一、即為二出羽守一、良吏之選也、○壬午六、分三遣六衛府一、捜二捕京中盗竊一、○戊子十二、俘夷物部斯波連宇賀奴、不レ従二逆類一、久効二功勲一、因授二外従五位下一、陸奥国磐城郡大領外正六位上勲八等磐城臣雄公、遄即二戎途一、忘レ身決レ勝、居レ職以来、勤修二大橋廿四処、溝池堰廿六処、官舎正倉一百九十宇一、宮城郡権大領外従六位上勲七等物部已波美、造二私池一漑二公田八十余町一、輸二私稲一万一千束一賑二公民一、依二此公平一、並仮二外従五位下一、○庚寅十四、勅、去承和二年文殊会料所レ施之稲不レ足二周急一、宜下加三挙正税一、以二其息利一加中之先数上、大上国各二千束、中小国各千束、永充二会料一、○乙未十九、勅、頃者風俗澆醨、凋弊相属、省費之術、倹約是憑、宜下自今以後、女所レ服裳、夏之表紗、冬之中裙、不レ論二貴賤一、一切禁断、一裳之外、不上レ得二重着一、京畿七道准レ制禁断、○辛丑廿五、陸奥国上下奏発二援兵一之状上、○壬寅廿六、勅三符陸奥守正五位下良峯朝臣木連、前鎮守将軍外従五位下匝瑳宿祢末守等一、省二今月十八日奏一、知レ発二援兵二千人一、案二奏状一云、奥邑之民、共称二庚申一、潰出之徒不レ能二抑制一、是則懲二乂往事之所一為也、自レ非二国威一、何静二騒民一、事須下調二発援兵一、将候中物情上、其粮料者、用二当処穀一、但上奏待レ報、恐失二機事一、仍且発且奏者、夫預備二不虞一、古今不易之道也、是以依レ請許レ之、宜下能制二民夷一、兼施中威徳上、

○夏四月丙午朔一日　日蝕《にっしょく》があった。

○丁未二日　従五位下　橘朝臣逸勢《たちばなのあそんはやなり》を但馬権守《たじまのごんのかみ》に任じた。

○庚戌五日　右京大夫《うきょうのだいぶ》従四位下橘朝臣弟氏《おとうじ》が死去した。

○辛亥六日　従五位下紀《き》朝臣綱麻呂《つなまろ》を但馬守に任じ、従五位上文室《ふんや》朝臣宮田麻呂《みやたまろ》を筑前守《ちくぜんのかみ》に任じた。

○癸丑八日　律師《りっし》伝灯大法師位《でんとうだいほっしい》静安《じょうあん》を清涼殿《せいりょうでん》に喚《よ》び、初めて灌仏《かんぶつ》の仏事を行った。

大宰府《だざいふ》が、遣唐知乗船事《けんとうちじょうせんじ》菅原梶成《すがわらのかじなり》らが乗船した遣唐使第二船が大隅《おおすみ》国に帰着した、と上奏した。

○庚申十五日　大宰大弐《だざいのだいに》従四位上南淵《みなぶち》朝臣永河《ながかわ》・少弐《しょうに》従五位下文室朝臣真屋《まや》らに、次の勅符を下した。

今月八日の飛駅《ひえき》の奏状により、遣唐知乗船事菅原梶成らが一隻の小船に乗って、大隅

国の海岸に帰着したことを知った。梶成らは国外で漂流し、辛《かろ》うじて生き残れたのであった。ここに苦節を思うと、誠に憐《あわ》れむべきである。京に戻るまで旧例に従い労《ねぎら》い、布・帛《はく》を賜給するので、衣服の資《し》とせよ。また、准判官《じゅんはんがん》良峯長松《よしみねのながまつ》の乗船した船の安否は不明であり、胸が塞《ふさ》がる思いである。よくよく海岸に気を配り、監視の絶えないようにすべきである。もし帰着したならば、ゆったりとさせよ。

○丙寅二十一日　肥後《ひご》国従四位下勲《くん》五等健磐龍《たけいわたつ》神に従四位上を授け奉り、勲位は故のままとし、筑前《ちくぜん》国従五位下竈門《かまど》神・筑後《ちくご》国従五位下高良《こうら》玉垂《たまだれ》神に並びに従五位上を授け奉り、また勲八等宗像《むなかた》神に従五位下を授け奉り、勲位は故《もと》のままとした。

○丁卯二十二日　諸司百官に遺漏や誤りを補正した格式（『弘仁格式《こうにんきゃくしき》』）を頒行《はんこう》した。

○戊辰二十三日　太政官《だいじょうかん》が次のように奏上した。

去る承和《じょうわ》五年十一月二日に美濃《みの》国が、「所管する恵奈《えな》郡では適切に任務に就くことのできる人物を欠き、郡司《ぐんじ》は道理に暗く、このため大井《おおい》駅《えき》では人・馬ともに疲弊し、舎屋は倒壊し、坂本《さかもと》駅の駅子《えきし》は悉《ことごと》く逃亡し、駅を利用する使人らは先へ進めない状態でした。ところで、国司《こくし》が席田《むしろだ》郡の人国造《くにのみやつこ》真祖父《まおじ》を遣わして指導しましたところ、逃亡した民が次々に戻り、妻子と共に安住するようになりました。善き行為を褒賞しませんと、成果を挙げることはできません。国の史生《ししょう》一員を停止して、替わりに特別に駅吏《えきり》を置き、把笏《はしゃく》を許して権威づけることを要望します。適任者を得れば、終身の任とし、その俸給には史生の分を充てたいと思います」と言上してきました。

天皇は次のように勅した。

官員を削減するのははなはだ穏やかでない。史生の員数は旧来のままとし、真祖父一身に限り特別に駅吏に任用せよ。その後は、駅吏の任用は不要である。その俸給は公廨《くげ》から取り分けて、史生の半分を支給し、事力《じりき》と公廨田《くげでん》は支給の限りでない。

本日、天皇が次のように勅した。

神は居ますが如く祀《まつ》り、民には自分の子の如く対処するのが、国司のとるべき古今の法則である。この故に従前、しばしば法令を出してきた。しかし、国司の治政をみると、役人は公平でなく民は疫病《えきびょう》に苦しみ、穀物は稔《みの》らず、飢饉《ききん》がしきりに発生している。政治のあり方として懲らしめ糺《ただ》す必要がある。何につけ怠るのは人情であるから、五畿内・七道諸国に命令して、これまでの怠慢を改め、今後はしっかり勤務するように仕向け、部内を巡行して神社を修造するようにすべきである。禰宜《ねぎ》・祝《はふり》らが怠務すれば、前格に従い職を解き処罰せよ。年間の神社修造数は書類にして申告せよ。三年の内に使いを遣わして調査し、神社が壊れているようであれば、国司・郡司は違勅罪《いちょくざい》に処す。

参議《さんぎ》左大弁《さだいべん》従三位《じゅさんみ》藤原《ふじわら》朝臣常嗣《つねつぐ》が死去した。常嗣は、去る延暦《えんりゃく》二十年の遣唐持節大使《けんとうじせったいし》中納言《ちゅうなごん》正三位《しょうさんみ》葛野麻呂《かどのまろ》の第七子である。若くして大学に学び、『史記《しき》』と『漢書《かんじょ》』を読み、

『文選《もんぜん》』を暗誦《あんしょう》し、また文章を作るのを好み、隷書《れいしょ》（書体の一）に優れていた。生まれつき才器があり、礼儀に適《かな》った所作は称讃《しょうさん》に値した。弘仁《こうにん》十一年に右京少進《うきょうのしょうじん》に任じ、次いで式部大丞《しきぶのだいじょう》に遷《うつ》り、同十四年に従五位下に叙され、下野《しもつけ》守となったものの赴任せず、京に留まり春宮亮《とうぐうのすけ》となり、俄《にわ》かに右少弁《うしょうべん》に遷任した。天長《てんちょう》元年に式部少輔《しきぶのしょうふ》に遷り、ついで勘解由《かげゆ》次官を兼ね、同三年に従五位上に叙され、同五年に正五位下に叙されたが、同七年に公務のことで処罰され、刑部少輔《ぎょうぶのしょうふ》に左遷され、同八年に従四位下に叙され、勘解由長官に遷り、同九年に下野守を兼任し、続いて右大弁《うだいべん》を兼ね、従四位上に昇叙した。承和《じょうわ》元年に改めて近江権守《おうみのごんのかみ》を兼ね、ついで左大弁に遷り、正四位下に叙され、同四年に大宰権帥《だざいのごんのそち》を兼ね、同五年六月に修聘持節使《しゅうへいじせつし》として大唐国《だいとうこく》に渡り、同六年八月に大唐国から帰朝した。近代の間に父子が相ついで権限を託された大使の選に預かったのは、この一門のみである。

同年九月に従三位を授けられた。行年四十五。

○二十五日庚午　天皇が「この頃の日照りは穏やかでない。稲苗《とうびょう》はほとんど枯れてしまった。松尾《まつのお》・賀茂《かも》・乙訓《おとくに》・貴布禰《きふね》・丹生川上雨師《にふかわかみのあまし》・垂水《たるみ》等の社《やしろ》に祈雨《あまごい》をし、風災を防ぐべきである」と勅した。

○夏四月一丙午朔、日有レ蝕之、○二丁未、以二従五位下橘朝臣逸勢一為二但馬権守一、○五庚戌、右京大夫従四位上橘朝臣弟氏卒、○六辛亥、従五位下紀朝臣綱麿為二但馬守一、従五位上文室朝臣宮田麻呂為二筑前守一、○癸丑《八》、請二律師伝灯大法師位静安於清涼殿一、始行二灌仏之事一」大宰府上奏、遣唐知乗船事菅原梶成等所レ駕第二舶廻二着於大隅国一、○庚申《十五》、勅二符大宰大弐従四位上南淵朝臣永河、少弐従五位下文屋朝臣真屋等一、得二今月八日飛駅奏状一、知下遣唐知乗船事菅原梶成等分二駕一隻小船一、廻中着大隅国海畔上、梶成等漂二入異域一、万死更生、言二念苦節一、誠可二矜恤一、迄二于入レ都、依レ旧労来、量二賜布帛一、以資二衣裳一、又准判官良峯長松所レ駕之船、全否未レ期、鬱二陶于懐一、宜下逾戒二辺面一、無レ絶二候伺一、若有二来着一、俾レ得二安穏一、○丙寅《廿一》、奉レ授二肥後国従四位下勲五等健磐龍神従四位上一、余如レ故、筑前国従五位下竈門神、筑後国従五位下高良玉垂神並従五位上、又勲八等宗像神従五位下、余如レ故、○丁卯《廿二》、頒下行諸司百官改二正遺漏紕繆一格式上、○戊辰《廿三》、太政官奏、去承和五年十一月二日美濃国言、管恵奈郡無二人任レ使一、郡司暗拙、是以、大井駅家、人馬共疲、官舎顛仆、因レ玆、坂本駅子悉逃、諸使擁塞、国司遣二席田郡人国造真祖父一、令レ加二教喩一、於レ是、逃民更皈、連レ蹤不レ絶、遂率二妻子一、各有二本土一、夫見レ善不レ褒、何以責レ成、望請、停二史生一員一、特置二駅吏一、預二于把笏一、令レ得二威勢一、至レ得二其人一、為二終身任一、其公廨者給二史生料一、勅、減二省官員一、頗非二穏便一、宜下史生数猶従二旧例一、真祖父一身特聴中任用上、従レ此而後、不レ得二更補一、其俸料者、分二折公廨一、給二史生半分一、事力公廨田不レ在二給限一」是日勅、敬レ神如レ在、視レ民如レ子、国宰能事、古今通規、是以屢施二条章一、観二彼治道一、而吏乖二公平一、民苦二疾疫一、年穀不レ登、飢饉荐臻、論二之政迹一、理合二懲粛一、夫事久則懈、人之情也、宜下更下二知五畿内七道諸国一、改二既往之怠一、成二方来之勤一、巡二行所部一、修中造神社上、祢宜祝等、若有二怠者一、解却決罰、一依二前格一、年中修造之数、別録言上、若三年之内、遣二レ使覆検一猶有二破壊一者、国司郡司科二違勅罪一」参議左大弁従三位藤原朝臣常嗣薨、去延暦廿年遣唐持節大使中納言正三位葛野麻呂第七子也、少遊二大学一、渉二猟史漢一、諳二誦文選一、又好属レ文、兼能二隷書一、立性明幹、威儀可レ称、弘仁十一年初任二右京少進一、尋遷二式部大丞一、十四年叙二従五位下一、出下野守、不レ之レ任、留任二春宮亮一、俄遷二右少弁一、天長元年遷二式部少輔一、尋兼二勘解由次官一、三年叙二従五位上一、五年叙二正五位下一、七年坐二公事一、左二遷刑部少輔一、八年叙二従四位下一、遷二勘解由長官一、九年兼二下野守一、累兼二右大弁一、加二従四位上一、承和元年改兼二近江権守一、尋遷二左大弁一、授二正四位下一、四年兼二大宰権帥一、五年夏六月奉二修聘持節使一入二巨唐一、六年八月至レ自二大唐一、近代父子相襲、預二専対之選一、唯一門而已、九月授二従三位一、薨時年卌五、○庚午（廿五）、勅、頃者、炎旱未レ幾、嘉苗殆枯、宜下奉二幣松尾、賀茂、乙訓、貴布祢、丹生川上雨師、垂水等社一、祈二甘雨一防中風灾上焉、

○五月丙子朔丁丑（二日）　但馬《たじま》国養父《やぶ》郡の武器庫の鼓がひとりでに夜間鳴り、その音は数里に渉《わた》り

聞こえた。また、気多《けた》郡の武器庫の鼓が夜ひとりでに鳴り、その音は行軍の時の鼓の音のようであった。

天皇が次のように勅した。

内官《ないかん》（京官《きょうかん》）の中には無禄《むろく》の者がおり、早朝から夜晩《おそ》くまで勤務しながら、衣食に不足し、このため国司《こくし》を兼ねて本務に就いたり、地方官に任命されながら、在京のままの者がいる。これらの者は官人としての俸料をもって、耕作で得る収入の替わりとしているのである。ところで、諸国の方では皆、旧来のあり方を忘れ、かかる遥授《ようじゅ》の人（地方官に任命されながら赴任しない者。遥任《ようにん》）を朝廷への使人に起用して公文書を托《たく》し、失錯が出来《しゅったい》したり、貢納担当者に起用して、貢納物が粗悪になっている。一個人が二つの職に就くことがそれだけで終わらず、種々の任務が適切に遂行されていない事態になっているのである。そこで五畿内・七道諸国に命じて遥授の者が使人になったり、貢納担当者になることを停止すべきである。

本日、制を定め、五畿内・七道諸国に命令して、黍稷《きび》・稗《ひえ》・麦・大小豆《まめあずき》および胡麻《ごま》などの類を栽培することにした。民の非常の救いとするためである。

○庚辰《五日》　五月五日節（端午節《たんごのせち》）を停止した。淳和太上天皇《じゅんなだいじょうてんのう》の病のためである。

散事《さんじ》従四位下紀朝臣乙魚《きのあそんおとうお》が死去した。

○辛巳《六日》　淳和太上天皇が皇太子（恒貞《つねさだ》親王）に死後のことを頼み、次のように言った。

私は元より飾り立てることを好まず、人・物に迷惑をかけたり、無駄をしたくない。葬儀に要する準備はすべて簡素とし、朝廷から賜る葬具は固く辞退せよ。葬儀が終わったら喪服は脱ぎ、人々を煩わさないようにせよ。葬とは蔵《かく》すことである。人の目につかないようにし、葬儀は夜間執り行い、追善《ついぜん》の仏事は倹約に努めよ。また国忌《こき》は死者を偲《しの》ぶことが目的であるが、役所にとっては面倒なことであり、年末に初穂《はつほ》を山陵《さんりょう》に頒《わ》ける荷前《のさき》は彼岸《ひがん》・此岸《しがん》のどちらから見ても煩わしいだけで無益《むやく》であるから、共に止めるべきことを、朝廷に申し出よ。人の子は親の教えに従うのが、最も重要である。指示のとおりに行い、違《たが》うことのないようにせよ。

重ねて淳和太上天皇は「私は、人は死ぬと霊は天に戻り、空虚となった墳墓《ふんぼ》には鬼が住みつき、遂には祟《たた》りをなし、長く累《わざわ》いを残すことになる、と聞いている。死後は骨を砕いて粉にし、山中に散布すべきである」と命じた。

ここにおいて、中納言藤原朝臣吉野《ちゅうなごんふじわらのあそんよしの》が次のように奏上した。

昔、我が日本国の賢明な方であった宇治稚彦《うじわかひこ》皇子は、散骨《さんこつ》せよと遺教《いきょう》し、死後そういたしました。しかし、これは親王のことでして、帝王のことではありません。我が国では古い時代から山陵を作らないなどということを聞いたことがありません。山陵は朝廷の宗廟《そうびょう》（みたま屋）であり、この宗廟がないとすれば、私たちは一体どこを仰ぎ見たらよいのでしょうか。

これに対して、淳和太上天皇は次のように答えた。

私は気力を喪失し、結論を出すことができない。あなた方は嵯峨《さが》太上天皇に奏上して、決めていただけばよい。

○癸未《八日》　淳和太上天皇が淳和院で死去した。行年五十五。
勅により、左近衛少将《さこのえのしょうしょう》従五位上佐伯宿禰利世《さえきのすくねとしよ》を近江国に、左衛門権佐《さえもんのごんのすけ》従五位下田口《たぐち》朝臣房富《ふさとみ》を伊勢《いせ》国に、右近衛府生《うこのえのふしょう》大初位下《だいそい》常澄《つねずみ》宿禰氏継《うじつぐ》を美濃《みの》国に遣わして、三関《さんげん》（逢坂《おうさか》・鈴鹿《すずか》・不破《ふわ》）を閉鎖し守りにつかせた。ただし、美濃国は守従四位下笠朝臣広庭に命じて、便宜の措置として関門《げんもん》を閉鎖した。

正三位《しょうさんみ》藤原朝臣吉野・従三位《じゅさんみ》源《みなもと》朝臣定《さだむ》・正四位下三原《みはら》朝臣春上《はるかみ》・正四位下源朝臣弘《ひろむ》・従四位上藤原朝臣衛《まもる》・従四位下紀朝臣長江《ながえ》・正五位下藤原朝臣輔嗣《すけつぐ》・正五位下藤原朝臣嗣《つぐ》宗《むね》・外従五位下清内《きようち》宿禰御園《みその》および六位以下の者三人を装束司《しょうぞくし》に任じた。

正三位藤原朝臣愛発《あらち》・従三位藤原朝臣継業《つぐなり》・従四位上文室《ふんや》朝臣秋津《あきつ》・従四位上源朝臣明《あきら》・従四位上源朝臣寛《ひろし》・従四位下和気《わけ》朝臣仲世《なかよ》・従五位下林《はやし》朝臣常継《つねつぐ》および六位以下の者四人を山作司《さんさくし》に任じた。

従四位下岑成《みねなり》王・従五位下広宗《ひろむね》宿禰糸継《いとつぐ》および六位以下の者三人を養役夫司《ようえきふし》に任じた。

従五位下近棟《ちかむね》王・外従五位下秦《はた》宿禰真仲《まなか》および六位以下の者二人を作路司《さくろし》に任じた。

正三位藤原朝臣愛発を御前次第司《ごぜんしだいし》長官に任じ、従五位上藤原朝臣宗成《むねなり》を次官に任じ、判《はん》官《がん》二人、主典《しゆてん》二人を任じた。

従四位上文室朝臣秋津を御後次第司《ごごしだいし》長官に任じ、従四位下文室朝臣名継《なつぐ》を次官に任じ、判官二人、主典二人を任じた。

絹五百匹《ぴき》・細布百端《たん》・調布《ちようふ》千端・商布二千段・銭五百貫・鉄八十廷《てい》・鍬《くわ》二百口・白米百斛《こく》・黒米百斛を淳和太上天皇の葬料《そうりよう》に充てた。五畿内および近江《おうみ》・丹波《たんば》等の国の人夫《にんぷ》千五百人を差発して、御葬所《ごそうしよ》に充てた。

本日、建礼門《けんれいもん》南庭で鷹《たか》・鶬《はしたか》および籠中《ろうちゆう》の小鳥等を放った。五畿内・七道諸国に命じて、九日午後二時半から国郡官司《こくぐんかんし》は喪服を着用して、役所の前で三日間、日に三度挙哀《こあい》(死者を悼む儀)することにした。

○甲申《九日》　参議《さんぎ》従四位下刑部卿《ぎようぶきよう》安倍《あべ》朝臣安仁《やすひと》が次の誄詞《るいし》を読み上げ、淳和太上天皇に諡《おくりな》を贈った(宣命体《せんみようたい》)。

恐れ多くも、譲位されている天皇の諡のことについて、畏《かしこま》って偲び申し上げます。臣未《なにがし》は、畏って天地《あめつち》と共に長く、日月と共に遠くまで伝える天皇の諡として、日本根《やまとね》子《こ》天高譲弥遠尊《あまのたかゆずるいやとおのみこと》と称《たた》え申し上げます、と畏って偲び申し上げます。臣未。

天皇は清涼殿《せいりようでん》で喪服遠江の貲布で作り、冠を着用した。を着し、非常に悲しみ泣いた。あとを継ぐ者は、その子となるが故である。近習《きんじゆう》の臣下である権中納言《ごんのちゆうなごん》藤原朝臣良房《よしふさ》ら以下は清涼殿の下で挙哀し、右大臣《うだいじん》藤原朝臣三守《みもり》が公卿《くぎよう》・百官および散位《さんに》らを率いて、会昌門《かいしようもん》の前庭で、三日間、一日に三度挙哀した。

○戊子十三日　勅により、左《さ》近衛少将《このえのしょうしょう》従四位下橘《たちばな》朝臣岑継《みねつぐ》および四衛府《しえふ》の監《げん》・尉《じょう》・志《さかん》以下の者三十二人を淳和院に遣わし、装束・山作・養民司《ようみんし》等を監督して警固《けいご》に当たらせようとしたが、淳和太上天皇の遺詔《いしょう》により辞退された。

本日夕刻、淳和太上天皇を山城《やましろ》国乙訓《おとくに》郡物集《もずめ》村に葬った。骨は粉砕して、大原野《おおはらの》の西山の嶺《みね》の上に散じた。

○己丑十四日　淳和太上天皇の初七《しょしち》の仏事を行い、京辺の七ヵ寺で誦経《じゅきょう》した。

○庚寅十五日　近江《おうみ》国へ派遣された固関使《こげんし》が復命した。

○壬辰十七日　右大臣従二位藤原朝臣三守以下十一人が次のような奏言を行った。

私たちは、天子により人民は養われ、天子の執行する国政はわずかであっても、止むことがあってはならない、と聞いています。この故に、周《しゅう》の武《ぶ》王《おう》は父文王《ぶんおう》の死を追悼する気持ちを抑えて商《しょう》を討ち、漢《かん》の武帝《ぶてい》は父景帝《けいてい》の死を聞きながら、服喪《ふくも》の制を緩めたのでした。伏して思いますに、陛下《へいか》の孝のお気持ちは礼に定めている以上であり、深い悲しみのほどは衣冠から窺《うかが》え、泣き体をよじり、朝政に臨まれていません。私たちが淳和太上天皇の遺詔を見ますと、「葬儀が終わったら喪服は脱ぎ、人々を煩わさないようにせよ」とあります。伏して、喪服を脱ぎ悲しみの服制を止めて、日常の衣冠《いかん》・服色《ふくじき》に戻っていただきますようお願いいたします。これにより上は遺詔に従い、下は従来のあり方に叶《かな》うことになります。予《あらかじ》め陛下のお言葉を承《う》け、内外に宣告したいと思います。心からの思いに堪えず、参内して表を奉り申し上げます。

○癸巳《十八日》　伊勢《いせ》・美濃《みの》両国へ派遣された固関使が復命した。

○甲午《十九日》　天皇が次のように詔《みことのり》した。

近頃、天が憐《あわ》れみを欠き、淳和太上天皇が死去され、御霊は龍《りゅう》に乗って遥《はる》か彼方《かなた》に去り、引き綱に牽《ひ》かれて戻ることはない。朕は始め憂い病む思いがして荒衿《こうきん》を固く結び、苦しみを抱いて、悲しみに纏《まと》われ、喪服を着て葬礼に従った。葬礼を手厚くし死者を偲ぶことには自のずと通例があり、一日の服喪を一月の服喪とする権制《けんせい》（仮の方式）があるが、淳和太上天皇は葬儀が終われば、喪服を脱げと遺詔しており、公卿らはそれを承けて、この遺詔に違うことのないようにと、要請してきている。公卿らの言ってきていることは、理屈として拒みがたく、公を第一とする提議には従うのが当然でもある。そこで、太上天皇を思う気持ちを抑え、喪を釈《と》こうと思う。中外に宣告して、この思いを知らせよ。

○乙未《二十日》　京中の飢病人《きびょう》に、飯米《はんまい》と銭を恵み与えた。

○丙申《二十一日》　使人《しじん》を左右京に遣わして、物を恵み与えた。淳和太上天皇の二七日《ふたなのか》に当たることによる。

○丁酉《二十二日》　勅により、淳和太上天皇死後の国忌《こき》・荷前《のさき》および陵戸《りょうこ》等のことは遺命に従い実施しないことにした。

○戊戌（二十三日）天皇が喪服を脱いだが、服喪の意を込めて堅絹《かたきぬ》の冠と橡染《つるばみ》（濃い鼠色《ねずみいろ》）の衣服を着して、朝政に臨んだ。御簾《みす》と屏風《びょうぶ》の縁《ふち》には墨染《すみぞめ》の細布を用い、天皇の座は、砥石《といし》の上に竹《たか》席《むしろ》を敷き、榻《とう》（腰かけ）を置かなかった。

○庚子（二十五日）摂津《せっつ》国に飢饉《ききん》が発生したので、物を恵み与えた。

○五月丙子朔丁丑（二）、但馬国言、養父郡兵庫鼓無レ故夜鳴、声聞二数里一、又気多郡兵庫鼓夜自鳴、声如二行鼓一」勅、内官之吏、無禄之人、夙夜服レ事、身乏二衣食一、因レ玆、或兼二牧宰一、猶直二本任一、或拝二外吏一、留二身京華一、皆将下潤以二俸料一、令上レ得二代耕一、而諸国皆忘二旧貫一、諸使便附二遥授人一、遂使下公文惑二於失錯一、貢物煩中於麁悪上、非二唯一身両営一、復失レ弁二成雑務一、宜下下二知五畿内七道諸国一、停中止附上」是日制、令三五畿七道諸国、播二殖黍稷蕎麦大小豆及胡麻等類一、為レ救二民急一也、○庚辰（五）、停二五日節一、以二後太上天皇（淳和）不予一也、」散事従四位下紀朝臣乙魚卒、○辛巳（六）、後太上天皇顧二命皇太子（恒貞親王）一曰、予素不レ尚二華餝一、况擾二耗人物一乎、斂葬之具、一切従レ薄、朝例凶具、固辞奉レ還、葬畢釈レ縗、莫レ煩二国人一、葬者蔵也、欲二人不一レ観、送葬之辰、宜レ用二夜漏一、追福之事、同須二倹約一、又国忌者、雖三義在二追遠一、而絆二苦有司一、又歳竟分二綵帛一、号曰二荷前一、論二之幽明一、有レ煩無レ益、並須レ停状、必達二朝家一、夫人子之道、遵レ教為レ先、奉以行レ之、不レ得二違失一」重命曰、予聞、人歿精魂皈レ天、而空存二冢墓一、鬼物憑焉、終乃為レ祟、長貽二後累一、今宜三砕レ骨為レ粉、散二之山中一」於レ是、中納言藤原朝臣吉野奏言、昔宇治稚彦皇子者、我朝之賢明也、此皇子遺教、自使レ散レ骨、後世効レ之、然是親王之事、而非二帝王之迹一、我国自二上古一、不レ起二山陵一、所レ未レ聞也、山陵猶二宗廟一也、縦無二宗廟一者、臣子何処仰、於レ是更報命曰、予気力綿惙、不レ能二論決一、卿等奏二聞嵯峨聖皇一、以蒙レ裁耳、○八癸未、後太上天皇崩二于淳和院一、春秋五十五、」勅遣下二左近衛少将従五位上佐伯宿祢利世於近江国、左衛門権佐従五位下田口朝臣房富於伊勢国、右近衛府生大初位下常澄宿祢氏継於美濃国一、固中守三関上、但美濃国命二守従四位下笠朝臣広庭一、便固二関門一」以二正三位藤原朝臣吉野、従三位源朝臣定、正四位下三原朝臣春上、正四位下源朝臣弘、従四位上藤原朝臣衛、従四位下紀朝臣長江、正五位下藤原朝臣輔嗣、正五位下藤原朝臣嗣宗、外従五位下清内宿祢御園、六位已下三人一為二装束司一」正三位藤原朝臣愛発、従三位藤原朝臣継業、従四位上文室朝臣秋津、従四位上源朝臣明、従四位上源朝臣寛、従四位下和気朝臣仲世、従五位下林朝臣常継、六位已下四人為二山作司一」従四位下岑成王、従五位下広宗宿祢糸継、六位已下三人為二養役夫司一」従五位下近棟王、外従五位下秦宿祢真仲、六位已下二人為二作路司一」正三位藤原朝臣愛発為二御前次第司長官一、従五位上藤原朝臣宗成為二次官一、判官二人、主典二人一」従四位上文室朝臣秋津為二御後次第司長官一、従四位下文室朝臣名継為二次官一、判官二人、主典二人、」以二絹五百匹、細布百端、調布千端、商布二千段、銭五百貫、鐵八十廷、鎜二百口、白米百斛、黒米百斛一奉レ充二御葬料一、発二五畿内及近江丹波等国夫一千五百人一、以供二御葬所一」是日、於二建礼門南庭一放三弃鷹鶚籠中小鳥等一、令下二五畿内七道諸国一、始レ自二九日未四尅一、国郡官司着中素服上、於二庁前一挙哀三日、毎日三度、○九甲申、令下二参議従四位下刑部卿安倍朝臣安仁一上中後太上天皇誄謚上、誄曰、畏哉、譲レ国而御坐志天皇乃天津日嗣乃御名乃事乎、恐牟恐母誄白、臣末、畏哉日本根子天皇乃天地乃共長久、日月乃共遠久、所白将往御謚止称白久、日本根子天高譲弥遠尊止称白久止恐牟恐母誄白、臣末、天皇於二清涼殿一着二素服一以二遠江貲布一奉レ着二御冠一、哀泣殊甚、為二人之後一者、為二其子一故也、近習臣権中納言藤原朝臣良房等以下、於二殿下一挙レ哀、右大臣藤原朝臣三守率二公卿百官及刀祢等一、於二会昌門前庭一、挙レ哀三日、毎日三度、○十三戊子、勅、遣下二左近衛少将従四位下橘朝臣岑継、及四衛府監尉志已下三十二人於淳和院一、監中護装束山作養民司等上、遺詔不レ受矣、」此夕、奉レ葬二後太上天皇於山城国乙訓郡物集村一、御骨砕粉、奉レ散二大原野西山嶺上一、○十四己丑、修二後太上天皇初七一、誦三経於京辺七ケ寺一、○十五庚寅、固近江国関使復命、○十七壬辰、右大臣従二位藤原朝臣三守已下十一人奏言、臣聞、天下大器、一日万機、不レ可二暫曠一、是以周誓二牧野一、猶抑二荼毒之心一、漢聴二徳陽一、復緩二斬縗之慟一、伏惟陛下、至孝過レ礼、痛深二衣冠一、泣血攀号、不レ莅二朝位一、臣等謹見二遺制一曰、薹畢釈レ縗、莫レ煩二国人一者、伏願、釈二凶服一而垂二冕旒一、割二哀襟一而塞二黈纊一、則上遵二遺詔一、下叶二旧章一、予承二綸旨一、宣二告内外一、不レ任二懇情之至一、謹詣レ闕奉レ表以聞、○癸巳《十八》、固伊勢美濃関使等復命、○甲午《十九》、詔曰、比者、昊穹不レ弔、後太上天皇登遐、龍髯之駕方遥、鳳紼之行靡レ反、朕甫鍾二煢疚一、痛結二荒衿一、懐二荼蓼一以纏レ悲、制二苴葈一而展レ礼、夫慎レ終追レ遠、自有二通規一、以レ日易レ月、唯称二権変一、而薹訖釈レ縗、載在二遺訓一、群公虔奉、確請レ莫レ違、憑几之言、理難二拒忤一、至公之議、抑当レ有レ徇、故今屈二因心一、以従二権奪一、宜下告二中外一俾上知二此意一、○乙未《廿》、京中飢病、以二飯米銭一振二給之一、○丙申《廿一》、遣二使於左右京一振給、以レ当二後太上天皇二七日一也、○丁酉《廿二》、勅、後太上天皇崩後、国忌荷前陵戸等事、宜下遵二遺制一以停中奉行上焉、○戊戌《廿三》、天皇除二素服一、着二堅絹御冠橡染御衣一、以臨レ朝也、御簾及屏風之縁、並用二墨染細布一、但御座者施二簟於砥礪之上一、不レ立二御榻一、○庚子《廿五》、摂津国飢、賑二給之一、

○六月乙巳朔《一日》　右京の人正六位上礒原朝臣《いそはらのあそん》諸宗《もろむね》ら二十八人に文室真人《ふんやのまひと》を賜姓した。

○丁未《三日》　入唐請益僧伝灯大法師位《にっとうしょうやくそうでんとうだいほっしい》常暁《じょうぎょう》が「山城《やましろ》国宇治《うじ》郡の法琳寺《ほうりんじ》は、静かで乾いた土地に所在しているので、大規模な法会《ほうえ》を行うことができます。今般大唐《こんぱんだいとう》から将来《しょうらい》した太元帥霊《だいげんれい》像《ぞう》を本尊とする秘法をこの寺で行うこととし、寺を修法院《しゅほういん》として国家を守り、山城国の講《こう》

読師《とくじ》の管摂外《かんせつがい》にしたく思います」と言上してきたので許可した。

○己酉五日　物怪《もののけ》が内裏《だいり》に出現した。柏原山陵《かしわばらさんりょう》（桓武《かんむ》天皇）の祟《たた》りなので、中納言正三位藤原《ちゅうなごんしょうさんみふじわら》朝臣愛発《あらち》らを山陵へ遣わして、祈禱《きとう》を行った。

遣唐《けんとう》第二船の知乗船事《ちじょうせんじ》正六位上菅原《すがわら》朝臣梶成《かじなり》らが航海中逆風に遭い、南海の治安が不穏な土地に漂着して戦った時、捕獲した兵器である五尺鉾《ほこ》一枚・片蓋鞘横佩《かたふたさやのよこはき》（大刀）一柄《へい》・箭《や》一隻《せき》を齎《もたら》し、献上した。並びに日本の武器と相異していた。

○辛亥七日　百の高座（説経用の高い座席）を宮中にしつらえ、『仁王経《にんのうきょう》』を講説した。内外に出現した災異の前兆を攘《はら》うためである。夕刻に及んで終了し、差をなして布施《ふせ》を賜った外記日記にはすべての僧侶に布施を行うのでなく、いわゆる所得のない僧侶に賜ったとある。

○癸丑九日　天皇が次のように勅した。

近頃、日照りが十日も続き、雨が降らず 予《あらかじ》め祈禱を行わないと、朝廷にとり不都合なことになるので、貴布禰《きふね》・丹生川上雨師神《にふかわかみのあまし》の社に奉幣《ほうべい》して、恵みを験《げん》のある名山・大川に祈願すべきである。

若狭《わかさ》国の人外従五位下宍人《ししひと》朝臣恒麻呂《つねまろ》・散位《さんに》正六位上宍人朝臣継成《つぐなり》らの本貫《ほんがん》を改めて、左京七条二坊に貫附《かんぷ》した。

○甲寅十日　参議《さんぎ》従四位下安倍《あべ》朝臣安仁《やすひと》を兼左大弁《さだいべん》に任じ、刑部卿《ぎょうぶきょう》は故《もと》のままとし、従四位上笠《かさ》朝臣梁麻呂《やなまろ》を大舎人頭《おおどねりのかみ》に任じ、従五位下藤原朝臣行縄《ゆきただ》を縫殿頭《ぬいどののかみ》に任じ、従五位下藤原朝臣諸成《もろなり》を式部少輔《しきぶのしょうふ》に任じ、従五位上藤原朝臣菊池麻呂《きくちまろ》を治部大輔《じぶのたいふ》に任じ、従五位上藤原朝臣宮房《みやふさ》を民部少輔《みんぶのしょうふ》に任じ、従五位下藤原朝臣善主《よしぬし》を兵部少輔《ひょうぶのしょうふ》に任じ、従五位上小野《おの》朝臣宗成《むねなり》を大蔵大輔《おおくらのたいふ》に任じ、従五位上岡野《おかの》王を宮内大輔《くないのたいふ》に任じ、従五位下清滝《きよたき》朝臣河根《かわね》を少輔《しょうふ》に任じ、三品阿保《あぼ》親王を弾正尹《だんじょうのいん》に任じ、従五位下丹墀《たじひ》真人雄浜《おはま》を少弼《しょうひつ》に任じ、従四位下田口《たぐち》朝臣佐波主《さわぬし》を右京大夫《うきょうのだいぶ》に任じ、従四位下和気《わけ》朝臣仲世《なかよ》を勘解由長官《かげゆのちょうかん》に任じ、従四位下橘《たちばな》朝臣岑継《みねつぐ》を兼左近衛中将《さこのえのちゅうじょう》に任じ、兵部大輔《ひょうぶのたいふ》は故のままとし、従五位下藤原朝臣良相《よしみ》を兼左近衛少将《このえのしょうしょう》に任じ、内蔵頭《くらのかみ》は故のままとし、従五位下藤原朝臣氏宗《うじむね》を右近衛少将《うこのえのしょうしょう》に任じ、従五位下野長《のなが》王を左兵庫頭《さひょうごのかみ》に任じ、外従五位下飯高公《いいたかのきみ》常比麻呂《つねひまろ》を遠江介《とおとうみのすけ》に任じ、従五位下橘朝臣宗雄《むねお》を下総《しもうさ》介に任じ、従五位下小野朝臣千株《ちかぶ》を出羽《でわ》守に任じ、従五位下藤原朝臣氏雄《うじお》を石見《いわみ》守に任じ、従五位上山名《やまな》王を阿波《あわ》守に任じた。

丹後《たんご》国の人武散位《ぶさんに》従八位上時統宿禰全氏《ときむねのすくねまたうじ》の男諸兄《むすこもろえ》ら二十人の本貫を改めて、右京二条二坊に貫附した（本記事は本月丙寅条にもみえる。いずれを是とすべきか未詳。仮に本日条の記事をとり、丙寅条の記事を削る）。

○丁巳 十三日 天皇が次のように勅した。

去年の秋は穀物が稔《みの》らず、諸国から飢饉《ききん》の報告があった。今年は疫病《えきびょう》が間々《まま》発生して、若死にする者が終息していない。それだけでなく夏の終わりに雨が降らず、稲が枯れかかっている。災いを避け福を招くには、般若《はんにゃ》（仏教の知恵）の力に頼ることが必須《ひっす》であり、国を護《まも》り民を安んずるには、よき仏教の行いをすることである。五畿内に命じて、七日間、昼は『大般若経《だいはんにゃきょう》』を転読し、夜は薬師悔過《やくしけか》を行い、国司長官《こくし》が精進《しょうじん》して、霊妙《れいみょう》な感応《かんのう》があるようにし、仏事を行っている間は、殺生《せっしょう》を禁断すべきである。

○戊午《十四日》　また、『大般若経』の読経《どきょう》と薬師悔過を十五大寺と、併せて平安京《へいあんきょう》外の崇められている多くの有験《うげん》の山寺で行うこととした。寺々が連絡し合って、七日間、夜間を限って行い、もし『大般若経』がない山寺では、『金剛般若経《こんごうはんにゃきょう》』を転読することにした。

○己未《十五日》　伊勢大神宮《いせだいじんぐう》および賀茂《かも》上下・松尾《まつお》等の社に恵みを祈願して奉幣《ほうべい》した。また、畿内外諸国に命令して、神祇《じんぎ》に奉幣して祈雨《あまごい》を行った。

○庚申《十六日》　天皇が次のように詔《みことの》りした。

すぐれた王者は治政に当たり、慎み、身を保って人に臨み、聡明《そうめい》な君主が栄える時は物を救い済《わた》すことに心がけるものである。そこで、古代中国の伝説上の帝王である伏羲《ふっき》と神農《しんのう》は代を隔てながら勤労に努め、堯《ぎょう》・舜《しゅん》は時代を異にして均しく人民の愛育に当たったのである。朕は謹んで、大いなる天命を承けて皇位を引き継ぎ、日に慎んで懐《おも》いを深くし、宮殿での生活を楽しまず、夕べには憂えて思いを回《めぐ》らし、常に人民のことを心配している。しかし、政化は達成されず、朕の誠の気持ちが届いていない。去年は天候が異常で、秋稼は稔らず、近頃は旱天《かんてん》が続いて十日にもなり、作物の生育が損なわれているという。聞くところによると、諸国では飢饉が発生し、往々にして死者が出ているという。朕の徳が薄く愚かなせいであり、人民に何の罪があろうか。前代の立派な功績を見ると、徳により不祥を防いでいることが判る。すなわち、精神を匡《ただ》して、不祥を退けるべきである。朕の服御物《ふくぎょぶつ》（帝王の使用する車馬・物品の類）と常の食膳《しょくぜん》等はみな節減すべきである。左右馬寮《さゆうのめりょう》の飼料穀物はすべて止め、必要でない工事は審査して停止せよ。囚人の中に冤罪《えんざい》の者がいれば、速やかに該当官司に命じ、申告させて解放せよ。さらにどこでも田に自由に水を引くことを許し、水の配分に当たっては、貧しい者を先にし、富者を後《あと》にせよ。鰥《かん》・寡《か》・孤《こ》・独《どく》で自活できない者には、必要に応じ物を恵み与えよ。世話をしてくれる者がいない病臥人《びょうがにん》は、若くして死亡することが多い。国郡司《こくぐんじ》は民の父母であるが、顧みることなくして、どうして、子のように面倒見していると言えようか。食料と薬を頒《わか》ち、生き長らえるようにし、また去る承和《じょうわ》二年以前の五畿内・七道諸国の未納となっている民の調庸《ちょうよう》は、免除すべきである。ただし、東海・東山・山陽三道の駅戸《えきこ》の田租《でんそ》は、三年間を限り、特別に免除することにする。雨雲がわき興り、恵みの雨が何日も降り、良き稲苗が育ち、穀物が山のように積まれることを願望する。広く遠方にまで告げ、朕の思いを知らせよ。

○辛酉《十七日》　流人《るにん》小野篁《おののたかむら》が入京し、無位の者の衣服である黄衣を着用して、感謝の意を述べた。

本日夜、雨が少し降った。

○壬戌《十八日》　大雨が勢いよく降った。

大宰府《だざいふ》が飛駅《ひえき》により、遣唐《けんとう》第二船の准判官《じゅんはんがん》従六位下良岑《よしみね》朝臣長松《ながまつ》らが大隅《おおすみ》国に帰着した、と奏上した。

○甲子《二十日》　陰陽頭《おんようのかみ》従五位上大春日《おおかすが》朝臣公守《きみもり》を土佐権守《とさのごんのかみ》に任じた。

また、高年の諸司《しょし》の史生《ししょう》七人を選び、名簿を式部省《しきぶしょう》に渡し、近江《おうみ》・播磨《はりま》・備前《びぜん》等の国の権史生に任じた。老《ろう》を憐《あわ》れんでのことである。

播磨国揖保《いぼ》郡の家嶋《いえしま》神と赤穂《あかお》郡の八保《やお》神を並びに官社とした。

○丙寅《二十二日》　太政官《だいじょうかん》の左《さ》大臣《だいじん》正二位藤原朝臣緒嗣《おつぐ》・右《う》大臣《だいじん》従二位皇太子《こうたいし》傅《ふ》藤原朝臣三守《みもり》らが、次のように奏上した。

伏して、今月十六日の詔書を見ますに、「去年は天候が異常で、秋稼は稔らず、近頃は旱天が続いて十日にもなり、作物は損なわれている。服御物と常の御膳《ごぜん》等はみな節減すべきである」とありました。私たちは皆跪《ひざまず》いて読み、この上なく感歎《かんたん》いたしました。そして恩詔が出ますと、良き雨が降り出し、枯れかかった耕地に緑が拡がりました。神霊《しんれい》は近くにいて、明らかに感応《かんのう》したのです。全国誰しもが喜んでおります。昔、中国夏《か》の禹帝《うてい》が陽旰《ようく》（河川名）で身を捧《ささ》げて祈り、殷《いん》の湯王《とうおう》が桑林《そうりん》（地名）で祈願して雨が降り出したのに、喩《たと》えられます。徳のないことを恥ずべき私たちは、不才のまま公《く》卿《ぎょう》の地位を貪《むさぼ》り陛下の補弼《ほひつ》に当たれず、この慶事に謝する次第であり、恥じ恐れる気持ちは常に百倍しております。今、陛下は上にいてなお、心配りをされておられます。私たちは下にいてどうして気持ちを安んずることができましょうか。泰山《たいざん》・巨海《きょかい》がわずかな塵《ちり》や小流の水を受け入れている如く、私たちの奏上をお認めいただきたく、伏して、しばらくの間、五位以上の者の封禄《ほうろく》を削減し、少しでも国用を支えますことを要望します。伏して、裁断をお願いいたします。

備中《びっちゅう》介外従五位下余河成《よのかわなり》・右京大属《うきょうのだいさかん》正六位下余福成《ふくなり》ら三人に百済朝臣《くだらのあそん》を賜姓した。その先祖は百済国人である。

○戊辰《二十四日》　遠江《とおとうみ》国周智《すち》郡の無位小国天神《おくにてんじん》・磐田《いわた》郡の無位矢奈比売天神《やなひめてんじん》に並びに従五位下を授け奉った。

○庚午《二十六日》　公卿《くぎょう》の論奏に対して、次の勅報《ちょくほう》があった。

世は澆季《ぎょうき》（末世）となり、政化の行《い》き渉《わた》らないのを謝する次第であるが、反省してみるに、政治のやり方に多くの欠陥がある。去年は日照りとなり、穀物は稔らず、今年の夏も旱魃《かんばつ》で雨不足が予想されたが、天は不順を起こさず、神霊は幸運を齎し、雨神が四方を奔《はし》りめぐり、良き雨を隅々にまで降らせた。これは公卿らが災異の除消に当たり、朕を助け穏やかになるよう努め、それに天が感応して、陰陽が和らぎ整うに致ったのである。公卿らは、この喜ばしい感応を称えて朕の手柄としたが、徳の薄い朕がどうしてこれに相当しようか。それに穀物の不作は朕が原因になっており、災害の発生がどうして補弼《ほひつ》の臣下に関係しよう。まして五位の者たちはしばしば貯《たくわ》えがなく、家計を済せず、豊かになれるとの気持ちはさらにもてず、俸禄《ほうろく》のみを頼りとする者がいる。それ故、今回の節約は朕一人のみでよい。公卿らは、真心を込めて封禄を削減し朝廷に捧げることを求めている。私《わたくし》の用を削り、公の助けとしようということであり、立派な思いではあるが、朕の考えとははなはだ異なっている。これより公卿らの表請《ひょうせい》は受容しないものとする。

本日、西寺に住む僧について制を出し、今後は夏臘《げろう》二十以上を経、学問に熟達して智恵・徳行共に備え、衆僧の推薦する者を住まわせるのを恒例《こうれい》とすることにした。

○壬申《二十八日》　公卿らが再度、次のように上奏した。

伏して陛下のお言葉を承りますに、朝廷の御恩は、陛下のみ節約され、そのすばらしさは遠方にまで及び、陛下の手厚い徳は下の私たちを利益し、ますます輝き、請願いたしました封禄削減は実施されていません。周《しゅう》の宣王《せんおう》が大旱《たいかん》の時に災異の消去を図り、鄭《てい》の昭公《しょうこう》の時桑山《そうざん》で祈雨しましたものの、共に験《げん》はありませんでしたが、今回はすぐに応《おう》報《ほう》があり、盛んな雨となり、動植物は水に濡《ぬ》れ、潤わないものはありませんでした。しかし、陛下はなお、民のことを思いやり、溝におし込められるような苦痛から救うことに努め、絶えず自らを責め、世を済《すく》おうとの仁のお気持ちは誠に広大です。伏して思いますに私たちは、器量の小さいまま謬《あやま》って身に相当しない栄誉を貪り、天の明かるさが判らず、地にいて沈むような、道理の判らない者でして、どうして陛下の計略に助勢することができましょうか。輔弼の臣として盛んな時代に巡り遭い、この上なく立派な政化を見、天地が通じ合う時に当たり、稔りの豊かなことを願う次第です。ただし、君主が主唱して臣下が従い、上の行うことに下が効《なら》うのは古今同じであり、一体化して欠けたところがあってはなりません。君主が辛《つら》い思いをし、臣下が安楽に過ごすような例があったことはありません。伏して、五位以上の俸禄をしばらく停《とど》め、小川の水を大海に導くごとく、炬火《たいまつ》を持って太陽を助けるようなものですが、国用の助けとすることを要望します。

権中納言《ごんのちゆうなごん》従三位《じゆさんみ》藤原朝臣良房が綸旨《りんじ》（天皇の言葉）を奉じて「何度も公卿らの上表を見たが、懇《ねんごろ》な思いに満ちている。食封を支給されている者は、四分の一を削減せよ。ただし、四・五位の者は俸禄が少ないので、今年は削減しないこととする」と報答した。

○癸酉《二十九日》　天皇が次のように勅した。

近頃適切に雨が降り、作物がよく茂っている。風災があると、農作を損なう恐れがあるので、五畿内・七道諸国に命じて、名神《みようじん》に奉幣して予《あらかじ》め風雨を防ぐべきである。

○六月乙巳朔《一》、右京人正六位上礒原朝臣諸宗等廿八人賜㆓姓文室真人㆒、○丁未《三》、入唐請益僧伝灯大法師位常暁言、山城国宇治郡法琳寺、地勢閑燥、足㆑修㆓大法㆒、望請、今般自二大唐一奉レ請太元帥霊像秘法安三置此処一、為二修法院一、保三護国家一、不レ関二講読師之摂一、許レ之、五○己酉、物怪見二于内裏一、柏原(桓武)山陵為レ祟、遣下二中納言正三位藤原朝臣愛発等於山陵一祈禱上焉、」遣唐第二船知乗船事正六位上菅原朝臣梶成等、海中遇二逆風一、漂三着南海賊地一、相戦之時、所レ得兵器、五尺鉾一枚、片蓋鞘横佩一柄、箭一隻、賷来献レ之、並不レ似二中国兵仗一、七○辛亥、設二百高座於宮中一、令レ講二仁王経一、為レ攘二中外妖祥一也、晩頭講畢、布施法有レ差外記日記云、不レ行二衆僧布施一、所謂无レ所レ得者也、九○癸丑、勅、比来亢陽渉レ旬、陰雨不レ下、不レ預二祈禱一、恐損二国家一、宜下奉二幣於貴布祢丹生川上雨師諸社一、祈中霈沢於名山大川上」若狭国人外従五位下宍人朝臣恒麿、散位正六位上宍人朝臣継成等改二本居一、貫三附左京七条二坊一。十○甲寅。以二参議従四位下安倍朝臣安仁一為二兼左大弁一刑部卿如レ故。従四位上笠朝臣梁麿為二大舎人頭一、従五位下藤原朝臣行縄為二縫殿頭一、従五位下藤原朝臣諸成為二式部少輔一、従五位上藤原朝臣菊池麿為二治部大輔一、従五位上藤原朝臣宮房為二民部少輔一、従五位下菅原朝臣善主為二兵部少輔一、従五位上小野朝臣宗成為二大蔵大輔一、従五位上岡野王為二宮内大輔一、従五位下清滝朝臣河根為二少輔一、三品阿保親王為二弾正尹一、従五位下丹墀真人雄浜為二少弼一、従四位下田口朝臣佐波主為二右京大夫一、従四位下和気朝臣仲世為二勘解由長官一、従四位下橘朝臣岑継為二兼左近衛中将一、兵部大輔如レ故、従五位下藤原朝臣良相為二兼左近衛少将一、内蔵頭如レ故、従五位下藤原朝臣氏宗為二右近衛少将一、従五位下野長王為二左兵庫頭一、外従五位下飯高公常比麿為二遠江介一、従五位下橘朝臣宗雄為二下総介一、従五位下小野朝臣千株為二出羽守一、従五位下藤原朝臣氏雄為二石見守一、従五位上山名王為二阿波守一」丹後国人武散位従八位上時統宿祢全氏男諸兄等廿人改二本居一貫二附右京二条二坊一、十三○丁巳、勅、去年秋稼不レ登、諸国告レ飢、今茲疫癘間発、夭傷未レ弭、加以季夏不レ雨、嘉苗擬レ燋、夫銷レ殃受レ祐、必資二般若之力一、護レ国安レ民、事由二修善之功一、宜下命二五畿内一、七ケ日間、昼転二大般若経一、夜修中薬師悔過上、長官精進、必致二霊感一、修善之間、禁二断殺生一、十四○戊午、同亦行二読経悔過於十五大寺一、兼城外崇山諸有験之寺、皆悉通伝修レ之、一七日夜為レ限、若山寺大般若経不レ在之処、令レ転二金剛般若経一、十五○己未、奉二幣帛於伊勢大神宮及賀茂上下、松尾等社一、祈二霈沢一、又令下二内外諸国一奉中幣神祇上、祈二請甘雨一、十六○庚申、詔曰、悊后撫レ運、寔約レ己而臨レ人、明王会レ昌、必推レ心而済レ物、是以義農隔レ代、同期二於勤労一、勛華殊レ時、共均二於愛育一、朕祇膺二景命一、嗣二守丕基一、日慎塞レ懐、不下以二九重一自楽上、夕惕興レ想、毎以二億兆一為レ憂、而政化未レ孚、至誠靡レ達、去年陰陽幷隔、秋稼弗レ登、頃者偏亢淹レ旬、芸殖或損、如レ聞、諸国飢疫、往々喪亡、朕之菲虚、黎元何罪、仰稽二前烈一、徳是除レ耶、内求二諸心一、抑可二挹損一、其朕服御物幷常膳等、並宜二省減一、左右馬寮秣穀一切権絶、諸作役非レ要者量レ事且停、狴圄之中、恐有二冤者一、速命二所司一、申レ慮放出、加之天下諸国有レ水之処、任二令百姓灌漑一、先レ貧後レ富、鰥寡孤独不レ能二自存二者量加二振贍一、其臥レ病之徒、無レ人二視養一、多致二夭折一、凡国郡司為二民父母一、而不レ顧、豈称二子育一、宜下就班二穀薬一、令上レ得二存済一、又免下除五畿内七道諸国去承和二年以往調庸未進在二民身一者上、但東海、東山、山陽三道駅戸田租、限二三ケ年一、殊従二原免一、庶油雲布族、施二甘沢於十旬一、嘉苗亘レ原、貯二京坻於万畝一、普告二遐迩一、俾レ知二朕意一、〇十七辛酉、流人小野篁入京、披二黄衣一以拝謝、」是日、夜分雨稍降、〇十八壬戌、大雨快降、」大宰府馳レ駅奏、遣唐第二船准判官従六位下良岑朝臣長松等廻二着大隅国一、〇二十甲子、以二陰陽頭従五位上大春日朝臣公守一為二土左権守一、」又択二諸司史生高年者七人一、其歴名賜二式部省一、令レ除二近江、播磨、備前等国権史生一、恤レ耄也、」播磨国揖保郡家嶋神、赤穂郡八保神並為二官社一、〇廿二丙寅、太政官、左大臣正二位藤原朝臣緒嗣、右大臣従二位皇太子傅藤原朝臣三守等奏曰、伏奉二今月十六日詔書一偁、去年陰陽幷隔、秋稼不レ登、頃者偏亢淹レ旬、芸殖或損、御物幷常膳等、並宜二減省一者、群臣跪読、不レ勝二感歎一、但恩渙俄出、甘沢平施、鳳昣収レ黄、龍原布レ緑、神明不レ遠、感応孔昭、率土之浜、誰不二歓慶一、昔夏帝之解二陽旴一、殷王之禱二桑林一、以レ古況レ今、抑須レ慙レ徳、臣等忝以二散樗一、叨厠二槐棘一、道非二匡賛一、功謝二緝熙一、覼懼之至、倍二百恒情一、今者帝念猶労二於上一、臣心何安二於下一、埃塵不レ譲、泰山居二仰止之庭一、涓澮无レ辞、巨海作二朝宗之府一、伏望暫減二五位已上封禄一、以支二万一一焉、伏聴二天裁一、」丹後国人武散位従八位上時統宿祢全氏男諸兄等廿人改二本居一貫三附右京二条二坊一」備中介外従五位下余河成、右京大属正六位下余福成等三人、賜二姓百済朝臣一、其先百済国人也、〇廿四戊辰、奉レ授二遠江国周智郡无位小国天神、磐田郡无位矢奈比売天神並従五位下一、〇廿六庚午、勅二報公卿論奏一曰、運鍾二季俗一、道謝二潜通一、内求二諸己一、政術多レ昧、去年炎旱、鳴蟬之稔不レ昇、今夏霽陽、封蟻之徴欲レ欠、而上天反レ異、惟神降レ休、雨師俄奔二於四溟一、甘沢終遍二於八極一、是則卿等能施二変復一、以申二弼諧一、感二動彼蒼一、用招二燮理一之所レ致也、卿等賛二揚嘉応一、帰二于朕躬一、朕之凉徳、何以当レ之、且夫年豊不レ効、職朕之由、菑害攸レ臻、何関二輔相一、況大夫等、或在二屢空之地一、不レ能レ済レ家、或絶二兼遂之心一、所レ恃唯秩、所以此般省撤、独止二一人一、而卿等輸以二丹誠一、折レ封減レ禄、駆二之朱紱一、蹙レ私助レ公、雖レ知二雅懐一、固乖二予意一、是以来表之請、特以不レ容、」是日、制、住二西寺一僧等、自今以後、簡下廿臘以上熟学之僧、智行兼備、衆所二推譲一者上、令レ住二寺家一、永為二恒例一、〇廿八壬申、公卿等重奏曰、伏奉二綸旨一、恩発二紫庭一、損レ上之美独遠、徳重二黄屋一、益レ下之道愈光、所レ請禄封、未レ被二減省一、夫周后雲漢、鄭伯桑山、空聞二其祈一、不レ見二其験一、今皇天報応、離畢滂沱、動植飛沈、无レ不二霑潤一、猶且乾乾在レ慮、納隍之労良深、孳孳責レ躬、済物之仁至広、臣等伏惟斗筲、謬叨二匪拠一、覩レ天猶暗、在レ陸如レ泥、何賛二皇猷一、応レ備二彼相一、而運遇二昌期一、観二聖化之无一レ外、時属二交泰一、禱二民天之有一レ年、但君唱臣随、上行下化、古今一揆、寧得二闕如一、未レ有二主上憂勤、臣下逸楽者一也、伏望、五位已上封禄、暫従二省約一、導二涓流一而添二溟海一、持二爝火一而助二大陽一」権中納言従三位藤原朝臣良房奉二綸旨一報命曰、頻省二来表一、具二之懇情一、宜二食封之家依レ請減一レ之、人別四分之一、但四位五位秩禄惟薄、今年之間、不レ可二減省一、○癸酉《廿九》、勅、頃者澍雨頻降、嘉穀滋茂、如有二風災一、恐損二農業一、宜レ令下五畿内七道諸国、奉二幣於名神一、予防中風雨上焉、

○秋七月甲戌朔戊寅《五日》　伊勢大神宮《いせだいじんぐう》に幣帛《へいはく》を奉納した。秋の収穫を祈願してのことである。播磨国揖保郡《はりまいぼ》の大道寺《だいどうじ》・賀茂郡《かも》の清妙寺《せいみょうじ》・観音寺《かんのんじ》を並びに天台別院《てんだいべついん》とした。

○庚辰《七日》　右大臣《うだいじん》従二位皇太子傅《こうたいしふ》藤原朝臣《ふじわらのあそんみ》三守《もり》が死去した。参議《さんぎ》従四位下左大弁《さだいべん》安倍《あべ》朝臣安《やす》仁《ひと》・式部大輔《しきぶのたいふ》従四位上藤原朝臣衛《まもる》・散位《さんに》従五位上菅原《すがわら》朝臣宗成《むねなり》・中務少輔《ちゅうむのしょうふ》従五位下笠《かさ》朝臣数道《かずみち》らを遣わして、喪事《そうじ》を監督し護《まも》らせた。大臣は、参議従三位《じゅさんみ》巨勢麻呂《こせまろ》朝臣の孫で、阿《あ》波守《わのかみ》従五位上真作《まつくり》の第五子である。大同《だいどう》元年に主蔵正《くらのかみ》から次々に美作権掾《みまさかのごんのじょう》・権介《ごんのすけ》・内蔵《くらの》助《すけ》に遷任し、同四年に従五位下に叙され、右近衛少将《うこのえのしょうしょう》に任じた。弘仁《こうにん》元年に従五位上となり、次いで内蔵頭《くらのかみ》・春宮亮《とうぐうのすけ》に任じ、同五年に叙位を重ねて従四位下となり、式部大輔《しきぶのたいふ》に任じ、次いで左兵衛督《さひょうえのかみ》に遷《うつ》り、同七年に但馬《たじま》守を兼任し、俄《にわ》かに参議となり、同九年に春宮《とうぐうの》大夫《だいぶ》を兼任し、同十一年に従四位上を授けられ、同じ年のうちに正四位下となり、同十二年に従三位となり権中納言《ごんのちゅうなごん》に任じ、同十三年に皇后宮大夫《こうごうぐうのだいぶ》を兼任し、同十四年に中納言《ちゅうなごん》と

なって正三位《しょうさんみ》に叙された。嵯峨《さが》天皇が譲位すると、宮中を辞して嵯峨院に侍候《じこう》した。天長《てんちょう》三年に刑部卿《ぎょうぶきょう》となり、同五年に大納言《だいなごん》に任じて兵部卿《ひょうぶきょう》を兼ね、同七年に弾正尹《だんじょうのいん》を兼ね、同十年に従二位を授けられて皇太子傅を兼ね、承和《じょうわ》五年に右大臣に任じた。年五十六で、職にあったまま死去した。参議従四位上春宮大夫右衛門督《うえもんのかみ》文室《ふんや》朝臣秋津《あきつ》・民部大輔《みんぶのたいふ》従四位下百済《くだら》王慶仲《けいちゅう》らをその屋敷に遣わして、詔《みことのり》を宣べて従一位を贈った。三守は早くから大学に入り、五経《ごきょう》を学び、嵯峨太上天皇《さがだいじょうてんのう》が践祚《せんそ》すると、皇太子時代の旧臣として、格別の愛《あい》寵《ちょう》を受けた。性格は穏やかで併せて決断力があった。詩人を招き、酒盃《しゅはい》を交して親しく付き合い、朝廷へ出仕する途中で学者に会うと、必ず下馬《げば》して通り過ぎるのを待った。このことで当時の人々は称讃《しょうさん》した。三守の諸々《もろもろ》の品行については『公卿伝《くぎょうでん》』に見えている。

○癸未　十日　五畿内・七道諸国に命じて、淳和《じゅんな》太上天皇の死による諒闇《りょうあん》の間、釈奠祭《せきてんさい》（孔子《こうし》を祀《まつ》る）を停止することにした。

○甲午　二十一日　天皇が紫宸殿《ししんでん》に出御《しゅつぎょ》して、淳和太上天皇死後、始めて政務をみた。

○乙未　二十二日　肥後《ひご》国阿蘇《あそ》郡の従四位上勲五等健磐龍《たけいわたつ》神に従三位を授け奉り、勲位は故《もと》のままとした。

　正五位下楠野《くすの》王を中務大輔《ちゅうむのたいふ》に任じ、従五位下藤原朝臣並藤《なみふじ》を陰陽頭《おんようのかみ》に任じ、従五位下高《たか》階真人清上《しなのまひときよかみ》を治部少輔《じぶのしょうふ》に任じ、正五位下藤原朝臣輔嗣《すけつぐ》を越前《えちぜん》守に任じ、従四位下紀《き》朝臣長《なが》江《え》を備中《びっちゅう》守に任じた。

○己亥《二十六日》　出羽《でわ》国飽海《あくみ》郡の正五位下勲五等大物忌《おおものいみ》神に従四位下を授け奉り、勲位は故のままとした。併せて神封《じんぷ》二戸を賜り、次のように詔《みことの》りした（宣命体《せんみょうたい》）。

天皇のお言葉を、大物忌大神に申し上げます。近頃朝廷に物怪《もののけ》が出現しましたので、卜占《うらない》をしましたところ、大神が祟《たた》りをなしたことが判りました。さらに遣唐使《けんとうし》第二船の人たちが帰着して言うには、「去年の八月に南海の賊地に漂着して戦いました時、敵は数が多く、私たちは少なく、敵よりはなはだ弱体でしたが、運よく克《か》てましたのは大神の御助けによると思われました」ということでした。今、このことで考えてみますと、去年出羽国が言上してきた、大神が雲中で十日間、戦う音を聞いた後、兵器の形をした隕石《いんせき》が降ってきたという日時（承和六年十月乙丑条）と、遣唐使らが南海の賊地で戦った日時とがまさに一致しております。大神の神威が遠く南海にまで及びましたことに驚き、かつ喜び、この故に従四位の爵位《しゃくい》を授け、二戸の神封を充て奉《たてまつ》りますと申し上げよ、とて申し上げます。

○庚子《二十七日》　肥後国玉名《たまな》郡の疋野《ひきの》神を官社とした。

○辛丑《二十八日》　勅により、正月の金光明最勝王経会《こんこうみょうさいしょうおうきょうえ》の講師《こうじ》には、律《りつ》を守り、経《きょう》を身から離さず読経に専念している僧と久しく修行をしてきている僧とを、交互に当てることにした。

○秋七月甲戌朔戊寅《五》、奉㆓幣帛於伊勢大神宮㆒、以祈㆓秋実㆒也、」以㆓播磨国揖保郡大道寺、賀茂郡清妙寺、観音寺一、並為二天台別院一、七○庚辰、右大臣従二位皇太子傅藤原朝臣三守薨、使下参議従四位下左大弁安倍朝臣安仁、式部大輔従四位上藤原朝臣衛、散位従五位上藤原朝臣宗成、中務少輔従五位下笠朝臣数道等監中護喪事上、大臣者、参議従三位巨勢麿朝臣之孫、而阿波守従五位上真作之第五子也、大同元年自二主蔵正一、累二遷美作権掾、権介、内蔵助一、四年叙二従五位下一、拝二右近衛少将一、弘仁元年加二従五位上一、尋任二内蔵頭、春宮亮一、五年累加二授従四位下一、拝二式部大輔一、累二遷左兵衛督一、七年兼二但馬守一、俄拝二参議一、九年兼二春宮大夫一、十一年授二従四位上一、是歳加二正四位下一、十二年授二従三位一、拝二権中納言一、十三年兼二皇后宮大夫一、十四年転二中納言一、加二正三位一、天皇禅国之後、辞退侍二于嵯峨院一、天長三年除二刑部卿一、五年拝二大納言一、兼二兵部卿一、七年兼二弾正尹一、十年授二従二位一、兼二皇太子傅一、承和五年拝二右大臣一、年五十六、薨二于位一、遣二参議従四位上春宮大夫右衛門督文屋朝臣秋津、民部大輔従四位下百済王慶仲等一、就レ第宣レ詔、贈二従一位一、三守早入二大学一、受二習五経一、暨二先太上天皇践祚之日一、以二蕃邸之旧臣一、殊賜二栄寵一焉、立性温恭、兼明二決断一、招二引詩人一、接レ杯促レ席、参朝之次、有二一両学徒一、遇二諸塗一、必下レ馬而過レ之、以レ此当時着称、至二于諸操一、見二公卿伝一矣、十○癸未、令下二五畿内七道諸国一、諒闇之間、停中釈奠祭上、廿一○甲午、天皇御二紫宸殿一、始覧二万機一、廿二○乙未、奉レ授二肥後国阿蘇郡従四位上勲五等健磐龍神従三位一、余如レ故、」以二正五位下楠野王一為中務大輔、従五位下藤原朝臣並藤為陰陽頭、従五位下高階真人清上為治部少輔、正五位下藤原朝臣輔嗣為越前守、従四位下紀朝臣長江為備中守、○己亥《廿六》、奉授出羽国飽海郡正五位下勲五等大物忌神従四位下、余如故、兼充神封二戸、詔曰、天皇我詔旨尓坐、大物忌大神尓申賜波久、頃皇朝尓縁有物恠、天卜詢尓、大神為祟賜倍利、加以、遣唐使第二船人等廻来申久、去年八月尓南賊境尓漂落氐相戦時、彼衆我寡氐力甚不敵奈利、儻而克敵留波、似有神助止申、今依此事氐臆量尓、去年出羽国言上太留、大神乃於雲裏氐、十日間作戦声後尓石兵零利止申世利之月日、与彼南海戦間、正是符契世利、大神乃威稜令遠被太留事乎、且奉驚異、且奉歓喜、故以従四位爵乎奉授、両戸之封奉充良久乎申賜波久止申、○庚子《廿七》、以肥後国玉名郡疋野神預官社焉、○辛丑《廿八》、勅、正月金光明会講師、以持律持経及久修練行禅師、輪転請用、

○八月甲辰朔辛亥《八日》　詔《みことのり》により、大納言正三位《だいなごんしょうさんみ》　源朝臣常《みなもとのあそんときわ》を右大臣《うだいじん》に任じ、中納言《ちゅうなごん》正三位藤原《ふじわら》朝臣愛発《あらち》を大納言に任じ、権中納言従三位《ごんのちゅうなごんじゅさんみ》藤原朝臣良房《よしふさ》を中納言に任じ、丹波守《たんばのかみ》従四位下正躬《まさみ》王、右大弁《うだいべん》従四位上和気《わけ》朝臣真綱《まつな》を並びに参議《さんぎ》に任じた。

これより先、参議従三位中務卿《ちゅうむきょう》源朝臣定《さだむ》が上表して辞職を求めていたが、本日、参議の職を辞することを認め、別勅により封《ふ》百戸を支給することにした。

○戊午《十五日》　左大臣《さだいじん》正二位藤原朝臣緒嗣《おつぐ》が上表して辞職を求めたが、許可しなかった。緒嗣の上

表は長文に渉《わた》るので、省略する。

○己未《十六日》 大和《やまと》国の人戸主《こしゅ》従八位上大和宿禰《やまとのすくね》吉継《よしつぐ》・戸口《ここう》 掌侍《ないしのじょう》従四位下大和宿禰館子《たちこ》らに朝臣を賜姓し、左京三条一坊に貫附《かんぷ》した。

中納言兼右近衛大将《うこのえのたいしょう》従三位 橘《たちばな》 朝臣氏公《うじきみ》が上表して大将の職の辞任を申し出たが、許可しなかった。

○甲子《二十一日》 左大臣正二位藤原朝臣緒嗣が重ねて上表して辞職を求めたが、許可しなかった。

○乙丑《二十二日》 正五位下藤原朝臣嗣宗《つぐむね》に従四位下、正六位上文室《ふんや》朝臣有真《ありざね》に従五位下を授けた。従五位上良岑《よしみね》朝臣高行《たかゆき》を左中弁《さちゅうべん》に任じ、従五位上伴《とも》宿禰成益《なります》を兼右中弁《うちゅうべん》に任じ、美濃介《みののすけ》は故《もと》のままとし、従四位下紀《き》朝臣長江《ながえ》を民部大輔《みんぶのたいふ》に任じ、外従五位下伴宿禰真足《またり》を主計助《かぞえのすけ》に任じ、従五位下藤原朝臣安永《やすなが》を兵部 少輔《ひょうぶのしょうふ》に任じ、従四位上平《たいら》朝臣高棟《たかむね》を刑部卿《ぎょうぶきょう》に任じ、従五位下小野《おの》朝臣永道《ながみち》を少輔《しょうふ》に任じ、従四位上滋野《しげの》朝臣貞主《さだぬし》を大蔵卿《おおくらきょう》に任じ、正三位源朝臣常を東宮傅《とうぐうふ》に任じ、右大臣左近衛大将《さこのえのたいしょう》は故のままとし、正五位下長岑《ながみね》宿禰高名《たかな》を山城守《やましろのかみ》に任じ、従五位下菅原《すがわら》朝臣善主《よしぬし》を伊勢権介《いせのごんのすけ》に任じ、従五位下文室朝臣有真《ありざね》を出羽《でわ》守に任じ、従四位下藤原朝臣嗣宗《つぐむね》を越前《えちぜん》守に任じ、従四位上笠《かさ》朝臣梁麻呂《やなまろ》を丹波《たんば》守に任じ、従五位下小野朝臣千株《ちかぶ》を備中《びっちゅう》守に任じた。

○八月甲辰朔辛亥《八》、詔以㆓大納言正三位源朝臣常㆒為㆓右大臣㆒、中納言正三位藤原朝臣愛発為㆓大納言㆒、権中納言従三位藤原朝臣良房為㆓中納言㆒、丹波守従四位下正躬王、右大弁従四位上和気朝臣真綱並為㆓参議㆒」先㆑是、参議従三位中務卿源朝臣定上表乞㆑退㆓所職㆒、是日、参議職依㆑請許㆑之、但別勅令㆑食㆓封百戸㆒、○戊午（十五）、左大臣正二位藤原朝臣緒嗣上表辞㆑職、不㆑許、其表文多不㆑載、○己未（十六）、大和国人戸主従八位上大和宿祢吉継、戸口掌侍従四位下大和宿祢舘子等賜㆓姓朝臣㆒、貫㆔附左京三条一坊㆓」中納言兼右近衛大将従三位橘朝臣氏公上表、請㆑褫㆓宿衛職㆒、不㆑許、○甲子（廿一）、左大臣正二位藤原朝臣緒嗣重抗㆑表辞退、不㆑許、○乙丑（廿二）、授㆓正五位下藤原朝臣嗣宗従四位下㆒、正六位上文室朝臣有真従五位下㆒」以㆓従五位上良岑朝臣高行㆒為㆓左中弁㆒、従五位上伴宿祢成益為㆓兼右中弁㆒、美濃介如㆑故、従四位下紀朝臣長江為㆓民部大輔㆒、外従五位下伴宿祢真足為㆓主計助㆒、従五位下藤原朝臣安永為㆓兵部少輔㆒、従四位上平朝臣高棟為㆓刑部卿㆒、従五位下小野朝臣永道為㆓少輔㆒、従四位上滋野朝臣貞主為㆓大蔵卿㆒、正三位源朝臣常為㆓東宮傅㆒、右大臣左近衛大将如㆑故、正五位下長岑宿祢高名為㆓山城守㆒、従五位下菅原朝臣善主為㆓伊勢権介㆒、従五位下文室朝臣有真為㆓出羽守㆒、従四位下藤原朝臣嗣宗為㆓越前守㆒、従四位上笠朝臣梁麻呂為㆓丹波守㆒、従五位下小野朝臣千株為㆓備中守㆒、

○九月癸酉朔丁丑（五日）　太政官《だいじょうかん》が、弾正台《だんじょうだい》が巡検する時、随行する左右京職《さゆうのきょうしき》官人が下馬すべきこ

とについて論奏《ろんそう》（重要政務事項に関する奏聞手続）を行い、次のような決定がなされた。

弾正台の言上によれば「弾正台が巡察に当たっています時、随行する京職官人を勘当《かんどう》（失態や不手際を叱責すること）する必要が出来しますと、京職官人は下馬することが永らく慣行になっていますが、近年左京職官人は下馬しても、右京職官人は下馬しません。そこで明法博士《みょうぼうはかせ》に問いますと、勘当する側とされる側との間に区別があるのは当然であるが、明文規定がないので、太政官の裁定を求めるべきだ、ということでした」ということである。今、職員令に当たると、「弼《ひつ》以下、巡察弾正《じゅんさつだんじょう》以上の者が内外を巡察して犯罪を取り締まる」とあり、京職式（『弘仁式《こうにんしき》』）に「弾正が巡検する時には、京職官人（四等官）一人と史生《ししょう》一人が坊令《ぼうれい》・坊長《ぼうちょう》・兵士らを率いて付き従う」と規定されている。右大臣《うだいじん》（源　常《みなもとのときわ》）が勅を奉り、忠と巡察弾正が巡検する時は、京職の進《じょう》・属《さかん》は下馬する必要がなく、勘当を馬上のまま受けてよいが、弼が巡検する時は、六位以下の京職官人はすべて下馬すべきものとし、史生・坊令は六位を帯びていても、忠以下の弾正台官人に対して下馬しなければならない、と定める。

○庚辰（八日）　伊予《いよ》国温泉《ゆ》郡の定額寺《じょうがくじ》を天台別院《てんだいべついん》とした。

○辛巳（九日）　淳和太上天皇《じゅんなだいじょうてんのう》の死による諒闇《りょうあん》なので、重陽節《ちょうようのせち》を廃止した。

○癸未（十一日）　使いを遣わして、伊勢《いせ》大神宮《だいじんぐう》へ幣帛《へいはく》を奉納した。慣例（神嘗祭《かんなめさい》）となっていることによる。

○乙酉《十三日》　越前国《えちぜん》の従二位勲一等気比《けひ》大神の御子神《みこがみ》である、無位天利剣神《あまのとつるぎ》・天比女若御子神《あめのひめわかみこ》・天伊佐《あめのいさ》奈《な》彦《ひこ》神に並びに従五位下を授け奉った。

○丁亥《十五日》　大宰府《だざいふ》が、対馬島司《つしまとうし》が「海上では風波の危険があり、貢上《こうじょう》する調《ちょう》や四度使《しどし》（正税《しょうぜい》帳使《ちょう》・大帳使《だいちょう》・貢調使《こうちょう》・朝集使《ちょうしゅう》）の携える公文書がしばしば海に沈んでいます。伝え聞くところによりますと、新羅船《しらぎ》は風波に対処する能力が優れていますので、六隻の新羅船のうち一隻を分けてください」と上申してきたので、許可した。

○辛卯《十九日》　正六位上三国真人永継《みくにのまひとながつぐ》に従五位下を授けた。

○壬辰《二十日》　近江国《おうみ》の人美濃国《みの》大掾《だいじょう》正六位上安吉勝《あきのすぐり》真道《まみち》の男《むすこ》沢雄《さわお》ら五人を右京三条に貫附《かんぷ》した。

　大宰府大主城《だいしゅじょう》一員を廃止して、主厨《しゅちゅう》・主船《しゅせん》二員を置くことにした（『類聚三代格《るいじゅうさんだいきゃく》』巻五承和七年九月二十三日太政官奏《だいじょうかんそう》）。

○癸巳《二十一日》　大宰府が、洪水《こうずい》や大旱《たいかん》があっても水量が増減したことのない肥後国《ひご》阿蘇《あそ》郡健磐龍命《たけいわたつ》神社の霊池《れいち》が、四十丈ほど涸《か》れてしまった、と言上してきた。

○乙未《二十三日》　伊豆国《いず》が次のように言上してきた。

　賀茂《かも》郡に上津島《かみつしま》（伊豆七島中の神津島《こうづしま》）という名の、造作《ぞうさく》をしている島があります。この島に鎮座する阿波神《あわ》は、三嶋《みしま》大社の本来の后神《きさきがみ》です。また、鎮座しています物忌奈《ものいみな》乃《の》命は、阿波神の御子神《みこがみ》です。この島に新たに神宮四院（院は建物のある一画）と石室《いしむろ》二間・屋《おく》二間・閣《かく》（高殿）十三基が出現しました。上津島の様相は草木が繁茂し、島の東・南・北には険しい山地が展開していて人も船も近づけず、わずかに西に船が着岸できる浜があります。今回、島は咸《ことごと》く焼け崩れて、海岸に陸地と砂浜二千町ほどが出現しました。島の東北の隅《すみ》に新しく神院ができ、その中に高さ五百丈ほど、周囲八百丈ほどの、鉢を伏せた形の高台ができ、東方の海岸の端に四段の階《きざはし》があり、青・黄・赤・白色の砂が敷かれた状態になっていて、その上に高さ四丈ほどの閣があります。次に島の南の海岸には、それぞれ長さ十丈ほど、広さ四丈ほど、高さ三丈ほどの石室が二間出現しました。その中には五色の尖《とが》った石が屏風《びょうぶ》のように立ち、岸壁には波が打ち寄せ、山川の上を雲が飛んでいくように見え、何とも称しがたい微妙な光景です。石室の前には夾纈《きょうけち》（染色法の一で、板締め）の幔幕《まんまく》が懸けられたように見え、五色の砂の拡がる美しい浜となっています。次に島の南の海辺の一方には一の磯《いそ》があり、そこは三分の二が悉《ことごと》く金色で、表現しかねるほどのまばゆい屏風を立てたようになっています。また、島の東南の隅には、それぞれ高さ二丈ほど、広さ一丈ほどの白土で築き固められた二重の垣で囲まれた一つの院が新たに出現しています。垣の南には二つの門があり、院内の中央に周囲六百丈ほど、高さ五百丈ほどの高台があります。その南の隅の岸辺には十二基の閣室が出現し、そのうちの八基は南を向き、四基が西向きで、それぞれ周囲二十丈ほど、高さが十二丈ほどあります。院の上方にある階の東には屋一間が出現し、瓦葺《かわらぶ》き様で、長さ十丈ほど、広さ四丈ほど、高さが六丈ほどあり、その壁は白石で立ち固め、南側に戸口が一つあります。その西方にも一屋が出現し、黒瓦で葺いた形をし、その壁は赤土で塗られ、東に戸口が一つあります。この院内の小石や砂は皆金色です。また、島の西北の隅にも新しい院が出現していますが、周囲の垣は未完成です。この院内には、それぞれ周囲八百丈ほど、高さ六百丈ほどの二つの高台があります。その形は盆を伏せたように見え、南の岸辺の片隅に二重の階が出現し、白砂が敷かれています。高台の頂上部は平らで美しく見えます。北方から西南にかけて長さ十二里ほど、広さ五里ほどが悉く砂浜となり、西北から北東にかけて長さ八里ほど、広さ五里ほどが、同様に砂浜となりました。新しくできた右の二院の所在する場所は、元来は海中でした。また、島の山の峰に一つの院と一つの門が出現しました。頂上に人が坐った形をした高さ十丈ほどの石があり、右手に剣をとり左手に桙《ほこ》を持ち、その後には侍者《じしゃ》がいて跪《ひざまず》いて主人を見上げているように見えます。頂上のあたりは高く険しくて見極めることができません。以上記した以外、あたりは焼け続けており、詳しく記すことができません。

島では去る承和五年七月五日夜に火を噴き始め、上津島の周辺の海中が焼け、炎が野火の如く広がり、十二人の童子が次々に炬《たいまつ》を持ち、火をつけながら海の方へ下りていきました。童子らは陸地同様に海上を進み、水が地中に滲《し》みこむように消えていきました。大きな石を噴き上げ、焼き崩し、炎は天に達するほどでした。あたりは朦朧《もうろう》として、あちこちに火炎が飛び、このような状態が十日も続き、灰であたりは覆われてしまいました。そこで、諸々の神官や村役人を召集して卜ってみますと、三嶋大社の本后である阿波《あわ》神が五人の子を生みましたが、後后の方が位階を賜ったにもかかわらず、叙階に預からず、それを求めて祟《たた》りをなし怪異を起こしたことが判りました。阿波神は、神官や村役人が卜占《ぼくせん》の結果である祟りのことを告げなければ、荒々しい火で神官らを亡者とし、国郡司《こくぐんじ》が阿波神の位階授与のために尽力しなければ、国郡司を亡ぼし、尽力して願を成就すれば、天下・国郡は平安で、産業は豊かになり、穀物は稔ることになるだろう、ということでした。今年七月十二日に上津島を眺めますと、煙で四面が覆われ何も見えませんでしたが、最近雲霧がとれて、神が作りました院の類《たぐい》がはっきり見えるようになりました。これは神が感応《かんのう》したことによるものであります。

○戊戌《二十六日》　遣唐使《けんとうし》の判官《はんがん》以下、水手《かこ》以上の者三百九十一人の昇叙する位階を定めた。九階あげる者が十二人、八階が四十九人、七階が五十九人、六階が百二十九人、五階が百三十四人、四階が二人、三階が一人で、加階しない者が五人であった。

○庚子《二十八日》　大僧都《だいそうず》伝灯大法師位《でんとうだいほっしい》豊安《ほうあん》に僧正《そうじょう》を贈り、少僧都《しょうそうず》伝灯大法師位泰景《たいけい》を大僧都に任じ、律師《りっし》伝灯大法師位実恵《じつえ》を少僧都に任じた。

○辛丑《二十九日》　越中《えっちゅう》国礪波《となみ》郡の従四位下高瀬《たかせ》神・射水《いみず》郡の二上《ふたがみ》神に並びに従四位上を授けた。

○九月癸酉朔丁丑[五]、太政官議奏、弾正台巡検之日、令㆘㆓左右京職祇承官人㆒下馬㆖事、台言、巡察之日祇承官人被㆓勘当㆒時下馬者、行来尚矣、而比年左下、右不㆑下、因問㆓明法博士㆒、答曰、勘与㆑見㆑勘、何无㆓分別㆒、但无㆓正文㆒、可㆑請㆓官裁㆒者、今案㆓職員令㆒、弼以下、巡察弾正已上、掌㆘巡㆓察内外㆒糺㆗弾非違㆖、又京職式云、弾正巡検之日、官人一人、史生一人、将㆓坊令坊長兵士等㆒祇承者、右大臣(源常)宣、奉㆑勅、忠及巡察弾正巡検之日、京職進属勿㆑労㆓下馬㆒、並須㆔馬上承㆓其勘当㆒、弼如行㆑事者、六位已下職司等、一切下馬、但史生坊令、身帯㆓六位㆒、雖㆑逢㆓忠已下㆒、猶尚下馬、○庚辰[八]、以㆓伊予国温泉郡定額寺㆒為㆓天台別院㆒、○辛巳[九]、廃㆓重陽節㆒、諒闇也、○癸未[十一]、遣㆑使奉㆓幣帛於伊勢大神宮㆒、例也、○乙酉[十三]、奉㆑授㆓越前国従二位勲一等気比大神之御子无位天利劔神、天比女若御子神、天伊佐奈彦神並従五位下㆒、○丁亥[十五]、大宰府言、対馬嶋司言、遥海之事、風波危険、年中貢調、四度公文、屢逢㆓漂没㆒、伝聞、新羅船能凌㆑波行、望請新羅船六隻之中、分㆓給一隻㆒、聴㆑之、○辛[十九]卯、授㆓正六位上三国真人永継従五位下㆒、○壬辰[二十]、近江国人美濃国大掾正六位上安吉勝真道、男沢雄等五人、貫㆓附右京三条㆒、廃㆓大宰府大主城一員㆒、更置㆓主厨主船二員㆒、○癸巳[廿一]、大宰府言、在㆓肥後国阿蘇郡㆒健磐龍命神灵池、洪水大旱未㆓嘗増減㆒、而涸竭卌丈、○乙未[廿三]、伊豆国言、賀茂郡有㆓造作嶋㆒、本名上津嶋、此嶋坐阿波神、是三嶋大社本后也、又坐物忌奈乃命、即前社御子神也、新作㆓神宮四院、石室二間、屋二間、閣室十三基一、上津嶋本体、草木繁茂、東南北方巖峻嵫崒、人船不レ到、纔西面有二泊宿之浜一、今咸焼崩、与レ海共成二陸地并沙浜一二千許町、其嶋東北角有二新造神院一、其中有レ甍、高五百許丈、基周八百許丈、其形如二伏鉢一、東方片岸有二階四重一、青黄赤白色沙次第敷レ之、其上有二一閣室一、高四許丈、次南海辺有二二石室一、各長十許丈、広四許丈、高三許丈、其裏五色稜石、屏風立レ之、巖壁伐レ波、山川飛レ雲、其形微妙難レ名、其前懸二夾纈軟障一。即有二美麗浜一、以二五色沙一成修、次南傍有二一礒一、如レ立二屏風一、其色三分之一悉金色矣、眩曜之状不レ可二敢記一、亦東南角有二新造院一、周垣二重以レ堊築固、各高二許丈、広一許丈、南面有二一門一、其中央有二一甍一、周六百許丈、高五百許丈、其南片岸有二十二閣室一、八基南面、四基西面、周各廿許丈、高十二許丈、其上階東有二屋一基一、瓷玉瓦形葺二造之一、長十許丈、広四許丈、高六許丈、其壁以二白石一立固、則南面有二一戸一、其西方有二一屋一、以二黒瓦一葺二作之一、其壁塗二赤土一、東面有二一戸一、院裏礫砂皆悉金色、又西北角有二新作院一、周垣未二究作一、其中有二一甍一、基周各八百許丈、高六百許丈、其体如二瓫伏一、南片岸有二階二重一、以二白沙一敷レ之、其頂平麗也、従二北角一至二于未申角一、長十二許里、広五許里、皆悉成二沙浜一、従二戌亥角一至二于丑寅角一、八許里、広五許里、同成二沙浜一、此二院、元是大海、又山岑有二一院一門一、其頂有下如二人坐形一石上、高十許丈、右手把レ劔、左手持レ桙、其後有二侍者一、跪瞻二貴主一、其辺嵯峨不レ可二通達一、自余雑物、燎錟未レ止、不レ能二具注一、去承和五年七月五日夜出レ火、上津嶋左右海中焼、炎如二野火一、十二童子相接取レ炬、下レ海附レ火、諸童子履レ潮如レ地、入レ地如レ水、震二上大石一。以レ火焼摧、炎煬達レ天、其状朦朧、所々欻飛、其間経レ旬、雨レ灰満レ部、仍召二集諸祝刀祢等一、卜二求其祟一云、阿波神者、三嶋大社本后、五子相生、而後后授二賜冠位一、我本后未レ預二其色一、因レ玆我殊示二恠異一、将レ預二冠位一、若祢宜祝等不レ申二此祟一者、出二麁火一将レ亡二祢宜等一、国郡司不レ労者、将レ亡二国郡司一、若成二我所レ欲者、天下国郡平安、令二産業豊登一、今年七月十二日眇望二彼嶋一、雲烟覆二四面一、都不レ見レ状、漸比二戻近一、雲霧霽朗、神作院岳等之類、露見二其貌一、斯乃神明之所レ感也、○戊戌《廿六》、定二入唐廻使判官已下水手已上三百九十一人之等第一、九階十二人、八階卌九人、七階五十九人、六階百廿九人、五階百卌四人、四階二人、三階一人、不二加階一五人、○庚子《廿八》、贈二大僧都伝灯大法師位豊安僧正一、以二少僧都伝灯大法師位泰景一為二大僧都一、律師伝灯大法師位実恵為二少僧都一、○辛丑《廿九》、奉レ授二越中国礪波郡従四位下高瀬神、射水郡二上神並従四位上一、

○冬十月癸卯朔甲辰《二日》　日蝕《にっしょく》があった。

○丙午《四日》　皇太子（恒貞《つねさだ》親王）の御膳《ごぜん》を、弘仁《こうにん》九年の例（『日本紀略《にほんきりゃく》』弘仁九年四月丙子条）に倣って、物ごとに四分の一を減じた。旱魃《かんばつ》による。

○丁未《五日》　伊予《いよ》国守従四位上紀朝臣深江《きのあそんふかえ》が死去した。深江は右京の人で、贈《ぞう》右大臣《うだいじん》従二位船守《ふなもり》朝臣の孫、従四位下田上《たがみ》の子である。若くして大学に入り、ほぼ歴史書を修学し、文章《もんじょう》生《しょう》から大学少允《だいがくのしょうじょう》に任じ、主税助《ちからのすけ》・式部少丞《しきぶのしょうじょう》を経て、弘仁の末に従五位下に叙され、天《てん》長《ちょう》年中に左兵衛権佐《さひょうえのごんのすけ》となり、次いで佐《すけ》に転じ、その後左近衛少将《さこのえのしょうしょう》に至り、備中守《びっちゅうのかみ》を兼ね、ついで正五位上を授けられ、承和《じょうわ》の初めに従四位下となり、兵部大輔《ひょうぶのたいふ》に遷《うつ》り、その後地方官として伊予守となった。任期を終えて京へ戻り、事績を挙げたことにより従四位上を授けられた。心が広く穏やかな人柄で、事に動ずることがなく、行うところは百姓を安楽にすることで、遠くも近くも皆循吏《じゅんり》（法に従い民を治める善良な役人）だとした。交替手続きが終了しないうちに死亡した。行年五十一。
○己酉《七日》　正五位下丹生川上雨師神《にふかわかみのあまし》に正五位上、無位水分神《みこまり》に従五位下を授け奉った。
○甲寅《十二日》　地震があった。
○丙辰《十四日》　無位阿波《あわ》神・物忌奈乃《ものいみなの》命に並びに従五位下を授け奉った。伊豆《いず》国で島の造作を行うという霊験《れいげん》によってである。
○戊午《十六日》　参議《さんぎ》正四位下三原《みはら》朝臣春上《はるかみ》を兼弾正大弼《だんじょうのだいひつ》に任じ、伊勢《いせ》守は故《もと》のままとし、従四位下高枝《たかえ》王を大舎人頭《おおどねりのかみ》に任じ、従五位下文室《ふんや》朝臣氏雄《うじお》を兼駿河《するが》守に任じ、内匠頭《たくみのかみ》は故のままとした。
○癸亥《二十一日》　御被《みふすま》を平安京《へいあんきょう》内七寺に分かち送り、誦経《じゆきょう》を行った。天皇の病によってである。

○甲子[二十二日]無位藤原《ふじわら》朝臣平雄《ひらお》に従五位下を授けた。
○戊辰[二十六日]中天の西の方で鼓のような音がした。一度鳴っただけであった。

○冬十月癸卯朔[二]甲辰、日有レ蝕之、○[四]丙午、皇太子御膳、准二弘仁九年例一、毎レ物減二四分之一一、以レ旱也、○[五]丁未、伊予国守従四位上紀朝臣深江卒、右京人、贈右大臣従二位船守朝臣之孫、従四位下田上之子也、少遊二大学一、略渉二史書一、自二文章生一、為三大学少允主税助、式部少丞一、弘仁末叙二従五位下一、天長中拝二左兵衛権佐一、俄転レ佐、漸至二左近衛少将一、兼二備中守一、尋授二正五位上一、承和初叙二従四位下一、遷二兵部大輔一、後出為二伊予守一、任季入京、有二治名一、擢授二従四位上一、性寛和不レ動、於二事一、所二履行一、百姓安レ之、遠近称レ之為二循吏一、未レ得レ替而卒、于レ時年五十一、○[七]己酉、奉レ授二正五位下丹生川上雨師神正五位上、无位水分神従五位下一、○[十二]甲寅、地震、○[十四]丙辰、奉レ授二无位阿波神、物忌奈乃命並従五位下一、以二伊豆国造嶋霊験一也、○[十六]戊午、以二参議正四位下三原朝臣春上一為二兼弾正大弼一、伊勢守如レ故、従四位下高枝王為二大舎人頭一、従五位下文室朝臣氏雄為二兼駿河守一、内蔵頭如レ故、○[廿一]癸亥、分二遣御被一、誦二経於京下七寺一、以二聖躬不予一也、○[廿二]甲子、授二无位藤原朝臣平雄従五位下一、○[廿六]戊辰、天中西方有レ声如レ鼓、一声而止、

○十一月癸酉朔丁丑五日　従四位上刑部大輔大枝朝臣総成《ぎょうぶのたいふおおえのあそんふさなり》を伊予守《いよのかみ》に任じた。
○庚辰八日　対馬島《つしま》の和多都美御子神《わたつみのみこ》・波良波神《はらわ》・都都知神《つつち》・銀山神《しろがねやま》を並びに官社とした。
○辛巳九日　天皇が次のように勅した。
　橘戸《たちばなべ》・蝮橘《たじひのたちばな》・橘連《たちばなのむらじ》・伴橘連《とものたちばなのむらじ》、橘守《たちばなもり》、橘《たちばな》等の六姓は橘朝臣と氏名《うじな》が通じているので、椿戸《つばきべ》・蝮椿・椿連・伴椿連・椿守《つばきもり》・椿等の姓を賜うことにする。これ以外の橘を氏名とする類《たぐい》も、椿に換えよ。
○癸未十一日　従五位下丹墀真人雄浜《たじひのまひとおはま》を美作介《みまさかのすけ》に任じた。
○戊子十六日　志摩国《しま》の答志《とうし》島《とう》を無位常康《つねやす》親王に賜った。
○辛卯十九日　新嘗会《しんじょうえ》が行われた。ただし、天皇は中和院《ちゅうわいん》の祭場に出御《しゅつぎょ》せず、諸司が神今食《じんごんじき》の事に当たった。
○辛丑二十九日　従五位下安倍《あべ》朝臣浜成《はまなり》を散位頭《さんにのかみ》に任じ、従五位下丹墀真人門成《かどなり》を弾正少弼《だんじょうのしょうひつ》に任じた。
　従四位下百済王教法《くだらのこにきしきょうほう》が死去した。教法は桓武《かんむ》天皇の女御《にょうご》であった。

○十一月癸酉朔丁丑五、以㆓従四位上刑部大輔大枝朝臣総成㆒為㆓伊予守㆒、○庚辰八、対馬嶋和多都美御子神、波良波神、都々知神、銀山神並預㆓官社㆒、○辛巳九、勅、橘戸、蝮橘、橘連、伴橘連、橘守、橘等六姓、与㆓橘朝臣㆒相渉、宜㆑賜㆓椿戸、蝮椿、椿連、伴椿連、椿守、椿等一、自余以二橘字一為レ姓之類、亦以レ椿換レ之、○癸未《十一》、従五位下丹墀真人雄浜為二美作介一、○戊子《十六》、以下在二志摩国一答志嶋上、賜二无位常康親王一、○辛卯《十九》、新嘗会也、不レ御二中院斎場一、令下二諸司一行中神今食事上、○辛丑《廿九》、以二従五位下安倍朝臣浜成一為二散位頭一、従五位下丹墀真人門成為二弾正少弼一」従四位下百済王教法卒、桓武天皇之女御也、

○十二月癸卯朔《一日》　駿河《するが》国駿河郡の永蔵《ながくら》駅を改めて、伊豆《いず》国田方《たかた》郡に遷《うつ》した。駿河郡は特別に三駅が置かれていて、百姓が重い負担に苦しんでいたからである。

○己酉《七日》　使いを伊勢《いせ》大神宮《だいじんぐう》へ派遣して、次のように詔りした。

この頃、心中に思うところがあり、幣帛《へいはく》を奉納しようと思いましたが、諒闇《りょうあん》となり(淳和太上天皇《じゅんなだいじょうてんのう》の死)、果たせませんでした。さらに今年は肥後《ひご》国の神霊池が四十丈も涸《か》れ尽きました(本年九月癸巳条)。これは国家にとり異変でして、災異のないよう祈願いたします。

以前、伊勢《いせ》国桑名《くわな》郡の多度神宮寺《たどじんぐうじ》を天台別院《てんだいべついん》としたが(承和《じょうわ》六年正月己卯条)、今度《このたび》停止することにした。

○庚申《十八日》　正六位上良岑朝臣長松《よしみねのあそんながまつ》に従五位下を授けた。

○己巳《二十七日》　武蔵《むさし》国加美《かみ》郡の人散位《さんに》正七位上勲七等檜前舎人直《ひのくまのとねりのあたい》由加麻呂《ゆかまろ》の男女十人を、左京六

条に貫附《かんぷ》した。由加麻呂は土師《はじ》氏と同祖である。大宰府《だざいふ》が、海外新羅《しらぎ》の臣下である張宝高《ちょうほうこう》が特産物を朝廷へ献上するため使人を派遣してきた、と言上してきたが、ただちに九州より追却することにした。人臣が国家と外交関係を有することはあり得ないからである。

続日本後紀　巻第九

○十二月癸卯朔、改二駿河国駿河郡永蔵駅家一、遷三置于伊豆国田方郡一、以下駿河郡特帯二三駅一、百姓殊苦中重役上也、○己酉（七）、遣二使於伊勢大神宮一、宣レ詔曰、頃日之間、御心有レ所レ思、将レ奉レ供二幣帛一、而国家諒闇、不レ果二御意一、加之、今年在二肥後国一神灵池涸尽卌丈、足三以為二国異一、因レ玆令レ祈三禱之二、先レ是、伊勢国桑名郡多度神宮寺為二天台別院一、今停レ之、○庚申（十八）、授二正六位上良岑朝臣長松従五位下一、○己巳（廿七）、武蔵国加美郡人散位正七位上勲七等檜前舎人直由加麿男女十人、貫三附左京六条一、与二土師氏一同祖也、一 大宰府言、藩外新羅臣張宝高、遣レ使献二方物一、即従二鎮西一追却焉、為三人臣無二境外之交一也、

続日本後紀　巻第九

続日本後紀　巻第十

承和八年正月より十二月まで

太政大臣従一位臣藤原朝臣良房ら勅を奉《うけたまわ》りて撰す

○八年春正月壬申朔《一日》　朝賀《ちょうが》を取り止めた。諒闇《りょうあん》のためである。

○乙亥《四日》　天皇が紫宸殿《ししんでん》に出御《しゅつぎょ》して、皇太子（恒貞《つねさだ》親王）が拝謁した。

本日、五十八人の僧を清涼殿《せいりょうでん》に喚《よ》び三十九人が召請された僧で、他は僧綱であった。昼は『薬師経《やくしきょう》』を読み、夜は結界悔《けっかいけ》過《か》（特別の修法《しゅほう》により結界して行う悔過）を行った。

○戊寅《七日》　読経《どきょう》が終了し、僧侶《そうりょ》たちにそれぞれ物と度者《どしゃ》一人を施した。

○己卯《八日》　大極殿《だいごくでん》で最勝会《さいしょうえ》が始まった。

○壬午《十一日》　無位　源　朝臣貞姫《みなもとのあそんさだひめ》・源朝臣更姫《さらひめ》に並びに従《じゅ》四位上を授けた。

○甲申《十三日》　従五位上良岑《よしみね》朝臣高行《たかゆき》に正《しょう》五位下、正六位上弘宗《ひろむね》王・橘《たちばな》朝臣永範《ながのり》・南淵《みなぶち》朝臣年《とし》名《な》・藤原《ふじわら》朝臣好雄《よしお》・清滝《きよたき》朝臣藤根《ふじね》・坂本《さかもと》朝臣鷹野《たかの》に並びに従五位下を授けた。

参議《さんぎ》従四位下正躬《まさみ》王を兼大和守《やまとのかみ》に任じ、従四位上橘朝臣氏人《うじひと》を兼尾張《おわり》守に任じ、左京《さきょうの》大夫《だいぶ》は故《もと》のままとし、正四位下文室真人《ふんやのまひと》名継《なつぐ》を下総《しもうさ》介に任じ、従五位上紀《き》朝臣諸綱《もろつな》を美濃《みの》守に任じ、従五位下藤原朝臣氏宗《うじむね》を兼介《すけ》に任じ、右少弁《うしょうべん》・右《う》近衛少将《このえのしょうしょう》は故のままとし、従五位上藤原朝臣貞守《さだもり》を兼信濃《しなの》介に任じ、春宮亮《とうぐうのすけ》は故のままとし、正五位下良岑朝臣高行を陸奥《むつ》守に任じ、従五位下坂本《さかもと》朝臣鷹野《たかの》を越中《えっちゅう》介に任じ、従五位下近棟《ちかむね》王を丹波権守《たんばのごんのかみ》に任じ、従五位下藤原朝臣好雄《よしお》を因幡権介《いなばのごんのすけ》に任じ、従五位下清岑《きよみね》朝臣門継《かどつぐ》を備後《びんご》守に任じ、従五位下都努《つの》朝臣福人《ふくひと》を周防《すおう》守に任じ、従五位下弘宗《ひろむね》王を長門《ながと》守に任じ、従四位上滋野《しげの》朝臣貞主《さだぬし》を兼讃岐《さぬき》守に任じ、大蔵卿《おおくらきょう》は故のままとし、従五位下長岑宿禰秀名《ながみねのすくねひでな》を介に任じ、従五位下南淵朝臣年名を筑前守に任じ、従五位下清滝《きよたき》朝臣藤根《ふじね》を筑後《ちくご》守に任じ、従五位下藤原朝臣正雄《まさお》を肥前《ひぜん》守に任じ、従五位下大春日《おおかすが》朝臣良棟《よしむね》を豊前《ぶぜん》守に任じ、外従五位下秦《はた》宿禰氏《うじ》継《つぐ》を日向《ひゅうが》守に任じた。

○十四日乙酉　最勝会が終了した。次いで最勝会に喚ばれた名僧十余人を禁中《きんちゅう》へ招き、論議《ろんぎ》を行い、終わると御衾《みふすま》を賜った。

左右兵衛府《さゆうのひょうえふ》が次のように言上した。

従来の慣行を見ますと、夜間の巡視に出動します時の馬は、左右馬寮《さゆうのめりょう》の飼養係が朱雀《すざく》門《もん》の下で準備して待ち、出動時が来ますとそれに乗り、平安京《へいあんきょう》内を巡回してきましたが、去る弘仁《こうにん》年間に馬は兵衛府に配属され、その馬が死ぬと、替わりを申請することになり、申請の間、馬が得られないまま数日が過ぎる次第になっています。そこで、旧例に戻り、左右馬寮の馬の使用を要望します。

言上を許可した。
○癸巳《二十二日》　陸奥国《むつ》白河郡《しらかわ》に鎮座する勲十等都々古和気神《つつこわけ》に従五位下を授け奉り、勲位は故のまとした（あるいは本年三月癸巳の記事か）。
　正六位上御《み》長真人近人《ながのまひとちかひと》に従五位下を授けた。
○甲午《二十三日》　遣唐陰陽師《けんとうおんようじ》兼陰陽請益《おんようしょうやく》正八位上春苑《はるその》宿禰玉成《たまなり》が在唐中に『難義《なんぎ》』一巻を入手した。陰陽寮《おんようりょう》の諸生《しょしょう》に伝学させることにした。

続日本後紀　巻第十　起㆓承和八年正月㆒尽㆓十二月㆒

太政大臣従一位臣藤原朝臣良房等奉　勅撰

○八年春正月壬申朔《一》、廃㆓朝賀㆒、諒闇也、○乙亥《四》、天皇御㆓紫宸殿㆒、皇太子入覲、」是日、延㆓五十八僧於清涼殿㆒請僧卌九口、自外僧綱、昼読㆓薬師経㆒、夜結界悔過、○戊寅《七》、読経畢、施㆓衆僧物及度者各一人㆒、○己卯《八》、大極殿最勝会之初也、○壬午《十一》、授㆓无位源朝臣貞姫、源朝臣更姫並従四位上㆒、○甲申《十三》、授㆓従五位上良岑朝臣高行正五位下㆒、正六位上弘宗王、橘朝臣永範、南淵朝臣年名、藤原朝臣好雄、清滝朝臣藤根、坂本朝臣鷹野並従五位下㆒、」以㆓参議従四位下正躬王㆒為㆓兼大和守㆒、従四位上橘朝臣氏人為㆓兼尾張守㆒、左京大夫如㆑故、正四位下文室真人名継為㆓下総介㆒、従五位上紀朝臣諸綱為二美濃守一、従五位下藤原朝臣氏宗為二兼介一、右少弁右近衛少将如レ故、従五位上藤原朝臣貞守為二兼信濃介一、春宮亮如レ故、正五位下良岑朝臣高行為二陸奥守一、従五位下坂本朝臣鷹野為二越中介一、従五位下近棟王為二丹波権守一、従五位下藤原朝臣好雄為二因幡権介一、従五位下清岑朝臣門継為二備後守一、従五位下都努朝臣福人為二周防守一、従五位下弘宗王為二長門守一、従四位上滋野朝臣貞主為二兼讃岐守一、大蔵卿如レ故、従五位下長岑宿祢秀名為レ介、従五位下南淵朝臣年名為二筑前守一、従五位下清滝朝臣藤根為二筑後守一、従五位下藤原朝臣正雄為二肥前守一、従五位下大春日朝臣良棟為二豊前守一、外従五位下秦宿祢氏継為二日向守一、○乙酉《十四》、最勝会訖、更引二其会名僧十余人於禁中一令二論議一、畢施二御被一」左右兵衛府言、検二旧例一、夜行御馬、本寮飼丁、控二持朱雀門下一、待レ時乗騎、巡二検城中一、而去弘仁年中被レ配二此府一、其後所レ行御馬、随レ死請レ替、請レ替之間、徒経二数日一、望請、依二旧例一復二本寮一者、許レ之、○癸巳《廿二》（或本年三月癸巳也）、奉レ授下坐二陸奥国白河郡一勲十等都々古和気神従五位下上、余如レ故、」授二正六位上御長真人近人従五位下一、○甲午《廿三》、遣唐陰陽師兼陰陽請益正八位上春苑宿祢玉成、在唐間得二難義一巻一、令二陰陽寮諸生伝学一、

○二月壬寅朔丁未《六日》　従五位下嶋江《しまえ》王を大監物《だいけんもつ》に任じ、従五位上石作《いしつくり》王を諸陵頭《しょりょうのかみ》に任じ、従五位下橘朝臣海雄《たちばなのあそんうみお》を民部少輔《みんぶのしょうふ》に任じ、外従五位下伴宿禰真足《とものすくねまたり》を主税頭《ちからのかみ》に任じ、従五位上

藤原《ふじわら》朝臣宮房《みやふさ》を刑部大輔《ぎょうぶのたいふ》に任じ、従五位下御《み》長真人近人《ながのまひとちかひと》を木工頭《もくのかみ》に任じ、従五位下高階《たかしな》真人黒雄《くろお》を造酒正《みきのかみ》に任じ、従五位上佐伯《さえき》宿禰春海《はるみ》を左京亮《さきょうのすけ》に任じ、従四位下善道《よしみち》朝臣真貞《まさだ》を東宮学士《とうぐうのがくし》に任じ、従五位下都努《つの》朝臣福人《ふくひと》を兼鋳銭 長官《じゅせんのちょうかん》に任じ、周防守《すおうのかみ》は故《もと》のままとし、従五位上藤原朝臣貞主《さだぬし》を近江介《おうみのすけ》に任じ、外従五位下御輔《みふ》朝臣真男《まお》を淡路《あわじ》守に任じ、外従五位下讃岐《さぬき》朝臣永直《ながなお》を兼阿波権 掾《あわのごんのじょう》に任じ、大判事《だいはんじ》勘解由次官《かげゆのじかん》は故のままとした。

○戊申《七日》　少僧都大法師位実恵《しょうそうずだいほっしいじつえ》が次のように言上した。

紀《き》伊国伊都《いと》郡の高野山金剛峯寺《こうやさんこんごうぶじ》は、去る承和《じょうわ》二年二月三十日に定額寺《じょうがくじ》となりました。今、深山の中にありまして、灯明《とうみょう》がありませんので、多くの定額寺の例に准じて、灯明分を施していただき、二座の仏聖（大日如来《だいにちにょらい》と空海）を供養《くよう》できますよう要望いたします。

言上を許可した。

○己酉《八日》　備前《びぜん》国邑久《おおく》郡の安仁《あに》神を名神《みょうじん》とした。

山城《やましろ》国相楽《さがらか》郡の山四町を、贈太政大臣《ぞうだいじょうだいじん》正一位橘朝臣清友《きよとも》（仁明《にんみょう》天皇の外祖父）の墓地とした。

武蔵《むさし》国の田五百七町を嵯峨院《さがいん》に充《あ》てた。

○甲寅《十三日》　出羽《でわ》国の百姓二万六百六十八人の税を一年間免除することにした。穀物《こくもつ》が稔《みの》らず、飢饉《ききん》が相続いたからである。

信濃《しなの》国が、「地震が発生し、一夜の間に雷鳴のような音がおよそ九十四度も聞こえ、墻《かき》や建物が倒壊して、公私ともに損害を被《こうむ》りました」と言上してきた。

○乙卯《十四日》　天皇が次のように勅した。

天平 勝宝《てんぴょうしょうほう》四年騰勅符《とうちょくふ》（『類聚 三代格《るいじゅうさんだいきゃく》』巻十九貞観《じょうがん》四年十二月十一日太政官符《だいじょうかんぷ》所引天平勝宝四年閏三月八日騰勅符）によれば、「先に寺の周辺での殺生《せっしょう》を禁止したが、今聞くところによると、時間がかなり経《た》ち、禁制がほとんど行われていないので、もし違犯者がいれば違勅罪とする」とあるが、春秋に猟をし魚を釣ることが行われていても仕方なく、殺生の止むのをひたすら待つだけの状態である。しかし、寺の周辺や精舎《しょうじゃ》の前は固《もと》より仏教の悟りの土地であり、漁猟《ぎょりょう》の地ではない。聞くところによれば、有力者が法を憚《はばか》ることなく、国司《こくし》・講師《こうじ》が監督していないのにつけ込んで、寺内で馬を走らせ、仏前で鳥を屠《ほふ》るような濫《みだ》りがわしいことが、数えきれないほどだという。災いの兆《きざし》は必ずしも天が下さず、民が自ら招くものである。はなはだ歎《なげ》かわしいことである。重ねて五畿内・七道諸国に命じて、寺の周囲二里内における殺生を厳しく禁止し、もし違犯者がいれば、六位以下の者には違勅の罪を科し、五位以上の者は名前を言上せよ。阿《おもね》り、見過ごすことのないようにせよ。

式部省《しきぶしょう》が次のように言上した。

式文《しきもん》（『弘仁式《こうにんしき》』）によると、「諸国の博士・医師は解任されると、それぞれ大学寮《だいがくりょう》なり典薬寮《てんやくりょう》へ戻り、本業に習熟した後、もし再任を求めるならば許し、再度試験する必要はない。試験に及第して任用され、親族の喪に遭い解任された後復任した者は、任期いっぱい在任してよい。ただし、試験を経ていない者はこの限りでない」と定めています。式部省ではこの式文により、喪に遭い解任されると他人を任用せず、喪あけの後《のち》復任した者に任期を満了させることにしていますので、このため、教授や医療が一年間空白になることがあります。謹んで式文（『弘仁式』）に当たりますと、「太政官や省限りで任用する判補の雑色の類は、喪に遭い解任しても、もし才用があれば、除服して勤務を続けさせてよい」とあります。博士・医師についても同様に特別の扱いとして喪あけを待たず任用を認めてくださるよう、要望します。

言上を許可した。先に試験を経て任用され、その後解任され大学寮や典薬寮で研修中の者の再任についても同様の扱いとすることにした（服喪中であっても除服して任用する）。

○丙寅 二十五日　太政官の決定により、西市の東北角の空閑地《くうかんち》十五丈四方を右坊城出挙銭所《うぼうじょうすいこせんしょ》とした。

○戊辰 二十七日　太政官が、大宰府《だざいふ》に次のように指示した。

新羅人《しらぎ》張宝高《ちょうほうこう》が去年十二月に馬の鞍《くら》を献進した（承和七年十二月己巳条）が、宝高は新羅王の臣下であり、そのような者による安易な貢進は、古来の法に背いている。そこで礼をもって辞退し、早急に返却せよ。その持参してきた物品は、民間での売買を許せ。ただし、人々が不適切な購入により、競って家産を傾けるようなことのないようにせよ。また、手厚く処遇し、帰国に要する食料を、従前の例に倣い支給せよ。

○二月壬寅朔丁未[六]、以二従五位下嶋江王一為二大監物一、従五位上石作王為二諸陵頭一、従五位下橘朝臣海雄為二民部少輔一、外従五位下伴宿祢真足為二主税頭一、従五位上藤原朝臣宮房為二刑部大輔一、従五位下御長真人近人為二木工頭一、従五位下高階真人黒雄為二造酒正一、従五位上佐伯宿祢春海為二左京亮一、従四位下善道朝臣真貞為二東宮学士一、従五位下都努朝臣福人為二兼鋳銭長官一、周防守如レ故、従五位上藤原朝臣貞主為二近江介一、外従五位下御輔朝臣真男為二淡路守一、外従五位下讃岐朝臣永直為二兼阿波権掾一大判事勘解由次官如レ故、○戊申[七]、少僧都大法師位実恵言、在二紀伊国伊都郡高野山一金剛峯寺、去承和二年二月卅日預二定額一畢、今在二深山一、無レ有二灯明一、望也准二定額諸寺一、被レ施二灯分一、幷供三養仏聖二座一、許レ之、○己酉[八]、備前国邑久郡安仁神預二名神一焉、」以二山城国相楽郡山四町一、為二贈太政大臣正一位橘朝臣清友墓地一、」武蔵国田五百七町奉レ充二嵯峨院一、○甲寅[十三]、出羽国百姓二万六百六十八人賜二復一年一、以二年穀不レ登飢饉相仍一也、」信濃国言、地震、其声如レ雷、一夜間凡十四度、墻屋倒頽、公私共損、○乙卯[十四]、勅、天平勝宝四年騰 勅符云、先禁三断寺辺殺生一畢、今如レ聞、時序稍遠、禁断遂薄、若違犯者、即以二違勅一論者、春蒐秋獮、釣而不レ綱、事不レ得レ已、期二于止殺一、况乎仁祠之辺、精舎之前、従来解脱之界、非二是漁猟之地一、如レ聞、勢家豪民無レ憚二憲章一、国宰講師不レ存二撿挍一、遂使三寺内馳レ馬、仏前屠レ禽、如レ此淫濫、不レ可二勝言一、夫妖孽之臻、未三必自レ天、民自取焉、可二為太息一、宜下重下二知五畿内七道諸国司一、厳令中禁二断寺辺二里殺生一、如有二犯者一、六位已下科二違勅罪一、五位已上録レ名言上、不レ得二阿容一上」式部省言、式云、諸国博士医師解任之後、各還二本司一、令レ熟二本業一、若望二更任一者聴レ之、不レ労二覆試一、其被レ試及第、既任遭レ喪者、服闋之後、復任満レ歴、但不レ経レ試者不レ在二此限一、省依二式文一、喪解之所、不レ補二他人一、服闋之後、令レ遂二其歴一、因レ玆教授医療、一年曠レ職、謹案、式云、官省判補、雑色之輩、遭レ喪解レ任、若有二才用一者、聴二奪情一、望請、不レ待二服闋一、特従二復任一者、許レ之、可二其先得レ試復更任一者、亦同二此例一、○丙寅《廿五》、太政官処分、以二西市東北角空閑地方十五丈一、為二右坊城出挙銭所一、○戊辰《廿七》、太政官仰二大宰府一云、新羅人張宝高、去年十二月進二馬鞍等一、宝高是為二他臣一、敢輙致レ貢、稽二之旧章一、不レ合二物宜一、宜三以レ礼防閑、早従二返却一、其随身物者、任聴二民間一令レ得二交関一、但莫レ令下二人民一違二失沽価一、競傾中家資上、亦加二優恤一、給二程粮一、並依二承前之例一、

○三月壬申朔《一日》　勅により、大和《やまと》国添上《そのかみ》郡の春日《かすが》大神（春日大社）の山内における狩猟と伐木

を、当国の郡司《ぐんじ》に命じて、特に厳しく禁止させた。

○癸酉《二日》　陸奥《むつ》国柴田《しばた》郡権大領《ごんのたいりょう》外従六位下勲七等阿倍陸奥臣豊主《あべのむつのおみとよぬし》・黒川《くろかわ》郡大領外従六位下勲八等靫伴連黒成《ゆぎのとものむらじくろなり》・江刺《えさし》郡擬大領《ぎたいりょう》外従八位下勲八等上毛野胆沢公毛人《かみつけぬのいさわのきみえみし》らに並びに外従五位下を仮授《かじゅ》した。いずれも国司《こくし》の褒賞による推薦に基づく。

右京の人で孝子である衣縫造《きぬぬいのみやつこ》金継女《かなつぐめ》は、河内《かわち》国志紀《しき》郡に住んでいた十二歳の時父を喪《うしな》い、悲しみ泣くさまは常人と異なり、喪あけの後、母が金継女の婚約を決めると、窃《ひそ》かに父の墓に詣《もう》で、朝夕悲しみ嘆いた。そこで母は結婚のことを口にしなくなり、金継女は家に戻り母親に仕えた。父の忌日《きじつ》ごとに精進食《しょうじんじき》をとり誦経《じゅきょう》し、何年経っても止めることがなく、冬になると母子で資材を買い入れ、恵賀《えが》川（石川。大和川の支流）に仮橋を作ることを十五年間続けた。母が八十歳になり死去すると、哀れみのこもった泣き声を絶やすことなく、常に墳墓《ふんぼ》を守った。深く仏教を信仰し、香を焚《た》いて死者を送った。勅により、位三階を授け、終身戸の田租《でんそ》を免除し、家門と村里の入り口に表彰のしるしを建て、人々に知らせた。

○戊寅《七日》　勅により、蔭孫《おんそん》正七位上和気朝臣貞臣《わけのあそんさだおみ》を特別に文章得業生《もんじょうとくぎょうしょう》とした。

○庚辰《九日》　采女《うねめ》司《し》に史生《ししょう》二員を置くことにした。

○辛卯《二十日》　大納言《だいなごん》正三位《しょうさんみ》藤原《ふじわら》朝臣愛発《あらち》を兼民部卿《みんぶきょう》に任じ、従五位下藤原朝臣板野麻呂《いたのまろ》を散位頭《さんにのかみ》に任じ、従五位下安倍《あべ》朝臣浜成《はまなり》を典薬頭《てんやくのかみ》に任じ、従五位下美志真《みしま》王を正親正《おおきみのかみ》に任じ、従五位下惟良宿禰貞道《これよしのすくねさだみち》を兼伊勢介《いせのすけ》に任じ、図書頭《ずしよのかみ》は故《もと》のままとした。

○壬辰《二十一日》　散位《さんに》従四位上藤原朝臣文山《ふみやま》が死去した。

○丙申《二十五日》　散事《さんじ》従三位《じゆさんみ》大原真人浄子《おおはらのまひときよこ》が死去した。

○己亥《二十八日》　天皇が次のように詔《みことのり》した。

優れた人物が規範を定めると、天の意向に従って事が運び、天は手本となるものを弘め、人の行動に従って感応《かんのう》するものである。この故に殷王《いんおう》が徳を修めることにより不祥の桑穀《そうこく》（桑とこうぞ。妖祥《ようしよう》のたとえ）が枯れ、宋《そう》の景公《けいこう》は善言により災異の徴《きざし》である妖《よう》星《せい》を退けたのである。朕は徳が少なく愚かであるが、謹んで皇位に即《つ》き、己を虚しくして励み、日々に慎み、古の聖君子の治国の道を追求し、先代の民を安んじた方針をたどって採り、人に疫病《えきびよう》がなく世が安らぎ治まることを期してきた。しかし、朕の誠意は実現せず、咎《とが》めのしるしが出現し、大宰府《だざいふ》は、肥後《ひご》国阿蘇《あそ》郡の神霊池が、例年ならば水を湛《たた》えて水旱《すいかん》が出来しても変化がないのに、今年は四十丈も涸《か》れた、と言上してきた。朕は静かにこの災異のしるしを思いはなはだ恐れるものである。亀卜《きぼく》によると、日照りと疫病の前兆だという。そこで、過去の勝れた人物に倣い、前代の手本に即して恩徳を施し、この災異を防ごうと思う。寺ごとに斎戒《さいかい》して薫修《くんじゆ》を行い、社ごとに奉幣《ほうべい》して、神霊の救いを祈願すべきである。天下の人民の雑徭《ぞうよう》は、必要であっても二十日を限り、差発の必要がなければ、さらに日数を削減せよ。鰥《こん》・寡《か》・惸《けい》（孤に同じ。十六歳以下で父のない子供)・独《どく》で自活できない者には適宜物を支給せよ。国司は自らに鞭《むち》打って努め、人の罪について詳細に調べ、冤罪《えんざい》や不当な拘留者がいないようにせよ。旱魃《かんばつ》は異常な大規模災害とならないかぎり、日頃の努力により対処できるものである。灌漑《かんがい》用の池を修理し、水不足にならないようにすべきである。また、大宰府管内は西日本の鎮めの地域であるだけでなく、災異のしるしが出現した土地である。府官人は最大限に慎み、不虞《ふぐ》に備えよ。遠方にまで布告し、朕の思いを知らせよ。

○庚子《二十九日》　民部省《みんぶしょう》が次のように言上した。

　主計寮《かぞえりょう》の解《げ》によれば、「貢調《こうちょう》の期限は、越前《えちぜん》国は元来十一月でしたが、承和《じょうわ》三年十一月二十三日太政官符《だいじょうかんぷ》により翌年二月に改め、越中《えっちゅう》国は元来十一月でしたが、天長《てんちょう》八年十月十五日太政官符により翌年二月に改め、能登《のと》国は元来十一月でしたが、天長十年十月十六日太政官符により翌年二月に改め、讃岐《さぬき》国は元来十一月でしたが、天長七年十一月十七日太政官符により翌年二月に改め、長門《ながと》国は元来正月でしたが、天長四年二月十二日太政官符により四月に改めています。これらの五国は賦役令《ぶやくりょう》の規定を改定しておりますが、納期がますます遅れておりまして、国用の不足を来たしています。元来の期限に戻し、貢調させるよう要望します」ということです。

言上を許可した。

○三月壬申朔《一》、勅、大和国添上郡春日大神神山之内、狩猟伐木等事、令下二当国郡司一殊加中禁制上、○癸酉《二》、陸奥国柴田郡権大領外従六位下勲七等阿倍陸奥臣豊主、黒川郡大領外従六位下勲八等靭伴連黒成、江刺郡擬大領外従八位下勲八等上毛野胆沢公毛人等並借二授外従五位下一、皆由二国司哀挙一也、」右京人孝子衣縫造金継女、居二住河内国志紀郡一、年十二歳、始失二親父一、泣血過レ人、服闋之後、親母許レ嫁、而竊出往二於父墓一、旦夕哀慟、母不三復謂二嫁事一、其後還来定省、毎二父忌日一、斎食誦レ経、累レ年不レ息、至二冬節一則母子買二雑材一、恵賀河搆二借橋一、惣十五ケ年、母年八十而死、哀声不レ絶、常守二墳墓一、深信二仏法一、焚レ香送レ終、勅叙二三階一、終レ身免二戸田租一、旌二表門閭一、令レ知二衆庶一、○戊寅《七》、勅、蔭孫正七位上和気朝臣貞臣、宜三特補二文章得業生一、○庚辰《九》、置二釆女司史生二員一、○辛卯《二十》、以二大納言正三位藤原朝臣愛発一為二兼民部卿一、従五位下藤原朝臣板野麻呂為二散位頭一、従五位下安倍朝臣浜成為二典薬頭一、従五位下美志真王為二正親正一、従五位下惟良宿祢貞道為二兼伊勢介一、図書頭如レ故、○壬辰《廿一》、散位従四位上藤原朝臣文山卒、○丙申《廿五》、散事従三位大原真人浄子薨、○己亥《廿八》、詔曰、聖哲凝レ範、応二天心一以運行、昊穹演レ鑒、随二人事一而通感、故殷王修レ徳、桑穀自枯、宋景崇レ善、法星遽退、朕以二寡昧一、祗膺二宝図一、虚レ己励レ精、日慎二一日一、先王経国之道、永言渉求、列聖綏レ民之方、載深追採、期レ所下以人無二疵癘一、世致中雍熙上、而明信未レ孚、咎徴斯応、大宰府言、肥後国阿蘇郡神灵池、涵二一定之盈科一、歴二水旱一以自若、而今無レ故涸減卅丈、静思二厥咎一、朕甚懼焉、詢二之着亀一、告以二旱疫一、今欲下因二循往烈一、則二象前規一、施以二徳政一、防中茲災眚上、宜下毎レ寺斎戒、共致二薫修一、毎レ社奉レ幣、式祈中灵祐上、天下蒸民今年雑傜、縦雖二事多一、莫レ過二廿日一、至二於有レ閑、逾亦省レ之、鰥寡惸独不レ能二自存一者量加二振済一、凡厥国宰咸自策勉、詳求二人瘼一、使レ無二冤滞一、且夫旱暵之来、或闕二恒数一、自非二巨変一、唯在二勤救一而已、宜下俻二理陂池一、勿上レ乏二漑灌一、又大宰府者、匪二亶古来鎮遏之区一、兼復当時恡見之地也、最須三先慎以備二不虞一、布二告遐迩一、俾レ知二朕意一、○庚子《廿九》、民部省言、主計寮解偁、貢調之期、越前国元十一月為レ期、依二承和三年十一月廿三日符一、明年二月為レ期、越中国元十一月為レ期、依二天長八年十月十五日符一、明年二月為レ期、能登国元十一月為レ期、依二天長十年十月十六日符一、明年二月為レ期、讃岐国元十一月為レ期、依二天長七年十一月十七日符一、明年二月為レ期、長門国元正月為レ期、依二天長四年二月十二日符一、四月為レ期、件五ケ国不レ拠二令条一、申二改常期一、逾致二延堕一、既虧二国用一、望請、復二旧定限一、依レ期令レ貢者、許レ之、

○夏四月辛丑朔《一日》　日蝕《にっしょく》があった。

○壬寅《二日》　天皇が次のように勅した。

神霊の感応《かんのう》は、誠意がなければ通じず、帝王の功績は、道理によらなければ、達成す

ることができないものである。五畿内・七道諸国に命令して、国司《こくし》・講師《こうじ》が相共に斎戒《さいかい》して、管内の諸寺において『金剛般若経《こんごうはんにゃきょう》』を転読し、朝廷にあっては天皇の寿命が延び、国内で若死の心配がなく、併せて適切な風雨により、穀物が豊稔《ほうねん》となるようにすべきである。

○癸卯《三日》　太陽が血のように赤く見えたが、まもなく常態に戻った。

○乙巳《五日》　従五位上佐伯宿禰《さえきのすくね》春海《はるみ》を刑部少輔《ぎょうぶのしょうふ》に任じ、従五位下小野朝臣《おののあそん》永道《ながみち》を左京亮《さきょうのすけ》に任じ、従五位下　橘《たちばな》　朝臣海雄《うみお》を右衛門権佐《うえもんのごんのすけ》に任じ、従五位下藤原《ふじわら》朝臣春岡《はるおか》を常陸介《ひたちのすけ》に任じ、従五位下勲《くん》七等紀朝臣綱麻呂《つなまろ》を信濃権守《しなののごんのかみ》に任じ、従五位下藤原朝臣諸氏《もろうじ》を但馬守《たじまのかみ》に任じた。

右京の人勘解由主典《かげゆのしゅてん》正六位上県主前利連氏益《あがたぬしのさきとのむらじうじます》に県連《あがたのむらじ》を賜姓した。氏益は神武《じんむ》天皇の第三皇子神八井耳命《かむやいみみ》の後裔《こうえい》である。

○甲寅《十四日》　筑後《ちくご》国の従五位上高良玉垂《こうらたまたれ》神に正五位下を授け奉る。

○乙卯《十五日》　下野《しもつけ》国の正五位下勲四等二荒《ふたら》神に正五位上を授け奉り、勲位は故《もと》のままとした。

○丁巳《十七日》　三品高津《さんぼんたかつ》内親王が死去した。従五位下美志真《みしま》王・従四位下坂上《さかのうえ》大宿禰清野《きよの》・従五位下藤原朝臣氏宗《うじむね》・従五位下林《はやし》宿禰常継《つねつぐ》らを遣わして、喪事《そうじ》を監督し護《まも》らせた。内親王は桓《かん》武《む》天皇の第十二皇女で、従三位《じゅさんみ》坂上大宿禰刈田麻呂《かりたまろ》の女《むすめ》従五位下全子《またこ》の所生である。嵯峨《さが》太上天皇《だいじょうてんのう》が践祚《せんそ》した当初、大同《だいどう》四年六月に三品を授けられ、妃《ひ》となったが、まもなく廃された。これは謂《いわ》れのあることであった。

○二十日 庚申　従四位下百済《くだら》王慶仲《けいちゅう》が死去した。慶仲は、百済氏の中で程《ほど》よくできた人物で、大器ではないが、有能な官人であるとの評を得、武蔵《むさし》守となり、京へ戻って民部大輔《みんぶのたいふ》に任じた。世人は魚釣《うおつり》の術を心得ているとした。多くの人が慶仲と川で釣り糸を垂れたが、浮かんできた魚はもっぱら慶仲の釣り針を呑《の》みこみ、慶仲は短時間で百余匹を釣り上げた。また、諸大夫中で壮健をもって称されていた。かつて東国から京へ向かう途次、人が争って船に乗ろうとしていた渡津《としん》場へ到着した時、強暴で悪賢い男が衆を率いて来て、人を追い払い、共に渡ろうとしないことがあった。皆この男を恐れて抗議しようとしなかったが、慶仲が一度鞭《ひとたびむち》で打つと、額の皮膚が剝《は》がれ、垂れ下がって顔面を覆い、どうしようもなくなり、倒れ伏し、その仲間たちは退散した。人々は大喜びして、船に棹《さお》して競って渡ったことであった。

○二十九日 己巳　天皇が次のように勅した。

この頃ほど良い雨が降らず、農民は農作業を取り止めている。もし神霊に祈願しなければ、よき苗を損なう恐れがある。松尾《まつのお》・賀茂《かも》・乙訓《おとくに》・貴布禰《きふね》・垂水《たるみ》・住吉《すみのえ》・雨師《あまし》の神に奉幣《ほうべい》して、よき雨を願い、風災を防ぐべきである。

○夏四月辛丑朔一、日有レ蝕之、○壬寅二、勅、神明之感、非レ信不レ通、帝王之功、非レ道何達、宜丁仰二五畿内七道諸国一、令丙国司講師相共斎戒、於二部内諸寺一、転乙読金剛般若経甲、庶使下紫宸増二宝筭之長一、赤県絶二夭折之患一、兼復風雨調適、年穀豊登上、○三癸卯、日色赤如レ血、須臾復レ常、○五乙巳、以二従五位上佐伯宿祢春海一為二刑部少輔一、従五位下小野朝臣永道為二左京亮一、従五位下橘朝臣海雄為二右衛門権佐一、従五位下藤原朝臣春岡為二常陸介一、従五位下勲七等紀朝臣綱麿為二信濃権守一、従五位下藤原朝臣諸氏為二但馬守一」右京人勘解由主典正六位上県主前利連氏益賜二姓県連一、神(神武)倭磐余彦天皇第三皇子神八井耳命之後也、○十四甲寅、奉レ授二筑後国従五位上高良玉垂神正五位下一、○十五乙卯、奉レ授二下野国正五位下勲四等二荒神正五位上一、余如レ故、○十七丁巳、三品高津内親王薨、遣二従五位下美志真王、従四位下坂上大宿祢清野、従五位下藤原朝臣氏宗、従五位下林朝臣常継等一、監二護喪事一、親王者、桓武天皇第十二皇女、納二従三位坂上大宿祢刈田麻呂女従五位下全子一所レ誕也、嵯峨太上天皇践祚之初、大同四年六月授二親王三品一、即立為レ妃、未レ幾而廃、良有レ以也、○二十庚申、従四位下百済王慶仲卒、慶仲者百済氏中適用之人也、雖レ非二大器一、有二吏幹声一、出為二武蔵守一、入任二民部大輔一、世人謂為レ有二詹公之術一、衆人漁者、与二慶仲一臨レ川沈レ緡、魚之喩喁、専呑二慶仲之鈎一、瞬息間引得二百余喉一、又諸大夫中以二壮健一称、嘗自二東国一入レ都、路到二渡頭争レ船処一、有二傑黠人一、率レ党而来、駆二逐諸人一、不レ許二倶渡一、諸人畏レ之、不二敢抗論一、慶仲一揚レ鞭打レ之、額皮剝垂而覆レ面、惑而仆伏、其党亦退、諸人大悦、棹レ舟競渡、○己巳（廿九）、勅、頃者時雨不レ降、農夫輟レ耕、如非二禱祈一、恐傷二嘉苗一、宜丁奉二幣松尾、賀茂、乙訓、貴布祢、垂水、住吉、雨師神一、令丙祈二甘雨一、兼防乙風灾甲、

○五月庚午朔（一日）　従五位上藤原朝臣宮房《ふじわらのあそんみやふさ》を治部大輔《じぶのたいふ》に任じ、従五位下清滝朝臣河根《きよたきあそんかわね》を民部少輔《みんぶのしょうふ》に任じ、外従五位下大岡宿禰豊継《おおおかのすくねとよつぐ》を主税頭《ちからのかみ》に任じ、従五位上藤原朝臣菊池麻呂《きくちまろ》を刑部大輔《ぎょうぶのたいふ》に任じた。

○壬申（三日）　天皇が次のように詔《みことのり》した（宣命体《せんみょうたい》）。

　天皇のお言葉を、言葉にして口にするのも憚られる神功皇后《じんぐうこうごう》の御陵《みささぎ》に申し上げよ、とて申し上げます。近頃、肥後国《ひご》阿蘇郡《あそ》の神霊池の水が理由もなく四十丈も減り、また伊《い》豆《ず》国に地震の異変が起きました。驚いて卜《うらな》ってみますと、旱疫の災いと兵乱があると出ました。これ以外にも物怪《もののけ》が多数出現しています。ここでいろいろ思い合わせますに、言葉にして口にするのも憚られる神功皇后に護《まも》り助けていただくことにより無事になると思い、参議《さんぎ》大和守《やまと》従四位下正躬王《まさみ》を遣わして申し上げますことを、お聞き届けくださり、朝廷に異変がなく、国家が平安でありますよう、護り助けてくださいと謹んで申し上げよ、とて申し上げます。

本日、宣命使を山科《やましな》（天智天皇《てんじ》）、柏原《かしわばら》（桓武天皇《かんむ》）両山陵《さんりょう》へ遣わし、祟《たた》りのことでお

礼を申し上げた。

大和《やまと》国の正六位上縵連《かずらのむらじ》道継《みちつぐ》に外従五位下を授けた。私稲四万束を提供して国用を支援したことによる。

○辛巳《十二日》　重ねて神功皇后陵に、次の宣命を奉った（宣命体）。

天皇のお言葉を、言葉にして口にするのも憚られる山陵《みささぎ》に申し上げよ、とて申し上げます。近頃、十日間も雨が降りませんので、祟りがあるかと思い卜ってみますと、山陵に奉納した恒例の貢物《みつぎもの》に怠慢があるので祟りが出たとあり、香椎廟《かしいびょう》も同様の祟りをなしたと出ました。驚いて調査しますと、役所の者が去年より以前二年間、荷前《のさき》を安易に陵戸人《みささぎもりのひと》に付して奉納しましたので、必ずしも供えられていない疑いがあると申しました。今謹んで、将来はこのようなことはせず、必ず奉進《ほうしん》いたします。香椎廟にも専使《せんし》を遣わして謝し申し上げますと、参議従四位上和気《わけ》朝臣真綱《まつな》を遣わして、謹んで申し上げますことを、穏やかにお聞き届けいただき、すぐに良き雨を降らしてください、と謹んで申し上げよ、とて申し上げます。

本日夜、暁《あけがた》になり雨が降った。

○壬午《十三日》　従五位上佐伯《さえき》宿禰春海《はるみ》を治部大輔に任じ、従五位下藤原朝臣関雄《せきお》を刑部少輔に任じ、従五位下安倍《あべ》朝臣浜成《はまなり》を宮内少輔《くないのしょうふ》に任じ、従五位下藤原朝臣氏範《うじのり》を典薬頭《てんやくのかみ》に任じ、従五位上藤原朝臣宮房《みやふさ》を丹波《たんば》守に任じた。

○癸未《十四日》 名僧を八省院《はっしょういん》に喚んで、読経《どきょう》して祈雨《あまごい》を行った。

本日、雨が降った。

○己丑《二十日》 従四位下勘解由長官《かげゆのちょうかん》和気朝臣仲世《なかよ》を遣わして、宇佐八幡《うさはちまん》大神および香椎廟に奉幣《ほうべい》した。

天皇が次のように勅した。

よき行いをし罪悪を消滅するのは、仏教が第一とすることであり、仏法を伝え教えを興隆することは、人が本務とすべきことである。聞くところによると、諸国の定額寺《じょうがくじ》では、堂舎が壊れ、仏や経典が風雨にさらされ、寺役人たる三綱《さんごう》や檀越《だんおち》は修理に心掛けていないという。年来大水や日照りが発生し、疫病が間々発生しているが、静かにその由来を考えてみると、恐らく右のような事態を咎《とが》めてのことと思われる。そこで、重ねて五畿内・七道諸国に命じて、定額寺の堂舎および仏像・経典を修理して、荘厳にすべきである。寺ごとに修理に要する日程を、朝集使《ちょうしゅうし》に付して言上させ、これまでの慣《なら》いを改めなければ、重科に処せ。

○乙未《二十六日》 勘解由長官従四位下和気朝臣仲世《なかよ》を兼豊前《ぶぜん》守に任じた。

○丙申《二十七日》 諸司の官人らを朱雀門《すざくもん》に会集させ、大祓《おおはらい》をした。淳和太上天皇《じゅんなだいじょうてんのう》の服喪《ふくそう》解除のためである（淳和太上天皇は前年五月癸未に死去している）。

○五月[一]庚午朔、従五位上藤原朝臣宮房為二治部大輔一、従五位下清滝朝臣河根為二民部少輔一、外従五位下大岡宿祢豊継為二主税頭一、従五位上藤原朝臣菊池麻呂為二刑部大輔一、○[三]壬申、詔曰、天皇我詔旨尓坐、掛畏支神功皇后乃御陵尓申賜へ止申久、頃者在二肥後国阿蘇郡一神灵池無レ故涸減卅丈、又伊豆国尓有二地震之変一、乍驚問求礼波、旱疫之災及兵事可レ有止卜申、自レ此之外尓毛物恠亦多、依レ此左右尓念行尓、挂畏支神功皇后乃護賜比助賜牟尓依天、無レ事久可レ有止思食天、参議大和守従四位下正躬王乎差レ使氐、奉出状乎聞食天、天皇朝廷乎無レ動久大坐之米、国家乎平遣久護賜比助賜倍止、恐美恐ミ毛申賜久止申須、」一是日、遣二宣命使於山科(天智)、柏原(桓武)両山陵一賽レ祟焉、」一大和国正六位上縵連道継授二外従五位下一、以下輸二私稲四万束一、助中国用上也、○[十二]辛巳、重奉二神功皇后御陵宣命一曰、天皇我詔旨止、挂畏支山陵尓申賜倍止申久、頃者渉レ旬天不レ雨佐流波、如有レ祟天河止卜求礼波、山陵尓奉遣太流例貢之物闕怠礼流祟見由、香椎廟毛同為レ祟賜倍理登卜申勢理、驚而尋撿尓、所司申久、自二去年一以往、両年間、荷前乎便輒久陵戸人尓付奉遣志与理、不二必供致一毛在ケ无可止疑布止申、今恐畏天将来波不レ令レ然之天貞令二進致一武、香椎廟尓毛当遣二専使一謝申武止、差二参議従四位上和気朝臣真綱一、謝申祈申状乎、平久聞食天、時毛換左須甘雨令レ零賜倍止、恐美恐美毛申賜倍止申、」一是夜暁、雨降、○[十三]壬午、以二従五位上佐伯宿祢春海一為二治部大輔一、従五位下藤原朝臣関雄為二刑部少輔一、従五位下安倍朝臣浜成為二宮内少輔一、従五位下藤原朝臣氏範為二典楽頭一、従五位上藤原朝臣宮房為二丹波守一、○[十四]癸未、請二名僧於八省院一、読レ経禱レ雨、」一是日雨降、○[二十]己丑、遣下二従四位下勘解由長官和気朝臣仲世㆒、奉㆗幣八幡大神及香椎廟㆖、勅、修㆑福滅㆑罪、仏道是㆑先、伝㆑法興㆑教、人倫為㆑本、如㆑聞、諸国定額寺、堂舎破壊、仏経曝露、三綱檀越、無㆑心㆓修理㆒、頃年水旱不㆑調、疫癘間発、静言㆓其由㆒、恐縁㆓彼咎㆒、宜㆕重下㆘知五畿内七道諸国㆖、修㆓理荘㆔厳定額寺堂舎幷仏像経論㆒、今須㆚毎㆑寺立㆘可㆓修理㆒之程㆖、附㆓朝集使㆒言上㆙、習㆑常不㆑革、並処㆓重科㆒、○乙未〔廿六〕、以㆓勘解由長官従四位下和気朝臣仲世㆒為㆓兼豊前守㆒、○丙申〔廿七〕、会㆓諸司於朱雀門㆒大祓、為㆑除㆓後太上天皇(淳和)之服㆒也、

○六月庚子朔〔一日〕　天皇が紫宸殿《ししんでん》に出御《しゅつぎょ》して、侍臣《じしん》以上の者と宴を催した。一品葛原《かずらはら》親王と右大《うだい》臣正三位源朝臣常《じんしょうさんみみなもとのあそんときわ》には特別に御衣《ぎょい》一襲《かさね》を賜い、他の者には差をなして禄《ろく》を賜った。

本日、天皇が次のように勅した。

近頃、良雨がしばしば降り、作物はよく茂っている。これは仏教のよい行いによるもので、適切に天が感応したのである。内外《ないげ》・諸道《しょどう》（五畿内・七道諸国）に命令して、去る四月二日の格（本年四月壬寅条）に倣い、秋の収穫が終わるまで、国司《こくし》・講読師《こうとくじ》が国分寺の僧を率いて『金剛般若経《こんごうはんにゃきょう》』を転読し、豊年を祈願すべきである。

○庚戌〔十一日〕　武蔵守《むさしのかみ》従四位下正道《まさみち》王が死去した。正道王は三品中務卿《ちゅうむきょう》恒世《つねよ》親王の一男である。淳和《じゅんな》天皇が身近に置き、今上（仁明《にんみょう》天皇）も寵愛《ちょうあい》した。このことは上文（承和《じょうわ》四年八月丁

巳条）に既述してある。昨年正月武蔵守となり、任期が来る以前に死去した。行年二十。

○辛酉《二十二日》　天皇が次のように詔《みことのり》した（宣命体《せんみようたい》）。

天皇のお言葉を、言葉にして口にするのも憚《はばか》られる伊勢《いせ》の渡会《わたらい》の五十鈴川《いすずがわ》の川上に鎮《ちん》座《ざ》する大神のみ前に申し上げよ、とて申し上げます。先に肥後《ひご》国阿蘇《あそ》郡の神霊池《しんれいち》が四十丈も涸《か》れ、伊豆《いず》国には地震の異変があり、これを卜《うらな》ってみますと旱疫《かんえき》と兵乱が起こると出ました。これ以外にも物怪《もののけ》が多数出現しています。ここでいろいろ思い合わせますに、言葉にして口にするのも憚られる大神の護り恵み賜りますことにより、無事になると思い、今日の吉日を選んで、大監物《だいけんもつ》従五位下嶋江《しまえ》王・中臣民部大丞《なかとみみんぶのたいじよう》正六位上大中臣《おおなかとみ》朝臣榅雄《すぎお》らを遣わして、礼物としての幣物を捧《ささ》げもたせ、申し上げますことをお聞き届けいただき、国家が平安で、皇位に異変がありませんよう、護《まも》り助けてくださいと申し上げよ、とて申し上げます。

また、賀茂御《かものみ》祖《おや》社に使を遣わして、同様に祈願した。

○六月庚子朔《一》、天皇御㆓紫宸殿㆒、賜㆓宴侍臣以上㆒、一品葛原親王、右大臣正三位源朝臣常、殊賜㆓御衣一襲㆒、自外賜㆑禄有㆑差、」是日、勅、頃者甘雨屢降、苗稼滋茂、此則修善之功、時致㆓感応㆒、宜㆘令㆓内外諸道㆒、准㆓去四月二日格旨㆒、迄㆓于秋収㆒、国司講師、率㆓国分僧㆒、転㆓読金剛般若経㆒、令㆖㆑祈㆓豊年㆒、○庚戌《十一》、武蔵守従四位下正道王卒、正道王、三品中務卿恒世親王之一男也、縁二後太上天皇之付属一、今帝亦鍾二寵愛一、具見二於上一、去年正月拝二武蔵守一、不レ終レ秩而卒、時年廿、○辛酉《廿二》、詔曰、天皇我詔旨止、掛畏支伊勢度会乃五十鈴之川上尓坐大神乃広前尓申賜へ止申久、先尓肥後国阿蘇郡尓在流神灵池、常与利涸竭卌丈、又伊豆国尓有二地震之変一、是乎卜求礼波、旱疫及兵事可レ有止卜申、自レ此之外尓母物恠亦多、依レ此天左右尓念行尓、掛畏支大神乃護賜比、矜賜牟尓依天、無レ事天可レ有止思食天、令レ択二吉日良辰一氐、大監物従五位下嶋江王、中臣民部大丞正六位上大中臣朝臣楹雄等乎差レ使天、礼代乃大幣乎令二捧持一天奉出、此状乎聞食氐、国家乎平介久有志女、天皇朝廷乎宝位無レ動久護賜比助賜止、恐美恐美毛申賜久止申、」又遣二使於賀茂御祖社一、祈申亦同焉、

○秋七月己巳朔癸酉《五日》　天皇が次のように詔《みことのり》した。

天は公平で、その奥深い働きにより人を済《すく》い、聖人は自分の利害を忘れてすぐれた徳を広め、仁政を行うものである。それ故、除去されない四人の悪者に対して皇帝舜《しゅん》は深く苦しみ憂え、禹《う》は一人でもところを得ない人がいれば、自分のことのように心を痛めたものである。朕は皇位を継ぎ、謹んで先祖を祀《まつ》り、国政を思っては食事を忘れ、人の苦しみを顧みては寝つけないでいる。しかし、恵みを施しての政化は上がらず、善の道はなお、塞《ふさ》がっている状態で、咎戒《きゅうかい》のしるしは、言葉にして語ることなく出現してい

る。聞くところによると、伊豆《いず》国では地震の異変で、無傷《むしょう》の村落はなく、人・物は損なわれ、圧《お》し潰《つぶ》されているという。神霊の咎《とが》めには実があり、必ず悪政に応ずるものである。過去を顧みて、恥じ入る次第である。古典に、人が国の本《もと》であり、本が固まって国が安定する、と言っているではないか。朕は心から人民の養育を切に思っている。そこで今、格別の思いで、宮中からの使人を派遣して慰問し、住居が破壊し生業が失われた者については、使人《しじん》と所在国司《こくし》が検討を行い、今年の租調《そちょう》を免除し、併せて物を恵み与え、家屋の修理を援助し、死者は努めて埋葬せよ。政化に内地と夷地の違《い》いはなく、恩恵の施しは中外共に同じである。内地民であろうと夷《えみし》であろうと普《あまね》く手厚く対処し、度量の広い慈愛の方針を隅々まで伝え、朕の思いやりの心にかなうようにせよ。

○甲戌 六日 左兵衛府《さひょうえふ》の駕輿丁町《かよちょうまち》の西北の角《すみ》から失火し、百姓の家屋三十余戸を焼いた。道行く人を駆り立て、火を打ち消した。

○己卯 十一日 右京の人六世御津井《みつい》王・是雄《これお》王・真雄《まお》王・国雄《くにお》王・本吉《もとよし》王・浄道《きよみち》王・稲雄《いなお》王・多積《おおつみ》王・安富《やすとみ》王・伊賀雄《いかお》王・三輪《みわ》女王・坂子《さかこ》女王・七世新男《あらお》王・春男《はるお》王・三守《みもり》王・並雄《なみお》王ら十六人に有沢真人《ありさわのまひと》を賜姓した。御津井王らは一品長《なが》親王五世孫、正六位上乙雄《おとお》王の男《むすこ》と孫である。

○癸未 十五日 大極殿《だいごくでん》の東楼《とうろう》（蒼龍楼《そうりゅうろう》）の南の角の柱が雷により震動した。雹《ひょう》が降り、碁石ほどの大きさであった。

本日、伊勢《いせ》・尾張《おわり》両国の正税稲《しょうぜいとう》を財源として、伊勢斎内親王《いせいつきないしんのう》の離宮を作ることにした。

○戊子二十日　天皇が紫宸殿《ししんでん》に出御《しゅつぎょ》し、左右近衛《さゆうのこのえ》と兵衛《ひょうえ》に相撲をとらせた。

○己丑二十一日　勅により、五畿内・七道諸国に命じて、幣《へい》を名神《みょうじん》に捧《ささ》げ、穀物の稔《みの》りを祈願することに努めさせることにした。

○甲午二十六日　天皇が八省院《はっしょういん》に出御して、幣帛《へいはく》を伊勢大神宮に奉った。豊年を祈願してのことである。

○丙申二十八日　参議《さんぎ》正三位《しょうさんみ》源《みなもと》朝臣《のあそん》信《まこと》を武蔵守《むさしのかみ》に任じ、左衛門督《さえもんのかみ》は故《もと》のままとした。

○秋七月己巳朔癸酉五、詔曰、上玄無レ私、運二神功一而下済、至人忘レ己、推二聖徳一而敷レ仁、是以四旽未レ乂、舜貽二沈首之憂一、一物有レ違、禹発二阽危之軫一、朕膺二丕命一、祇守二宗祧一、詢二万機一而停レ食、睠二人瘼一而失レ寐、而恵化罔レ孚、至道猶鬱、咎徴之戒、不レ言而臻、如レ聞、伊豆国地震為レ変、里落不レ完、人物損傷、或被二圧没一、霊譴不レ虚、必応二粃政一、瞻二言往躅一、内媿二于懐一、伝不レ云乎、人惟邦本、本固邦寧、朕之中襟、諒切二字育一、故今殊発二中使一、就加二慰撫一、其人居散逸、生業陥失者、使等与二所在国吏一斟量、除二当年租調一、幷開レ倉賑救、助二修屋宇一、淪亡之徒、務従二葬埋一、夫化之所レ被、無レ隔二華夷一、恵之攸レ覃、必該二中外一、宜下不レ論二民夷一、普施二優恤一、詳暢二寛弘之愛一、副中朕推溝之懐上、○甲戌六、左兵衛府駕輿丁町西北角失レ火、焼二損百姓廬舎卅余烟一、駆二追行人一令二撲滅一矣、〇己卯《十一》、右京人六世御津井王、是雄王、真雄王、国雄王、本吉王、浄道王、稲雄王、多積王、安富王、伊賀雄王、三輪女王、坂子女王、七世新男王、春男王、三守王、並雄王等十六人、賜二姓有沢真人一、一品長親王五世孫、正六位上乙雄王之男孫也、〇癸未《十五》、雷震二于大極殿東楼南角柱一、雨レ雹、大如二碁子一」是日、令レ造二伊勢斎内親王離宮一、以二伊勢尾張両国正税稲一充レ料、〇戊子《二十》、天皇御二紫宸殿一、令下二左右近衛兵衛一相撲上、〇己丑《廿一》、勅、令下二五畿内七道諸国一、奠二幣名神一、務祈中嘉穀上、〇甲午《廿六》、天皇御二八省院一、奉二幣帛於伊勢大神宮一、以祈二豊年一、〇丙申《廿八》、以二参議正三位源朝臣信一為二武蔵守一、左衛門督如レ故、

〇八月戊戌朔辛丑《四日》　河内《かわち》国讃良《ささら》郡大領《たいりょう》従七位下茨田勝《まんたのすぐり》男泉《おいずみ》に外従五位下を授けた。国司《こくし》が褒賞しての推挙による。また、相模《さがみ》国高座《たかくら》郡大領外従六位下勲八等壬生直《みぶのあたい》黒成《くろなり》に外従五位下を仮授《けじゅ》した。貧民に代わって調布《ちょうふ》三百六十端二丈八尺・庸布《ようふ》三百四十五端二丈八尺・正税《しょうぜい》一万一千百七十二束二把を納め、飢民に稲五千五百四束を支給し、戸口三千百八十六人、内訳は不課口二千九百四十七人、課口二百三十九人の増加を齎《もたら》したので、褒賞したのである。

〇丁未《十日》　本日は釈奠《せきてん》である。公卿《くぎょう》が大学寮《だいがくりょう》に詰め事に当たった。

土佐《とさ》国の美良布《みらふ》神・石土《いわつち》神を並びに官社とした。

○戊申《十一日》　天皇が紫宸殿《ししんでん》に出御《しゅつぎょ》して、大学博士《だいがくはかせ》と学生《がくしょう》らを召し、昨日講義した『孝経《こうきょう》』の解釈について批判させた。終了後、差をなして禄《ろく》を賜った。

○辛亥《十四日》　従五位下石川朝臣宗益《いしかわのあそんむねます》を大蔵少輔《おおくらのしょうふ》に任じた。

○丙辰《十九日》　大宰府《だざいふ》の雑人《ぞうにん》百四人を対馬島《つしまとう》へ遣わし防人《さきもり》に充てた。

○戊午《二十一日》　阿波《あわ》国の正八位上天石門和気八倉比咩《あめのいわとわけやくらひめ》神・対馬島の無位胡禄《ころく》神・無位平《たいら》神に並びに従五位下を授け奉った。

天皇が次のように勅した。

聞くところによれば、大宰府に下す駅伝官符《えきでんかんぷ》並びに大宰府から言上される解文が、路次《ろじ》の諸国司《こくし》と長門関司《ながとげんし》らにより常に開見《かいけん》されているという。国の緊急を要する重要事項や海外情報は、必ずしもすべての民に知らせる必要はないのに、解文の詳細が京へ着く前に、そして駅伝官符の内容が大宰府へ届く前に、民間に広まり、噂《うわさ》をする者が内外に満ち溢《あふ》れているのが現状である。これは諸国司や関司がたやすく開見することに由る。そこで、山陽道《さんようどう》諸国司に通知して、このようなことのないようにすべきである。また、四畿（山城《やましろ》国を除く畿内国）・六道（七道のうちから西海道《さいかいどう》を除く）の内で、ある一国のみに下される駅伝官符も、同様に開見することがあってはならない。

○庚申《二十三日》　土佐国の調庸の貢納《こうのう》期限を正月とした。

土佐国吾川《あがわ》郡の八郷を四郷ずつに分け二郡とし、新しい郡名を高岡《たかおか》郡（他は吾川郡）とし、従前の郡司《ぐんじ》定員四を二員にわけ、両郡に置いた。

○丁卯（三十日）　はなはだしい大雨となったので、丹生川上雨師神《にふかわかみのあまし》に奉幣《ほうべい》して止雨《しう》を祈願した。

無品安濃《あの》内親王が死去した。内親王家が早々に葬儀を済ませたので、朝廷から使いを遣わすことはしなかった。内親王は桓武《かんむ》天皇の第四皇女で、母は多治比《たじひ》氏、参議《さんぎ》従三位《じゅさんみ》長野《ながのの》真人《まひと》の女《むすめ》、贈正二位真宗《まむね》真人である。

○八月戊戌朔辛丑（四）、仮㆓河内国讃良郡大領従七位下茨田勝男泉外従五位下㆒、以㆓国司裒挙㆒也、復仮㆓相摸国高座郡大領外従六位下勲八等壬生直黒成外従五位下㆒、代㆓貧民㆒塡㆓進調布三百六十端二丈八尺、庸布三百四十五端二丈八尺、正税一万一千一百七十二束二把㆒、給㆓飢民稲五千五百四束㆒、戸口増㆓益三千一百八十六人㆒、就㆑中不課二千九百四十七人、課二百三十九人、仍裒㆓其身㆒也、」㆒以㆓土左国美良布神、石土神㆒、並預㆓官社㆒、○丁未（十）、釈奠也、公卿就㆓大学㆒行㆑事、○戊申（十一）、天皇御㆓紫宸殿㆒召㆓大学博士学生等㆒、令㆑論㆓難昨日所㆑講孝経之義㆒、訖賜㆑禄有㆑差、○辛亥（十四）、従五位下石川朝臣宗益為㆓大蔵少輔㆒、○丙辰（十九）、以㆓大宰府曹百四口㆒充㆓対馬嶋㆒、兼充㆓防人㆒、○戊午（廿一）、奉㆑授㆓阿波国正八位上天石門和気八倉比咩神、対馬嶋無位胡禄神、无位平神並従五位下㆒」、勅曰、聞、下㆓大宰府㆒駅伝官符、幷彼府言上解文、路次諸国、長門関司等、毎各開見、縦国裏機急、境外消息、不㆑可㆔必令㆓万民咸知㆒、而解文委曲未レ来二京華一、下レ府辞状無レ達二宰府一、載記之旨誼二譁民間一、途説之輩満二溢内外一、寔是専輒開見所レ致之漸也、宜下告二山陽道諸国司一更莫上レ令レ然、亦四畿六道之内、指二一ケ国一所レ下之符、同無レ令レ開、○庚申《廿三》、改下土左国貢二納調庸一期上、定為二正月一」 土左国吾川郡八郷、各分二四郷一建二二郡一、新郡号二高岡一、郡司者分二元四員一、各置二一員一、○丁卯《三十》、雨水殊甚、奠二幣雨師一、以祈二止雨一」 无品安濃内親王薨、不レ遣二葬使一、為二彼家早葬一也、親王者、桓武天皇第四皇女也、母多治比氏、参議従三位長野真人之女、贈正二位真宗真人是也、

○九月戊辰朔《一日》　洪水となり、百姓の家屋が流され、京中の橋および山埼橋《やまざきばし》がすべて壊れ途絶した。

○丙子《九日》　天皇が紫宸殿《ししんでん》に出御《しゅつぎょ》して公卿《くぎょう》以下、文人以上の者と宴を催した。ともに「鳩《はと》が鷹《たか》になる」（秋になると鳩が鷹になるという所伝があった）の題で詩を賦し、宴が終了すると禄《ろく》を賜った。

○丁丑《十日》　加賀《かが》国の勝興寺《しょうこうじ》を国分寺《こくぶんじ》とした。和泉《いずみ》国の国分寺に准じて、講師《こうじ》一員と僧十人のみを置き、その僧には越前《えちぜん》国の国分寺僧二十人のうちから適宜割き置くことにした。

○九月戊辰朔《一》、有二洪水一、漂二流百姓廬舎一、京中橋梁及山埼橋尽断絶焉、○丙子《九》、天

皇御二紫宸殿一、宴二公卿已下文人已上一、同令レ賦二鳩化為レ鷹之題一、宴訖賜レ禄、○丁（十）丑、以二加賀国勝興寺一為二国分寺一、准二和泉国分寺一只置二講師一員僧十口一、其僧者便分二割越前国国分寺僧廿口之内一、

○閏九月丁酉朔戊戌（二日）　正五位上丹生《にふ》川上雨師神《かわかみのあまし》に従四位下を授け奉り、勲八等垂水《たるみ》神に従五位下を授け奉り、勲位は故《もと》のままとした。

○乙巳（九日）　諸司の史生《ししょう》と長上官で七十歳以上の者の中から四人を選び、外国《げこく》の権史生《ごんのししょう》に任じた。高齢を憐《あわ》れんでのことである。

○庚戌（十四日）　河内《かわち》国丹比《たじひ》郡の駅家《えきか》の倉庫八棟と屋舎二棟を当郡日根野《ひねの》へ移建して、正倉《しょうそう》とした。

○辛亥（十五日）　僧二十人と沙弥《しゃみ》二十人を常寧殿《じょうねいでん》に喚《よ》び、二日間読経《どきょう》した。物怪《もののけ》に謝するためである。

従五位下石川朝臣宗益《いしかわのあそんむねます》を治部少輔《じぶのしょうふ》に任じ、従五位下高階真人清上《たかしなのまひときよかみ》を兵部少輔《ひょうぶのしょうふ》に任じ、従五位下藤原《ふじわら》朝臣安永《やすなが》を大蔵少輔《おおくらのしょうふ》に任じた。

○乙卯（十九日）　無位小野《おの》朝臣篁《たかむら》に正五位下を授け、天皇は「篁は国命を承《う》け期するところがあったものの、失意の状況となり、悔いている。朕は、以前の汝のことを思い、また文才《ぶんさい》を愛する故に、優遇措置をとり、特別にこの位階に復することにする」と詔りした（承和《じょうわ》五年十二月己亥条）。

○己未《二十三日》 散位《さんに》従四位下笠《かさ》朝臣広庭《ひろにわ》が死去した。

○甲子《二十八日》 宮内少輔《くないのしょうふ》従五位下安倍《あべ》朝臣浜成《はまなり》を大蔵大輔《おおくらのたいふ》に任じ、従五位下藤原朝臣安永《やすなが》を宮内少輔に任じ、伊勢権介《いせのごんのすけ》従五位下菅原《すがわら》朝臣善主《よしぬし》を介に任じ、従五位下惟良宿禰貞道《これよしのすくねさだみち》を兼播磨《はりま》権介に任じ、図書頭《ずしよのかみ》は故《もと》のままとした。
伯耆《ほうき》国八橋《やはし》郡の人陰陽博士《おんようはかせ》正六位下春苑《はるその》宿禰玉成《たまなり》の母曾禰連《そねのむらじ》家主女《いえぬしめ》の姉妹・男女らの一戸の本貫《ほんがん》を改めて、右京三条一坊に貫附《かんぷ》した。

○閏九月丁酉朔戊戌《二》、奉㆑授㆓正五位上丹生川上雨師神従四位下、勲八等垂水神従五位下㆒、余如㆑故、○乙巳《九》、択㆓諸司史生及長上年七十已上者四人㆒、補㆓外国権史生㆒、矜㆓耆老㆒也、○庚戌《十四》、以㆓河内国丹比郡駅家院倉八宇屋二宇㆒、遷㆓建当郡日根野㆒、為㆓正倉㆒、○辛亥《十五》、請㆓僧廿口沙弥廿口於常寧殿㆒、限㆓二ケ日㆒令㆓読経㆒、謝㆓物恠㆒也、」以㆓従五位下石川朝臣宗益㆒為㆓治部少輔㆒、従五位下高階真人清上為㆓兵部少輔㆒、従五位下藤原朝臣安永為㆓大蔵少輔㆒、○乙卯《十九》、授㆓无位小野朝臣篁正五位下㆒、詔曰、篁雖㆑期㆓奉国㆒、猶悔㆑失㆑晨、朕顧㆓惟旧㆒、且愛㆓文才㆒、故降㆓優貫㆒、殊復㆓本爵㆒、○己未《廿三》、散位従四位下笠朝臣広庭卒、○甲子《廿八》、以㆓宮内少輔従五位下安倍朝臣浜成㆒為㆓大蔵大輔㆒、従五位下藤原朝臣安永為㆓宮内少輔㆒、伊勢権介従五位下菅原朝臣善主為㆑介、従五位下惟良宿祢貞道為㆓播磨権介㆒、図書頭如㆑故、」伯耆国八橋郡

人陰陽博士正六位下春苑宿祢玉成母曾祢連家主女姉妹男女等一烟、改二本居一貫二附右京三条一坊一、

○冬十月丁卯朔一日　天皇が紫宸殿《ししんでん》に出御《しゅつぎょ》して、侍臣《じしん》と宴を催した。親王以下、五位以上の者が庭中で歌舞を行い、日暮れて差をなし禄《ろく》を賜った。

○己巳三日　次のように制定した。

延暦《えんりゃく》二十三年格《きゃく》では、権任官《ごんにんかん》は正任官《せいにんかん》との間に相違はないとし、任官した年の俸禄《ほうろく》は一年分を支給されることになるとしている。また、弘仁《こうにん》十一年格では、禄令《ろくりょう》により俸禄は出仕日数により支給することをいい、京官《きょうかん》では任命の詔書が出た日から在任したとし、地方官は任符《にんぷ》が到着した日を基準にして支給するとしている。ところで、給与について不公平があってはならず、権任官に対し一年分を支給するとしているのは、共通であるべき原則に背いている。権官・正官を問わず、任符の到達した日を基準にして支給することとし、公廨《くげ》は在職日数に応じて支給せよ（『類聚三代格《るいじゅうさんだいきゃく》』巻六弘仁十年十二月二十五日太政官符《だいじょうかんぷ》）。

○庚午四日　天皇が病となった。使人《しじん》を平安京《へいあんきょう》内七寺および平城京《へいじょうきょう》の七大寺へ派遣して誦経《じゅきょう》を行わせた。

民部省に扶省掌《ふしょうしょう》二員を置くことにした。

○辛未 五日 天皇が快癒した。

○癸酉 七日 天皇が次のように勅した。

貢調《こうちょう》の期限と納入する物品については賦役令《ぶやくりよう》に詳細に規定されており、期限に遅れたり粗悪品に関しては、格文に明記されている。しかし、国司《こくし》は朝廷の委任を果たさず、多く怠慢している。ある者は桑麻の不良を理由に絹布が粗悪になったと偽り、ある者は貢納《こうのう》途次の事故により納入が長延《ながび》いてしまった、と言葉巧みに申し出ている。これは徒《いたず》らに法を定めるだけで、守ろうとしない仕業である。そこで、五畿内・七道諸国・大宰《だざい》府《ふ》に命じて、従前の怠務を改めさせ、今後このようなことのないよう戒めるべきである。また、貢納途次の諸国では公のことを思わず、安易に事故によるとの遅延状を発給しているが、今後はそのようなことをしてはならない。

○辛巳 十五日 正五位下小野朝臣《おののあそん》篁《たかむら》を刑《ぎょう》部少輔《ぶのしょうふ》に任じ、従五位上藤原《ふじわら》朝臣菊池《きくち》麻呂《まろ》を大蔵大輔《おおくらのたいふ》に任じた。

○癸巳 二十七日 天皇が病となった。使者を平安京内の七寺へ派遣して誦経を行い、皇太子（恒貞《つねさだ》親王）・親王以下、五位以上の者が左右の陣頭で待機した。

○乙未 二十九日 天皇が次のように詔《みことの》りした（宣命体）。

天皇のお言葉を、言葉にして口にするのも憚《はばか》られる桓武天皇の御陵《みささぎ》に申し上げよ、と申し上げます。この頃病となり苦しんでおります。そこでトっ《うらな》てみますと、口にするのも憚られる御陵の木を伐り、犯し穢《けが》した祟《たた》りで、読経《どきよう》をいたしますならば、咎《とが》は消える、と出ました。驚き謹んでおりますことを、参議従四位下大和守正躬《まさみ》王と右近衛中将従四位上藤原朝臣助《たすく》らを遣わして申し上げ、卜いに従い読経を行い、事情を実地について調査し、犯状に従い、山陵守《みささぎもり》らを処分いたします。以上のことを穏やかにお聞き届けくださり、護《まも》りお恵みいただくことにより、天皇の病は平癒し、国家は無事になりますと謹んで申し上げよ、とて申し上げます。

○冬十月[一]丁卯朔、天皇御二紫宸殿一、宴二于侍臣一、親王已下五位以上、歌二舞庭中一、日暮賜レ禄有レ差、○[三]己巳、制、延暦廿三年格、権任之人不レ異二正任一、年分全給、理合二同一、又弘仁十一年格偁、令云、諸禄並依レ日給、京官拠二詔書出日一、外官拠二籤符到一給レ之者、今賞之所レ行、理無二偏頗一、独給二全給一、事乖二通猷一、宜下不レ論二権正一、拠二籤符到一給レ之、其間公廨遍共給上レ之、○[四]庚午、天皇不予、遣三使誦二経都下七寺及平城七大寺一焉、」置二民部省扶省掌二人一、○[五]辛未、聖躬平復、○[七]癸酉、勅、凡貢調之期、輸物之品、詳見二令条一、違レ期之科、麁悪之罪、亦明二格文一、而諸国司、朝委未レ允、怠慢多端、或矯二言桑麻一、規二避麁悪一、或請二験路次一、巧称二逗留一、是則徒設二条章一曾不二遵行一之所レ致也、宜下殊下二知五畿内七道諸国大宰府一、改二已往怠一、令上慎二将来一、又路次之国、不レ存二公平一、偏任二請託一、輒放逗留之状、自今已後、不レ得レ為レ然、〇辛巳《十五》、正五位下小野朝臣篁為二刑部少輔一、従五位上藤原朝臣菊池麻呂為二大蔵大輔一、〇癸巳《廿七》、聖躬不予、分二遣使者一、誦二経都下七寺一、皇太子親王以下五位已上、就二左右陣頭一候レ之、〇乙未《廿九》、詔曰、天皇我詔旨止、掛畏支柏原乃御陵尓申賜へ止申久、頃者御病発天悩苦比大坐、依レ此天卜求礼波、掛畏支御陵乃木伐幷犯穢流祟有利、読経奉仕波無レ咎久可レ有止卜申、乍驚恐畏流状乎、差二使参議従四位下大和守正躬王、右近衛中将従四位上藤原朝臣助等一天申奉レ出、卜申我己止久、読経毛令二奉仕一、又巡見撿天犯状乃随尓、山陵守等乎波勘賜牟、此状乎平久聞食天、護賜比矜賜牟尓依天之、所苦平痊天、国家無レ事久可レ有止、恐美恐美毛申賜久止申、

〇十一月丁酉朔《一日》　本日は朔旦冬至《さくたんとうじ》（十一月一日が冬至に当る）である。公卿《くぎよう》が祝賀の表を奉《たてまつ》った。

〇壬寅《六日》　ほうき星が西方に出現した。

〇癸丑《十七日》　山城国相楽郡《やましろさがらか》の乗田《じようでん》（班田《はんでん》の残りの田）の陸田《りくでん》三町を橘朝臣清子《たちばなのあそんきよこ》に賜った。

〇乙卯《十九日》　天皇が神嘉殿《しんかでん》に出御《しゆつぎよ》して、新嘗《にいなめ》の神事《しんじ》を行った。

〇丙辰《二十日》　天皇が次のように詔《みことの》りした。

祖先を違《たが》うことなく正しく祀《まつ》れば、天は仁を施し、春に生物が育生するように、天子が世を救うものである。この故に太古の時代に功績をあげた古代中国の伝説上の君主で

ある黄帝《こうてい》の政化はまことに和らぎ調い、事績の遠く伝わっている堯《ぎょう》・舜《しゅん》の事業はますます立派なものとして仰ぎ見られている。朕は徳が少なく愚かであるが、忝《かたじけな》くも人民に臨んで過ちがないかと心配し、心中思いを深めている。ところで、最近役人たちが、「本年十一月は朔旦冬至です。慶《よろこ》ばしい暦の回《めぐ》り合わせであり、尽きることのない立派な基盤の始まりです。過去の優れた王者の事跡を見ましても、稀《まれ》にしかありません。最上の徳に対して贈り物が下されるものです。天は奥が深く、必ず聖人に感応《かんのう》するものです」と奏上してきた。自ら顧るに朕は才能を欠き、どうして神霊の愛顧を得ることができようか。そこで、今、このめでたい祥徴《しょうちょう》を天下と共に祝おうと思う。承和《じょうわ》八年十一月二十日のあけ方以前の、徒罪《ずざい》（懲役）以下、軽重を問わず、すべて免除することにする。ただし八虐《はちぎゃく》・故殺人・謀殺人・強窃二盗・私鋳銭《しじゅせん》・常赦の免《ゆる》さない罪、および納税物の欠損の類《たぐい》は赦の対象としない。もし赦以前の犯罪を告発する者がいれば、告発した罪を科せ。蔭位《おんい》の恩典から遠ざかっている者と功績や才能が早くから顕著な者は、特別に昇進させて輝きを増すようにせよ。内外の文武官の主典《しゅてん》以上の者に、位一級を授け、在京の正六位上の官人と史生《ししょう》以下、直丁《じきちょう》以上の者には適宜物を賜給《しきゅう》せよ。恩恵を人々に施し、天の賜物に感謝しようと思う。遠方にまで布告して、朕の思いを知らせよ。

本日、天皇が紫《し》宸殿《しんでん》に出御して百官と宴を催し、次のように詔りした（宣命体《せんみょうたい》）。

天皇のお言葉を、皆の者が承《うけたまわ》れ、と述べ聞かせる。朔旦冬至は、歴代の王者が稀に回り会うことのできるめでたい幸運である。朕は不徳ながら遭遇することができたのであるが、朕一人でこれを喜んでよいものだろうか。公卿・百官人から天下の公民に至るまですべての人と喜ぶべきであると思う。そこで、勤務状態に応じて官位を上げようと思う者がおり、氏々の中にも一人、二人位を上げようと思う者がいる。また、諸司の主典以上の人に位一階を上げ、諸司の人に物を賜い、また天下の徒罪以下の罪人の罪を免すことにするとのお言葉を皆の者が承れ、と申し聞かせる。

四品葛井《ふじい》親王に三品、正三位《しょうさんみ》 源《みなもとの》朝臣《あそん》常《ときわ》に従二位、従三位《じゅさんみ》橘朝臣氏公《うじきみ》・藤原《ふじわら》朝臣綱継《つなつぐ》に並びに正三位、従四位上文室《ふんや》朝臣秋津《あきつ》に正四位下、従四位下高枝《たかえ》王に従四位上、無位茂世《しげよ》王に従四位下、従五位下近棟《ちかむね》王・大川《おおかわ》王に並びに従五位上、正六位上善永《よしなが》王・葛城《かつらぎ》王に並びに従五位下、従四位下和気《わけ》朝臣仲世《なかよ》・伴宿禰友足《とものすくねともたり》・橘朝臣永名《ながな》・紀《き》朝臣名虎《なとら》に並びに従四位上、従五位上高階真人石河《たかしなのまひといしかわ》・藤原朝臣貞主《さだぬし》に並びに正五位下、従五位下藤原朝臣豊《とよ》嗣《つぐ》・藤原朝臣諸成《もろなり》・藤原朝臣高房《たかふさ》・菅野《すがの》朝臣永岑《ながみね》・県犬養《あがたいぬかい》宿禰広浜《ひろはま》・田口《たぐち》朝臣房富《ふさとみ》・御船《みふね》宿禰氏主《うじぬし》・藤原朝臣良相《よしみ》に並びに従五位上、外従五位下善友《よしとも》朝臣豊宗《とよむね》・正六位上在原《ありわら》朝臣行平《ゆきひら》・藤原朝臣関主《せきぬし》・藤原朝臣高直《たかなお》・大中臣《おおなかとみ》朝臣粟麻呂《あわまろ》・秋篠《あきしの》朝臣五百河《いおかわ》・藤原朝臣岳《おか》雄《お》・橘朝臣仲村麻呂《なかむらまろ》・巨勢《こせ》朝臣康則《やすのり》に並びに従五位下、正六位上名草《なくさ》宿禰豊成《とよなり》・壱岐公氏《いきのきみうじ》成《なり》・多《おお》朝臣清継《きよつぐ》・和邇部臣直行《わにべのおみなおゆき》・善世《よしよ》宿禰豊永《とよなが》・秦忌寸福代《はたのいみきふくよ》に並びに外従五位下を授けた。宴が終了すると、差をなして禄《ろく》を賜った。

〇丁巳（二十一日）　ほうき星が、なお出現した。

本日、正三位百済《くだら》王慶命《けいめい》に従二位、無位阿子《あこ》女王に従五位下、従四位下橘朝臣井手子《いてこ》に正四位下、無位源《みなもと》朝臣潔姫《きよひめ》に正四位下、従四位下当麻《たいま》真人浦虫《うらむし》に従四位上、従五位下飯《いい》高《たか》朝臣姉綱《あねつな》・無位藤原朝臣潔子《きよこ》に並びに正五位下、無位田中《たなか》朝臣真仲《まなか》、菅生《すごう》朝臣皆《はかる》に並びに従五位下を授けた。

〇十一月丁酉朔（一）、是日朔旦冬至也、公卿上表慶賀、〇壬寅（六）、彗星見二西方一、〇癸丑（十七）、山城国相楽郡乗陸田三町賜二橘朝臣清子一、〇乙卯（十九）、天皇御二神嘉殿一行二神事一、〇丙辰（二十）、詔曰、賦レ象不レ忒、九玄施レ仁、与レ物為レ春、一人救レ世、故能功高二振古一、軒昊之化允諧、事美二遐年一、勛華之業逾峻、朕以二寡昧一、忝臨二黎苗一、撫レ事思レ愆、毎深二懐抱一、迺者有司奏言、今年十一月朔旦冬至、当二天統之嘉数一、発二無レ賜之丕基一、歴二駕説一而希レ聞、佇二上徳一而演レ貺、夫乾鑒玄遠、必感二聖茎一、自顧二菲虚一、何入二霊睠一、故今思下与二天下一共中斯休祉上、自二承和八年十一月廿日昧爽一以前徒罪以下、不レ論二軽重一、一従二免除一、但八虐、故殺人、謀殺人、強竊二盗、私鋳銭、常赦所不免、及欠三負官物一之類、不レ在二赦限一、若以二赦前事一相告言者、以二其罪一罪レ之、其門蔭久絶、及功才早着者、特加二栄奨一、式暢二龍光一、内外文武官主典以上、進二爵一級一、在京正六位上諸吏及史生以下直丁以上、宜レ量三賜物一、庶施二愷沢於萌俗一、答二嘉貺於昊穹一、布三告遐迩一、俾レ知二朕意一。」是日、天皇御二紫宸殿一、宴二于百官一、詔曰、天皇我詔旨良万止勅大命乎、衆聞食止宣、朔旦冬至波、歴レ代天希尔値王者休祥奈り、朕我以二不徳一天、今尔得レ値太り、朕而已夜此乎喜備牟、卿太知百官人止毛、天下乃公民尔至万天、相賀部之止奈毛所念行須、故是以仕奉状乃随尔、上治賜不人毛在、氏氏乃中尔治賜人毛一二在、又諸司乃主典与り以上人尔冠一階上賜比、又司司乃人止毛尔至二万天大物賜比、又天下徒罪已下人止毛免賜久止勅大命ヲ、衆聞食止宣、」授二四品葛井親王三品一、正三位源朝臣常従二位、従三位橘朝臣氏公、藤原朝臣綱継並正三位、従四位上文室朝臣秋津正四位下、従四位下高枝王従四位上、无位茂世王従四位下、従五位下近棟王、大川王並従五位上、正六位上善永王、葛城王並従五位下、従四位下和気朝臣仲世、伴宿祢友足、橘朝臣永名、紀朝臣名虎並従四位上、従五位上高階真人石河、藤原朝臣貞主並正五位下、従五位下藤原朝臣豊嗣、藤原朝臣諸成、藤原朝臣高房、菅野朝臣永岑、県犬養宿祢広浜、田口朝臣房富、御船宿祢氏主、藤原朝臣良相並従五位上、外従五位下善友朝臣豊宗、正六位上在原朝臣行平、藤原朝臣関主、藤原朝臣高直、大中臣朝臣粟麿、秋篠朝臣五百河、藤原朝臣岳雄、橘朝臣仲村麿、巨勢朝臣康則並従五位下、正六位上名草宿祢豊成、壱伎公氏成、多朝臣清継、和迩部臣直行、善世宿祢豊永、秦忌寸福代並外従五位下、宴訖賜レ禄有レ差、〇丁《廿一》巳、彗星猶見、」是日、授二正三位百済王慶命従二位一、无位阿子女王従五位下、従四位下橘朝臣井手子正四位下、无位源朝臣潔姫正四位下、従四位下当麻真人浦虫従四位上、従五位下飯高朝臣姉綱、无位藤原朝臣潔子並正五位下、无位田口朝臣真仲、菅生朝臣呰並従五位下、

○十二月丙寅朔丁卯二日　摂津国《せっつ》の土地三百町を後院《ごいん》の牧《まき》とした。

○甲戌九日　外従五位下興世朝臣高世《おきよのあそんたかよ》を大膳亮《だいぜんのすけ》に任じ、従五位下善永王《よしなが》を豊後守《ぶんご》に任じた。

○壬午十七日　勅により、僧百人を八省院《はっしょういん》に喚《よ》び、三日間、『大般若経《だいはんにゃきょう》』を読んだ。特別に内記《ないき》に呪願文《じゅがんもん》（法会《ほうえ》の事縁《じえん》・願意を記した文章）を作らせた。また、五畿内・七道諸国にも命じて、『大般若経』を読ませ、読経《どきょう》が終わるまで殺生《せっしょう》を禁止した。ほうき星がしばしば出現したことに由る。

○甲申十九日　『日本後紀《にほんこうき》』が完成し、天皇に奏上した。

本日、摂津国が読師《とくじ》の停止を申請してきたので、許可した。

○丁亥二十二日　長門国《ながと》が、渤海使《ぼっかいし》賀《が》福延《ふくえん》ら百五人が来着した、と言上した。

○庚寅二十五日　式部大丞《しきぶのだいじょう》正六位上小野《おの》朝臣恒柯《つねえだ》と少外記《しょうげき》正六位上山代宿禰氏益《やましろのすくねうじます》を存問渤海客使《そんもんぼっかいきゃくし》に任じた。

○辛卯二十六日　主計《かぞえ》・主税《ちから》両寮《りょう》に寮掌《りょうしょう》それぞれ二員を置くことにした。

元興寺《がんごうじ》僧伝灯大法師位《そうでんとうだいほっしい》守寵《しゅちょう》が死去した。守寵は俗姓佐伯《さえき》氏で、讃岐《さぬき》国の人である。法相《ほっそう》宗《しゅう》の僧正《そうじょう》　護命《ごみょう》に就いて学んだ。延暦《えんりゃく》二十四年に得度《とくど》、受戒《じゅかい》して、よく護法の道を説き、

独自の議論を行った。行年五十八。

続日本後紀　巻第十

○十二月丙寅朔丁卯《二》、摂津国地三百町為二後院牧一、○甲戌《九》、外従五位下興世朝臣高世為二大膳亮一、従五位下善永王為二豊後守一、○壬午《十七》、勅、請二僧百口於八省院一、限二三ケ日一、読二大般若経一、殊令下二内記一作中咒願文上、同令下二五畿内七道諸国一読レ之、迄二于事畢一禁中断殺生上、為二彗星屢見一也、○甲申《十九》、修二日本後紀一訖、奏御、」是日、摂津国請レ停レ任二読師一、許レ之、○丁亥《廿二》、長門国言、渤海客徒賀福延等一百五人来着、○庚寅《廿五》、以二式部大丞正六位上小野朝臣恒柯、少外記正六位上山代宿祢氏益一、為二存問渤海客使一、○辛卯《廿六》、置二主計主税二寮寮掌各二員一、」元興寺僧伝灯大法師位守寵卒、守寵、俗姓佐伯氏、讃岐国人、法相宗僧正護命之資流也、延暦廿四年得度具戒、能説二護法之道一、独作二論義一、将二化去一時年五十有八、

続日本後紀　巻第十

森田　悌（もりた　てい）

1941年埼玉県生まれ。東京大学文学部国史学科，同法学部公法課程卒業。専攻は日本古代史。文学博士。金沢大学教授・群馬大学教授を経て，現在，群馬大学名誉教授。著書に『日本後紀』（上・中・下）『王朝政治』（講談社学術文庫）『平安時代政治史研究』『研究史王朝国家』『日本古代律令法史の研究』『日本古代の政治と宗教』『長屋王の謎』『天智天皇と大化改新』他。

講談社学術文庫

定価はカバーに表示してあります。

続日本後紀《しょくにほんこうき》（上）

全現代語訳　森田《もりた》　悌《てい》

2010年９月13日　第１刷発行
2025年５月12日　第７刷発行

発行者　篠木和久
発行所　株式会社講談社
東京都文京区音羽2-12-21 〒112-8001
電話　編集（03）5395-3512
販売（03）5395-5817
業務（03）5395-3615

装　幀　蟹江征治
印　刷　株式会社ＫＰＳプロダクツ
製　本　株式会社国宝社
本文データ制作　講談社デジタル製作

ISBN978-4-06-292014-8

「講談社学術文庫」の刊行に当たって

これは、学術をポケットに入れることをモットーとして生まれた文庫である。学術は少年の心を養い、成年の心を満たす。その学術がポケットにはいる形で、万人のものになることは、生涯教育をうたう現代の理想である。

こうした考え方は、学術を巨大な城のように見る世間の常識に反するかもしれない。また、一部の人たちからは、学術の権威をおとすものと非難されるかもしれない。しかし、それはいずれも学術の新しい在り方を解しないものといわざるをえない。

学術は、まず魔術への挑戦から始まった。やがて、いわゆる常識をつぎつぎに改めていった。学術の権威は、幾百年、幾千年にわたる、苦しい戦いの成果である。こうしてきずきあげられた城が、一見して近づきがたいものにうつるのは、そのためである。しかし、学術の権威を、その形の上だけで判断してはならない。その生成のあとをかえりみれば、その根は常に人々の生活の中にあった。学術が大きな力たりうるのはそのためであって、生活をはなれた学術は、どこにもない。

開かれた社会といわれる現代にとって、これはまったく自明である。生活と学術との間に、もし距離があるとすれば、何をおいてもこれを埋めねばならない。もしこの距離が形の上の迷信からきているとすれば、その迷信をうち破らねばならぬ。

学術文庫は、内外の迷信を打破し、学術のために新しい天地をひらく意図をもって生まれた。文庫という小さい形と、学術という壮大な城とが、完全に両立するためには、なおいくらかの時を必要とするであろう。しかし、学術をポケットにした社会が、人間の生活にとってより豊かな社会であることは、たしかである。そうした社会の実現のために、文庫の世界に新しいジャンルを加えることができれば幸いである。

一九七六年六月　　野間省一